甘肃省文化资源名录

（第三十九卷）

社科研究 I

机构和团体、著作类、研究报告、学术活动、
社科刊物、获奖成果

总 主 编：陈　青　王福生
副总主编：马廷旭
总 校 对：刘玉顺
本卷主编：王　屹

中国书籍出版社
China Book Press

图书在版编目（CIP）数据

甘肃省文化资源名录. 第三十九卷 / 陈青, 王福生总主编; 甘肃省社会
科学院编. — 北京 : 中国书籍出版社, 2018.1

ISBN 978-7-5068-6723-8

Ⅰ. ①甘… Ⅱ. ①陈… ②王… ③甘… Ⅲ. ①文化遗产—甘肃—名录
Ⅳ. ①K294.2-62

中国版本图书馆CIP数据核字（2018）第027838号

甘肃省文化资源名录　第三十九卷

陈　青　王福生　总主编

甘肃省社会科学院　编

责任编辑	李立云
责任印制	孙马飞　马　芝
封面设计	东方美迪
出版发行	中国书籍出版社
地　　址	北京市丰台区三路居路 97 号（邮编：100073）
电　　话	(010) 52257143（总编室）　　　　(010) 52257140（发行部）
电子邮箱	eo@chinabp.com.cn
经　　销	全国新华书店
印　　刷	三河市顺兴印务有限公司
开　　本	787毫米×1092毫米　1/16
字　　数	675千字
印　　张	30
版　　次	2018 年 1 月第 1 版　2018 年 1 月第 1 次印刷
书　　号	ISBN 978-7-5068-6723-8
定　　价	350.00元

前　言

　　丝绸之路三千里，华夏文明八千年。甘肃是华夏文明的重要发祥地之一，是中华民族重要的文化资源宝库，是国务院认定的"华夏文明传承创新区"。为了保护和传承甘肃恢宏的历史与当代文化资源，使之能够汇总展示给世界，并永久流传，甘肃省从 2013 年 4 月启动了全省文化资源普查工作。在甘肃省文化资源普查和分类分级评估工作领导小组组织下，动员全省各市（州）县（区）、31 个厅局及省直单位的专业人员，数十位专家学者，历时两年，完成了普查和数据录入工作。对于全省文化资源普查成果，甘肃省社会科学院又经过两年时间整理完善、分类编辑、拾遗补阙、校对编排，现在终于有了《甘肃省文化资源名录》的付梓出版。

　　《甘肃省文化资源名录》集中展现了甘肃历史悠久、丰富多样的文化资源。甘肃历史文化遗存位列全国前茅，民族民俗文化特色鲜明，现代文化颇具实力。伏羲文化、大地湾文化、马家窑文化、齐家文化、寺洼文化、彩陶文化、周秦早期文化、长城文化、汉简文化、三国文化、五凉文化、敦煌文化、石窟文化、黄河文化等历史文化资源积淀深厚；道教文化、西夏文化、伊斯兰文化、藏传佛教文化等民族宗教文化资源星罗棋布；大革命文化、根据地文化、长征文化、抗日文化、解放区文化等红色文化资源耀眼夺目；工业文化、科技文化、歌舞文化、大众文化等现代文化资源特色鲜明。可以说，文化资源是历代生活在甘肃的华夏儿女留给这块大地的永不磨灭的最辉煌印记。

　　就甘肃省文化资源的精华而言，截至 2017 年初，全省馆藏可移动文物为195.84 万件，各类不可移动文物 16895 处。有世界文化遗产 7 处，全国重点文物保护单位 131 处，省级文物保护单位 556 处，国家级非物质文化遗产代表性项目68 项。有国家级历史文化名城 4 座，国家级历史文化名镇 7 座，中国历史文化名村 2 座，中国传统村落 36 个。莫高窟、嘉峪关、伏羲庙、麦积山、炳灵寺、阳关、玉门关、锁阳城、崆峒山、拉卜楞寺、中山桥……，都是甘肃文化的历史见证；敦煌汉简、悬泉汉简、铜奔马、牛肉面、剪纸、花儿、皮影、羊皮筏子、黄河水车……，都是甘肃永恒的文化名片；腊子口、哈达铺、会师楼、南梁……，都是甘肃代表性红色文化遗产；酒泉卫星发射中心、刘家峡水电站、玉门油田、《读者》《丝路花雨》《大梦敦煌》……，都是甘肃之所以为甘肃的鲜明标志；祁连山、雪山冰川、河西走廊、大漠戈壁、高原草原、天池梅园……，都是如意甘肃的生动写照。众多的历史、自然和现代文化资源犹如满天繁星，镶嵌在广袤的甘肃大地上熠熠生辉。

《甘肃省文化资源名录》汇总甘肃省文化资源的精华，完成了打造华夏文明传承创新区的基础工作。《名录》将文化资源分为二十大类，分别是：文物；红色文化；重要历史事件与人物；重要历史文献；民族语言文字；非物质文化遗产；自然景观文化；宗教文化；文学艺术；饮食文化；建筑文化；节庆、赛事文化；文化之乡；地名文化；文化传媒；社科研究；文化类高等教育；文化艺术机构团体；文化产业；文化人才。每类文化资源按属性又分若干子分类，每个子分类都有严格的界定。同时，将文化资源级别分为省级和市州级。省级文化资源是指国务院、国家有关部委、甘肃省政府和省直部门已经明确命名、认定、管理（或委托管理）的国家级和省级文化资源，以及甘肃省文化资源普查办公室评估认定并核定公布、报送备案的文化资源。市州级文化资源是指甘肃省各市州、县级政府及其管理部门已经明确命名、认定、管理的市县文化资源，以及甘肃省文化资源普查办公室评估认定并核定公布、报送备案的市县文化资源。甘肃省内世界级文化资源（遗产）纳入省级文化资源管理范围，暂未认定级别和不需认定级别的文化资源统一纳入市州级文化资源范围。

推出《甘肃省文化资源名录》，对于推进华夏文明传承创新区建设、甘肃文化大省建设、丝绸之路黄金段建设意义深远。《名录》不仅仅记录了甘肃文化资源的种类和数量，也使甘肃文化资源的资源类别、品相级别、蕴藏情况、流布地域、传承范围和衍变情况得以准确和清晰化。通过编辑出版《甘肃省文化资源名录》，形成一个科学完整的文化资源数据库、文化资源研究的学术平台、文化资源传承保护和开发利用的指南，有助于更好地挖掘那些具有世界影响、国家价值、显著特点、唯一仅存、开发潜力巨大的代表性文化资源，为文化资源的有效保护提供科学依据，为重点文化资源找到开发的机遇并重塑生长的价值，为文化产业项目的开发利用提供可靠的参考。所以，《名录》的推出，是甘肃省文化资源普查成果面向世界迈出的第一步，是文化实力助推甘肃转型发展的坚实步伐，它为甘肃省今后对文化资源进行保护传承、专题研究、数字展示、市场开发奠定了基础。

甘肃省社会科学院

2017 年 7 月

目　录

甘肃省文化资源名录

第三十九卷

社科研究 I

机构和团体

0001　合水县社会科学界联合会

地　　　址：合水县西华池镇解放东路 55 号

隶属或挂靠单位：中共合水县委宣传部

成立时间：2012-10-24

简　　　介：合水县社会科学界联合会（简称：合水县社科联）成立于 2012 年 10 月 24 日，位于合水县西华池镇解放东路 55 号，隶属中共合水县委宣传部，是中共合水县委领导下的人民团体，是合水县社会科学界学术性社会团体的联合组织，是党和政府联系合水县社会科学工作者的桥梁和纽带。主要负责中国特色社会主义理论体系研究基地的有关工作和社会科学著作出版资助和社会科学基金管理工作。

0002　甘肃省职业与成人教育协会

地　　　址：兰州市城关区雁宁路 399 自考大厦 9 楼 0919

隶属或挂靠单位：甘肃省教育厅

成立时间：1988-01-13

简　　　介：由全省专科层次院校组成高职高专研究会。主办《甘肃成人教育》杂志；参加《甘肃省中等职业教育科研优秀成果》评选活动；协助高教处组织进行成人高校学生的课程统考和抽考工作；协助职成处组织进行成人中专学生的课程抽考工作；协助职成处组织进行"3+2"高职抽考工作；配

合规划发展处参与对全省民办学校评估年检工作。

0003　河洮岷文化研究中心

地　　　址：甘肃民族师范学院

隶属或挂靠单位：甘肃民族师范学院

成立时间：2008-07

简　　　介：河洮岷文化研究中心成立于 2008 年 7 月，是甘肃省民族师范学院五个重点建设的科研机构之一。中心旨在研究河洮岷藏、回、汉为主的多民族地区社会、政治、经济、文化的历史、现状与未来发展，探讨河洮岷地区民族团结、政治稳定、经济发展、社会和谐、文化繁荣的基本规律。

0004　甘肃省藏学研究所

地　　　址：甘南藏族自治州夏河县拉卜楞镇

隶属或挂靠单位：甘肃省民族事务委员会

成立时间：1984-02-18

简　　　介：甘肃省藏学研究所下设办公室、历史研究室、当代问题研究室、拉卜楞文化研究室、西域文化研究室、《安多研究》编辑部等 6 个科室。目前，单位编制人数为 20 人，实有在职人数 18 人。其中，专业技术人员 11 人，管理人员 5 人（其中 2 人兼任专业技术岗位），工勤人员 2 人；所长 1 人，副所长 2 人；专业技术职称结构为：研究员

2 人，副研究员 1 人，助理研究员 4 人，研究实习员 6 人；学历结构为：博士 1 人，硕士 6 人，本科 6 人，本科以下 5 人；民族有藏族、汉族、保安族和回族。该所在拉卜楞专题研究、藏族民俗文化研究、《格萨尔》研究、文献整理出版、藏传佛教文化以及藏区当代问题研究方面具有较强优势。该所主办的藏汉两文刊物《安多研究》，是继《西藏研究》和《中国藏学》之后的第三家专门进行藏学研究的学术刊物，现已出版近 40 期，总发行量已达到 3 万余册。据不完全统计，截至目前，该所共完成专著 40 多部，约 1500 万字；译著 3 部（约 52 万字）；主编、校订、出版藏文佛学典籍 40 多部（约 2 000 万字）；论文近 300 篇，约 300 万字；出版《安多研究》藏、汉文版学术刊物近 40 期；绘制藏族唐卡 30 多幅。

0005 安多藏文化研究中心

地　　址：甘南州合作市知合玛路

隶属或挂靠单位：甘肃民族师范学院

成立时间：2008-06-01

简　　介：2008 年 7 月，经甘肃民族师范学院研究批准，安多藏文化研究中心在学院原藏学研究所的基础上正式挂牌成立，处级建制，无正式编制，属学院民族文化科研机构。2010 年 5 月，经甘肃省教育厅研究批准，挂牌成立甘肃省人文社会科学重点研究基地安多藏文化研究中心，实为两块牌子、一套人马。安多藏文化研究中心成立以来，在基础建设、文化研究、项目建设等方面取得了一定成绩，科研工作发展较快，组织机构比较齐全，研究人员人数客观。本中心下设藏语言文学研究室、民族音乐舞蹈研究室、民族美术研究室和藏文信息研究室，分别挂靠藏语系、音乐舞蹈系、美术系的计算机科学系。目前研究人员已达 63 人，其中教授 10 人，

副教授 20 人，讲师 23 人，助教 10 人，均为兼职人员，分别来自文学、历史、经济、政治、佛学、音乐舞蹈、美术、生态、计算机科学、民族民间文化、考古等诸学科领域，研究领域广泛，层次较深，基础研究与专题研究相结合，形成了较为合理的科研体系。

0006 甘肃省计划生育协会

地　　址：兰州市城关区广场南路 13 号 16 楼

隶属或挂靠单位：甘肃省计划生育委员会

成立时间：1984-07-01

简　　介：开展救助计划生育特殊困难家庭活动。2003 年以来，在金塔县开展了计划生育协会基层基础工作试点，制定修改了《金塔县计划生育协会章程》《金塔县计划生育协会会员守则》等 8 项规章制度，完善了"村（社区）协会理事会——会员小组（楼院长）——会员——会员联系户"四级活动网络，开展了"五送"活动。2004 年 10 月中旬，在金塔县召开了全省计划生育协会基层基础工作现场经验交流会。组织实施"幸福工程""预防艾滋病""青少年生殖健康"等项目。完成了 12 期协会简报的编纂工作和 5 期幸福工程简报的编纂工作。

0007 甘肃省历史学会

地　　址：西北师大文学院历史系

隶属或挂靠单位：甘肃省社科联

成立时间：1964-01-01

简　　介：甘肃省历史学会于 2003 年底召开常务理事会。2004 年 7 月 15—17 日在省委党校读书楼召开了甘肃省历史学会第 19 届年会。编辑出版了学会论文集《史学论丛》第 11 辑。2005 年 6 月 15 日，学会召开了在兰常务理事会，吸收庆阳志办牵头的庆阳地区新会员及省内其他地区的个人会员 10 名，还评选了 6 篇史学会论著作为学会

2004—2005 年优秀论著。2007 年 5 月 18 日召开了敦煌文化学术研讨会。

0008　甘肃省体育科学研究所

地　　址：甘肃省兰州市七里河体育场内

隶属或挂靠单位：甘肃省体育局

成立时间：1985-06

简　　介：甘肃省体育科学研究所于 1985 年挂牌成立，前身为 1981 年筹备成立的"甘肃省体育运动委员会体育科研室"。体科所在科学研究方面，重点围绕增强人民体质和提高我省竞技体育水平开展了全方位、多层面的研究工作，形成了国民体质监测与运动健身指导、提高优秀运动员竞技能力两大研究领域，主要承担了带有全局性和引领性的科研项目和深入运动实践一线的科技服务项目等两个层面的研究工作。在竞技体育研究方面，以"体育科技解决运动训练实际问题"为宗旨，以备战全运会等重大赛事为中心，建立了面向运动训练一线开展科研攻关与科技服务的研究模式和工作模式，构建了我省优秀运动员备战全运会的科技保障工作平台。

0009　甘肃省监狱工作协会

地　　址：兰州市静宁路 222 号

隶属或挂靠单位：甘肃省司法厅

成立时间：1988-02-01

简　　介：编辑出版监狱理论研究刊物《甘肃监所》。2005 年 6 月，学会筹备承办了西北地区第十六次监狱理论研讨会。2007 年度表彰了 4 个先进集体、22 名先进工作者、31 篇优秀论文作者。

0010　甘肃伊山伊水环境与社会发展中心

地　　址：甘肃省兰州市天水南路 222 号

隶属或挂靠单位：甘肃省社会科学界联合会

成立时间：2014-10-10

简　　介：甘肃伊山伊水环境与社会发展中心（简称"伊山伊水"）是公益发展机构，甘肃省社科联为其主管机构，该机构于 2008 年 1 月在甘肃省民政厅注册成立。目前，中心有专职工作人员 10 人、兼职工作人员 5 人、志愿者 500 余人。中心工作人员的教育水平均在大专以上，中心理事长为兰州大学教授，同时担任甘肃省减灾委委员，为 UNDP、GEF、联合国妇女署等多个国际机构和民政部、环保部、国家民委、科技部及甘肃省民政厅、减灾委、环保厅、科技厅等政府部门提供项目管理方面的咨询服务。中心执行主任具备十多年的公益发展经验。中心与国内基金会和有影响力的 NGO 建立了良好的互动合作关系，在西北地区建立了良好的公益发展网络，领导西北最有影响力的民间灾害救援团队"甘肃公益救灾联盟"，并与伊邦合作社等多个社会组织建立了战略合作伙伴关系，旨在推动社会组织的可持续发展。到目前为止，中心实施的国内外发展机构资助的项目 50 多个，项目资金超过了 3 000 万元人民币，是国内有影响力的公益发展机构之一。

0011　甘肃省财政学会

地　　址：甘肃省财政厅 8 楼

隶属或挂靠单位：甘肃省财政厅

成立时间：1980-08-22

简　　介：几年来围绕不同时期全省财政中心工作和重点、热点问题，安排了 80 多项调查研究课题，共完成报送并参与评奖的论文、研究课题、调研报告、著作等 260 多项，先后荣获全国财政系统及省内社科系统多项科研成果奖。重点课题研究完成了非税收入改革、农村税费改革、财政扶贫问题、西部大开发的财政政策、防范财政风险及其偿债能力分析、增强政府预算透明度、国库集中支付制度、县域经济发展的财政政策研究等20多项重点课题。开展了形式多样的财政理论政策研讨活动。

0012 甘肃省人口学会

地　　址：兰州市东方红广场统办一号楼16楼宣教处

隶属或挂靠单位：甘肃省计划生育委员会

成立时间：1982-03-03

简　　介：参与人口委组织各单位共同举办的一些大型社会活动；与省计划生育协会共同开展预防艾滋病宣传教育和青少年生殖健康教育项目活动；组织专家学者到有关院校进行讲学，组织理事到幸福工程项目点总结有关经验，对穆斯林人口项目进行论证和可行性调查；定期组织专家学者到外地考察学习；承办《西北人口》《中国少数民族人口》期刊。

0013 敦煌研究院

地　　址：甘肃省敦煌市莫高窟

隶属或挂靠单位：甘肃省文化厅 甘肃省文物局

成立时间：1944年

简　　介：敦煌研究院是国家设立的负责世界文化遗产敦煌莫高窟、全国重点文物保护单位瓜州榆林窟和敦煌西千佛洞保护、管理和研究的综合性专门机构。其前身是1944年成立的国立敦煌艺术研究所，1950年改名为敦煌文物研究所，常书鸿、段文杰先后任所长；1984年，扩建为敦煌研究院。常书鸿任名誉院长，段文杰任院长。现任领导班子成员为：名誉院长樊锦诗，党委书记、院长王旭东，党委副书记李金寿，党委副书记马世林，副院长罗华庆。敦煌研究院设有院务委员会、党务委员会、院学术委员会和工会。

院属部门有党委办公室、院长办公室、人事处、外事处、科研处、计划财务处、总务处、兰州分院办公室、保护研究所、美术研究所、考古研究所、文献研究所、民族宗教文化研究所、《敦煌研究》编辑部、敦煌石窟文物保护研究陈列中心、接待部、保卫处、敦煌学信息中心、莫高窟数字展示中心、文物数字化研究所、敦煌石窟监测中心、网络中心、榆林窟文物保管所、西千佛洞文物保管所。敦煌研究院受国家文物局委托管理的古代壁画保护国家文物局重点科研基地，是国家古代壁画与土遗址保护工程技术研究中心和甘肃省古代壁画与土遗址保护重点实验室的依托单位。

0014 甘肃省监察学会

地　　址：兰州市南昌路1648号

隶属或挂靠单位：甘肃省监察厅

成立时间：1996-12-01

简　　介：根据中国监察学会的部署要求，结合我省实际，组织力量集中攻关，形成了10篇对指导工作比较有价值的研究成果，深入开展以强化行政监察职能为主题的专题研究，汇编出版了《新时期的行政监察工作》一书，为领导科学正确决策提供了理论依据。加强成果交流和对外交流，增强学会工作的活力，收到优秀论文和经验材料55篇。2008年11月27日召开第三次会员代表大会，选举产生了第三届理事会。

0015 甘肃省民俗学会

地　　址：西北民族大学社会学学院

隶属或挂靠单位：甘肃省社科联

成立时间：1991-05-03

简　　介：学会协助西北民族大学社会人类学、民俗学学院，与中国民族民间文化保护工程国家中心、甘肃省文化厅于2005年7

月在兰州共同举办研讨会；并举行"西北民族非物质文化遗产保护研究中心"挂牌仪式，推动西北各省区非物质文化遗产保护工作的深入开展和研究。

0016 甘肃省教育促进会

地　　址：兰州城关区都市丽景 B17 楼 C 座

隶属或挂靠单位：甘肃省社科联

成立时间：1998-09-01

简　　介：1998 年 8 月成立，先后资助 356 名贫困大学生和 32 所中小学。

0017 甘肃省教育学会

地　　址：兰州市广场南路 51 号 14 层

隶属或挂靠单位：甘肃省教育厅

成立时间：1978-11-25

简　　介：积极寻求外援资助会员的教育教学研究，已有 15 项教育教学科研课题被定为省社科基金会资助项目，组织会员参加全国性的教育科研会议和学术交流活动。

0018 甘肃省保险学会

地　　址：兰州市静宁路 318 号信托大厦 7 楼

隶属或挂靠单位：中国保监会兰州特派办

成立时间：1989-07-28

简　　介：适应新形式新情况，不断把保险理论的学习研究工作引向深入，学习掌握上市公司管理运作规则，化解一些员工的疑虑和困惑，使员工树立了新理念，适应新的要求，从而保证了公司股改工作的顺利进行，恢复《甘肃保险》，开辟学术园地。

0019 河西史地与文化研究中心

地　　址：河西学院

隶属或挂靠单位：河西学院

成立时间：2010-05-07

简　　介：河西学院"河西史地与文化研究中心"是 2010 年 5 月由甘肃省教育厅批准建立的甘肃省高校人文社科重点研究基地。该中心从河西走廊区位优势和河西学院学科专业建设实际出发，以河西地方文献研究为突破口，以服务区域经济社会发展和地方文化建设、突出河西地域特色为宗旨，致力于河西史地与文化领域的综合研究。

0020 甘肃省统一战线理论研究会

地　　址：兰州市南昌路 1648 号

隶属或挂靠单位：甘肃省委统战部

成立时间：1985-08-01

简　　介：对各地贯彻落实全国、全省统战工作会议精神中出现的新情况新问题和全面建设小康社会新阶段统一战线的发展趋势和特征进行了调研，建立了《甘肃省统一战线理论研究会课题招标办法》。

0021 甘肃省中共党史学会

地　　址：兰州市城关区南昌路 1648 号

隶属或挂靠单位：甘肃省党史办

成立时间：1983-12-01

简　　介：1991 年学会与省委党史研究室、省委党校、省社会科学院、省社科联等单位，组织了全省性的学术讨论。对抗日战争在中国近现代反侵略斗争中的地位和作用、抗日战争与世界反法西斯战争的关系、第二次国共合作的历史经验、红军长征在中国革命和中华民族解放斗争中的影响、长征精神及其历史意义、以长征精神教育党员、干部和群众，发扬革命传统、加强党的建设等问题进行了深入的研讨。

0022 甘肃省世界语协会

地　　址：兰州市西固区公园路长业今典民苑

隶属或挂靠单位：甘肃省社科联

成立时间：1986-01-12

简　　介：2003 年 6 月召开了"兰州世界语者抗非典大会"。王运新、卢万仪分别在七里河、西固区采用上海魏原枢及古存华编的世界语课本辅导新学院学习。2004 年 8 月与中国学术期刊（光盘版）电子杂志社正式签订协议。该协议承诺今后甘肃省世界语协会所属会议论文可作为该期刊的重要会议论文全文收入其数据库。

0023　民族体育文化研究所

地　　址：甘肃民族师范学院理科楼 215 室
隶属或挂靠单位：甘肃民族师范学院体育系
成立时间：2010-04
简　　介：经 2010 年 4 月 23 日甘肃民族师范学院第四次党委会议研究，决定成立民族体育文化研究所，挂靠体育系；确定了民族体育文化研究所工作职责，打造有特色的人文素养系列课程。研究所在所长领导下，不断讨论，最终形成了共识。"体育与生活"系列课程已开设的有：体育与营养；体育与养生；体育与女性；体育与保健等课程。

0024　甘肃省农村金融学会

地　　址：兰州城关区天水中路金城宾馆西楼 1036 室
隶属或挂靠单位：中国农业银行甘肃省分行
成立时间：1982-05-01
简　　介：紧紧围绕全行工作目标和任务，确定落实调研重点。共收到各市、州、地分行和农村金融学会推荐上报重点调研课题成果 98 项。积极参与课题投标、优秀论文评奖及调研成果交流。

0025　甘肃省行政管理学会

地　　址：兰州市城关区均家滩 364 号
隶属或挂靠单位：甘肃省政府办公厅
成立时间：1991-01-01

简　　介：学会现有团体会员 75 个，个人会员 300 多名，完成出版了科研专著 16 部，发表了有重要学术价值的应用对策研究报告、论文 130 多篇，有 20 多篇被人大复印报刊资料中心、《新华文摘》等转载应用。

0026　甘肃省档案学会

地　　址：兰州市雁滩路 3680 号省档案局
隶属或挂靠单位：甘肃省档案局
成立时间：1981-04-01
简　　介：1998 年在召开第五届会员代表大会的同时，以"市场经济与档案工作"为主题，围绕如何解决在建立社会主义市场经济体制过程中档案工作出现的新情况、新问题进行了探讨，组织会员撰写论文 22 篇。1999 年以"世纪之交的档案工作"为主题撰写论文 60 余篇。2001 年和 2002 年先后召开了两届敦煌历史档案与徽州历史档案开发利用研讨会。就敦煌历史档案和徽州历史档案的种类、内容、特点、价值及开发利用等，从不同角度进行了深入的探讨，取得了一定的成果。

0027　甘肃省金融学会

地　　址：兰州市东岗西路 698 号
隶属或挂靠单位：中国人民银行兰州中心支行
成立时间：1981-02-01
简　　介：与《金融时报》在兰州联合举办了"欠发达地区金融生态建设研讨会"。协助人民银行总行研究局和日本国际协力机构调配组开展了关于《西部开发金融制度改革调查》甘肃地区的调研工作。完成《2004 年全省人民银行调研成果汇编》的编辑、校对、排版和出版工作。办好会刊《甘肃金融》，做好《甘肃金融年鉴》总体设计和组稿、编审工作。

0028 甘肃省税务学会

地　　址：兰州市城关区畅家巷66号

隶属或挂靠单位：甘肃省国税局

成立时间：1985-04-04

简　　介：开展税收理论研究和税收课题调研活动。召开市（州）税务学会秘书长和省税务培训中心学会秘书长会议。完成省税务学会换届改选工作。督促、指导部分市（州）税务学会做好换届改选工作。

0029 甘肃省敦煌学会

地　　址：兰州市南滨河东路522号

隶属或挂靠单位：甘肃省社科联

成立时间：1991-12-24

简　　介：坚持举办学术活动，积极开展学术交流。2000年6月22日举行"纪念藏经洞发现一百周年　缅怀史苇湘先生"座谈会并举办"敦煌百年：史苇湘、欧阳琳、史敦宇临幕壁画精品展"；8月7日与省国际文化传播交流协会、中国六经学术研究发展基金会一起在兰州举办了"纪念藏经洞发现和敦煌学诞生一百周年海峡两岸敦煌文化学术研讨会"；2001年12月学会在兰州举行主题为"甘肃敦煌学研究的历史回顾和未来展望"；2002年9月和炳灵寺石窟文物保护研究所一起，举办了历史上首次专门以炳灵寺石窟为主题的全国性学术活动"炳灵寺石窟学术研讨会"，编辑出版了《炳灵寺石窟学术研讨会论文集》；2003年5月举行"敦煌菜中餐西吃创新成果鉴定会""敦煌饮食文化开发成果鉴定会"，8月参与了敦煌市"千年阳关寻梦活动"中的阳关博物馆开馆仪式和"敦煌两关长城学术讨论会"的工作。2004年召开年会、第三界理事会。

0030 广播电视协会

地　　址：兰州市东岗西路226号

隶属或挂靠单位：甘肃省广电局

成立时间：1987-05-07

简　　介：组织2003年度"甘肃广播电视新闻奖"电视新闻、社教节目的评选。组织了2001—2002年度甘肃广播电视学术论文奖的评选。组织了"甘肃播音与主持作品奖""甘肃广播文艺奖""甘肃广播剧奖"的评选。组织了首届"甘肃电视文艺奖"的评选。组织召开"深刻理解、全面落实'三贴近'、实现新突破"研讨会。由广播电视学会主办，武威市广电局承办了2003年度甘肃广播电视新闻、社教奖获奖节目讲评交流会，参会人员80人。2004年10月专家学者8人在陇南召开了电视节目讲评暨现场业务指导会。整理《2001—2002年度甘肃广播电视获奖作品选》一书。编辑出版《甘肃视听》理论刊物。

0031 甘肃中国传统文化研究会

地　　址：兰州大学第一家属院24号楼412室

隶属或挂靠单位：甘肃省社科联

成立时间：1996-01-01

简　　介：2004年11月出版了《国学论衡》第三辑。2004年5月和2005年4月相继编印了《研究会通讯》第6、7两辑。2005年6月—2007年9月，研究会与兰州大学哲学社会学院联合进行近现代儒学名人段正元先生学术思想研究。2004年11月，研究会与著名作家刘亚洲先生进行了学术切磋。2005年6月，研究会在天水成立了"三皇文化学术委员会"，从事伏羲文化、神农文化、轩辕文化的学术研究、文化交流暨三皇文化产业的开发工作。2005年4月—6月，研究会与兰州大学、兰州交通大学联合进行了中国传统文化的专题讲座。

0032 甘肃当代文学研究会

地　　址：西北师大文学院

隶属或挂靠单位：甘肃省社科联

成立时间：1981-05-24

简　　介：2003 年召开常务理事会 2 次。与西北民族大学联合举办 2003 年西北少数民族文学研讨会暨年会。正式组建"当代文学进校园"专家宣讲团。2004 年召开常务理事会 2 次，讨论部署研究会下一阶段工作以及研究会未来发展规划。在张掖市河西学院举办 2004 年年会暨"发展中的河西文学"研讨会，对"河西文学"从纵向、横向角度进行了全面检视和总结。

0033 甘肃省哲学学会

地　　址：省委党校哲学教研室

隶属或挂靠单位：甘肃省社科联

成立时间：1964-01-01

简　　介：2001 年 12 月 9 日，在省委党校召开了"西部开发与社会发展"理论研讨会，有 80 多位专家学者及哲学爱好者与会。2002 年 12 月 28 日，在省委党校召开了"全面建设小康社会与哲学创新"理论研讨会，有 45 位专家学者与会。2003 年 10 月 16—18 日，由天水师范学院、天水市委党校、天水市哲学学会承办，召开了"哲学创新与文化建设"理论研讨会，有 88 人与会。2004 年 8 月 16 日，在西北师范大学召开了"繁荣哲学社会科学，加强哲学学科建设"理论研讨会，有 47 人与会。2004 年 9 月 10—12 日，全国现代哲学学会年会在兰州大学召开。2007 年 10 月召开 7 届 2 次会员代表大会，11 月召开理事扩大会议。

0034 甘肃九州书画家协会

地　　址：兰州市瞻家拐子 25 号

隶属或挂靠单位：甘肃省社科联

成立时间：1990-12-09

简　　介：2004 年，将甘肃人民的精神风貌、各族人民的生活变化等通过舞蹈、独奏、合奏、相声小品等艺术形式表现出来，共演出节目 128 个，分别在兰州、天水、武山、榆中等地义务演出 36 场。2004 年，协会支持在兰会上、领导、顾问举办书画展览 11 次，编辑刊物《书画产业》。

0035 民族地区经济与社会发展研究所

地　　址：甘肃省合作市知合玛路 233 号

隶属或挂靠单位：甘肃民族师范学院

成立时间：2008 年

简　　介：民族地区经济与社会发展研究所以马克思主义为指导，按照科学发展观的要求，运用社会学理论和方法，从"宏观、综合、交叉"的角度，深入探讨民族地区特别是学院所在地甘南藏区社会发展中的重大理论和现实问题，广泛开展校内与地方交流，推动民族地区的发展与稳定，为甘南州制定宏观政策提供建议、咨询和决策依据，努力用严谨扎实的调研成果为理论创新服务。围绕甘南州经济发展、社会稳定、和谐社会构建中的重大问题、热点问题开展专题研究，以解决民族地区的实际问题。

0036 甘肃省咨询业协会

地　　址：兰州市城关区统办二号楼附西楼 602 室

隶属或挂靠单位：甘肃省社科联

成立时间：1996-01-01

简　　介：经原甘肃省劳动厅批准，在本协会设立了甘肃省咨询业协会职业介绍中心。经甘肃省工商行政管理局批准，授权本协会建成了甘肃东方经纪人事务所。经甘肃省商务厅、甘肃省劳动厅批准，本协会与省商业学校联合办学并开办了报业发行专业等四个技工班。经省财政厅批准，协会成立了国有企业兰州国视广告社。

0037 甘肃省宏观经济学会

地　　址：兰州市城关区广场南路 51 号

隶属或挂靠单位：甘肃省发改委

成立时间：1987-08-20

简　　介：2003 年完成《甘肃省区域竞争力现状、问题及对策研究》。在发展经济学与发展战略研究领域完成了《1996—2010 年甘肃省经济和社会发展基本思路研究》《国家产业政策甘肃实施细则研究》。完成了《甘肃省河西地区农业信息系统建设工程可行性研究报告》等可行性研究报告。与省信息协会联合举办"信息资源开发利用与信息服务高级研修班"，与省发改委、省信息协会联合举办"县域经济发展研讨会"。2003 年 12 月 18 日，在西北宾馆召开第三届会员代表大会。

0038 河西走廊民俗民族文化研究中心

地　　址：河西学院文科实训楼三楼 307 室

隶属或挂靠单位：独立

成立时间：2013-12-25

简　　介：河西走廊民俗民族文化研究中心成立于 2013 年 11 月，2013 年 12 月被批准为甘肃省人文社科重点基地，下设河西走廊民俗文化研究、河西走廊民族社会研究、河西走廊民间艺术研究和裕固族研究四个方向。以河西学院"做河西文章，出特色成果"的办学特色为理念，把河西走廊民俗民族文化研究中心建设为省级人文社会科学重点研究基地，将河西走廊的民俗、民族民间文化做大、做实、做强，进而争取把这一基地建成教育部人文社科重点基地。基地建设的总体思路是将科学研究与教学实践、服务地方社会紧密结合在一起。

0039 甘肃省图书馆学会

地　　址：兰州市城关区南滨河东路 488 号

隶属或挂靠单位：甘肃省图书馆

成立时间：1979-06-13

简　　介：2004 年 11 月 26 日，甘肃省图书馆学会成立 25 周年纪念大会暨"特色文化建设与图书馆"学术研讨会在兰州大学图书馆报告厅召开。组织举办了图书馆学情报学学术成果评奖。首届学术年会"知识经济时代图书馆的发展趋势学术研讨会"于 2002 年 6 月 4 日在西北师范大学图书馆召开。2003—2005 年连续三年在全国贫困地区实施送书下乡工程，我省有 24 个贫困县图书馆及 220 个贫困乡镇文化站为受赠单位。组织开展"图书馆服务宣传周"与"全民阅读活动"。编辑出版学会刊物《图书与情报》；《甘肃图书馆工作》是学会与中心图书馆委员会联合主办的一份内部刊物。与各大院校联合举办各类继续教育培训班。召开了甘肃省图书馆学会第五次会员代表大会，选举产生了新一届理事会。

0040 兰州市社会科学界联合会

地　　址：兰州市南滨河东路 735 号

隶属或挂靠单位：与兰州市社科院合署办公

成立时间：1979-07-04

简　　介：兰州市社会科学界联合会（简称"兰州市社科联"），是中共兰州市委领导下的全市社会科学群众性的学术团体，其主要任务如下：（一）学习宣传马克思主义基本理论和基本知识，学习宣传建设有中国特色的社会主义理论和党的路线、方针、政策。（二）广泛开展群众性的学术研究活动，特别是围绕市委、市政府的中心工作开展基本理论和应用理论研究，为兰州市改革开放和经济建设服务。（三）领导和协调全市各社会科学学会、协会、研究会及其他学术团体的工作。(四)普及社会科学的基本知识，推广应用各种研究成果。(五)培养我市社会科学领域的各种人才，发展壮大我市社会科学队伍。(六)讨论、评价和奖励全市有重要价值的科研成果，表彰社科优秀人才。(七)广泛开展市内外的学术交流活动。(八)组织各学术团体进行涉外方面的学术政策宣传和有关国际学术交流、学术互访活动等。

0041 兰州市社会科学研究院

地　　址：兰州市城关区南滨河东路 735 号

隶属或挂靠单位：兰州市政府直属事业单位

成立时间：1985-06-25

简　　介：兰州市社科院是市政府直属事业单位，是兰州市哲学社会科学专门研究机构，是市委、市政府的参谋部门、咨询机构，是兰州市哲学社会科学人才的培养基地。兰州市社科院前身是兰州市社会科学研究所，诞生于 1985 年，后更名为兰州市社科院。

0042 金昌市委党校

地　　址：金昌市延安路 108 号

隶属或挂靠单位：中共金昌市委组织部

成立时间：1985-07-18

简　　介：创建于 1983 年 11 月。学校占地 30 000 m²，校舍面积 11 000 m²。目前，市委党校核有行政及事业编制 48 人，现在册教职工 39 人。其中县级干部 3 人，科级干部 10 人；党员 21 人；副教授 13 人，讲师等中级职称 13 人；具有博士学历 2 人，研究生学历 22 人。学校内设办公室、培训部、教务处、科研室等 8 个科室。围绕市委、市政府的中心工作，强化调研，有序推进党校科研。坚持和实施"科研立校，精品兴校"战略，组织教师加强社会调查和对现实问题的研究，发挥集体科研攻关的优势，形成了

有一定参考价值的理论成果。

0043 天水市麦积区委党校

地　　址：天水市麦积区建新路 3 号

隶属或挂靠单位：麦积区区委

成立时间：1958-07-01

简　　介：麦积区委党校是中共天水市麦积区委直接领导下、培养全区党员领导干部和理论干部的学校。校园总面积 13 333 m²，建筑总面积 5 600 m²，校内绿化面积 3 781 m²，环境优雅，办学条件较为优越。现有教职工 36 人，其中专职教师 21 人，管理人员 5 人，图书管理、文秘打印以及后勤服务人员 10 人。教师中本科学历 23 人，双本科学历 2 人，6 人研究生课程进修班结业，硕士研究生 5 人；有高级讲师 4 人，讲师 10 人，助理讲师 7 人；2 人具有律师职业资格；另外，还聘请 26 名党政领导干部和各行业专家学者为兼职教师。

0044 甘肃省轩辕文化研究会

地　　址：清水县文广局

隶属或挂靠单位：甘肃省社科联

成立时间：2012-02-27

简　　介：2011 年 10 月，清水县委县政府为推动清水文化大发展大繁荣，利用轩辕故里这个品牌，发起成立省级轩辕文化研究会，在省民政厅、省社科联的指导帮助和有关专家、学者的积极参与下，2011 年 12 月 19 日省社科联批复同意为业务主管部门，省民政厅于 2011 年 12 月 31 日核准了社团名称，2012 年 2 月 17 日批复成立。性质是在中国共产党的领导下，依法成立的主要由甘肃省轩辕文化研究方面的专家、学者、企业、社会法人组成，吸纳全国研究轩辕文化的精英等自愿结合的地方性、学术性的非营利性社会团体。

0045 清水县委党校

地　　址：清水县永清镇原泉村 2 号

隶属或挂靠单位：清水县委

成立时间：1958-08

简　　介：1995 年，县委党校加挂"清水县干部培训中心"的牌子。2009 年，中共清水县委根据新形势下干部培训的要求，根据县委发 [2010] 29 号文件，撤销清水县干部培训中心，改设清水县行政学校，并兼设清水县专业技术人员继续教育基地，形成"一套人马、三块牌子"的办学格局，并沿用至今。党校现有教职工 18 人，管理人员 3 人，工人 3 人，教师 12 人，教师平均年龄 45 岁，其中，高级讲师 6 名，讲师 5 名，助讲 1 名；研究生 2 人，本科 10 人；中共党史党建 1 人，历史学 2 人，行政管理 2 人，党政管理 2 人，公共管理 1 人，政治教育 1 人，贸易与经济 1 人，数学教育 1 人，教育学 1 人。

0046 天祝县县委党校

地　　址：天祝县华藏寺镇祝贡路 130 号

隶属或挂靠单位：中共天祝县委

成立时间：1958-08-01

简　　介：天祝县委党校成立于 1958 年，与 1994 年成立的天祝县行政干部学校"一套人马、两块牌子"。现学校占地面积约 7 000 m²，综合教学楼建筑面积约 1 850 m²，有普通教室 5 个，多媒体教室 1 个，校图书资料室现藏书 5 000 多册，报刊杂志 1 500 多册。2001 年开通了中央党校远程教学 C 级网站，2009 年开通了光纤宽带和北京市委党校"宣讲家"网站，现已基本实现了现代化教学服务体系。

0047 山丹县委党校

地　　址：山丹县龙首路 7 号

隶属或挂靠单位：山丹县委党校

成立时间：1958-10-07

简　　介：山丹县县委党校始建于 1958 年 10 月，前身为中共山丹县委初级党校。1996 年 11 月，山丹县行政干部学校成立，与县委党校合署办公。党校电话教育中心、团员青年教育培训中心、妇女培训中心、法制教育基地、张掖市专业技术人员继续教育基地、农村党员干部现代远程教育中心挂牌于党校。党校占地面积 8 200.25 m²，有建筑面总务室、信息中心、图书档案室 7 个科室。现有 10 名教职工（其中高级讲师 3 人）积 1 414 m² 的培训大楼，同时可满足 300 人以上的办学需求，4 个教学班可同时开课。内设办公室、教研室、科研室、财务室、，能够开设哲学、经济学、管理学、文学、中共党史、党的建设和法学七个学科的研究教课程。

0048 玉门市委党校

地　　址：玉门市新市区永宁路 8 号

隶属或挂靠单位：玉门市委

成立时间：1957-10-10

简　　介：中共玉门市委党校成立于 1959 年，现与玉门市行政学校"一个机构、两块牌子"，为财政全额拨款的正科级事业单位，现有办公室、教务处、教研室三个内设机构，干部职工 10 人，现拥有办公室 9 间，总建筑面积 582 m²，拥有多功能报告厅 1 间（与教育局兼用，产权属教育局所有），电脑 11 台，投影设施 1 套。主要职责有：培训轮训全市科级领导干部及后备干部，培养理论宣传骨干；负责承办市委、市政府举办的培训班、专题研讨班；围绕市委、市政府的重要工作部署和全市经济社会发展中出现的新情况新问题开展课题研究，推进理论创新；按照国家有关法律法规和政策规定，开展干部继续教育和培训。近年来在市委的坚强领导和组织部门的精心指导下，学校立足实际，不断加强自身建设，积极探索干部教育培训规律，全力搞好干部培训。

0049 中共庆阳市委党校

地　　址：庆阳市西峰区长庆大道 68 号

隶属或挂靠单位：庆阳市委

成立时间：1961-12-01

简　　介：中共庆阳市委党校是在市委直接领导下培训党员领导干部和理论干部的学校，是党委的重要部门，是培训轮训党员领导干部的主渠道，是党的哲学社会科学研究机构。市委党校创建于 1961 年 12 月，1993 年 5 月，加挂"庆阳市行政干部学校"牌子，2011 年 5 月，加挂"庆阳市社会主义学院"牌子。现有教师 34 人，其中具有正高职称 1 人，副高职称 14 人。

0050 庆阳市社会科学界联合会

地　　址：庆阳市西峰区庆州西路市委统办楼

隶属或挂靠单位：庆阳市委宣传部

成立时间：2000-03-13

简　　介：庆阳地区社会科学界联合会成立于 2000 年 3 月 13 日，编制 1 人，属正县级事业单位，挂靠地委宣传部；2002 年 1 月 7 日更名为庆阳市社会科学界联合会；2006 年 7 月 18 日增编 3 人；2011 年 11 月 12 日获批加挂甘肃省社会科学院陇东分院牌子，两块牌子，一套机构。现设专职主席、副主席各 1 名。目前，全市共有市级社科团体 34 个，经常开展活动的社科团体有 21 个。2010 年 3 月 5 日，市委召开全市社科工作会议，要求各县区筹建社科联。截止 2012 年底，各县区社科联先后成立，并配备了专（兼）职负责人及工作人员。

0051 西峰区社会科学界联合会

地　　址：西峰区九龙路 28 号

隶属或挂靠单位：西峰区委宣传部

成立时间：2012-05-10

简　　介：西峰区社科联成立于 2012 年 5 月，为副科级全额拨款事业单位，挂靠庆阳市西峰区委宣传部，核定全额拨款事业编制 3 名，其中领导职数 1 名。社科联成立后，主要是指导、联络和协调社会科学类学会、研究会、协会和社科理论工作者申报省、市课题研究和学术交流。

0052 中共西峰区委党校

地　　址：庆阳市西峰区九龙路 23 号

隶属或挂靠单位：庆阳市西峰区委员会

成立时间：1986-03-01

简　　介：西峰区委党校成立于 1986 年 3 月，隶属庆阳市西峰区委员会，为独立的参照管理的事业单位。位于庆阳市西峰区九龙路 23 号，占地面积 5 973 m²，总建筑面积 1 485 m²，有效使用面积 1 080 m²，主要包括单面二层办公楼和单面二层教学楼各一幢。可使用的标准化教室 3 个，面积 180 m²，小型多媒体教室一个，面积 80 m²。党校核定编制 18 人，现实有 16 人，参照管理公务员 4 人，工勤人员 3 人，教学人员 8 人。其中高级讲师 3 人，讲师 2 人，助理讲师 3 人。

0053 庆城县民俗艺术研究所

地　　址：庆城县东大街 4 号文化大楼

隶属或挂靠单位：文广局

成立时间：2005-12-10

简　　介：庆城县民俗艺术研究所成立于 2005 年 12 月，为副科级事业单位（2008 年 9 月成立的庆城县香包民俗文化产业开发协调领导小组办公室，为正科级全额拨款事业单位，与县民俗艺术研究所合署办公），归口文化广播局管理。核定事业编制 7 人，其中领导职数 2 名，目前在岗人员 18 人。其主要职能及任务是：（一）挖掘、整理、研究、开发特色文化资源和民间民俗文化遗产，为文化产业服务；（二）研发新产品、研究新工艺、着力打造特色精品，艺术精品；（三）研究制定香包生产的技术规范工艺流程和产品标准，培育庆城香包品牌、注册商标品牌；（四）加大技术培训力度。

0054 中共庆城县委员会政策研究室

地　　址：庆城县委县政府统办大楼 403 室

隶属或挂靠单位：中共庆城县委员会办公室

成立时间：1989-03-10

简　　介：中共庆城县委员会政策研究室，原名中共庆城县委员会农村政策研究室，成立于 1989 年 3 月 10 日，2003 年 3 月更名为中共庆城县委员会政策研究室，是庆城县委办公室二级单位，核定编制 11 人，现在职人员 9 人，其中副主任 2 人，副主任科员 1 人，司机 1 人，干事 5 人。

0055 中共庆城县委员会党校

地　　址：庆城县西大街 26 号

隶属或挂靠单位：无

成立时间：1958-07-10

简　　介：中共庆城县委党校成立于 1958 年 7 月，主要承担全县科级领导干部、中青年后备干部、理论宣传骨干、村组干部、公务员和基层党员干部的培训任务。现有教职工 15 名，其中科级干部 7 人，其他人员 8 人；大学文化程度 12 人；党员 7 人。有专兼职教研人员 9 人，其中高级讲师 3 人，讲师 3 人。校园总面积 8 251 m²，建筑面积 2 500 m²，建有远程教育网点、多媒体教室、普通教室和简易图书室，各项校园基础设施基本齐全，已成为一所能容纳近 300 人学习的现代党校。

0056 庆城县社会科学界联合会

地　　址：庆城县县委、县政府统办大楼

隶属或挂靠单位：中共庆城县委宣传部

成立时间：2012-11-22

简　　介：庆城县社会科学界联合会成立于 2012 年 11 月 22 日，挂靠中共庆城县委宣传部，核定事业编制 2 名，现有社科联主席 1 名（副科级），干事 1 名。

0057 环县社会科学界联合会

地　　址：环县环洲路 41 号

隶属或挂靠单位：中共环县县委宣传部

成立时间：2010-07-05

简　　介：环县社会科学界联合会成立于 2010 年 7 月 5 日（环编发〔2010〕41 号文件批复），为副科级事业单位，挂靠县委宣传部。环县社会科学界联合会的主要职责是：紧紧围绕县委、县政府的工作大局和经济社会发展中的重大理论和实践问题，组织力量开展对策研究，为县委、县政府的科学决策提供智力支持和理论服务；组织开展社会科学的宣传普及、智力开发和咨询服务工作，推进社科知识进社区、进农村；组织开展各类学术理论研究活动，积极促进和开展县内学术交流；抓好区域经济、政治、文化和社会的研究工作，逐步办成县社科联的品牌项目和特色项目；组织开展优秀社科成果的评奖活动，并以此为平台，更好地发挥评价奖励机制的导向作用；组织县社会科学界积极参与社会协商对话、民主监督和民主管理工作；加强对各类社科团体的管理，维护本会所代表的社科工作者及团体的合法权益；完成县委、县政府交办的其他任务。

0058 环县道情皮影保护中心

地　　址：环县环江新区环江大道 102 号

隶属或挂靠单位：环县文化广播影视局

成立时间：2005-05-10

简　　介：2003年环县道情皮影被列为文化部保护试点项目后，县上成立了由县委书记任组长，人大、政府、政协主要领导和四大家分管领导为副组长的环县非物质文化遗产（道情皮影）保护试点领导小组。建立了例会制度和工作制度，聘请省市领导及有关部门负责人组成指导委员会，聘请国内部分专家、学者组成专家组，并从宣传、文化、教育等部门抽调20名有特长、有能力和爱好道情皮影艺术的同志承担抢救普查、整理研究等具体工作。2003年8月，又成立了环县道情皮影艺术家协会，2008年1月成功地对协会进行了换届，12月4日，协会已整体加入中国木偶皮影学会。为了使环县道情皮影保护传承工作真正落到实处，并做到长效持久，县委、县政府于2005年5月研究成立了"环县道情皮影保护中心"，为科级事业单位，隶属县文化局，现有主任1名，副主任1名，工作人员9名。该中心下设道情音乐研究室、皮影艺术研究室、道情剧目研究室、档案资料室等四个专业工作室及一个培训学校，是我国专门从事非物质文化遗产保护工作为数不多的县级保护单位。其主要职责是：承担道情皮影及其他非物质文化遗产的田野普查及内业资料整理，编印整理道情皮影系列成果，落实道情皮影传承保护措施，完成试点年度工作任务，开展相关学术研究。

0059　环县党校

地　　址：环县文化路46号

隶属或挂靠单位：无

成立时间：1960-05-05

简　　介：环县党校始建于1960年，原居县城老城区，2005年7月迁址县城西滩新区，属省委组织部基层党员干部培训基地之一。现占地4 650 m²，总建筑面积3 640 m²，有综合教学楼和综合服务楼各1幢。学校现有教职工18人，其中高级讲师2人，讲师5人。1999年设立了党校函授教育辅导站，2004年兼办了环县行政干部学校，2006年初建成并开通了中央党校远程教育C级站。2007年经省、市委组织部批准创办了环县农村基层干部专修学校。目前，学校教学设施较为齐全，师资队伍基本合理，可承担全县3 000名党员干部及公务员的教育培训任务。

0060　华池县社会科学界联合会

地　　址：华池县中街4号

隶属或挂靠单位：中共华池县委宣传部

成立时间：2012-02-08

简　　介：华池县社会科学界联合会是中共华池县委领导下的人民团体，是华池县社会科学界学术性社会团体的联合组织，是党和政府联系社会科学工作者的桥梁和纽带。

0061　中共华池县委党校

地　　址：甘肃省华池县柔远镇老街城1号

隶属或挂靠单位：无

成立时间：1962-07-01

简　　介：华池县委党校是在县委直接领导下从事党员干部教育和培训工作的机构。始建于1962年7月，原校址位于教育路36号。2004年成立华池县行政干部学校，与党校合署办公，两块牌子一套班子。2007年5月迁入县总工会二楼办公至今。

0062　中共合水县委党校

地　　址：甘肃省庆阳市合水县乐蟠西路62号

隶属或挂靠单位：中共合水县委

成立时间：1962-08-04

简　　介：中共合水县委党校成立于1962年8月，现与合水县委讲师组、合水县行政干部学校合署办公，"一套班子，三块牌子"。是一个集全县党员领导干部培训、政治理论学习、公务员、工人培训为一体的干部教育培训机构。2007 年 6 月对学校进行了整体搬迁，在新校址征地 4 333 m²，兴建了四层双面综合教学楼一幢，建筑面积 2 180 m²，现在新教学楼共有教室 4 个，大小礼堂各 1 个。现有图书（包括电子图书）9 000 余册。同时积极筹措资金努力改善办学条件，配置了多媒体教学设备，建起了多媒体报告厅，开通了中央党校的远程教育网络 C 级站，实现了教学手段的现代化。我校现有教职工 17 人，其中：管理人员 4 名；专职教师 9 名（内有高级讲师 1 名、讲师 5 名，助讲 3 名）；后勤人员 3 名；图书管理员 1 名。教师和管理人员中有本科学历的 11 名。近年来县委党校紧紧围绕党的中心工作，坚持党的基本路线，积极发挥干部培训主渠道的作用，举办各类主体班次 130 多期，培训、轮训干部学员 18 000 多人次。

0063 合水县民俗文化研究所

地　　址：合水县西华池镇文化东路 74 号

隶属或挂靠单位：合水县文化广播影视局

成立时间：2006-01-01

简　　介：合水县民俗研究所成立于 2006 年 1 月，隶属于合水县文化广播影视局，位于合水县西华池镇文化东路 74 号，具体负责全县民俗文化产业开发的研究、设计制作、技能培训、理论研究、新产品研发、民俗工艺品、香道系列产品、民俗文化遗产保护等工作，监督指导各民俗产业公司加工生产、外出展销等工作。今年争取县财政预算安排八大文化创意产业扶持资金 500 万元，对外展销 5 次以上，年内完成 8 000 人次的文化产业从业人员培训，文化产业从业人数达 2 215 人，文化产业法人机构数达到 61 家（新增 10 家），年内生产香包、刺绣、根雕、石刻、书画等文化创意产品 30 万件，文化产业增加值达到 1 亿元。

0064 中共合水县委政研室

地　　址：合水县西华池镇解放东路 072 号

隶属或挂靠单位：中共合水县委

成立时间：1992-01-30

简　　介：合水县委政研室成立于 1992 年 1 月 30 日，位于合水县西华池镇解放东路 072 号，隶属中共合水县委，主要职责是围绕县委中心工作进行调查研究；根据县委领导的安排和布置，对县委作出的重大决策进行跟踪调查，提出完善决策的意见和建议；负责起草或参与起草、修改县委重要会议的报告、讲话稿；参与县委有关重大决策或部署的试点和实施指导工作，及时总结推介典型经验；组织、协调、指导各乡镇和县直各部门的调查研究工作；搞好有关信息资料的收集、整理工作；承担县委及市委政策研究室交办的其他工作。

0065 正宁县社科联

地　　址：正宁县委大院

隶属或挂靠单位：中共正宁县委宣传部

成立时间：2011-11-01

简　　介：根据市编委庆市编发 [2011] 23 号文件批复，成立正宁县社会科学界联合会，副科级事业单位，挂靠县委宣传部。收集、整理社会科学研究信息，整合全县社科资源，组织开展社会科学的宣传普及和智力开发、咨询服务工作。

0066 中共正宁县委党校

地　　址：正宁县东关山河街 9 号

隶属或挂靠单位：中共正宁县委

成立时间：1962-11-01

简　　介：中共正宁县委党校成立于 1962

年，最初为培训基层干部。至 2013 年，县委党校有教职工 24 人，其中专任教师 14 人，管理后勤人员 10 人，本科学历 15 人，专科 5 人，中专及以下 4 人。副高职称 3 人，中级职称 9 人，初级职称 5 人。设校长 1 人，常务副校长 2 人，行政干校副校长 1 人。

0067 正宁县民俗研究所

地　　址：正宁县县城南街 4 号

隶属或挂靠单位：正宁县文化广播影视局

成立时间：2007-11-14

简　　介：正宁县民俗研究所成立于 2007 年，主要负责全县香包、刺绣、剪纸、柳编等传统民俗文化的研究和开发。

0068 正宁县法学会

地　　址：正宁县委大院

隶属或挂靠单位：正宁县政法委

成立时间：2014-06-26

简　　介：正宁县政法委成立于 2014 年 6 月 26 日。主要职责如下：（一）组织全县法学工作者、法律工作者学习和贯彻党的基本路线、纲领、方针和政策，提高政治素质和业务素质，坚持正确的政治方向。（二）组织全县法学工作者和法律工作者开展多学科、多层次的法学研究活动，推进法学理论研讨创新。（三）组织法学工作者、法律工作者深入实际进行调查研究，对全县民主与法制建设进程中的重大理论问题和实践问题进行学术研讨，提出法律对策和建议。（四）组织会员向上级法学会主办的法学、法律刊物提供稿件、反馈法律信息。参与省市内外法学界、法律界的学术交流与合作活动。（五）定期组织评选和表彰优秀法学理论研讨成果活动，营造尊重人才、学术交流的良好氛围，搭建法制理论研讨平台。（六）参与全县规范性文件和重大决议、决定的起草、

修改、咨询及论证工作。（七）参与并指导全县法制宣传、法学教育培训、法律讲座等普法宣传活动，提高广大人民群众的法制观念和意识。（八）参与社会矛盾纠纷排查化解，为全县社会大局和谐稳定提出合理化意见和建议。（九）发挥人才、智力优势，开展多种形式的法律援助服务活动，为群众提供法律服务，保障广大人民群众的合法权益，推动法治化进程。（十）指导、协调本会全体会员的工作，努力使全体会员成为中国特色社会主义法学理论研究的引领者、推动者。（十一）完成县委、人大、政府、政协交办的各项法律工作任务，承办有关部门委托的法律事务工作。（十二）积极向县委、政府反映会员和法学界、法律界的意见和要求，维护会员的合法权益，促进全县社会稳定和经济发展。

0069 正宁县政策研究室

地　　址：正宁县西街 3 号

隶属或挂靠单位：正宁县委办公室

成立时间：1993-11-01

简　　介：正宁县政策研究室成立于 1993 年，隶属于县委办公室。设主任 1 名，副主任 1 名，工作人员两名。负责全县各项政策的研究制定。

0070 中共宁县县委党校

地　　址：宁县新宁镇辑宁南路 1 号

隶属或挂靠单位：隶属宁县县委

成立时间：1959-03-01

简　　介：1959 年 3 月成立宁县县委党校；1968 年 5 月成立毛泽东思想学习班，设在县委党校；1969 年 3 月成立宁县革委会"五七"干校，学习班停办；1970 年 2 月"五七"干校停办；1971 年 2 月成立"学习班"；1976 年 4 月 12 日恢复中共宁县县委党校名称及

建制。

0071 宁县社会科学界联合会

地　　址：宁县新宁镇人民路 3 号

隶属或挂靠单位：中共宁县县委宣传部

成立时间：2012-02-25

简　　介：2012 年 2 月成立宁县社科联，为副科级事业单位，核定事业编制 3 名，设领导职数 1 名，至目前已配备工作人员 1 名。

0072 中共镇原县委政策研究室

地　　址：镇原县中街 17 号

隶属或挂靠单位：中共镇原县委办公室

成立时间：1994-01-01

简　　介：中共镇原县委政策研究室成立于1994 年，为县委政策研究工作部门，隶属县委办公室。政研室核定行政编制 2 名，其中主任或副主任 1 名，业务主办 1 名。政研室自成立以来，坚持为领导决策提供服务的宗旨，围绕党的中心工作，组织开展有关政治、经济、文化和党建等重大方针、政策问题的调查研究，以开阔的视野关注全县经济社会的发展动态，深入探讨剖析我县经济社会发展的成果和存在问题，并针对存在问题提出可行性意见和建议，为领导的决策和决策的实施发挥了重要的作用。

0073 中共镇原县委党校

地　　址：镇原县东街 17 号

隶属或挂靠单位：中共镇原县委

成立时间：1959 年 1 月

简　　介：中共镇原县委党校建于 1959 年1 月，占地 13 000 m²，建筑面积 5 037 m²，用于教学的建筑面积 2 737 m²，其中单面教学楼 1 幢，大礼堂 1 座，教室 2 个，办公室、档案室、图书资料室、阅览室、活动室等设施配套基本齐全。学校现有编制 20 名，其

中在职正式职工 22 人。县委党校是县委的一个重要部门，为科级参照管理事业单位，实行校委会领导体制。现有校长 1 名，常务副校长 1 名，副校长 3 名，讲师组副组长 1名，校长由县委副书记兼任。现有专任教师12 人，其中高讲 2 名，讲师 6 名，助讲 2 名，研究生学历 1 名，本科 11 名，涉及党政、中文、法律、政教、管理、历史、财政、统计等 9 个专业。在现有的 22 名职工中，有7 人参照《公务员法》管理，12 人为专业技术人员，2 人为事业单位管理人员，1 人为工勤人员。学校同时挂"中共镇原县委讲师组""镇原县行政干部学校""甘农大继续教育学院函授辅导站"三个牌子。2000 年县委党校被县委、县政府命名为"县级文明单位"，2002 年被市委、市政府命名为"市级文明单位"。

0074 镇原县社会科学界联合会

地　　址：镇原县中街 17 号

隶属或挂靠单位：中共镇原县委宣传部

成立时间：2011-04-02

简　　介：镇原县社会科学界联合会成立于2011 年 4 月 2 日，隶属于镇原县委宣传部，是镇原县委领导下的人民团体，是社会科学界学术性社会团体的联合组织，是联系广大社会科学工作者的桥梁和纽带，是发展和繁荣镇原社会科学事业的重要社会力量。镇原社科联成立以来，一是积极开展社科资源摸底活动，建立优秀社科人才档案 60 多套；二是加强应用对策研究，参与省、市立项课题研究 10 多个，其中《当前农民思想道德和精神文化生活现状分析与对策研究（以镇原县为例）》获甘肃省全省思想政治工作课题研究三等奖；三是搞好社科普及工作，每季度围绕一个主题开展一次以上社科普及讲座，在各级报刊、电视等媒体刊登社科常识

150 多次；四是抓好社科学会建设，推动学会思想建设、组织建设、制度建设和工作创新，认真抓好学会年会、年检等环节的指导和管理，积极探索学会工作新规律，努力打造一批骨干学会。

0075 中国镇原王符研究会（王符文化研究中心）

地　　址：镇原县康平大厦 3 楼
隶属或挂靠单位：镇原县民政局、文广局
成立时间：2006-05-17
简　　介：中国镇原王符研究会注册成立于 2006 年 5 月 17 日，隶属于镇原县民政局、文广局，该社团组织特邀名誉主席 6 人，设主席 1 人，副主席 2 人，秘书长 1 人，理事 15 人，会员 20 人。创办了社科刊物《王符研究》，发行 4 万余份。与省电视台拍摄录制王符电视纪录片，在《西北角》栏目播出。参与拍摄三十集电视连续剧《王符》，以及舞台剧《布衣王符》。

0076 定西市安定区委党校

地　　址：定西市安定区气象新村 300 号
隶属或挂靠单位：区委
成立时间：1959-06-17
简　　介：始建于 1959 年 10 月，坐落于定西城区西环路。现占地 10 667 m²，建有教学楼、办公楼、学员宿舍楼各一幢、教学辅助用房 6 间，建筑面积 4 000 m²，有容纳 150 人的多功能报告厅 1 个，教室 5 间，计算机教室 2 个，餐厅 1 座，图书室藏书 8 000 余册，固定资产 400 万元。2003 年，区委依托党校建成了中共甘肃省委组织部基层党员干部教育培训定西基地，2007 年建成了定西市安定区行政学校。目前，中共安定区委党校与定西市安定区行政学校、中共甘肃省委组织部基层组织部基层党员干部教育培训定西基地、定西市安定区农村基层干部专修学校合署办公，四块牌子，一套人马。

0077 中共临洮县委党校

地　　址：临洮县临康路卫生局南侧巷内
隶属或挂靠单位：中共临洮县委
成立时间：1976-04-07
简　　介：根据临洮县县委发 [1976]16 号文件，临洮县委党校成立于 1976 年 4 月 7 日，现坐落于临洮县临康路卫生局南侧巷内。具体情况如下。（一）县委党校基本情况：①领导班子建设，按照《党校工作条例》要求，党校实行校委会领导体制。②教职工人员情况。党校现有教职工 23 名（男 12 名，女 11 名）。其中专业技术人员 19 名，行政管理人员 3 名，工勤人员 1 名。平均年龄 42.5 岁，23 名教职工中 50 岁以上的 6 人，35 岁以下的 7 人，36—49 岁的 10 人。有党员 16 名。专业技术人员中研究生学历 2 名，研究生在读 2 名，本科学历 16 名。其中取得高级讲师资格 5 名，已聘任 3 名；取得中级讲师资格的 10 名，聘任讲师 10 名，助讲 6 名。③基础设施建设情况。在县委、县政府的关怀下，自 2009 年开始建设新的教学楼，2011 年 10 月建成，2011 年 11 月 1 日搬入新校区办公。建立以校内培训为主、校外培训为辅的大培训的新格局。近三年来（2010 年—2014 年 4 月 28 日），县委党校共举办各类党员干部培训班 116 期，共培训党员干部 25 982 人次，扩大了干部教育培训范围。（二）坚持理论联系实际，建立教学师资基地库，创新队伍，建设一支素质优良、规模适当、结构合理、能满足不同层次干部教育培训需要的师资队伍是提高教学质量的关键。

0078 中共漳县委员会党校

地　　址：甘肃定西漳县武阳镇武阳路 25 号

隶属或挂靠单位：中国共产党漳县委员会

成立时间：1961-12-06

简　　介：中共漳县县委党校成立于 1961 年 12 月，占地面积约 5 000 m²，建筑面积 2 300 m²。

0079 中共文县委党校

地　　址：文县城关镇韩家坝新区

隶属或挂靠单位：文县县委

成立时间：1955-10-01

简　　介：中共文县委党校位于文县韩家坝新区，始建于 1955 年 10 月。中共文县委党校原教学办公楼在"5·12"地震中遭受严重损坏，在县委、县政府的高度重视下，中央下达重建资金 523 万元新建综合大楼一幢，占地面积 2 900 m²，建筑面积 3 104.24 m²。新的综合大楼设有办公室、教务教研室、总务室、会议室、多媒体教室、党员活动室、微机室、培训接待中心及职工活动室。现有教职工 25 人，其中高级讲师 2 名，中级讲师 9 名，助理讲师 9 名，行政管理人员 4 名，后勤人员 1 名。在县委、县政府的坚强领导下，一是认真学习、全面贯彻落实党的各项方针政策，高举中国特色社会主义伟大旗帜，以邓小平理论和"三个代表"重要思想为指导，深入贯彻落实科学发展观，按照实事求是、与时俱进、艰苦奋斗、勤俭办学的方针，坚持改革创新，突出办学特色，提高教学质量，围绕县委的中心任务和全县工作大局，着力开展干部培训工作。二是干部培训、理论宣讲不断增强。三是理论科研水平成效显著，2012 年起创办季刊《文县论坛》，为文县各级干部学习理论、探讨工作方法、交流工作经验提供了平台。四是树立"以学养学"的理念，积极争取与高校联合办学，为党校的发展创造条件。

0080 中共康乐县委党校

地　　址：康乐县东街 15 号

隶属或挂靠单位：县委组织部

成立时间：1972-12-03

简　　介：康乐县委党校驻地在康乐县城东街 15 号，现占地面积 4 853 m²，2007 年投资 150 多万元，新建主体三层、局部一层教学楼一栋，总建筑面积为 1 251 m²，其中教室五个，多媒体教室两个（其中阶梯教室一个，可容纳 160 人），会议室一个，阅览室一个，藏书 2 000 多册，现有课桌 260 多套。2009 年新修建车库、门房、厨房等房间 7 间，建筑面积为 170 m²，同时完成了大门、化粪池和院内硬化等附属设施的修建工作，使党校的基础建设逐步与新时期的干部教育发展相适应。我县党校是县委领导下培训全县党员干部和县乡国家公务员的学校，是县委的一个重要部门，属全额科级事业单位，隶属县委组织部管理，管理体制实行校委会领导下的校长负责制。领导职数一正两副，校长由县委副书记兼任，具体工作由常务副校长主持，另设分管教学和分管后勤的副校长各一名，全部为大专以上学历；现有职工 21 人，其中教师 9 人，全部为本科学历，有讲师（中级）4 人，助理（初级）5 人，后勤工作人员 11 人；机动车一辆。

0081 中共和政县委党校

地　　址：和政县人力资源中心三楼

隶属或挂靠单位：无

成立时间：1958-07-01

简　　介：中共和政县委党校于 1958 年 7 月成立。1968 年迁至西关，2005 年迁至沈家庄新村职业学校院内，2008 年迁回原址。2011 年迁到县人力资源中心三楼办公，无独立的校区校园。现有三个集体办公室，一个视频会议室（兼作培训教室），一个小会议室，总建筑面积180m²。现有教职工10人。和政县委党校每年开展培训80多期（到各乡镇、各单位举办短期培训辅导），年均培训5 000人。

0082 中共合作市委党史研究办公室

地　　址：合作市政府统办楼一楼
隶属或挂靠单位：市委党校

成立时间：1997-09-01

简　　介：中共合作市委党史研究办公室属于市委办下属办公室，正股级，事业编制数为2人。在市委的坚强领导下，中共合作市委党史研究办公室和中共合作市委组织部共同完成了《中国共产党甘肃省甘南藏族自治州合作市组织史资料》（1997.3—2007.5）的编写，2013年5月完成了《合作市科级干部"十八大精神"轮训班论文选编》的编印工作。

著作类

0001 守望 追寻 创生：中国西部小说的历史形态与精神重构

出版时间：2012-06

作　　者：王贵禄

出 版 社：北京大学出版社

发 行 量：10 000 册

简　　介：本书是一本系统研究中国西部小说的有份量的著作。作者在"地域／文化""民族／国家"构成的平面上，以作家的个案研究为支撑，通过分析西郡独特的地理状况、生态环境、民族风情、文化衍变、心理趋向、宗教情怀等对于作家精神气质和创作趋向的影响，揭示了西部作家群特有的创作风貌，反映了西部小说在民族精神文化建构中的位置，展现了西部作家作为一个群体在"传统／当代"的文化承接过程中发挥的巨大作用。论者以鲜明的问题意识，立足于当代文学史的发展动态，以精神结构、文化基因、冲突模式和文学接受等作为阐释西部小说的关键词，在较大规模上激活与延展了西部小说研究可能的话语空间。

0002 文学创作论

出版时间：2002 年

作　　者：薛世昌

出 版 社：中国文联出版社

发 行 量：2 060 册

简　　介：本书从文学创作的主体、载体、创作过程及美学追求等方面论述了文学创作的一般过程与普遍规律，对创作能力、创作观察、诗歌创作技法、诗歌形式、小说情节、文学语言与文学构思及文学灵感的培养等问题均有独到见解。

0003 唐代御史制度与文人

出版时间：2013-12

作　　者：霍志军

出 版 社：中国社会科学出版社

发 行 量：1 000 册

简　　介：霍志军副教授撰写的《唐代御史制度与文人》由中国社会科学出版社出版。全书力图从文、史、法等多学科的角度研究唐代御史与文学的关系，既清晰勾勒出了唐代御史群体以"刚正"为人格标识的精神谱系和以求实、批判、疗救为特征的思维谱系，又动态地考察了唐代不同历史阶段御史人格的发展变化及其与文学的关系；既宏观地考察了御史活动对唐代文学的影响，又微观地探讨了御史活动与诗歌、散文创作之间的关系，在一定程度上弥补了当前唐代文学研究的结构性缺陷，取得了整体创新的原创性学术成果。

0004 前瞻性批评：消费时代的文学与影像

出版时间：2011-12-31

作　　者：王贵禄

出 版 社：中国社会科学出版社

发 行 量：8 000 册

简　　介：《前瞻性批评：消费时代的文学与影像》从宏观视野上观测20世纪90年代以来中国文学和影视文化在消费语境中的整体转向，始终从追问当代学者和作家的文化身份入手，以左翼史观为基本出发点，对中国文学与影视文化进行宏观的富于深度的反思。《前瞻性批评：消费时代的文学与影像》的研究旨在梳理20世纪90年代以来中国文学和影视文化的整体转向，这种"转向"当然是全方位、多层面的，包括从作家的创作精神的转向到文学史书写、文学批评、文学阅读等方面的转向。敞亮意味着一种强烈的"重建"意识、一种呼唤意识，目的在于从这种几乎是"颓败的"转向中重建一种文学与影视的深度模式，同时重建一种积极参与社会、参与人生的文艺模式。

0005 手风琴综合应用教程

出版时间：2013-01

作　　者：曾杰

出 版 社：西南交通大学出版社

发 行 量：300 册

简　　介：这套教材涉及内容广泛，曲目数量大，专业性强，更适合具有一定手风琴演奏基础的专业学生学习。本教材分三部分，第一部分为基础训练，共5课，内容主要是让初学者熟悉、了解手风琴的结构，掌握手风琴的正确的演奏方法，也有少量伴奏常识的讲解。第二部分为综合训练，共6课，每课分音阶与琶音、伴奏音型、练习曲、乐曲、伴奏编配讲解等五方面的内容；乐曲曲目的选择上，注重一些贴近中、小学音乐教学，且在社会上广为流传、耳熟能详的歌曲，并给每一首乐曲配了伴奏，在学习过程中即可作为独奏曲练习，也可作为重奏乐曲练习，旨在让学生掌握这些歌曲的伴奏方法，使技能学习与伴奏编配结合起来。第三部分准备了10首难度适中的独奏曲与重奏曲，旨在通过对这几首独奏曲与重奏曲的学习，使学生不仅具备一定的演奏能力，还要具备一定的协调、合作能力，这一方面有利于提升自身音乐修养，同时也有助于提高学生的学习兴趣。

0006 小学语文课程与教学论

出版时间：2012-09-01

作　　者：张悦红

出 版 社：中国社会科学出版社

发 行 量：3 000 册

简　　介：《面向21世纪课程教材：小学语文课程与教学论》在保留现行教材的理论框架的同时，对小学语文教师职业技能进行了全面的、全新的、全程的实践训练安排。理论内容的学习重在"导学"，即教师作为学生学习的引导者，以问题情境引导学生自学，通过教师对学生的提问和答疑解惑推动学生自主、合作、探究地学习。

0007 盛唐士人求仕活动与文学

出版时间：2012-03-12

作　　者：霍志军

出 版 社：中国社会科学出版社

发 行 量：1 000 册

简　　介：关陇地区山川雄奇壮阔，民风淳朴刚强，文化积淀深厚，周秦汉唐时期一直是全国政治、经济、文化的中心。唐代关陇地区既是全国政治、军事、经济的中心，同时也是中外文化交流的中心。唐代士人由于应试、入仕的原因，大都要到关陇地区居住、游历、任职，与云集关陇地区的众多诗人交流思想，切磋诗艺，参与诗歌创作活动。他们来到关陇之后，视野之开阔，思路之拓展，诗艺之提高，都是空前的。同时，众多士子在关陇一带接触到当时繁华的关陇生活，游览关陇山水田园、远赴边塞求仕，登临名胜古迹，即景抒情，触物起兴，写下了不少诗歌，其中多数是唐诗中的典范作品。可以说，唐代士子在关陇一带的创作，丰富了唐代文学的百花园，是唐代文学发生、发展的一个重要推动力量。该书首次对数量众多、现象纷繁的盛唐求仕文学作了整体研究，填补了唐代文学研究的空白。

0008 文学语言的来历及其使命论

出版时间：2008 年

作　　者：雪潇（薛世昌）

出 版 社：内蒙古人民出版社

发 行 量：2 000 册

简　　介：本书纵论文学语言的来历及其使命，语涉以下三个主要问题：文学语言是什么？文学语言从哪里来？文学语言向哪里去？本书"关键句"为"真理隐藏在黑暗之中"，而本书"关键词"为：事物、言说、符号、文字、语言、文学、意义等，于是本书的核心思想即是：文学的言说是一种急速还原的言说，它通过形象的描述最大可能地回到事物，让事物最大可能地自己说话，从而实现文学的言说追求。

0009 中国共产党对马列主义党建学说的发展与贡献

作　　者：赵慧娟

出 版 社：甘肃民族出版社

发 行 量：未知

简　　介：中国共产党是按照马列主义建立

起来的党，她有严密的组织性、纪律性，90 年来她由小到大，从革命党到执政党，成为世界上最大的政党。

0010 自主学习与自主创新

出版时间：2009-05

作　　者：雷水明

出 版 社：陕西人民出版社

发 行 量：未知

简　　介：本书力图从现代创新型人才建设方略的高度，比较系统地介绍自主创新与自主学习的内涵、方法、经验和一些实践案例及两者的辩证关系，目的就是要让更多的基层专业技术人员了解自主创新与自主学习方面的知识，掌握这方面的能力，进一步拓宽知识领域，主动顺应时代发展要求。

0011 学习力决定竞争力

出版时间：2007-05

作　　者：雷水明

出 版 社：陕西人民出版社

发 行 量：未知

简　　介：当今社会已跨入信息网络化、科技高新化、社会全球化的时代，科技进步日新月异，科学技术作为第一生产力，人力资源作为第一资源，在经济社会发展中的地位日益突出。要适应时代发展的要求，必须不断加倍努力地学习，因此学习越来越受到人们的重视和关注。

0012 秦安历代县令

出版时间：2014-08

作　　者：王广林

出 版 社：陕西出版传媒集团三秦出版社

发 行 量：3 000 册

简　　介：该书由秦安县地方志办公室主任王广林编著，天水师范学院副院长汪聚应教授作序，是迄今为止甘肃省第一部系统研究历代县令、并正式出版的方志类学术著作。秦安县志办在编史修志的多年实践中，接触到许多与秦安历代知县（县令）相关的文献，大多只列其名，生平事迹则湮没无闻，这无疑是秦安地方文化的一大憾事。为系统整理这方面的资料，编者在工作之余，查阅省、市及高等院校图书馆的相关图书资料；利用网络平台，查阅国家数字图书馆、数字方志图书馆、清代宫廷档案以及历任县令出生地、任职地的方志资料，搜寻知县著作和文章等，共查阅图书资料上千种。同时，深入全县各乡镇，搜集相关碑文、谱牒、牌匾楹联、书画墨迹等第一手资料，经过三年多的系统整理、精心编著，终于付梓印刷。全书共23万字，随文插图29幅，收录从西汉至今在秦安任职的县令、知县、县长等268人。

0013 秦安史话

出版时间：2008-07-31

作　者：王文杰

出版社：甘肃文化出版社

发行量：5 000 册

简　介：《秦安史话》主要讲述了甘肃曾有过骄人的辉煌和繁荣。地处黄河中上游的甘肃，对华夏文明的孕育和发展作出过重要贡献。以秦安大地湾为代表，遍布全省的新石器时期文化遗存，以及羲皇和女娲的故事，都是灿烂的远古文明的见证，辉映着先民智慧的光芒。有文字记载并给华夏文明以重大影响的事，更是不胜枚举。周王朝的先祖就发祥于泾河流域和陇东地区，横扫六合、统一中国的秦始皇的先祖就崛起于天水一带。自西汉张骞通西域后，随着丝绸之路的开通，甘肃成为中西文化交流的主要通道，也曾孕育了一大批杰出

人物，产生了李广、赵充国、金日磾、窦融、张芝、王符、马超、姜维等众多的英雄豪杰。到了魏晋南北朝时期，随着传入中国的佛教文化逐渐兴盛，甘肃境内沿丝绸之路主干道出现了一批旷古胜迹，这就是以敦煌莫高窟和天水麦积山为代表的众多佛教石窟。进入隋唐时期，甘肃的政治经济文化都发展到了鼎盛阶段。

0014 秦安史稿

出版时间：2006 年

作　者：张德友

出版社：大众文艺出版社

发行量：2 000 册

简　介：本书采用通史体例，从远古文化到民国，分八章四十四节。详今略古地叙述了秦安古文化遗存和优秀历史人物，以及在经济社会文化发展上的成就等。

0015 甘谷史话

出版时间：2008 年

作　者：牛勃 马树平

出版社：甘肃文化出版社

发行量：3 000 册

简　介：以史为鉴，可以知兴替。《甘谷史话》一书的出版，有助于我们更好地了解甘谷的过去，把握甘谷的今天，展望甘谷美好的未来。甘谷历史悠久，曾为古丝绸之路和唐蕃古道必经之地，宋时又为宋夏交戈的前沿阵地，多元文化相互融合。改革开放以来，甘谷经济、文化和各项社会事业取得了长足进步。《甘谷史话》以朴实的文字和图片，如数家珍般叙述了甘谷历史文化、风景名胜、文物古迹、民俗风情、物产资源、民间故事，其目的就是要打开一扇瞭望甘谷的窗口。鉴古知今，继往开来。编纂《甘谷史话》，就是要再现勤劳智慧的甘谷人民的奋斗历史，

从而激励海内外甘谷籍儿女和所有关心甘谷发展的人士热爱甘谷、建设甘谷的豪情，增强向心力和凝聚力，努力把甘谷建设得更加美好。

0016 八卦营村志

出版时间：2007-06

作　　者：马德国 夏泽

出 版 社：甘肃文化出版社

发 行 量：1 000 册

简　　介：《八卦营村志》获张掖市委市政府第二届社会科学优秀成果奖三等奖，并在 2010 年荣获甘肃省地方史志优秀成果一等奖。该书共分十九章，通过记、志、录、图等形式，以详实的资料，记述了汉代至公元 2005 年两千多年间八卦营及其周围地域发生的重大历史事件，综合呈现出这个历史古村政治、经济、文化、社会等各个方面的发展轨迹，尤其注重该村政治经济体制沿革、历史文物、民俗风情等地方特色阐述，为深入研究河西史提供了一个可靠的个案典型。同时，该书还以大量篇幅客观记述了中华人民共和国成立以来八卦营村群众在党和政府的领导下，群策群力，不畏艰险地建设社会主义的奋斗历程，是一部总结经验、教育后人、启迪未来的很好的乡土教材。

0017 全面深化改革实现中国梦

出版时间：2014-01

作　　者：张森林（第一主编）

出 版 社：吉林人民出版社

发 行 量：2 000 册

简　　介：党的十八届三中全会根据中国经济社会发展的现实状况，提出了切合实际的改革措施，创造了许多理论第一。通过了《中共中央关于全面深化改革若干重大问题的决定》。为了广大党员、干部、群众、学生准确、细致地了解和掌握十八届三中全会的思想观点和精神实质，我们编写了这部辅导材料，可以作为学习《中共中央关于全面深化改革若干重大问题的决定》的基本教材。

0018 中国当代农村改革发展战略

出版时间：2009-01

作　　者：张森林（第一主编）

出 版 社：吉林大学出版社

发 行 量：2 500 册

简　　介：党的十七届三中全会通过了《中共中央关于推进新形势下农村改革发展若干重大问题的决定》，充分体现了我们党一贯高度重视农业、农村、农民工作的战略思想，《决定》适应农村改革发展的新形势，顺应各族人民特别是亿 万农民过上美好生活的新期待，在认识上有新突破，在理论上有新发展，在政策上有新举措，具有很强的战略性、指导性、针对性。为了广大党员、干部、群众、学生准确、细致地了解和掌握十七届三中全会的精神实质，继而编写了这部辅导材料。

0019 莫高窟第 266—275 窟考古报告

出版时间：2011-08-01

作　　者：樊锦诗

出 版 社：文物出版社

发 行 量：不详

简　　介：敦煌研究院编著的《莫高窟第266-275窟考古报告 (共 2 册)(精)》分上下两册，以文字、图片、测绘图等形式，详细记录和描绘了敦煌莫高窟第 266 窟、275 窟等 11 个洞窟的石窟档案。

0020 中国敦煌壁画全集3（北周）（中国美术分类全集）

出版时间：2006-01-01

作　　者：樊锦诗

出 版 社：天津人民美术出版社

发 行 量：不详

简　　介：《中国敦煌壁画全集3（北周）》北周时代的佛教，由于统治者不懈地倡导而得以广泛地发展。北周诸帝都崇信佛教，上自帝王贵族，下至庶民百姓，兴起了造寺、建塔、写经的热潮。敦煌莫高窟至今还保存北周洞窟十四个，是莫高窟北朝各时期洞窟中保存最多的。

0021 灿烂佛宫　敦煌莫高窟考古大发现

出版时间：2004-08-01

作　　者：樊锦诗

出 版 社：浙江文艺出版社

发 行 量：不详

简　　介：本书包括敦煌的历史与文化，丝路重镇——敦煌，佛教的传播与石窟的营建，盛世敦煌由极盛到衰微，敦煌的衰落藏经洞与敦煌学，石室现宝，可耻的盗宝者，洞中的瑰宝，拯救敦煌石窟与彩塑佛教艺术的殿堂等内容。

0022 甘肃藏敦煌文献（第一卷）

出版时间：1999-09-01

作　　者：樊锦诗

出 版 社：甘肃人民出版社

发 行 量：不详

简　　介：《甘肃藏敦煌文献》一书历经3年编纂完成，主体由约4 000张文献图版和40万研究介绍文字组成。据编纂人员介绍，甘肃收藏的敦煌文献，虽然数量不多，但其中有不少是独一无二的。

0023 西夏与周边关系研究

出版时间：2012-08-01

作　　者：杨富学　陈爱峰

出 版 社：甘肃民族出版社

发 行 量：未知

简　　介：内容包括西夏与丝路关系研究回顾，关于西夏在丝路中的地位与作用，西夏对丝绸之路的经营，西夏与大食之贸易，贡榷与西夏物产，回鹘文化对西夏的影响，西夏与辽金间的佛教关系，西夏与印度间的佛教关系等。

0024 佛教艺术的早期阶段

出版时间：2008-01-01

作　　者：魏文捷

出 版 社：甘肃人民出版社

发 行 量：不详

简　　介：该著作对佛教艺术的早期阶段作了详细的介绍。通过有创建性的、极有可能性的假设，回顾了印度本土佛教艺术的起源地，并通过山奇和巴尔胡特的佛教艺术成就说明了这种可能性的程度。

0025 敦煌吐蕃统治时期石窟与藏传佛教艺术研究

出版时间：2012-09-01

作　　者：樊锦诗

出 版 社：甘肃教育出版社

发 行 量：不详

简　　介：内容涉及对敦煌吐蕃石窟艺术样式的研究、社会政治背景探讨、造像思想研究、吐蕃密教文献研究、石窟经变画与图像专题研究、密教尊像研究、西藏考古与艺术研究、毗沙门天王像研究、莫高窟第465窟研究等多个领域。

0026 敦煌日历

出版时间：2013-10-01

作　　者：吴健

出 版 社：中国旅游出版社

发 行 量：未知

简　　介：本日历内容丰富、形式独特、设计新颖、装帧精美，以 48 开本的幅面展示敦煌石窟艺术，每日一图。

0027 中国北方民族历史文化论稿

出版时间：1999-11-01

作　　者：杨富学

出 版 社：甘肃人民出版社

发 行 量：未知

简　　介：主要包括以下内容：敦煌与吐蕃、回鹘、蒙古学研究，回鹘佛教对北方诸民族的影响，藏传佛教对回鹘的影响，也谈 SAR・γ BAS 的名与义，"黑龙江"名出阿尔泰语考，敦煌吐鲁番文献所见吐蕃回鹘文化关系，突厥碑铭所见黠戛斯与突厥回鹘关系考，从二十八宿看唐宋时代吐鲁番之文化杂糅，蒙古统治与元代畏兀儿社会，回鹘文献所见蒙古"合罕"称号之使用范围等。

0028 敦煌佛教与禅宗研究论集

出版时间：2006-07-01

作　　者：王书庆 杨富学

出 版 社：天马出版有限公司

发 行 量：未知

简　　介：内容主要包括：敦煌文献对中国佛教史研究的贡献，敦煌写本《天台五义分门图》校录研究，敦煌文献中的《斋琬文》，敦煌文献 S. 2575 号所见方等道场传戒程式，敦煌文献中五代宋初的戒牒研究等内容。

0029 全唐文补遗 第九辑

出版时间：2007-07-01

作　　者：张先堂

出 版 社：三秦出版社

发 行 量：不详

简　　介：碑刻材料数量多、内容涵盖范围广，是研究古代社会的宝贵材料。

0030 敦煌西汉金山国史

出版时间：1999-05-01

作　　者：杨秀清

出 版 社：甘肃人民出版社

发 行 量：不详

简　　介：本书对金山国史进行了系统研究，对金山国立国时间、金山国的政治文化特征、金山国的政治制度等一些重大历史问题都提出了新的看法。

0031 涅槃和弥勒的图像学

出版时间：2009-08-01

作　　者：李萍

出 版 社：文物出版社

发 行 量：不详

简　　介：以涅槃和弥勒图像为基轴，试图运用图像解释学的方法，探索佛教美术从印度到中亚的传播及变化，以佛教的根本概念涅槃为基础，以与其相关的"死"与"生（再生）"相联系的图像为主题，从结构上窥探佛教美术横跨印度、中亚的传播和发展变化的真实面貌。

0032 中国敦煌学论著总目

出版时间：2010-08-01

作　　者：樊锦诗 李国

出 版 社：甘肃人民出版社

发 行 量：不详

简　　介：共收录各类著述 18 690 篇（种），其中论文、译文、述评与报道类 17 180 篇，书刊 1 510 种。目录收集以汉文为限，所收篇目主要以中国及国外各种报纸、杂志、高等院校学报、学术研究集刊、研讨会议论文集及个人著作中有关敦煌学的论文为主，兼收部分国外专家学者以汉文形式发表的论文和著作。

0033 藏经洞史话

出版时间：2004-05-01

作　　者：沙武田

出 版 社：民族出版社

发 行 量：不详

简　　介：敦煌是古代丝绸之路上的一颗璀璨明珠，生活在这里的汉、粟特、吐谷浑、吐蕃等民族共同创造了敦煌文化，因此，作为敦煌学标志的莫高窟石窟艺术，是他们共同的智慧的结晶，也是中西宗教文化交流的产物。

0034 中国敦煌壁画全集7（中唐）（中国美术分类全集）

出版时间：2006-01-01

作　　者：樊锦诗

出 版 社：天津人民美术出版社

发 行 量：不详

简　　介：其内容分三部分：（1）专论；（2）彩色图版；（3）图版说明。

0035 丝绸之路民族古文字与文化学术讨论会文集（上、下）

出版时间：2007-07-01

作　　者：樊锦诗

出 版 社：三秦出版社

发 行 量：不详

简　　介：内容包括新发现最早的活字版西夏文佛经、吕注《孝经》考、德藏吐鲁番所出西夏文《郁伽长者问经》残片考、莫高窟北区 B128 窟出土回鹘文《慈悲道场忏法》残叶研究、回鹘文三种文字的译本及其存在的问题、回鹘文藏密经典所见"七宝"考等。

0036 吐蕃统治时期敦煌石窟研究（国家哲学社会科学成果文库）

出版时间：2013-03-01

作　　者：沙武田

出 版 社：中国社会科学出版社

发 行 量：不详

简　　介：本书是第一部对敦煌石窟的某个时期作深入的专题研究的专著。对吐蕃时期石窟的整体特点进行了新的概括。

0037 敦煌莫高窟北区石窟（第一~三卷）

出版时间：2004-07-01

作　　者：彭金章 王建军

出 版 社：文物出版社

发 行 量：不详

简　　介：《敦煌莫高窟北区石窟》日前通过了专家组鉴定，从而证实了完整的莫高窟石窟寺院是由南北两区石窟共同构成的。从此，莫高窟有编号记录的洞窟将由 492 个增至 735 个。

0038 西域敦煌回鹘文献语言研究（中国敦煌学百年文库 别卷）

出版时间：1999-01-01

作　　者：邓浩 杨富学

出 版 社：甘肃文化出版社

发 行 量：未知

简　　介：本书是中国学者有关敦煌学研究论文的集成，全书分为十三卷，即综述、文学、语言文字、民族、宗教、石窟保护、科技、艺术、考古、文献等。

0039 甘州回鹘史

出版时间：2013-07-01

作　　者：朱悦梅 杨富学

出 版 社：中国社会科学出版社

发 行 量：不详

简　　介：本书以地下出土材料与史书的记载相印证，尽可能全面地重构甘州回鹘的历史，内容包括甘州回鹘的政治、经济文化与总结诸方面，特别关注回鹘与周边政权，如中原王朝（五代、辽、宋）、沙州归义军政权、西夏、吐蕃的关系问题。

0040 甘肃藏敦煌文献（第二卷）

出版时间：1999-09-01

作　　者：樊锦诗 施萍婷

出 版 社：甘肃人民出版社

发 行 量：不详

简　　介：《甘肃藏敦煌文献》一书历经三年编纂完成，主体由约 4 000 张文献图版和 40 万研究介绍文字组成。

0041 回鹘学译文集

出版时间：2012-08-01

作　　者：杨富学

出 版 社：甘肃民族出版社

发 行 量：不详

简　　介：收录了德、日、英、法诸国学者发表的回鹘研究的重要著作。

0042 中国敦煌壁画全集（中国美术分类全集）

出版时间：2006-01-01

作　　者：段文杰 樊锦诗

出 版 社：天津人民美术出版社

发 行 量：不详

简　　介：精选了莫高窟隋代壁画两百幅，包括了敦煌初期的经变画、众多的故事画、严谨的建筑画、丰富的人像画、简略的山石花鸟画和灿烂多彩的装饰图案，并特别挑选了一批精彩的细部。

0043 甘肃石窟志·敦煌吐蕃统治时期石窟与藏传佛教艺术研究

出版时间：2012-09-01

作　　者：樊锦诗

出 版 社：甘肃人民出版社

发 行 量：不详

简　　介：内容涉及对敦煌吐蕃石窟艺术样式的研究、社会政治背景探讨、造像思想研究、吐蕃密教文献研究、石窟经变画与图像专题研究、密教尊像研究、西藏考古与艺术研究、毗沙门天王像研究等多个领域。

0044 安西榆林窟

出版时间：1999-03-01

作　　者：樊锦诗

出 版 社：甘肃民族出版社

发 行 量：不详

简　　介：位于甘肃省瓜州县（原名安西县）城南约 70 公里处的峡谷中，因其河谷中遍生榆树而得名。该窟现存 43 个洞窟。

0045 敦煌佛教歌辞研究

出版时间：2013-05-01

作　　者：王志鹏

出 版 社：高等教育出版社

发 行 量：不详

简　　介：从"根源"入手，对敦煌文献进行了细致、全面的考察和辨析；在发掘、整理、考辨、疏释前人作品方面的成就方面虚心学习；在史学、文学、音乐学等领域与课题相关的内容扩展研究思路与内涵。

0046 印度宗教文化与回鹘民间文学

出版时间：2007-09-01

作　　者：杨富学

出 版 社：民族出版社

发 行 量：不详

简　　介：印度宗教文化在回鹘中的传播与影响，回鹘历史简说，回鹘与印度间的交通，印度文化对回鹘的影响，佛教在回鹘中的兴衰，回鹘之佛教典籍，佛教对回鹘文学之影响，佛传故事在回鹘中的传译，印度佛教故事之文学性征等。

0047 回鹘文献与回鹘文化

出版时间：2003-09-01

作　　者：杨富学

出 版 社：民族出版社

发 行 量：未知

简　　介：本书利用现已刊布的回鹘语文献资料，结合汉文史料的记载和考古发现，对回鹘文化(除艺术之外)进行了论述。

0048 艺术的敦煌　吴健摄影集

出版时间：2000-07-01

作　　者：吴健

出 版 社：上海古籍出版社

发 行 量：未知

简　　介：丝绸之路是古代欧亚大陆最主要的交通干道，放射着整个欧亚大陆人类文明的光芒。本摄影集向读者呈现了丝绸之路和敦煌的一个个精彩画面。

0049 吐鲁番宗教史

出版时间：2013-10-01

作　　者：杨富学 陈爱峰

出 版 社：新疆人民出版社

发 行 量：不详

简　　介：分别对曾在吐鲁番传播流行过的萨满教、袄教、佛教、道教、摩尼教、景教、伊斯兰教做了简洁明晰的个案描述，分析了吐鲁番宗教盛衰兴替的规律，进而指出了吐鲁番宗教演变的特点。

0050 敦煌艺术精品

出版时间：2006-09-01

作　　者：张伟文

出 版 社：中国画报出版社

发 行 量：不详

简　　介：该著作对敦煌艺术精品进行了多方位、多角度的展示与研究。

0051 敦煌画稿研究

出版时间：2006-12-01

作　　者：沙武田

出 版 社：民族出版社、中央编译出版社

发 行 量：不详

简　　介：敦煌画稿内容简介与分类，绘画史之画稿检讨，敦煌画稿内容简介，敦煌画稿分类法与分类概况，经变画画稿、净土变画稿，弥勒下生经变稿，药师经变稿，观无量寿经变稿，无量寿经变稿——以净土变版画的考察为中心，净土变说法会稿。

0052 敦煌石窟艺术概论

出版时间：2005-08-01

作　　者：郑炳林　沙武

出 版 社：甘肃文化出版社

发 行 量：不详

简　　介：敦煌石窟艺术研究在"敦煌学"框架体系中的定位，敦煌石窟艺术研究回顾简述，敦煌石窟艺术研究省思与检讨问题与方法，佛教石窟研究方法学的轨迹，敦煌石窟艺术研究的前景，敦煌石窟艺术内容与主题，敦煌石窟建筑艺术，石窟建筑的历史渊源与发展关系，敦煌石窟建筑类型与结构介绍，敦煌石窟建筑形成过程的历史追寻，敦煌石窟建筑的讨论等。

0053 犍陀罗美术寻踪

出版时间：2006-01-01

作　　者：李萍

出 版 社：人民美术出版社

发 行 量：不详

简　　介：该著作从纷繁的印度、犍陀罗美术作品中理清各自的特点、它们之间的区别和联系，并进一步阐明了佛教美术、佛像、大乘佛教美术起源和发展序列。

0054 敦煌真实与虚拟

出版时间：2003-04-01

作　　者：潘云鹤 樊锦诗

出 版 社：浙江大学出版社

发 行 量：不详

简　　介：本书将真实和虚拟的敦煌以精美的图画及对技术精华介绍的形式一并呈现给读者。

0055 中国敦煌壁画全集2（西魏）（中国美术分类全集）

出版时间：2002-01-01

作　　者：张元林

出 版 社：天津人民美术出版社

发 行 量：不详

简　　介：中国壁画全集编辑委员会编，本卷主编为段文杰，副主编为刘建平、樊锦诗，编著张元林。

0056 中国西北宗教文献（54册）

出版时间：2011-12-01

作　　者：杨富学

出 版 社：甘肃民族出版社

发 行 量：不详

简　　介：该丛书涵盖了中国西北地区各类宗教的起源和发展变迁，对西北地区宗教问题的研究历史进行了全面整合。

0057 中国皇家雕刻艺术 云冈石窟

出版时间：2013-01-01

作　　者：吴健

出 版 社：中国旅游出版社

发 行 量：未知

简　　介：云冈石窟是我国最大的石窟之一，与敦煌莫高窟、洛阳龙门石窟和麦积山石窟并称为中国四大石窟艺术宝库。

0058 从王子走向神坛 释迦牟尼的传奇人生（解读敦煌系列 第一辑）

出版时间：2007-07-01

作　　者：樊锦诗

出 版 社：上海人民出版社

发 行 量：不详

简　　介：包括太子的诞生与成长、乘象入胎、右肋降生、诞生瑞相、太子回城、仙人占卜、姨母养育、太子学书、太子学武、太子神威、郊游悟道、太子纳妃、空声警策、出游四门等内容。

0059 敦煌石窟全集4 佛传故事画卷

出版时间：2004-06-01

作　　者：樊锦诗

出 版 社：商务印书馆（香港）有限公司

发 行 量：不详

简　　介：本卷通过梳理和研究敦煌壁画中从北朝到宋代、西夏近千年的、丰富多彩的释迦故事画，以通俗易懂、脉络清晰的手法，使读者近距离了解佛教弘扬佛法的目的和释迦牟尼成佛的传奇历程。

0060 敦煌汉文吐蕃史料辑校（第一辑）

出版时间：1999-11-01

作　　者：杨富学

出版社：甘肃人民出版社

发行量：不详

简　　介：本书选录了佛教典籍十二件，其中包括著名的《大乘二十二问》《法成经论目录》等。

0061 中国敦煌壁画全集 1（北凉 北魏）（中国美术分类全集）

出版时间：2006-01-01

作　　者：樊锦诗

出版社：天津人民美术出版社

发行量：不详

简　　介：本书讲述南北朝时期是佛教在中国古代传播发展的一个高峰。

0062 中国敦煌壁画全集（西魏）（中国美术分类全集）

出版时间：2002-01-01

作　　者：张元林

出版社：天津人民美术出版社

发行量：不详

简　　介：当历史进入西魏后，敦煌艺术大步跨入了一个兼容并蓄、融会中西的新时代。

0063 敦煌佛教与禅宗学术讨论会文集

出版时间：2007-07-01

作　　者：樊锦诗

出版社：三秦出版社

发行量：不详

简　　介：本次会议共收到论文 51 篇，内容涵盖敦煌佛教文献、佛教义理、佛教历史、佛教艺术与中国禅宗历史等众多方面，此外，还有一些内容涉及吐蕃、回鹘等的佛教历史

与文献。

0064 敦煌艺术论著目录类编

出版时间：2011-12-01

作　　者：王晓玲 李茹

出版社：甘肃教育出版社

发行量：不详

简　　介：收集了 1900—2010 年期间在中国和日本发表的论文和专著题录 8 310 条。旨在显示百余年来中国、日本敦煌艺术史研究之发展轨迹及其研究成果。

0065 敦煌石窟全集 1 再现敦煌

出版时间：2005-04-01

作　　者：樊锦诗

出版社：商务印书馆（香港）有限公司

发行量：不详

简　　介：内容回顾数百年来敦煌石窟的巨变和敦煌学的成就，更尝试从佛教文化、中国传统文化、中外文化交流的大背景看敦煌艺术的价值所在。

0066 丝路胜迹——吴健摄影作品集

出版时间：1996-01-01

作　　者：吴健

出版社：新疆人民出版社

发行量：未知

简　　介：用摄影作品独特的视角展示了一个个充满吸引力的丝路胜迹。

0067 中国大同雕塑全集 云冈石窟雕刻卷·中

出版时间：2010-09-01

作　　者：吴健

出版社：中华书局

发行量：未知

简　　介：本书是大同这座中国雕塑名都的

第一部视觉档案，也是城市的文化家底。本卷为云冈石窟雕刻卷。

0068 中国特色社会主义专题解读

出版时间：2014-06

作　　者：赵远兴

出版社：新华出版社

发 行 量：1 000 册

简　　介：坚持和发展中国特色社会主义道路决定命运，也指示着未来的方向。站在我国发展的新方位回望历史，我们所走过的是一条沧桑曲折而又充满活力的伟大道路。这条道路，是我们创造出举世瞩目发展成就的根本原因，也是我们满怀信心坚定走下去的动力源泉。社会主义思想从提出到现在，差不多 500 年时间，到目前为止，经历了 6 个历史发展过程。中国特色社会主义是改革开放新时期开创的，也是建立在我们党长期奋斗基础上的，是由我们党的几代中央领导集体团结带领全党全国人民历经千辛万苦、付出各种代价、接力探索取得的。我们党紧紧依靠人民，从根本上改变了中国人民和中华民族的前途命运，不可逆转地结束了近代以后中国内忧外患、积贫积弱的悲惨命运，不可逆转地开启了中华民族不断发展壮大、走向伟大复兴的历史进程，使具有 5000 多年文明历史的中华民族以崭新的姿态屹立于世界民族之林。

0069 乡土风韵

出版时间：2012-02

作　　者：刘强

出版社：甘肃教育出版社

发 行 量：10 万册

简　　介：《乡土风韵》共囊括 78 篇反映庆阳地理概况、物产资源、景观名胜、风俗文化的短文。文章通俗易懂、内容全面、介绍详细、引古证今，其中概况 4 篇（地理位置、周边交通等），地理概貌 9 篇（子午岭、马莲河等），物产资源 12 篇（荞麦、苹果、石油等），历史遗存 10 篇（北石窟、黄河古象等），景观名胜 12 篇（黄帝冢、周祖陵等），革命足迹 9 篇（南梁、山城堡等），文化传承 9 篇（剪纸、刺绣、皮影等），民间习俗 10 篇（窑洞、荷花舞等），庆阳荟萃 3 篇（庆阳之最、数字庆阳）。

0070 国学经典平民解读专辑（第 1 辑 5 本）

出版时间：2012-08

作　　者：刘强

出版社：武汉出版社

发 行 量：10 000 册

简　　介：国学经典解读（第 1 辑 5 本）包括：《论语——平民正心修身》《中庸——平民处世哲学》《大学——平民的修养》《孟子——平民议政》《庄子——平民的生活心态》。

0071 西峰历史人物丛书 第一辑

出版时间：2013-12

作　　者：刘强

出版社：中国大百科全书出版社

发 行 量：5 000 册

简　　介：《西峰历史人文丛书》（第 1 辑 5 本）包括：《景观风物》《黄土音韵》《文苑撷英》《西峰文物》《西峰物产》全书的编写意在对西峰的人文史料作出系统的整理与研究，对西峰地方文化的普及与升华作出初步的尝试，为西峰地方文化的发展与宣传提供一个可供依据的载体。

0072 环县道情皮影志

出版时间：2006-09-01

作　　者：环县道情皮影志编纂委员会

出版社：甘肃文化出版社

发行量：10 000 册

简　　介：《环县道情皮影志》从 2004 年初开始田野普查征集资料，2005 年 9 月进入编纂阶段，至 2006 年 8 月上旬，经过编纂人员近一年的辛勤耕耘，三易篇目，数修志稿，圆满地完成了初稿。在编纂初稿的过程中，得到原庆阳市陇剧团陇剧音乐专家梁平正，原环县文化馆干部、道情音乐专家高建邦的指导。初稿成后，聘请兰州大学文学院赵建新教授作了全面修改润色，中国民族民间文化保护工程专家委员会委员、西北民族大学郝苏民教授题写了书名。《环县道情皮影志》是为环县道情皮影艺术正本清源、树碑立传的专业志书，它以马列主义、毛泽东思想为指导，坚持辩证唯物主义和历史唯物主义的观点，实事求是地记述了环县道情皮影的历史和现状，是一部集思想性、知识性、科学性、资料性、可读性为一体的戏曲专著。其内容翔实，图文并茂，体例完备，结构严谨。分为大事记、剧目、道情音乐、皮影、风格流派、人物、保护传承、改革开发、杂记等共 9 章 25 节。大事记由张勇主编、道情音乐由张玉卿主编、皮影和风格流派由道金平和邓廷斌主编、人物和杂记由王立洲和杜清湘主编、保护传承和改革开发由周爱军和张东主编。该书凝结了编纂者的心血智慧，也是广大群众和领导共同辛勤劳动的成果，是集体智慧的结晶。该书在传播环县道情皮影知识、保护和传承国家非物质文化遗产方面功不可没。

0073 无公害蔬菜栽培新技术

出版时间：2008-08

作　　者：李建军

出版社：甘肃科学技术出版社

发行量：3 000 册

简　　介：发展无污染的绿色食品，已成为时代要求。本书系统介绍了无公害蔬菜栽培技术，主要内容包括：无公害蔬菜生产的重要意义、基本措施、技术标准和操作技术等，并具体介绍了 30 种蔬菜无公害栽培方法，对提高蔬菜生产的经济和社会效益、有效地改善生态环境，具有现实指意义。本书技术新，实用性强，适合广大菜农、农业技术人员、农业学校师生以及部队农副业生产人员阅读。

0074 教师要想明白再教

出版时间：2011-08

作　　者：姚志忠

出版社：江苏美术出版社

发行量：2 000 册

简　　介：教师作为知识分子，似乎天生有那么一股好钻研的劲儿，什么东西都想弄个明白，这是一种很好的精神，事实上从事教师这个职业也应该如此，想明白再教既是一种理想，也是一种要求和鞭策。本书的作者在自己的从教生涯中，对于教学工作、教育体制、教学方法都有自己的看法，再加上一些人生感悟，让本书内容丰富，有血有肉，非常精彩。

0075 七八个星天外

出版时间：2003-07

作　　者：涛声

出版社：作家出版社

发行量：3 000 册

简　　介：《七八个星天外》描写了高三学生夏雨虹，想用自己漂亮的外表和美好的歌喉打造一生的幸福，她冲破校园围墙，来到夜港湾大酒店。为实现理想，她在这里上演了一幕幕令人扼腕叹息、催人泪下的悲剧——男朋友被杀，同伴被卖，她被绑架出国。面对复杂的案情，英勇的公安干警与黑社会集团展开了血与火的较量。

0076 西天佛子源流录：文献与初步研究

出版时间：2012-07

作　　者：张润平 罗炤 苏航

出版社：中国社会科学出版社

发行量：2 000 册

简　　介：《西天佛子源流录：文献与初步研究》刊布了甘肃岷县后氏族人所藏《西天佛子源流录：文献与初步研究》两个抄本的图版，并对其进行录文和研究。今岷县大崇教寺遗址犹存明宣德四年（1429）立汉藏文碑两通，是有关大崇教寺和班丹扎释的重要文物和史料，《西天佛子源流录：文献与初步研究》录出其汉藏文碑文，与两碑的照片一起作为附录收入《西天佛子源流录：文献与初步研究》，以供读者参考。本书第一编第一部分影印在甘肃省岷县发现的明朝珍贵抄本《西天佛子源流录》原件，发表本书三位作者的录文和校勘记；第二部分影印在甘肃省岷县发现的清朝乾隆年间重要抄本《后氏族谱》，发表本书三位作者的录文和校勘记。第二编是本书三位作者对于《西天佛子源流录》和《后氏族谱》的初步研究，由六篇论文组成。《西天佛子源流录》是明代藏族高僧班丹扎释的传记，详细记载了班丹扎释的身世和主要经历，其中有关明代中央政府与西藏地方的政治和文化关系的记载，充分显示了明代中央政府在西藏的主权地位，填补了我国明代藏传佛教研究中明朝对于西藏主权地位研究的学术空白，给国际国内藏独分子主张明朝没有对于西藏实际实施主权谬论以坚实有力回击。

0077 岷县历史文化与民俗散论

出版时间：2012-01-01

作　　者：张润平

出版社：甘肃人民出版社

发行量：4 000 册

简　　介：《岷县历史文化与民俗散论》，是一部论述岷县历史文化、民俗文化，乃至民族文化的学术专著。本书内容全面、翔实，不仅显示了岷县在民族、宗教、民俗和民间文艺诸方面丰厚的文化积淀，更显示了岷县历史和人文的命脉、根系，展示着一方水土的生命力，对探讨西北地区文化的发展和中华文明的形成具有很高的科学价值。

0078 大庇百姓俱欢颜

出版时间：2002-04

作　　者：马步斗

出版社：广州人民出版社

发行量：15 000 册

简　　介：2002 年 4 月出版长篇报告文学《大庇百姓俱欢颜》。在寻求和把握回族地区农村改革的独特内涵与形式中，在反映回族农民的心理嬗变和灵魂深处的悸动过程里，在揭示改革给回族人民思想带来的巨大冲击的主题之下，马步斗的小说创作更具有了民族特点和地方特色。而从单纯的民族形象的塑造转向对人的生存形态的审美考察与表现的过程中，使马步斗将回族文学的创作推向了美学的高度。

0079 孝道如山

出版时间：2009-09

作　　者：马步斗

出版社：作家出版社

发行量：15 000 册

简　　介：这部长达 26.8 万字的长篇报告文学《孝道如山》，是岷县籍著名回族作家马步斗继长篇小说《大梁沟传奇》《李家铺外传》《太平寨》《米州天下》，长篇报告文学《花海药情》之后创作的第六部文学专著。作品用生动的笔法、细腻的感情、催人泪下的细节描写了甘肃润宇房地产开发集团有限公司董事长、总经理李雄艰苦创业、无私丰献、回报社会的动人事迹，具有较强文学欣赏性。

0080 空门独语

出版时间：2010-04
作　　者：包容冰
出 版 社：太白文艺出版社
发 行 量：3 000 册
简　　介：《空门独语》上下集收入作者近年来创作的诗歌三百多首，分为"空门独语""闲言碎语""禅心俗语""长话短说"四辑，是作者诗歌作品的第二次结集出版，也是作者十年来人生轨迹和心路历程的真实写照。著名诗人、评论家呼岩鸾为诗集作序。

0081 我的马啃光带露的青草

出版时间：2000-11
作　　者：包容冰
出 版 社：中国文联出版社
发 行 量：3 000 册
简　　介：2000 年出版第一本诗集，《我的马啃光带露的青草》，中国文联出版社出版。这部诗集共 22 万字，是诗人近 10 年心血与智慧的结晶。苦难的生活铸就了诗人坚强的意志和铁的肌骨，文如其人，整部诗集就是诗人 30 余年的生活史和充满苦难与顿悟的心灵史。

0082 大梁沟传奇

出版时间：1987-01

作　　者：马步斗
出 版 社：甘肃人民出版社
发 行 量：11 000 册
简　　介：作品描写了偏僻回族山乡在八十年代初期经历的精神的蜕变，具有鲜明的时代色彩和独特的生活气息。作家塑造的牛努海是值得注意的艺术形象。该书的出版填补了定西市长篇小说创作的空白，并在第三次文学评奖中获优秀作品奖，是在全国范围内由回族作家描写本民族人民生活的第一部长篇小说，荣获 1986—1987 年度全国少数民族省（区）文艺读物优秀读书一等奖。

0083 太平寨

出版时间：1999-09
作　　者：马步斗
出 版 社：甘肃敦煌文艺出版社
发 行 量：13 000 册
简　　介：1999 年出版的《太平寨》以历史变迁为结构，随着几代人不同的命运，以历史写人性，以人性写变迁，以变迁揭示民族生存状况。通过美籍华人高能物理学家回国后的大喜大悲，既体现当代精神的必然，又看到传统民族道德在他们身上的传承。该书获敦煌文艺二等奖，甘肃省优秀图书奖，被甘肃文联遴选为甘肃五十年来十部优秀作品之一。

0084 内心放射的光芒（上、下卷）

出版时间：2015-01
作　　者：包容冰
出 版 社：团结出版社
发 行 量：2 000 册
简　　介：该诗集作品内容涉及诗人对人生的感悟，对心灵世界的揭示，对人类命运的思考。作者孤独而坚定、平静而坚韧地守望着诗歌的精神家园，坚守着诗歌的人文精神，以清醒的批判意识、质朴的审美追求领悟着生命的无极大道。

0085 米州天下

出版时间：2008-07-09

作　　者：马步斗

出 版 社：作家出版社

发 行 量：20 000 册

简　　介：长达75万字的长篇小说《米州天下》由作家出版社正式出版发行，2 万册的印数开创了定西之最，也为甘肃文坛增添了浓墨重彩的一笔。长篇小说《米州天下》荣获甘肃省第五届少数民族文学二等奖。

0086 岁月留痕

出版时间：1999-10

作　　者：文华清

出 版 社：中国文联出版社

发 行 量：1 000 册

简　　介：《岁月留痕》中收录的散文篇幅不长，读起来觉得作者在说家常话，句句都是大实话，说得真真切切，实实在在，有个性，有识见，从中足可看出他的率真性情。

0087 梦想家园

出版时间：2001-11

作　　者：文华清

出 版 社：中国文联出版社

发 行 量：2 000 册

简　　介：这本集子共收有75篇散文和报告文学，分"山川韵律""爱河泛舟""烛窗心影"和"陇中传真"4 部分，其中，前3 部分均系散文。这些散文，如果从总体上概括的话，可谓精美的"文化快餐"了。

0088 岷县史话

出版时间：2010 年

作　　者：张润平

出 版 社：甘肃文化出版社

发 行 量：3 000 册

简　　介：《岷县史话》让我们深深感到岷县这块热土，不仅历史悠久，文化积淀是实实在在的深厚。岷县自古就是"西控青海，南通巴蜀，东去三秦"的战略要地，素有"茶马互市"的传统和陇上"旱码头"的美誉。通过《岷县史话》的发行传播，充分利用岷县的人文资源和各种地理、地质、物产资源，鉴古知今，传承发展，启迪未来，全力打造木寨岭以南地区区域经济发展平台，建设甘肃南部特色经济强县和商贸集散中心服务，变历史文化资源为产业，加快岷县和谐有序发展。

0089 李家铺外传

出版时间：1992-12

作　　者：马步斗

出 版 社：甘肃敦煌文艺出版社

发 行 量：10 000 册

简　　介：这部小说着重反映了一个小山村在改革开放年代的历史变化，揭示了改革给人们思想带来的巨大冲击。作品中的三十几个人物形象都富有个性，很少雷同。作者写人不以善恶分类，绝少概念化的勾画，而是按照现实世界里的各种人物的样子去描摹。因此，大多数人物形象都有自己完整而又复杂的内心世界，都有各自独特的处世之道。不失为一部有特色、有意味、散发着时代气息和泥土芳香的好作品，引起了行家的关注。

0090 落幕的悲情

出版时间：2005-02

作　　者：涛声

出版社：作家出版社

发行量：3 000 册

简　　介：《落幕的悲情》（获定西市第一届马家窑文艺奖），讲述了梦巴黎大酒店老板骆叶红的丈夫被绑架，绑匪索要 300 万赎金，骆叶红和警察联手营救。抓捕行动滴水不漏，但绑匪仍然撕票……案中有案，迷中有迷。经过现场观察，这起案子与毒品有关。为破获这起案子，女刑警马薇只身打进毒窝，终将飞毛腿等犯罪分子一网打尽。

0091　似水流年

出版时间：2011-03

作　　者：孟万春

出版社：中国文史出版社

发行量：2 000 册

简　　介：《似水流年》是一部反映岷县籍作者学习、生活、工作轨迹的回忆录，通过小社会反映大时代，由中国文史出版社出版发行。全书共 39 万字，图文并茂，16 开本。该书是定西市政协特约文史资料研究员、在岷县政协从事文史资料征编工作的孟万春历时 3 年撰写的，共分为家祖渊源、饥馑年代、乡土情怀、红色风暴、亲情无限、柳暗花明、新闻宣传、史料征编 9 个栏目 72 个章节，内容丰富、结构严谨、文笔流畅、可读性强，以真挚的情感、白描的手法直面人生。

0092　春华秋实

出版时间：2013-09

作　　者：孟万春

出版社：中国文史出版社

发行量：2 000 册

简　　介：孟万春的《春华秋实》由中国文史出版社出版。该书共 35 万多字，16 开本，图文并茂，装帧设计美观大方，全书共分为学习与思考、文史漫笔、报告文学、似水流年书评、散文随笔 5 个板块，大多数图文紧扣热爱岷县、宣传岷县、建设岷县、发展岷县这些大主题，20 多位共和国将军和相关领导为该书题写贺词。

0093　岷州花儿选集

出版时间：2013-11

作　　者：季绪才

出版社：甘肃文化出版社

发行量：14 000 册

简　　介：《岷州花儿选集》是第一部系统研究和介绍岷县花儿的形成和发展的著作。编者历时两年搜集整理并注释完成了该书。全书将岷州花儿分为 4 大类（爱情花儿、时政花儿、谜语花儿、本子花儿）进行编排，特别难能可贵的是，作者从事花儿研究将近 50 年所搜集的罕见的谜语花儿也收入本书中。

0094　花海药情

出版时间：2007-03

作　　者：马步斗

出版社：作家出版社

发行量：20 000 册

简　　介：长篇历史小说《花海药情》演绎的是一种民间记忆，它"不属于原始的历史的范畴，而是一种反思的历史"。该书的深刻之处在于作者突破了古典演义小说所框定的形象模式，从人性的角度重塑了董卓、貂蝉、王允、吕布等个性鲜明、血肉丰满的典型人物形象，展示了人性的善与恶，以及这种善与恶纠缠、斗争的复杂性。当我们以审判者的心态拷问那一个个因罪恶与伪善而扭曲的灵魂时，我们的灵魂同样也被拷问，这是该著作所以震撼人心的力量所在。

0095 故土遗风

出版时间：2014-07

作　　者：潘硕珍

出 版 社：中国文史出版社

发 行 量：2 000 册

简　　介：2014 年 7 月，潘硕珍文史民俗随笔集《故土遗风》在定西市宣传部和定西市文联的大力资助下，由中国文史出版社出版。《故土遗风》主要以岷县的民俗现象为研究对象，有描述，有思索，意图向读者展示岷县乃至陇中特殊的民俗画卷；作者还对洮岷花儿、河湟花儿进行了探讨，并与地方史、风俗习惯结合起来。该书还涉及了近年来人们关注的石头文化，以期抛砖引玉。

0096 内心放射的光芒（上、下卷）

出版时间：2015-01

作　　者：包容冰

出 版 社：团结出版社

发 行 量：2 000 册

简　　介：包容冰，中国作家协会会员、岷县作家协会主席、《岷州文学》主编。该诗集作品内容涉及诗人对人生的感悟，对心灵世界的揭示，对人类命运的思考。作者孤独而坚定、平静而坚韧地守望着诗歌的精神家园，坚守着诗歌的人文精神，以清醒的批判意识、质朴的审美追求领悟着生命的无极大道。

0097 游心集　陇右史地研究

出版时间：2014-07

作　　者：包孝祖

出 版 社：中国文史出版社

发 行 量：1 000 册

简　　介：史学文集《游心集——陇右史地研究》由中国文史出版社出版，是陇右地区古代历史研究、民俗历史研究的专门文集。本文集体系完备、结构合理、定位准确，编排新颖，寓教于乐，图文并茂。

0098 岷县花儿

出版时间：2013-11

作　　者：包孝祖 季绪才

出 版 社：甘肃文化出版社

发 行 量：12 000 册

简　　介：本教材是"岷县非物质文化遗产保护丛书"之一，出版后供县内各中学作为乡土教材选择使用。本教材分上、下两编。上编全面概述中国花儿，下编详细介绍岷县花儿。作为一本传播人类非遗花儿文化的乡土教材，本书体现出以下特点：（一）首开风气之先。学术界有关花儿的著述，虽然很多，但尚无面向普通读者和中学生的体系完备的专门教材。本书是国内第一本面向中学生和普通读者的"花儿学"专门教材，具有开创性。（二）体系完备、结构合理、定位准确。因为阅读、使用对象是中学生和一般读者，本教材定位为"花儿学"的入门读物，使读者手持本书一册，即可了解花儿的全面系统的基本知识。"全面系统、科学准确、简明扼要"，是本书的编写原则。本教材体系完备、结构合理、定位准确，编排新颖，图文并茂，寓教于乐。全面梳理了学术界的研究成果，既传播花儿文化，又传授花儿知识。

0099 岷山洮水情

出版时间：2007-12

作　　者：孟万春

出 版 社：中国文史出版社

发 行 量：2 000 册

简　　介：孟万春的通讯文集《岷山洮水情》

共 45 万字，含"行业新风篇""个人风采篇""游记随笔篇"3 个篇目共 80 多篇文章，从不同侧面反映了党的十六大以来，岷县广大干部群众在县委、县政府的正确领导下，投身于西部大开发的洪流中真抓实干、建功立业，为地方"三个文明"建设增辉添彩的典型事迹。文章平铺直叙，事迹可敬可学，读者可以从中受到有益的启迪。

0100 内心放射的光芒

出版时间：2015-01

作　　者：包容冰

出 版 社：团结出版社

发 行 量：2 000 册

简　　介：中国作家协会会员，该诗集作品内容涉及诗人对人生的感悟，对心灵世界的揭示，对人类命运的思考。作者孤独而坚定、平静而坚韧地守望着诗歌的精神家园，坚守着诗歌的人文精神，以清醒的批判意识、质朴的审美追求领悟着生命的无极大道。

0101 寻找落入年华的音符

出版时间：2010-04

作　　者：潘硕珍

出 版 社：内蒙古人民出版社

发 行 量：2 000 册

简　　介：甘肃省作家协会、甘肃省杂文学会会员潘硕珍的第二部散文集《寻找落入年华的音符》，近日由内蒙古人民出版社出版，面向全国发行。约 15 万字，收入作者近年来创作并发表在《甘肃日报》《河州》《格桑花》《定西日报》《西凉文学》《陇南日报》等省内外报刊的散文 130 多篇。已出版的文学专著有诗集《行走陇中大地》、散文集《一粒乡土》。其作品乡土气息浓郁，具有较强的文学欣赏性。

0102 中国洮砚

出版时间：2014-09

作　　者：包孝祖　季绪才

出 版 社：甘肃文化出版社

发 行 量：6 000 册

简　　介：《中国洮砚》是洮砚主题乡土教材，该书以普及传播洮砚文化、传授洮砚雕刻技艺为主要内容，供县内培训机构和中小学作为乡土教材使用。据了解，洮砚雕刻始于唐宋时期，迄今已有 1 300 多年的悠久历史，早在宋初就闻名于世，历代不乏名匠，对洮砚的研究和相关著作颇多，但《中国洮砚》一书作为乡土教材在中小学推广使用在全国尚属首次。洮砚是中国三大名砚之一，自唐以来被历朝封为"国宝""贡品"。作为洮砚原产地的岷县素有"洮砚之乡"美誉，洮砚制作技艺被列入"国家级非物质文化遗产保护项目"。《中国洮砚》一书参照教育部中小学教材《新课程标准》规范编写，主要介绍了洮砚文化、洮砚制作技艺、洮砚产业开发等内容，全书收录了 120 多张珍贵的洮砚文化传承和洮砚现场加工照片，读者可以生动直观地了解洮砚源远流长的文化基础和基本的制作技艺。

0103 人文岷州

出版时间：2008 年

作　　者：张润平

出 版 社：甘肃人民出版社

发 行 量：3 000 册

简　　介：《人文岷州》在系列别集中，以态度凝重、选择严谨脱颖而出，可与旅游宣传互为表里，相得益彰，激活了丛书整体的生动气韵。《人文岷州》在选编中注重时代性、人文性、地方性、史料性、全面性和代表性。

甘肃省文化资源名录

第三十九卷

社科研究 I

研究报告

0001 甘肃非物质文化遗产挖掘与保护问题研究

立项单位及时间: 甘肃省社科规划办,
2009-09

主 持 人: 李俊霞

结项单位及时间: 甘肃省社科规划办结项,
2011-08

简　　介: 研究报告借鉴国内外非物质文化遗产的挖掘与保护研究的最新成果, 从理论上考究了世界遗产的分类演变过程, 对文化遗产、非物质文化遗产的概念、内涵作出了界定, 并分析了非物质文化遗产的基本特点。研究和分析世界非物质文化遗产挖掘与保护工作的趋势, 探讨和研究我国非物质文化遗产保护的新态势, 并从甘肃非物质文化遗产资源分析入手, 对甘肃非物质文化资源的社会价值和经济价值作出评价, 着重研究甘肃非物质文化遗产挖掘与保护战略建构, 包括甘肃非物质文化遗产挖掘与保护必须遵循的原则、方式选择以及重点任务, 还选取了兰州太平鼓、庆阳香包绣制、天水太昊伏羲祭典3个典型案例进行分析, 希望能对做好全省非物质文化遗产的挖掘和保护、传承和发展有所借鉴。

0002 兰州精神研究报告

立项单位及时间: 中共兰州市委, 2004年

主 持 人: 邓海弟 李健

结项单位及时间: 兰州市委宣传部, 兰州市社科院, 2004年

简　　介: 本书主要内容包括兰州市民对"兰州精神"的认知状况, "兰州精神"的本质、内涵及特征, "兰州精神"表述用语参考方案及说明等进行探讨。

0003 兰州市非公经济发展研究

立项单位: 兰州市哲学社会科学规划办公室
2010-A17

主 持 人: 房先平

结项单位及时间: 兰州市哲学社会科学规划办公室, 2011-12-30

简　　介: 本研究报告对兰州市非公经济发展的现状、存在的问题及存在问题的原因进行分析, 针对非公经济发展的现状, 根据存在的问题, 提出有针对性的建议。

0004 金昌城市文化软实力发展研究

立项单位及时间: 金昌市委党校, 2009年

主 持 人: 宿好军

结项单位及时间: 金昌市委党校 2010 年度

简　　介: 任何一个地区的现代化, 不仅包括经济等硬实力的高度发达, 也包含着文化等软实力的崛起。只有硬实力与软实力都提升到一个相当的程度, 才是真正意义上的现

代化。随着金昌经济社会在科学发展观的指导下进一步发展，随着金昌城市生态环境的进一步改善，随着金昌争创全国文明城市重大工程的进一步深化，有关城市形象、城市品味、城市品牌等与文化软实力相关的话题时见被关心金昌发展的人们所提起。为了深化这一认识，研究报告对金昌"文化软实力"展开系统、深入、精细的研究，并将研究成果诉诸文字。该研究报告在对大量国内外学者有关软实力和文化软实力文献资料和理论文章研究的基础上，借鉴国家竞争力、城市竞争力评价的相关理论与指标体系，总结出自己的关于城市文化软实力的理论体系，主要将城市文化软实力的范围分为文化城市战略、城市文化体系、城市文化精神、城市文化形象、城市文化品位、城市文化品牌、城市文化生活、城市文化交流与合作和城市文化产业等九个方面，通过这九个方面，对金昌城市文化软实力进行深入的探讨，以期对金昌文化软实力理论研究和实践操作起到一定的借鉴与指导作用。

0005 对金昌市城市社区党建工作的调查与研究

立项单位及时间：金昌市委党校，2005-09

主 持 人：靳晓玲

结项单位及时间：甘肃省委党校；2006-09-26

简 介：社区是社会的"细胞"，是党在城市工作的基础。社区不仅是我国新的经济增长点、城市各项工作的承接点，也是社情民意的集中反映地、社会稳定的保障点，更是党建、思想政治工作和精神文明建设的重要立足点。加强社区党建工作是构建和谐社会的最好体现，也是展现执政能力的最好平台。因此，构建和谐社会，重心在基层，基础在社区，关键在党建。金昌市作为一个资源型工矿城市，社区党建工作的格局、形式和体制等具有独到之处，必须从理论和实践相结合的高度认真加以总结和研究。我们课题组经过几个月的深入调查走访，对我市的36个社区的基层党建工作实践进行了深入的调查研究，特别是金昌市社区党建工作基本情况、基本特点、经验与发展态势，社区党建工作创新发展的基本思路等进行了探讨，以便总结经验，寻找差距，取长补短，形成了此调研报告。

0006 金昌市农村最低生活保障制度的调研与思考

立项单位及时间：甘肃省委党校，2008 年

主 持 人：崔飞

结项单位及时间：甘肃省委党校，2009-04-25

简 介：该报告以金昌市金川区为例，对金昌市农村最低生活保障情况进行了调查研究，在分析问题的基础上，提出了一些建设性的思考性建议，具有一定的现实意义。

0007 学校管理中预防未成年人犯罪案例观察与研究

立项单位：马跑泉中心学校

主 持 人：李东明

结项单位及时间：甘肃省教育科学规划领导小组办公室，2011-10-28

简 介：据有关资料统计，近年来，我国青少年犯罪占整个刑事犯罪总数的70%，且在校生犯罪日趋严重。严峻的现实告诉我们：预防在校青少年学生违法犯罪刻不容缓。对未成年人犯罪现象进行剖析，重点通过案例研究，分析未成年人犯罪成因，找出预防的办法，特别是对照学校工作中存在的可能诱发未成年人犯罪的原因进行深入研究，从学校工作中根除未成年人犯罪产生的诱因。研

究中使用了"观察法""调查法""案例法"。共经历了学习阶段（2009 年 3 月—2009 年 7 月），研究探索阶段（2009 年 9 月—2010 年 4 月），总结阶段（2010 年 4 月—2010 年 6 月）。经过对大量案例的研究，得出以下结论：学校应切实改革传统的教学方法，应用灵活多样的教育方式，逐步对教师与学生的思想变化情况因势利导地进行教育，在传授知识的过程中以育人为本，以化解矛盾为目的，尊重学生的权利，平等待人，相互尊重。另外，要不断加强师资队伍建设，下工夫提高教师队伍的综合素质，使他们能适应新的条件下的教育工作，真正作到为人师表，不歧视后进学生，不祖护尖子学生，一视同仁，因材施教，使每一个学生在学习过程中多发挥自身的优势，找到适合自己发展的位置。

0008 张家川县冬麦田地下鼠防治新技术试验示范

立项单位及时间：张家川县植保站，1993-01

主 持 人：白栓林

结项单位及时间：张家川县植保站，1995-01

简　　介：该项目对当地冬麦田地下鼠发生发展规律进行了详细的调查研究，通过药效对比试验，筛选出使用方便、防效较好的二代抗凝性鼠药，并对当地普遍使用的弓箭进行了技术改进。

0009 平欧杂种榛子引进栽培试验

立项单位及时间：张家川县果树站，2002 年

主 持 人：杨吉祥

结项单位及时间：张家川果树站，2008 年

简　　介：张家川县列"平欧杂种榛子引进栽培试验"项目，首次从辽宁经济林研究所引进平欧杂种榛子嫁接苗 600 余株，4 个优良品种，即：平欧 110、达维、85-41、85-88、85-254 号等榛子品种，试栽结果表明：平欧杂种榛子在张家川县生长发育良好，性状表现优良，在我县适宜地区推广建园 666 667m²，丰富我县果品种类，扩大了干果栽植面积，初步进行调查研究，平欧杂种榛子栽培在我省还处于空白状态，取得良好的经济生态、社会效益。项目开展的同时，还进行了其他研究：一是调查了本县野生毛榛、平榛、桦榛野生资源，并以我县野生毛榛、平榛作为砧木，进行嫁接育苗试验，试验表明，平榛为砧木嫁接亲合力强，成活率高，伤口愈合程度好，嫁接苗整齐度高，出圃率也很高；二是掌握了平欧杂种榛子进行生物学特性、适应性、结果习性、经济性状等观察；三是总结适合我县生产实际的早果优质丰产栽培技术；四是培训农民 2 500 人次，培养管理能手 200 名。

0010 杏瘿蚊生物学特性及防治技术研究

立项单位及时间：张家川果树站，2001 年

主 持 人：杨吉祥

结项单位及时间：张家川县果树站，2010 年

简　　介：申报天水市科技公关项目，组织成立课题实施领导小组，联系专家鉴定该虫的正确种名，于 2004 年 11 月将生活史标本送往南开大学卜文俊教授处进行研究鉴定。2009 年 4 月该虫已鉴定到属名，杏瘿蚊（Janetiellasp）。课题组初步探索该虫的防治技术，开展农业防治：①通过土壤深翻和耕翻破坏越冬幼虫越冬场所，以减少虫口密度；②剪除虫梢防治杏瘿蚊，在幼虫为害期发现虫苞子时剪除，杏苗圃采用此种方法操作方便；③杏苗圃地秋季出苗，并另选地块育苗，能有效防治杏瘿蚊的为害；④由于杏瘿蚊是

一种新害虫，没有较为完整的参考资料，我们在研究药剂防治林木时，选择了一些可以防瘿蚊科害虫的杀虫剂，进行了试验。

0011 推进学习型党组织建设问题研究

立项单位及时间：甘肃省哲学社会科学规划办公室，2010-11

主 持 人：党晓庆 张积品

结项单位及时间：2012-05-16

简 介：一、学习型党组织的内涵：所谓学习型党组织，就是指能够树立符合时代要求的学习理念，具有健全的学习机制、浓厚的学习氛围，以学习力推动创新力和凝聚力，不断增强生机活力的集体。二、基层学习型党组织的基本特征：（一）基层学习型党组织具有一支为实现共同目标而奋斗不息的党员领导干部。（二）基层学习型党组织具有一支志存高远、严谨笃学、乐于奉献的党员队伍。（三）基层学习型党组织具有正确的学习理念。思想是行动的指南，正确的学习理念是自觉进行学习行动的思想基础。（四）基层学习型党组织具有明确的共同奋斗目标。"组织成员拥有一个共同的愿景。"（五）基层学习型党组织具有健全的长效学习机制。建设学习型党组织需要有健全的长效运行机制和完善的条件保障。（六）基层党组织具有可持续创新能力和良好社会引领功能。三、推进基层学习型党组织建设的要求：（一）建立健全组织领导体系，使基层学习型党组织建设工作具有坚强的组织保障。（二）建立愿景，增强基层党员干部学习动力。（三）建立健全学习保障机制，推进基层学习型党组织建设。（四）建立创新机制，不断提升基层党组织的创新力和执政能力。

0012 "情感化"班级管理方法探索

立项单位及时间：省教科所，2005 年

主 持 人：轩辕晓骊

结项单位及时间：省教科所，2007 年

简 介：现在随着社会的发展，德育已经不是一种自上而下的教育模式，很多学生已经成为自己的学习与生活的主人，学生的自尊心逐步增强，在班主任的德育工作中，如果对班级实施情感化的管理模式，创设和谐的班级氛围，对学生进行情感投资，抓住机会对学生进行激励，就能更好地教育学生，就可以让学生在愉悦的环境中形成良好的思想道德品质。

0013 绿色优质西甜瓜生产技术优化集成研究与示范

立项单位及时间：合水县蔬菜办，2007-03

主 持 人：李建军

结项单位及时间：合水县蔬菜办，2011-11

简 介：根据国家绿色食品 A 级产品的生产环境条件，肥料、农药的使用准则和要求，试验研究西甜瓜绿色食品 A 级产品的优质品种和生产管理新技术，受到广大消费者的普遍欢迎和信赖。

0014 板桥白黄瓜优质高效栽培模式与产业开发研究

立项单位及时间：合水县蔬菜办，2004-03

主 持 人：李建军

结项单位及时间：合水县蔬菜办，2008 年 8 月

简 介：对当地传统名优的板桥白黄瓜品种进行提纯复壮选育，试验研究育苗，间作套种立体高效栽培新模式，一年多茬收获的先进技术。经济和社会效益非常显著，受到广大农民好评。

0015 文综复习中的"多角度分析"

立项单位及时间：甘肃省教育科学规划领导小组，2005-10

主 持 人：苟来权

结项单位及时间：甘肃省教育科学规划领导小组办公室，2006-10-25

简 介：《文综复习中的"多角度分析"》研究课题，是根据政、史、地三科的学科特点及不同层次学生的学情现状，坚持基础性、创新性、兼容性、实践性的原则，有秩序、有步骤地培养学生获取和解读信息、迁移和运用知识、描述和阐述事物、论证和分析问题能力的教学模式研究。通过实验，帮助学生掌握对相关背景材料进行"筛选—扫描找点—剖析"的流程和方法，提高学生的文科综合素质和人文素养，促使学科知识的相互渗透、交叉整合迁移运用，实现"一科多用，多科渗透"，最终取得灵活自如地分析高考问题、稳步提高高考成绩的良好效果。

0016 学校思想品德教育管理问题研究

立项单位及时间：甘肃省教育科学研究所，2008-08

主 持 人：张涛 吴岳

结项单位及时间：甘肃省教育科学研究所，2011-10

简 介：甘肃省教育科学"十一五"规划立项课题《学校思想品德教育管理问题探究》"甘教规办课题批准号：GS[2008]G0340号"的实验和研究。本课题以探索创新完善、建立健全农村中小学思想品德教育管理工作机制为出发点，以适应素质教育和新课程改革的需要为前提，以全面培养有理想、有道德、有纪律、有知识的社会主义建设人才和德才兼备的高素质劳动者为教育目标，以家庭教育、学校教育和社会教育的有机结合为工作思路，以家庭及早育人、学校全面育人、社会服务育人等为手段，以学生德育量化为突破点，探索一条在社会主义市场经济条件下全面快速培养合格人才、具有良好操作性和实效性的学校思想品德教育管理工作新模式。

0017 浅谈诚信与企业发展的关系

立项单位及时间：岷县工业和信息化局，2014-04

主 持 人：关小鹏

结项单位及时间：岷县工业和信息化局，2014-10

简 介：市场经济的提升、宣传途径的变化、市场需求的变化等诸多因素，决定着企业生存的命脉，一个良好的企业长远立身之本必为"诚信"，品牌只是其推广及认知手段。企业诚信决定企业品牌发展，而企业品牌又反作用于企业发展，两者相辅相成、相互制约、相互发展，这就好比树根（企业诚信）与枝叶（企业品牌）的关系，大树扎根于土地供给枝叶生长，枝叶裸露于外进行光合作用，发力促进大树生长。从长远看良好的企业口碑建立了良好的企业发展，"品牌效应"促使消费者在选择产品的过程中有优先挑选项，这点紧扣消费者心理需求。

0018 "90后"青年思想政治工作调查研究

立项单位及时间：共青团岷县委员会，2014-04

主 持 人：杨晓林

结项单位及时间：共青团岷县委员会，2014-10

简 介：青年是祖国的未来、民族的希望，当代"90后"青年是在改革开放时代中成长的一代新人，是国家和社会发展的栋梁之才，更是中国的生力军，肩负着中华民族实现伟大复兴的希望和梦想，在他们身上蕴含着社会发展进步的新元素。"90后"青年的成长背景与其父辈、祖辈明显不同，在思想观念、行为方式等方面具有鲜明的特点，需要我们以全新的视角理性看待"90后"青年，充分认识到做好"90后"青年思想政治工作的重要性，加强和改进"90后"青年思想政治工作的方式与方法，引导他们树立正确的政治方向和坚定的理想信念。作为中国最新的青年群体，"90后"成为全社会关注的焦点，做好"90后"青年的思想政治工作对中国未来发展至关重要。做好"90后"青年思想政治工作，是适应国际国内形势变化的现实需要。做好"90后"青年思想政治工作，是实现中华民族伟大复兴中国梦的长远需要。做好"90后"青年思想政治工作，是适应当代青年需求和发展的迫切需要。

0019 企业思想政治工作发展的回顾与思考

立项单位及时间：岷县总工会，2014-04

主 持 人：高顺林

结项单位及时间：岷县总工会，2014-10

简 介：该文首先对企业思想政治工作的目的、意义和作用作了一个准确定位，对其坚持的政治方向也作了一个明确的范畴归属，然后从八个方面对企业思想政治工作的发展回顾与矛盾作了较为细致的阐述，在我国企业中，从传统型与现代型、指令型与沟通型、说教型与关爱型、企业大道理与员工小坚持、职工理想与工作现实、干路与支路、言传与身教、经济利益与政治理想之间的矛盾此起彼伏、犬牙交错，这些矛盾的存在，既影响企业的长足发展，更影响了企业员工工作的积极性、主动性和创造性。接着，又从四个方面阐述了思想政治工作在企业发展中的重要性及搞好企业思想政治工作的紧迫

性，并明确指出思想政治工作既是企业发展的生命线，更是推动企业不断改革、深化改革的精神动力和内在源泉，又是培育企业核心竞争力和提升企业文化，塑造企业精神，决定企业经营目标、经营方向、经营理念，培育员工树立正确的世界观、人生观、价值观，教育、引导企业员工发挥主人翁作用的必然趋势。之后，从四个方面对近年来我国企业开展思想政治工作的主要做法从"实、活、真、好"作了简要总结，结合当代企业生产发展的规律，依照党的路线、方针、政策，将思想政治工作如何与党的政策、改革开放的新形势与企业发展有机统一起来，进一步树立企业品牌、打造企业文化、凝练企业精神。最后，又从五个大的方面对企业搞好思想政治工作阐述了作者个人的观点，指出企业搞好思想政治工作的前提、先导、基础、保证和根本，结合企业员工在劳动合同签订、安全生产保护、工资工时规定、员工救助帮扶及维权讨薪开展工作。

0020 岷县党群干群关系现状调查研究

立项单位及时间：岷县县委组织部，2014-04

主 持 人：丁爱江

结项单位及时间：岷县县委组织部，2014-09

简 介：党群干群关系是关系执政党生死存亡的重大政治问题。党的十八大报告指出："我们党的最大政治优势就是密切联系群众，党执政后最大的危险就是脱离群众。""人心向背关系党的生死存亡。"当前，岷县正处于灾后重建加快推进、经济社会快速发展、人民生活不断改善的重要时期，全面把握全县党群干群关系现状，准确分析取得的成就与不足，研究探讨进一步密切党群干群关系的对策措施，对进一步保持党同人民群众

的血肉联系、增强党的执政能力建设、巩固党的执政地位、凝聚实现中华民族伟大复兴中国梦的群众力量具有重大而深远的意义。岷县广大党员干部积极投身全县经济社会发展，齐心协力抢险救灾抓重建，大力改善群众生产生活条件，绝大多数群众对党有着浓厚的感情，拥护党的领导，党群干群关系总体上是健康的、和谐的，但仍然存在一些不容忽视的、严重影响党群干群关系的突出问题，亟待我们分析解决。全县上下正心往一处想，劲往一处使，紧紧抓住有利时机，采取有效措施，积极改进党群干群关系，为全县经济社会转型跨越发展凝聚共识，为与全国同步建成小康社会凝聚信心，为实现伟大中国梦凝聚力量。

甘肃省文化资源名录

第三十九卷

社科研究Ⅰ

学术活动

0001 "中国西北游 出发在兰州"新闻发布会

时　　间：2012-07-24

主办单位：《光明日报》社、兰州市委市政府、甘肃省旅游局

参加人数：120 余人

简　　介：为提高兰州旅游在全国的知名度，努力打造兰州旅游新形象，将兰州独具魅力的旅游景观及西北精品旅游线路推介给全国人民，7 月 24 日上午，由《光明日报》社、中共兰州市委、兰州市人民政府、甘肃省旅游局联合主办，兰州市委宣传部、兰州市社会科学院等单位承办的"中国西北游 出发在兰州"新闻发布会及文化旅游推介研讨会在北京召开。兰州历史文化积淀深厚，旅游资源极为丰富。近年来，兰州市委、市政府对旅游业发展非常重视，将旅游业作为支柱型产业发展，取得了良好的经济与社会效益。2012 年 4 月推出了"中国西北游 出发在兰州"这一文化旅游宣传标志语，在社会各界引起强烈反响。

0002 甘肃省敦煌哲学学会成立暨首届学术研讨会

时　　间：2013-01-19

主办单位：甘肃省敦煌哲学学会

参加人数：105 人

简　　介：甘肃省敦煌哲学学会成立暨首届学术研讨会在兰州白云宾馆召开。与会人员包括中纪委驻交通部纪检组长、原甘肃省委常委、组织部部长杨利民同志，甘肃省委宣传部副部长、省社科院院长范鹏教授，省社科院副院长魏胜文研究员以及来自兰州大学、西北师范大学等省内高校、科研单位、省委党校、相关团体的专家学者以及宣传、出版、新闻单位共 105 名代表。

0003 中国高校人权教学研讨会

时　　间：2014-09-26

主办单位：南开大学人权研究中心

参加人数：60 余人

简　　介：本次会议拟邀请 60 名左右的国内大学从事人权教学的教师参加，并有来自丹麦人权研究所、瑞典罗尔瓦伦堡人权与人道法研究所和挪威奥斯陆大学人权研究中心的专家出席会议。会议将邀请人权领域的专家对人权研究、教育和实践的最新进展做专题讲座并开展讨论，并就人权教学方法进行示范和研讨。

0004 甘肃省中国古代文学学会第三届年会

时　　间：2014-04-12

主办单位：西北民族大学

参加人数：100 人

简　　介：2014 年 4 月 12 日至 13 日，"甘肃省中国古代文学学会第三届年会暨西北地域文学与古代少数民族文学学术研讨会"在西北民族大学西北新村校区召开。本次研讨会主要探讨中国古代文学学科的建设目标和发展前景，与会代表围绕西北地域文学研究、古代少数民族文学研究、河陇文学与文化等议题，进行了 4 场主题发言。与会的专家学者畅所欲言，现场气氛十分热烈。

0005 甘肃省延安精神与党的群众路线研讨会

时　　间：2013-12

主办单位：甘肃省委宣传部、甘肃省文明办

参加人数：100 人

简　　介：会上，论文获奖作者围绕主题进行了交流发言，进一步学习和领悟了延安精神和党的群众路线的精髓内容，并从不同角度、不同层次、不同方面对延安精神和党的群众路线的本质内涵、相互联系以及在新的形势下如何进一步弘扬延安精神、发扬党的优良传统进行了探讨和研究。

0006 中国教师俱乐部黄埔院教育实践交流

时　　间：2014 年 11 月 9 日、16 日、23 日、30 日

主办单位：全国数学教师旗舰总群

参加人数：1000 多人

简　　介：以《课题研究让教师走向卓越》为题，结合中国教育科研网和课题学习网上提供的材料及我们研究的《小学教师创造性使用数学教材研究》课题，从课题准备、课题实施、课题验证、课题总结四个阶段，意在对课题研究中的四个方面做系统的整理，仅供需要研究中小学课题的老师参考。

0007 国培计划（2012）——中西部农村骨干教师培训项目

时　　间：2012-10-15—10-30

主办单位：北京外国语大学

参加人数：80 人

简　　介：交流内容为：市级重点课题——农村初中学生英语自主学习及其对策。限于篇幅，论文不再一一呈现，只上传课题鉴定证书供参考。

0008 和政古动物化石保护与开发学术研讨会

时　　间：2014-06-25

主办单位：中国地质科学院、临夏州人民政府

参加人数：64 人

简　　介：中国和政古动物化石保护与开发学术研讨会于 2014 年 6 月 25 日至 27 日在和政县松鸣小镇会议中心举行。这次会议的主题：（一）走进世界的和政，探秘古动物的伊甸园；（二）加强古动物化石保护与开发，推动文化旅游产业融合发展。这是临夏州与国家化石科研机构积极合作，在化石保护开发利用方面举办的一次重要学术活动。

0009 第六届中国绿色发展高层论坛

时　　间：2014-09-26

主办单位：兰州市委宣传部、中国绿色发展高层论坛组委会

参加人数：200 余人

简　　介：第六届中国绿色发展高层论坛于 2014 年 9 月 26 日在甘肃省兰州市开幕。本届论坛的主题是"生态文明与绿色转型"。本届论坛由联合国环境署、联合国粮农组织、联合国开发计划署共同指导，中共兰州市委宣传部和中国绿色发展高层论坛组委会共同主办，兰州市环保局和兰州市社科院联合承

办。本届论坛的参会嘉宾涵盖政府、金融、企业等各行各业的绿色先锋。

0010 南梁精神研究

时　　间：2013-11

主办单位：市委宣传部

参加人数：12 人

简　　介：老一辈革命家创建的以南梁为中心的陕甘边革命根据地是在北方建立的为数不多的革命根据地之一，在当时即被列入十大苏区之一。以陕甘边革命根据地为重要基础形成的陕甘革命根据地（西北根据地），是土地革命战争后期"硕果仅存"的革命根据地，为党中央和中央红军提供了落脚点，是八路军开赴抗日前线的出发点。陕甘边根据地为中国革命的胜利作出了不朽的贡献，付出了巨大的牺牲，形成了垂范后人的革命精神——"南梁精神"。南梁精神是以刘志丹、谢子长、习仲勋等为代表的共产党人和广大人民群众在创建以南梁为中心的陕甘边根据地的过程中所体现出的理想信念、思想品德、工作与思想作风，以及体现在他们行为上的精神风貌，是马克思主义中国化在西北地区具体实践的结晶。南梁精神的丰富内涵是中国共产党人的历史使命、根本宗旨、政治本色和道德情操在陕甘边这一特定区域的集中反映，是马克思主义世界观、人生观和价值观的充分体现。根据陕甘边区革命斗争的事实，结合近年来南梁精神研究取得的进展，可以将南梁精神概括为五点：坚定信念、百折不回，求真务实、开拓创新，依靠群众、民主建政，顾全大局、忍辱负重，清廉自律、无私奉献。

0011 全省思想政治工作课题研究和成果评选活动的成果申报工作

时　　间：2014-10

主办单位：甘肃省省委宣传部

参加人数：200 人

简　　介：为了进一步加强新时期思想政治工作，激励广大思想政治工作者多出有深度、有分量、有实用价值的研究成果，为中原经济区建设提供坚强的思想保证，按照省政研会年初工作安排，决定开展思想政治工作优秀研究成果评选活动。本次评奖由甘肃省省委宣传部、省政研会组织。

0012 庆阳特色文化研究

时　　间：2012—2014 年

主办单位：庆阳市社科联

参加人数：20 人

简　　介：甘肃省庆阳市有悠久的历史、灿烂的文化。庆阳地处黄河中上游地区，黄土高原之上，甘肃省东部、陕甘宁三省区交界处。中国第一块旧石器就出土于这里，说明远古时期就有人类在庆阳生息繁衍；《史记》载人文始祖轩辕黄帝的统治区域"西至于空桐，登鸡头"，"空桐"就是现今甘肃平凉的崆峒山，"鸡头"是崆峒山的别称，庆阳与平凉毗邻，同属陇东；"黄帝崩，葬桥山"，有学者认为"桥山"就是庆阳境内的子午岭，即便桥山不在庆阳境内，而在人们比较认同的陕西黄陵，也去庆阳不远，至少说明庆阳也是黄帝的重要活动区域，是华夏文明重要的发祥地；庆城东山之巅的周先祖不窋遗陵，蜿蜒两百多公里的秦直古道，横跨华池、环县、镇原三县的秦长城，修建于宋时的城池，遍布全境的佛塔石窟，都充分说明庆阳的文明历史薪火相传、代不绝续。历史从庆阳大地一路走过，留下了灿烂的文化足迹。轩辕黄帝拜岐伯为天师，以黄帝问、岐伯答的方式，一问一答，谈医论药，而有了中医学奠基性的理论著作《黄帝内经》，岐伯被称为中医学"鼻祖"。

0013 定西市第五届社会科学优秀成果评奖活动

时　　间：2014-07-22

主办单位：定西市市委宣传部

参加人数：150 人

简　　介：定西市第五届社会科学优秀成果评奖活动，坚持以马克思列宁主义、毛泽东思想、邓小平理论、"三个代表"重要思想和科学发展观为指导，坚持"二为"方向和"双百"方针，坚持公开、公正、公平的原则，实事求是，好中选优，保证质量，全面真实地展示和反映我市哲学社会科学的科研实力、科研成果和理论水准。

0014 甘肃省党校系统生态文明建设理论研讨会

时　　间：2014-07-10

主办单位：甘肃省委党校

参加人数：100 人

简　　介：2014 年 7 月 10 日—2014 年 7 月 12 日，甘肃省党校系统生态文明建设理论研讨会在陇南市武都区召开，全省党校系统 100 多人参加，专门就生态文明建设相关问题进行研讨。

0015 "中国西北游，出发在兰州"论坛

时　　间：2013-07-08

主办单位：兰州市社会科学院

参加人数：100 余人

简　　介：2013 年 7 月 8 日下午，作为全国城市社科院第二十三次院长联席会系列活动之一的"中国西北游，出发在兰州"论坛在兰州举行。与会代表、专家学者在论坛上高度评价了"中国西北游，出发在兰州"这句响亮的城市旅游形象标志语，并从不同角度对兰州旅游业发展提出建议。论坛由西安市社科院院长王作权主持并发言。

0016 兰州市首届公民道德论坛

时　　间：2013-12-19

主办单位：兰州市委宣传部、市文明办、市社科院

参加人数：150 余人

简　　介：2013 年 12 月 19 日，由市委宣传部、市文明办、市社科院等单位联合举办的"凡人善举和你一起"兰州市首届公民道德论坛正式开讲。作为我市创建全国文明城市工作的重要组成部分，论坛通过经验交流、案例分析、理论研讨的方式，对全市创建文明城市、加强公民道德建设实践进行了系统的经验总结和理论凝练，并全面反映了我市近年来公民道德建设的丰硕成果。时任市委常委、宣传部部长的周丽宁出席论坛并讲话。在此次论坛中，市文明办相关负责人对"凡人善举和你一起"公民道德实践活动进行了回顾和总结，兰州大学马克思主义学院博士生导师倪国良教授、甘肃省委党校文史教研部副主任吴晓军教授、安宁区委宣传部长曾晓燕、西固区文明办豆斌英、兰州日报社汪文学以及市广电总台王崇斌等 6 人结合各自研究领域和工作实际，在现场进行了论文研讨交流。论坛还对"凡人善举和你一起"兰州市首届公民道德论坛优秀论文进行了表彰。

0017 全国城市社科院第二十三次院长联席会议

时　　间：2013-07-08

主办单位：兰州市社科院

参加人数：200 余人

简　　介：2013 年 7 月 8 日，全国城市社科院第二十三次院长联席会议在兰州举行。本

次会议由兰州市社科院承办，来自全国38家大中城市社科院院长、专家学者及有关部门负责人共130余人参加了会议，这是兰州市社科院自建院以来首次举办全国性社科系统会议。大会授予兰州市社科院"全国城市社科院先进单位"称号并决定2014年全国城市社科院第二十四次院长联席会由杭州市社科院承办。本次会议重点围绕"文化大发展大繁荣与城市社科院的使命"等主题进行了研讨。与会各城市社科院代表结合各城市发展实际及各自工作特点，就如何发挥社科院智库功能、为地方党委和政府决策服务、促进地方文化大发展大繁荣进行了广泛、深入的研讨和交流，并提出了很多新的思路和建议，取得了良好的效果。同时，来自全国各大城市的知名社科学者、专家代表在"中国西北游 出发在兰州"论坛上发言，为兰州文化旅游发展支招。

甘肃省文化资源名录

第三十九卷

社科研究Ⅰ

社科刊物

0001 甘肃社会科学

主办单位：甘肃省社会科学院

发 行 量：1 500 册

刊　　号：CN62-1093/C

出版周期：双月刊

数 字 版：Gssh.chinajournal.net.cn

简　　介：《甘肃社会科学》杂志是由甘肃省社会科学院主办的综合性人文社会科学类学术期刊，1979 年创刊，为全国中文核心期刊、中文社会科学引文索引（CSSCI）来源期刊。ISSN 1003-3637CN 62-1093/C 邮发代号 54-2，所刊文章注重思想性、学术性、原创性、前瞻性、应用性和时效性，倡导学风和朴实的文风，选取刊发高质量、高水平并写作规范的文章。

0002 玫瑰

主办单位：永登县文化馆

发 行 量：500 册

刊　　号：内部资料

出版周期：季刊

数 字 版：无

简　　介：这是一本以地方文化研究、本地作者作品为主的内部期刊，年发行 4 期，每期 500 本，以作者和县内读者免费交流为主。

0003 祁连论丛

主办单位：中共金昌市委党校

发 行 量：不详

刊　　号：3018 G 金昌 06004

出版周期：季刊

数 字 版：无

简　　介：中共金昌市委党校主办的社科期刊《金昌市委党校学报》1987 年创刊，1988 年第 2 期（总第 3 期）更名为《祁连学刊》，1998 年第 2 期（总第 43 期）更名为《祁连论丛》，2008 年第 1 期出版后因稿源和经费问题停办。创办 22 年来，共发行 82 期，累计刊载文章 2000 余篇，总字数达 1400 多万。1992 年在全省期刊评比中被评为"甘肃省社会科学优秀内部期刊"。

0004 天水行政学院学报

主办单位：天水市行政学院

发 行 量：1 500 册

刊　　号：ISSN 1009-6566　　CN62-5123/D

出版周期：双月刊

数 字 版：http://TSXB.chinajournal.net.cn

简　　介：《天水行政学院学报》是经国家新闻出版署正式批准，中共天水市委、天水市人民政府主管、天水市行政学院主办的综合性社会科学理论刊物，面向国内外发行。

0005 《南梁》

主办单位：华池县文学联合会

发 行 量：5 000 册

刊 号：甘出准 019 字总 1625 号

出版周期：季刊

数字版：无

简 介：宣传华池县红色历史、先进文化、展示辉煌建设成就，彰显华池文化魅力，唱响南梁品牌，以史鉴今，资政育人，本刊主要开辟"社会经济""人物历史""理论实践""红色旅游""小说空间""散文长廊""诗词苑囿""佳作赏析""曲艺杂谈""师生园地""书画摄影"等栏目。

0006 王符研究

主办单位：镇原王符研究中心

发 行 量：2 000 册

刊 号：甘出准 019 字

出版周期：不定期

数字版：无

简 介：《王符研究》于 2007 年 10 月正式创刊，是目前国内唯一的一个专门研究东汉著名思想家、政论家、哲学家王符的社科类期刊。《王符研究》设"名家之作""八方博采""故里方阵""争鸣空间""学者介绍""《潜夫论》注译""《潜夫论》掌故""《潜夫论》赏析""《潜夫论》领悟""感怀星空""信息纵横"等栏目，定期发表有关王符研究方面的作品和信息。

0007 叠藏河

主办单位：岷县文联

发 行 量：1 000 册

刊 号：201412

出版周期：期刊

数字版：无

简 介：岷县文联创办的《叠藏河》为县级文学期刊，发行量 1 000 册。

0008 岷州文学

主办单位：岷县作家协会

发 行 量：5 000 册

刊 号：9787802440999

出版周期：期刊

数字版：无

简 介：《岷州文学》杂志，集文学、美术、书法等综合性大型文艺刊物。《岷州文学》使用国际流行的大 16 开本，胶版印刷，168 个页码。2007 年创刊的《岷州文学》杂志，为集文学、美术、书法等于一体的综合性大型文艺刊物。装帧设计美观、朴素、大方。每期向全国发行 5 000 册。《岷州文学》每期介绍一位在全国各个领域有建树的岷州籍精英人才和全国书画名家，重点推举全国各类文艺人才，立足岷州，面向全国。

0009 开发研究

主办单位：甘肃省社会科学院

发 行 量：1 500 册

刊 号：CN62-1005/C

出版周期：双月刊

数字版：无

简 介：《开发研究》是 1985 年创办的我国最早研究和探讨西部开发理论的综合性经济类刊物，甘肃省社会科学院主办，国内外公开发行。为中国人文社会科学核心期刊、中文社会科学引文索引（CSSCI）来源期刊。立足中国现实，侧重欠发达地区研究，致力于发表研究改革开放、经济发展和体制转型过程中出现的各种经济问题的具有原创性意义的高水平的理论文章，以推动中国尤其是西部经济的现代化和中国经济学的现代化。

甘肃省文化资源名录

第三十九卷

社科研究Ⅰ

获奖成果

0001 教育科学研究方法

时　　间：1988-01-16

奖项名称：甘肃省第一届社会科学优秀成果奖

获奖等级：1

作　　者：李秉德

成果形式：教材

颁奖部门：甘肃省委甘肃省政府

0002 中国古代意识观念的产生和发展

时　　间：1988-01-16

奖项名称：甘肃省第一届社会科学优秀成果奖

获奖等级：1

作　　者：刘文英

成果形式：专著

颁奖部门：甘肃省委甘肃省政府

0003 汉语成语词典（增订本）

时　　间：1988-01-16

奖项名称：甘肃省第一届社会科学优秀成果奖

获奖等级：1

作　　者：《汉语成语词典》编写组

成果形式：工具书

颁奖部门：甘肃省委甘肃省政府

0004 甘肃公路交通史（第一册）

时　　间：1988-01-16

奖项名称：甘肃省第一届社会科学优秀成果奖

获奖等级：1

作　　者：《甘肃公路交通史》编写委员会

成果形式：专著

颁奖部门：甘肃省委甘肃省政府

0005 唐史探姬

时　　间：1988-01-16

奖项名称：甘肃省第一届社会科学优秀成果奖

获奖等级：1

作　　者：金宝祥

成果形式：论文

颁奖部门：甘肃省委甘肃省政府

0006 中国工业经济责任制概论

时　　间：1988-01-16

奖项名称：甘肃省第一届社会科学优秀成果奖

获奖等级：1

作　　者：伏耀 时正新

成果形式：专著

颁奖部门：甘肃省委甘肃省政府

0007 当代国际共产主义运动（第六章）

时　　间：1988-01-16

奖项名称：甘肃省第一届社会科学优秀成果奖

获奖等级：1

作　　者：黄济福

成果形式：专著

颁奖部门：甘肃省委甘肃省政府

0008 格萨尔王传门岭大战之都

时　　间：1988-01-16

奖项名称：甘肃省第一届社会科学优秀成果奖

获奖等级：1

作　　者：王沂暖

成果形式：译著

颁奖部门：甘肃省委甘肃省政府

0009 藏汉佛学词典

时　　间：1988-01-16

奖项名称：甘肃省第一届社会科学优秀成果奖

获奖等级：2

作　　者：王沂暖

成果形式：工具书

颁奖部门：甘肃省委甘肃省政府

0010 政治经济学社会主义部分

时　　间：1988-01-16

奖项名称：甘肃省第一届社会科学优秀成果奖

获奖等级：2

作　　者：刘家声

成果形式：教材

颁奖部门：甘肃省委甘肃省政府

0011 黄世仲生平诸问题小辨

时　　间：1988-01-16

奖项名称：甘肃省第一届社会科学优秀成果奖

获奖等级：2

作　　者：颜廷亮

成果形式：论文

颁奖部门：甘肃省委甘肃省政府

0012 当前电教理论和实践中的几个问题

时　　间：1988-01-16

奖项名称：甘肃省第一届社会科学优秀成果奖

获奖等级：2

作　　者：南国农

成果形式：论文

颁奖部门：甘肃省委甘肃省政府

0013 确定肉猪最佳出栏条件的方法

时　　间：1988-01-16

奖项名称：甘肃省第一届社会科学优秀成果奖

获奖等级：2

作　　者：李国璋

成果形式：调查报告

颁奖部门：甘肃省委甘肃省政府

0014 论农村产业结构的调整

时　　间：1988-01-16

奖项名称：甘肃省第一届社会科学优秀成果奖

获奖等级：2

作　　者：钟永棠

成果形式：论文

颁奖部门：甘肃省委甘肃省政府

0015 征服中亚史（第三卷）

时　　间：1988-01-16

奖项名称：甘肃省第一届社会科学优秀成果奖

获奖等级：2

作　　者：王安泰

成果形式：译著

颁奖部门：甘肃省委甘肃省政府

0016 甘肃人才现状思考及人才对策

时　　间：1988-01-16

奖项名称：甘肃省第一届社会科学优秀成果奖

获奖等级：2

作　　者：延涛 刘清森

成果形式：论文

颁奖部门：甘肃省委甘肃省政府

0017 汉书食货志集释

时　　间：1988-01-16

奖项名称：甘肃省第一届社会科学优秀成果奖

获奖等级：2

作　　者：李庆善

成果形式：研究资料

颁奖部门：甘肃省委甘肃省政府

0018 江隆基

时　　间：1988-01-16

奖项名称：甘肃省第一届社会科学优秀成果奖

获奖等级：2

作　　者：苗高生

成果形式：传记

颁奖部门：甘肃省委甘肃省政府

0019 试论几何平均数与标志变异指标

时　　间：1988-01-16

奖项名称：甘肃省第一届社会科学优秀成果奖

获奖等级：2

作　　者：朱杰 郭自成

成果形式：论文

颁奖部门：甘肃省委甘肃省政府

0020 农民财产与法

时　　间：1988-01-16

奖项名称：甘肃省第一届社会科学优秀成果奖

获奖等级：2

作　　者：李功国

成果形式：普及读物

颁奖部门：甘肃省委甘肃省政府

0021 边塞诗之涵义与唐代边塞诗繁荣

时　　间：1988-01-16

奖项名称：甘肃省第一届社会科学优秀成果奖

获奖等级：2

作　　者：胡大浚

成果形式：论文

颁奖部门：甘肃省委甘肃省政府

0022 敦煌莫高窟供养人题记

时　　间：1988-01-16

奖项名称：甘肃省第一届社会科学优秀成果奖

获奖等级：2

作　　者：敦煌研究院

成果形式：研究资料

颁奖部门：甘肃省委甘肃省政府

0023 大西北的开发与移民

时　　间：1988-01-16

奖项名称：甘肃省第一届社会科学优秀成果奖

获奖等级：2

作　　者：刘天怡

成果形式：论文

颁奖部门：甘肃省委甘肃省政府

0024 史记研究

时　　间：1988-01-16

奖项名称：甘肃省第一届社会科学优秀成果奖

获奖等级：2

作　　者：张大可

成果形式：专著

颁奖部门：甘肃省委甘肃省政府

0025 甘肃农村发展战略问题

时　　间：1988-01-16

奖项名称：甘肃省第一届社会科学优秀成果奖

获奖等级：2

作　　者：魏世恩 孙民

成果形式：论文

颁奖部门：甘肃省委甘肃省政府

0026 藏语语法中的所能关系

时　　间：1988-01-16

奖项名称：甘肃省第一届社会科学优秀成果奖

获奖等级：2

作　　者：陈来嘉措（陈其玉）

成果形式：专著

颁奖部门：甘肃省委甘肃省政府

0027 中国无神论史话

时　　间：1988-01-16

奖项名称：甘肃省第一届社会科学优秀成果奖

获奖等级：2

作　　者：王棣棠

成果形式：普及读物

颁奖部门：甘肃省委甘肃省政府

0028 中国古代人才思想论稿

时　　间：1988-01-16

奖项名称：甘肃省第一届社会科学优秀成果奖

获奖等级：2

作　　者：常校珍

成果形式：专著

颁奖部门：甘肃省委甘肃省政府

0029 庆阳北石窟寺

时　　间：1988-01-16

奖项名称：甘肃省第一届社会科学优秀成果奖

获奖等级：2

作　　者：省文物工作队、庆阳北石窟寺文管所

成果形式：调查报告

颁奖部门：甘肃省委甘肃省政府

0030 古代开拓家西行足迹

时　　间：1988-01-16

奖项名称：甘肃省第一届社会科学优秀成果奖

获奖等级：2

作　　者：马曼丽

成果形式：专著

颁奖部门：甘肃省委甘肃省政府

0031 日本土工实验法

时　　间：1988-01-16
奖项名称：甘肃省第一届社会科学优秀成果奖
获奖等级：2
作　　者：陈世杰
成果形式：译著
颁奖部门：甘肃省委甘肃省政府

0032 敦煌遗书目录再探

时　　间：1988-01-16
奖项名称：甘肃省第一届社会科学优秀成果奖
获奖等级：2
作　　者：周丕显
成果形式：论文
颁奖部门：甘肃省委甘肃省政府

0033 一转一深、一深一妙——读辛弃疾《满庭芳和章泉赵昌父》

时　　间：1988-01-16
奖项名称：甘肃省第一届社会科学优秀成果奖
获奖等级：2
作　　者：林家英
成果形式：论文
颁奖部门：甘肃省委甘肃省政府

0034 中国伊斯兰教门宦溯源

时　　间：1988-01-16
奖项名称：甘肃省第一届社会科学优秀成果奖
获奖等级：2
作　　者：马通
成果形式：专著
颁奖部门：甘肃省委甘肃省政府

0035 俄国通史简编

时　　间：1988-01-16
奖项名称：甘肃省第一届社会科学优秀成果奖
获奖等级：2
作　　者：李健
成果形式：编著
颁奖部门：甘肃省委甘肃省政府

0036 西夏文物研究

时　　间：1988-01-16
奖项名称：甘肃省第一届社会科学优秀成果奖
获奖等级：2
作　　者：陈炳应
成果形式：专著
颁奖部门：甘肃省委甘肃省政府

0037 《八思巴字蒙古语碑铭》译补

时　　间：1988-01-16
奖项名称：甘肃省第一届社会科学优秀成果奖
获奖等级：2
作　　者：郝苏民
成果形式：译著
颁奖部门：甘肃省委甘肃省政府

0038 谈敦煌本《启颜录》

时　　间：1988-01-16
奖项名称：甘肃省第一届社会科学优秀成果奖
获奖等级：2
作　　者：张鸿勋
成果形式：论文
颁奖部门：甘肃省委甘肃省政府

0039 逻辑学问答

时　　间：1988-01-16

奖项名称：甘肃省第一届社会科学优秀成果奖

获奖等级：2

作　　者：周尚荣 陶景侃

成果形式：普及读物

颁奖部门：甘肃省委甘肃省政府

0040 新型国家资本主义和爱国统一战线

时　　间：1988-01-16

奖项名称：甘肃省第一届社会科学优秀成果奖

获奖等级：2

作　　者：宋福僧 杨守业 刘志光

成果形式：论文

颁奖部门：甘肃省委甘肃省政府

0041 屈氏先世与勿王伯雄庸——兼论三闾大夫的职学

时　　间：1988-01-16

奖项名称：甘肃省第一届社会科学优秀成果奖

获奖等级：2

作　　者：赵逵夫

成果形式：论文

颁奖部门：甘肃省委甘肃省政府

0042 谈敦煌本《启颜录》

时　　间：1987-08-10

奖项名称：甘肃省第一届社会科学优秀成果奖

获奖等级：2

作　　者：张鸿勋

成果形式：论文

颁奖部门：甘肃省委甘肃省政府

0043 传统写作模式的思考

时　　间：1988-01-16

奖项名称：甘肃省第一届社会科学优秀成果奖

获奖等级：3

作　　者：任遂虎

成果形式：论文

颁奖部门：甘肃省委甘肃省政府

0044 晶体清纯与复杂交合的魅力

时　　间：1988-01-16

奖项名称：甘肃省第一届社会科学优秀成果奖

获奖等级：3

作　　者：许文郁

成果形式：论文

颁奖部门：甘肃省委甘肃省政府

0045 铁路运输"东靠西移"发展战略之我见

时　　间：1988-01-16

奖项名称：甘肃省第一届社会科学优秀成果奖

获奖等级：3

作　　者：郝德乾

成果形式：论文

颁奖部门：甘肃省委甘肃省政府

0046 报告文学论集

时　　间：1988-01-16

奖项名称：甘肃省第一届社会科学优秀成果奖

获奖等级：3

作　　者：周国华 陈进波

成果形式：资料集

颁奖部门：甘肃省委甘肃省政府

0047 美国的全球战略与中美关系论述

时　　间：1988-01-16

奖项名称：甘肃省第一届社会科学优秀成果奖

获奖等级：3

作　　者：张培德

成果形式：论文

颁奖部门：甘肃省委甘肃省政府

0048 王符思想研究

时　　间：1988-01-16

奖项名称：甘肃省第一届社会科学优秀成果奖

获奖等级：3

作　　者：王步贵

成果形式：编著

颁奖部门：甘肃省委甘肃省政府

0049 企业财务会计工作发展趋势

时　　间：1988-01-16

奖项名称：甘肃省第一届社会科学优秀成果奖

获奖等级：3

作　　者：梁天德

成果形式：论文

颁奖部门：甘肃省委甘肃省政府

0050 《麦克白》和邪恶的玄学

时　　间：1988-01-16

奖项名称：甘肃省第一届社会科学优秀成果奖

获奖等级：3

作　　者：李国香

成果形式：论文翻译

颁奖部门：甘肃省委甘肃省政府

0051 意象本质上是比喻、象征寄托

时　　间：1988-01-16

奖项名称：甘肃省第一届社会科学优秀成果奖

获奖等级：3

作　　者：郭外岑

成果形式：论文

颁奖部门：甘肃省委甘肃省政府

0052 居延新简官文书选释

时　　间：1988-01-16

奖项名称：甘肃省第一届社会科学优秀成果奖

获奖等级：3

作　　者：薛英群

成果形式：学术资料

颁奖部门：甘肃省委甘肃省政府

0053 档案工作基本知识问答

时　　间：1988-01-16

奖项名称：甘肃省第一届社会科学优秀成果奖

获奖等级：3

作　　者：张克复 马瑞莲

成果形式：普及读物

颁奖部门：甘肃省委甘肃省政府

0054 开展信贷服务支持贫困地区经济开发

时　　间：1988-01-16

奖项名称：甘肃省第一届社会科学优秀成果奖

获奖等级：3

作　　者：龚同安

成果形式：论文

颁奖部门：甘肃省委甘肃省政府

0055 商品成本核算改革刍议

时　　间：1988-01-16

奖项名称：甘肃省第一届社会科学优秀成果奖

获奖等级：3

作　　者：王宗台

成果形式：论文

颁奖部门：甘肃省委甘肃省政府

0056 企业领导者面临的新挑战

时　　间：1988-01-16

奖项名称：甘肃省第一届社会科学优秀成果奖

获奖等级：3

作　　者：王廷福

成果形式：论文

颁奖部门：甘肃省委甘肃省政府

0057 浅析高等学校经济效益考核的方法与标准

时　　间：1988-01-16

奖项名称：甘肃省第一届社会科学优秀成果奖

获奖等级：3

作　　者：石良 卢铨种 王定隆

成果形式：论文

颁奖部门：甘肃省委甘肃省政府

0058 杜甫陇右行踪考略

时　　间：1988-01-16

奖项名称：甘肃省第一届社会科学优秀成果奖

获奖等级：3

作　　者：王德全

成果形式：论文

颁奖部门：甘肃省委甘肃省政府

0059 中国古代法律思想中"礼治"与"法治"的互相渗透——兼评《中国法律思想史纲》（上卷）

时　　间：1988-01-16

奖项名称：甘肃省第一届社会科学优秀成果奖

获奖等级：3

作　　者：刘延寿

成果形式：书评

颁奖部门：甘肃省委甘肃省政府

0060 试论妇幼保健工作经济体制改革

时　　间：1988-01-16

奖项名称：甘肃省第一届社会科学优秀成果奖

获奖等级：3

作　　者：陈嘉根

成果形式：论文

颁奖部门：甘肃省委甘肃省政府

0061 靖远县计划生育工作及家庭生育状况的调查分析

时　　间：1988-01-16

奖项名称：甘肃省第一届社会科学优秀成果奖

获奖等级：3

作　　者：杨玉林

成果形式：调查报告

颁奖部门：甘肃省委甘肃省政府

0062 人才学与干部四化方针

时　　间：1988-01-16

奖项名称：甘肃省第一届社会科学优秀成果奖

获奖等级：3

作　　者：程有清

成果形式：论文

颁奖部门：甘肃省委甘肃省政府

0063 财经实用文书

时　　间：1988-01-16

奖项名称：甘肃省第一届社会科学优秀成果奖

获奖等级：3

作　　者：李明伟

成果形式：教材

颁奖部门：甘肃省委甘肃省政府

0064 略述忽必烈对西北的经营

时　　间：1988-01-16

奖项名称：甘肃省第一届社会科学优秀成果奖

获奖等级：3

作　　者：樊保良

成果形式：论文

颁奖部门：甘肃省委甘肃省政府

0065 甘肃铁路发展的战略思考

时　　间：1988-01-16

奖项名称：甘肃省第一届社会科学优秀成果奖

获奖等级：3

作　　者：申培德

成果形式：论文

颁奖部门：甘肃省委甘肃省政府

0066 列宁与苏维埃俄国的文化建设

时　　间：1988-01-16

奖项名称：甘肃省第一届社会科学优秀成果奖

获奖等级：3

作　　者：李征平 夏学志

成果形式：论文

颁奖部门：甘肃省委甘肃省政府

0067 循序渐进 学以致用——《阅读》、《写存》课本试教总结

时　　间：1988-01-16

奖项名称：甘肃省第一届社会科学优秀成果奖

获奖等级：3

作　　者：靳健

成果形式：调查报告

颁奖部门：甘肃省委甘肃省政府

0068 甘肃古代民族贸易概述

时　　间：1988-01-16

奖项名称：甘肃省第一届社会科学优秀成果奖

获奖等级：3

作　　者：孙尔康

成果形式：论文

颁奖部门：甘肃省委甘肃省政府

0069 关于我国现行粮食收购价格水平的研究

时　　间：1988-01-16

奖项名称：甘肃省第一届社会科学优秀成果奖

获奖等级：3

作　　者：刘家声

成果形式：论文

颁奖部门：甘肃省委甘肃省政府

0070 用多种指标衡量社会经济的发展

时　　间：1988-01-16

奖项名称：甘肃省第一届社会科学优秀成果奖

获奖等级：3

作　　者：郭志仪 成继元

成果形式：论文

颁奖部门：甘肃省委甘肃省政府

0071 辩证地看待储蓄与消费和积累的关系

时　　间：1988-01-16

奖项名称：甘肃省第一届社会科学优秀成果奖

获奖等级：3

作　　者：王国英

成果形式：论文

颁奖部门：甘肃省委甘肃省政府

0072 坚定不移地推行厂长（经理）负责制、旗帜鲜明地支持改革者——推行厂长（经理）负责制情况说明

时　　间：1988-01-16

奖项名称：甘肃省第一届社会科学优秀成果奖

获奖等级：3

作　　者：李桂 张奋卫 侯晓菲

成果形式：调查报告

颁奖部门：甘肃省委甘肃省政府

0073 哲学百科小辞典

时　　间：1988-01-16

奖项名称：甘肃省第一届社会科学优秀成果奖

获奖等级：3

作　　者：刘文英

成果形式：工具书

颁奖部门：甘肃省委甘肃省政府

0074 论冯龙的小说理论

时　　间：1988-01-16

奖项名称：甘肃省第一届社会科学优秀成果奖

获奖等级：3

作　　者：潘世秀

成果形式：论文

颁奖部门：甘肃省委甘肃省政府

0075 在商品经济各个环节体现精神文明

时　　间：1988-01-16

奖项名称：甘肃省第一届社会科学优秀成果奖

获奖等级：3

作　　者：杨勃

成果形式：论文

颁奖部门：甘肃省委甘肃省政府

0076 甘肃教育年鉴

时　　间：1988-01-16

奖项名称：甘肃省第一届社会科学优秀成果奖

获奖等级：3

作　　者：甘肃教育资料编辑委员会

成果形式：编著

颁奖部门：甘肃省委甘肃省政府

0077 简论现代思维空间的拓广

时　　间：1988-01-16

奖项名称：甘肃省第一届社会科学优秀成果奖

获奖等级：3

作　　者：孙晓文

成果形式：论文

颁奖部门：甘肃省委甘肃省政府

0078 常见字正误

时　　间：1988-01-16

奖项名称：甘肃省第一届社会科学优秀成果奖

获奖等级：3

作　　者：胡汝骏

成果形式：工具书

颁奖部门：甘肃省委甘肃省政府

0079　英语言语、流势若水

时　　间：1988-01-16

奖项名称：甘肃省第一届社会科学优秀成果奖

获奖等级：3

作　　者：俞杰

成果形式：论文

颁奖部门：甘肃省委甘肃省政府

0080　在探索中前进——初中语文教学改革总结

时　　间：1988-01-16

奖项名称：甘肃省第一届社会科学优秀成果奖

获奖等级：3

作　　者：冯鹤林

成果形式：论文

颁奖部门：甘肃省委甘肃省政府

0081　甘肃投资发展战略初探

时　　间：1988-01-16

奖项名称：甘肃省第一届社会科学优秀成果奖

获奖等级：3

作　　者：张忠山 丁松旺

成果形式：论文

颁奖部门：甘肃省委甘肃省政府

0082　甘肃敦煌方音与"广韵"音系

时　　间：1988-01-16

奖项名称：甘肃省第一届社会科学优秀成果奖

获奖等级：3

作　　者：刘伶

成果形式：论文

颁奖部门：甘肃省委甘肃省政府

0083　政治经济学社会主义部分

时　　间：1988-01-16

奖项名称：甘肃省第一届社会科学优秀成果奖

获奖等级：3

作　　者：兰大经济系政治经济学教研室

成果形式：教材

颁奖部门：甘肃省委甘肃省政府

0084　敦煌曲子词中民族、爱国词篇考析

时　　间：1988-01-16

奖项名称：甘肃省第一届社会科学优秀成果奖

获奖等级：3

作　　者：汪泛舟

成果形式：论文

颁奖部门：甘肃省委甘肃省政府

0085　"重点西移"前西部经济发展对策探讨

时　　间：1988-01-16

奖项名称：甘肃省第一届社会科学优秀成果奖

获奖等级：3

作　　者：吴解生

成果形式：论文

颁奖部门：甘肃省委甘肃省政府

0086　社会主义现代化内涵新探

时　　间：1988-01-16

奖项名称：甘肃省第一届社会科学优秀成

果奖

获奖等级：3

作　　者：刘进军 孙秉文 冯湖 张全仁

成果形式：论文

颁奖部门：甘肃省委甘肃省政府

0087　论我国文献资源的合理布局

时　　间：1988-01-16

奖项名称：甘肃省第一届社会科学优秀成果奖

获奖等级：3

作　　者：高焕宝

成果形式：论文

颁奖部门：甘肃省委甘肃省政府

0088　对运用货币乘数控制货币供应问题的探讨

时　　间：1988-01-16

奖项名称：甘肃省第一届社会科学优秀成果奖

获奖等级：3

作　　者：葛凌青

成果形式：论文

颁奖部门：甘肃省委甘肃省政府

0089　加强企业民主管理调动职工积极性 实行厂长负责制后企业民主管理问题的调查

时　　间：1988-01-16

奖项名称：甘肃省第一届社会科学优秀成果奖

获奖等级：3

作　　者：闵彦 殷国秀 田洪斌

成果形式：调查报告

颁奖部门：甘肃省委甘肃省政府

0090　抗战前后的花儿研究及其特征

时　　间：1988-01-16

奖项名称：甘肃省第一届社会科学优秀成果奖

获奖等级：3

作　　者：魏泉鸣

成果形式：论文

颁奖部门：甘肃省委甘肃省政府

0091　试论西部民族地区的人才开发

时　　间：1988-01-16

奖项名称：甘肃省第一届社会科学优秀成果奖

获奖等级：3

作　　者：高怀忠

成果形式：论文

颁奖部门：甘肃省委甘肃省政府

0092　完善市场体系、增强企业活力

时　　间：1988-01-16

奖项名称：甘肃省第一届社会科学优秀成果奖

获奖等级：3

作　　者：李震寰

成果形式：论文

颁奖部门：甘肃省委甘肃省政府

0093　关于审美起源的追溯

时　　间：1988-01-16

奖项名称：甘肃省第一届社会科学优秀成果奖

获奖等级：3

作　　者：穆纪光

成果形式：论文

颁奖部门：甘肃省委甘肃省政府

0094 评《英汉翻译教程》的若干译例

时　　间：1988-01-16

奖项名称：甘肃省第一届社会科学优秀成果奖

获奖等级：3

作　　者：李端严

成果形式：论文

颁奖部门：甘肃省委甘肃省政府

0095 对粮食流通体制改革中几个问题的探讨

时　　间：1988-01-16

奖项名称：甘肃省第一届社会科学优秀成果奖

获奖等级：3

作　　者：欧阳信

成果形式：论文

颁奖部门：甘肃省委甘肃省政府

0096 中学教学自学辅导原则的探论

时　　间：1988-01-16

奖项名称：甘肃省第一届社会科学优秀成果奖

获奖等级：3

作　　者：康尔珪 张渊

成果形式：论文

颁奖部门：甘肃省委甘肃省政府

0097 发展和完善共产党领导下的多党派合作

时　　间：1988-01-16

奖项名称：甘肃省第一届社会科学优秀成果奖

获奖等级：3

作　　者：胡国兴

成果形式：论文

颁奖部门：甘肃省委甘肃省政府

0098 在"学""导""练"上下功夫——小学语文课堂教学改革初探

时　　间：1988-01-16

奖项名称：甘肃省第一届社会科学优秀成果奖

获奖等级：3

作　　者：银巧玲

成果形式：实验报告

颁奖部门：甘肃省委甘肃省政府

0099 从王蒙近作的得失看文学创作的客观规律

时　　间：1988-01-16

奖项名称：甘肃省第一届社会科学优秀成果奖

获奖等级：3

作　　者：李幼苏

成果形式：论文

颁奖部门：甘肃省委甘肃省政府

0100 从伊斯兰教的发展变化谈我国伊斯兰教界为四化建设服务的问题

时　　间：1988-01-16

奖项名称：甘肃省第一届社会科学优秀成果奖

获奖等级：3

作　　者：高占福

成果形式：论文

颁奖部门：甘肃省委甘肃省政府

0101 蒙古语察哈尔土语的元音和辅音

时　　间：1988-01-16

奖项名称：甘肃省第一届社会科学优秀成果奖

获奖等级：3

作　　者：那德木德

成果形式：论文

颁奖部门：甘肃省委甘肃省政府

0102 微观、宏观和宇宙范畴探源

时　　间：1988-01-16

奖项名称：甘肃省第一届社会科学优秀成果奖

获奖等级：3

作　　者：马名驹

成果形式：论文

颁奖部门：甘肃省委甘肃省政府

0103 谈草业产业的建立与发展

时　　间：1988-01-16

奖项名称：甘肃省第一届社会科学优秀成果奖

获奖等级：3

作　　者：赵惠 魏世恩

成果形式：论文

颁奖部门：甘肃省委甘肃省政府

0104 新乐府诗派与新乐府运动

时　　间：1988-01-16

奖项名称：甘肃省第一届社会科学优秀成果奖

获奖等级：3

作　　者：蹇长春

成果形式：论文

颁奖部门：甘肃省委甘肃省政府

0105 西部小说和西部大自然

时　　间：1988-01-16

奖项名称：甘肃省第一届社会科学优秀成果奖

获奖等级：3

作　　者：王亦农

成果形式：论文

颁奖部门：甘肃省委甘肃省政府

0106 经济法概论

时　　间：1988-01-16

奖项名称：甘肃省第一届社会科学优秀成果奖

获奖等级：3

作　　者：满达人 译 梁明达 校

成果形式：译著

颁奖部门：甘肃省委甘肃省政府

0107 "瓯脱"释

时　　间：1988-01-16

奖项名称：甘肃省第一届社会科学优秀成果奖

获奖等级：3

作　　者：刘文性

成果形式：论文

颁奖部门：甘肃省委甘肃省政府

0108 如何描述哲学分化与综合发展基本规律和趋势——兼论哲学发展的新的历史形态

时　　间：1988-01-16

奖项名称：甘肃省第一届社会科学优秀成果奖

获奖等级：3

作　　者：杨明震

成果形式：论文

颁奖部门：甘肃省委甘肃省政府

0109 横向联系与物资流通

时　　间：1988-01-16

奖项名称：甘肃省第一届社会科学优秀成果奖

获奖等级：3

作　　者：金玉元

成果形式：论文
颁奖部门：甘肃省委甘肃省政府

0110 古汉语异读字

时　　间：1988-01-16
奖项名称：甘肃省第一届社会科学优秀成果奖
获奖等级：3
作　　者：蒋彰明
成果形式：普及读物
颁奖部门：甘肃省委甘肃省政府

0111 李益祖籍及出生地考

时　　间：1988-01-16
奖项名称：甘肃省第一届社会科学优秀成果奖
获奖等级：3
作　　者：王亦军
成果形式：论文
颁奖部门：甘肃省委甘肃省政府

0112 试用比率对比分析信贷基金活动的效益性

时　　间：1988-01-16
奖项名称：甘肃省第一届社会科学优秀成果奖
获奖等级：3
作　　者：陈得利
成果形式：论文
颁奖部门：甘肃省委甘肃省政府

0113 经济法学教程

时　　间：1988-01-16
奖项名称：甘肃省第一届社会科学优秀成果奖
获奖等级：3
作　　者：陈志刚

成果形式：教材
颁奖部门：甘肃省委甘肃省政府

0114 生命运动与艺术本体论的解放

时　　间：1988-01-16
奖项名称：甘肃省第一届社会科学优秀成果奖
获奖等级：3
作　　者：李文衡
成果形式：论文
颁奖部门：甘肃省委甘肃省政府

0115 犯罪社会学的创立、发展及研究现状

时　　间：1988-01-16
奖项名称：甘肃省第一届社会科学优秀成果奖
获奖等级：3
作　　者：赵可
成果形式：论文
颁奖部门：甘肃省委甘肃省政府

0116 开发大西北中的农村资金问题

时　　间：1988-01-16
奖项名称：甘肃省第一届社会科学优秀成果奖
获奖等级：3
作　　者：苟崇廉
成果形式：论文
颁奖部门：甘肃省委甘肃省政府

0117 敦煌词词调体源流考

时　　间：1988-01-16
奖项名称：甘肃省第一届社会科学优秀成果奖
获奖等级：3
作　　者：孙其芳

成果形式：论文

颁奖部门：甘肃省委甘肃省政府

0118 努力实现"四个转变" 切实做好新时期企业党的工作 实行厂长负责制企业党委工作情况的调查

时　　间：1988-01-16

奖项名称：甘肃省第一届社会科学优秀成果奖

获奖等级：3

作　　者：伏泽清 金兴民 张兰生

成果形式：调查报告

颁奖部门：甘肃省委甘肃省政府

0119 屈原美学思想试析

时　　间：1988-01-16

奖项名称：甘肃省第一届社会科学优秀成果奖

获奖等级：3

作　　者：张崇琛

成果形式：论文

颁奖部门：甘肃省委甘肃省政府

0120 武玉笑、赵燕翼、高平研究合集

时　　间：1988-01-16

奖项名称：甘肃省第一届社会科学优秀成果奖

获奖等级：3

作　　者：党鸿枢 季成家 张明廉

成果形式：资料全集

颁奖部门：甘肃省委甘肃省政府

0121 唐代瓜州晋昌郡郡治及其有关问题考

时　　间：1988-01-16

奖项名称：甘肃省第一届社会科学优秀成

果奖

获奖等级：3

作　　者：孙修身

成果形式：论文

颁奖部门：甘肃省委甘肃省政府

0122 论我国干部工作的经验教训

时　　间：1988-01-16

奖项名称：甘肃省第一届社会科学优秀成果奖

获奖等级：3

作　　者：武文军

成果形式：论文

颁奖部门：甘肃省委甘肃省政府

0123 人才与教育

时　　间：1988-01-16

奖项名称：甘肃省第一届社会科学优秀成果奖

获奖等级：3

作　　者：赵成文

成果形式：论文

颁奖部门：甘肃省委甘肃省政府

0124 临夏回族自治州概况

时　　间：1988-01-16

奖项名称：甘肃省第一届社会科学优秀成果奖

获奖等级：3

作　　者：《临夏回族自治州概况》编委会

成果形式：普及读物

颁奖部门：甘肃省委甘肃省政府

0125 定量管理与建设现代化图书馆的中国式道路

时　　间：1988-01-16

奖项名称：甘肃省第一届社会科学优秀成果奖

获奖等级：3

作　　者：刘和平

成果形式：论文

颁奖部门：甘肃省委甘肃省政府

0126　社会主义劳动力的商品性和劳动力市场

时　　间：1988-01-16

奖项名称：甘肃省第一届社会科学优秀成果奖

获奖等级：3

作　　者：夏永祥 党国英

成果形式：论文

颁奖部门：甘肃省委甘肃省政府

0127　评甘肃境内唐汪话记略

时　　间：1988-01-16

奖项名称：甘肃省第一届社会科学优秀成果奖

获奖等级：3

作　　者：阿·布伊拉黑麦（陈元龙）

成果形式：论文

颁奖部门：甘肃省委甘肃省政府

0128　关于全县乡财政建设情况的调查

时　　间：1988-01-16

奖项名称：甘肃省第一届社会科学优秀成果奖

获奖等级：3

作　　者：王生瑞

成果形式：调查报告

颁奖部门：甘肃省委甘肃省政府

0129　积极开展厂长（经理）离任经济责任审计

时　　间：1988-01-16

奖项名称：甘肃省第一届社会科学优秀成果奖

获奖等级：3

作　　者：王崇乾

成果形式：论文

颁奖部门：甘肃省委甘肃省政府

0130　自然语言中惯用法现象的数学解释

时　　间：1988-01-16

奖项名称：甘肃省第一届社会科学优秀成果奖

获奖等级：3

作　　者：赵启迪

成果形式：论文

颁奖部门：甘肃省委甘肃省政府

0131　共产国际及苏联与西安事变

时　　间：1988-01-16

奖项名称：甘肃省第一届社会科学优秀成果奖

获奖等级：3

作　　者：何步兰

成果形式：论文

颁奖部门：甘肃省委甘肃省政府

0132　平凉三志综述

时　　间：1988-01-16

奖项名称：甘肃省第一届社会科学优秀成果奖

获奖等级：3

作　　者：张令宣

成果形式：论文

颁奖部门：甘肃省委甘肃省政府

0133 全国水泥工业投资信息调查报告

时　　间：1988-01-16

奖项名称：甘肃省第一届社会科学优秀成果奖

获奖等级：3

作　　者：建行甘肃分行投资研究所

成果形式：调查报告

颁奖部门：甘肃省委甘肃省政府

0134 道德理想新探

时　　间：1988-01-16

奖项名称：甘肃省第一届社会科学优秀成果奖

获奖等级：3

作　　者：肖群忠

成果形式：论文

颁奖部门：甘肃省委甘肃省政府

0135 论中国西部文学

时　　间：1988-01-16

奖项名称：甘肃省第一届社会科学优秀成果奖

获奖等级：3

作　　者：余斌

成果形式：论文

颁奖部门：甘肃省委甘肃省政府

0136 面对电视冲击广播怎么办

时　　间：1988-01-16

奖项名称：甘肃省第一届社会科学优秀成果奖

获奖等级：3

作　　者：王德民

成果形式：论文

颁奖部门：甘肃省委甘肃省政府

0137 试论理论思维的形象化表达

时　　间：1988-01-16

奖项名称：甘肃省第一届社会科学优秀成果奖

获奖等级：3

作　　者：和风鸣

成果形式：论文

颁奖部门：甘肃省委甘肃省政府

0138 论文明是人对自己本质的自觉

时　　间：1988-01-16

奖项名称：甘肃省第一届社会科学优秀成果奖

获奖等级：3

作　　者：张学军

成果形式：论文

颁奖部门：甘肃省委甘肃省政府

0139 一项伟大的奠基工程——试谈少年儿童的思想教育

时　　间：1988-01-16

奖项名称：甘肃省第一届社会科学优秀成果奖

获奖等级：3

作　　者：张学周

成果形式：论文

颁奖部门：甘肃省委甘肃省政府

0140 储蓄事业发展及其理论浅探

时　　间：1988-01-16

奖项名称：甘肃省第一届社会科学优秀成果奖

获奖等级：3

作　　者：张忠山
成果形式：论文
颁奖部门：甘肃省委甘肃省政府

0141　西路军妇女先锋团考略

时　　间：1988-01-16
奖项名称：甘肃省第一届社会科学优秀成果奖
获奖等级：3
作　　者：董汉河
成果形式：论文
颁奖部门：甘肃省委甘肃省政府

0142　试论农业的基础作用规律

时　　间：1988-01-16
奖项名称：甘肃省第一届社会科学优秀成果奖
获奖等级：3
作　　者：孙鑫
成果形式：论文
颁奖部门：甘肃省委甘肃省政府

0143　中国都城历史图录

时　　间：1988-01-16
奖项名称：甘肃省第一届社会科学优秀成果奖
获奖等级：3
作　　者：叶骁君
成果形式：专著
颁奖部门：甘肃省委甘肃省政府

0144　小农观念的调查与思考

时　　间：1988-01-16
奖项名称：甘肃省第一届社会科学优秀成果奖
获奖等级：3

作　　者：刘敏
成果形式：论文
颁奖部门：甘肃省委甘肃省政府

0145　"区域生产力差"与生产力横向运动

时　　间：1988-01-16
奖项名称：甘肃省第一届社会科学优秀成果奖
获奖等级：3
作　　者：李晓帆
成果形式：论文
颁奖部门：甘肃省委甘肃省政府

0146　论黄河流域仰韶文化区系类型

时　　间：1988-01-16
奖项名称：甘肃省第一届社会科学优秀成果奖
获奖等级：3
作　　者：张学正
成果形式：论文
颁奖部门：甘肃省委甘肃省政府

0147　对一种小说文体的思考

时　　间：1988-01-16
奖项名称：甘肃省第一届社会科学优秀成果奖
获奖等级：3
作　　者：钱觉民
成果形式：论文
颁奖部门：甘肃省委甘肃省政府

0148　流通论

时　　间：1988-01-16
奖项名称：甘肃省第一届社会科学优秀成果奖

获奖等级：3

作　　者：王汉城

成果形式：论文

颁奖部门：甘肃省委甘肃省政府

0149 甘肃历史上的黄金开发与现实对策的若干建议

时　　间：1988-01-16

奖项名称：甘肃省第一届社会科学优秀成果奖

获奖等级：3

作　　者：王致中 魏丽英

成果形式：论文

颁奖部门：甘肃省委甘肃省政府

0150 试论工商银行经营管理目标模式

时　　间：1988-01-16

奖项名称：甘肃省第一届社会科学优秀成果奖

获奖等级：3

作　　者：马凌霄 唐为忠 吴明

成果形式：论文

颁奖部门：甘肃省委甘肃省政府

0151 简论高校实验技术队伍的结构与建设

时　　间：1988-01-16

奖项名称：甘肃省第一届社会科学优秀成果奖

获奖等级：3

作　　者：魏公谦

成果形式：论文

颁奖部门：甘肃省委甘肃省政府

0152 确定"三个位置"发挥"三个功能"——观玉民勤县供销合作社体制改革的调查

时　　间：1988-01-16

奖项名称：甘肃省第一届社会科学优秀成果奖

获奖等级：3

作　　者：黄德友

成果形式：调查报告

颁奖部门：甘肃省委甘肃省政府

0153 从比较文学角度看中国文学本质和规律

时　　间：1988-01-16

奖项名称：甘肃省第一届社会科学优秀成果奖

获奖等级：3

作　　者：乔先之

成果形式：论文

颁奖部门：甘肃省委甘肃省政府

0154 延安时期的陇东红色歌谣

时　　间：1988-01-16

奖项名称：甘肃省第一届社会科学优秀成果奖

获奖等级：3

作　　者：穆长青

成果形式：论文

颁奖部门：甘肃省委甘肃省政府

0155 关于甘肃外汇平衡问题的探讨

时　　间：1988-01-16

奖项名称：甘肃省第一届社会科学优秀成果奖

获奖等级：3

作　　者：宋海

成果形式：论文

颁奖部门：甘肃省委甘肃省政府

0156 饕餮考释

时　　间：1988-01-16

奖项名称：甘肃省第一届社会科学优秀成果奖

获奖等级：3

作　　者：关意权

成果形式：论文

颁奖部门：甘肃省委甘肃省政府

0157 罗云鹏传

时　　间：1988-01-16

奖项名称：甘肃省第一届社会科学优秀成果奖

获奖等级：3

作　　者：范圣予

成果形式：传记

颁奖部门：甘肃省委甘肃省政府

0158 关于林业总产值计算方法的探讨

时　　间：1988-01-16

奖项名称：甘肃省第一届社会科学优秀成果奖

获奖等级：3

作　　者：李发江

成果形式：论文

颁奖部门：甘肃省委甘肃省政府

0159 西北干旱地区农业地理

时　　间：1988-01-16

奖项名称：甘肃省第一届社会科学优秀成果奖

获奖等级：3

作　　者：鲜肖威 陈莉君

成果形式：专著

颁奖部门：甘肃省委甘肃省政府

0160 积极开展对应用伦理学的研究

时　　间：1988-01-16

奖项名称：甘肃省第一届社会科学优秀成果奖

获奖等级：3

作　　者：周纪兰

成果形式：论文

颁奖部门：甘肃省委甘肃省政府

0161 新兴工业城市——兰州

时　　间：1988-01-16

奖项名称：甘肃省第一届社会科学优秀成果奖

获奖等级：3

作　　者：《新兴工业城市兰州》编写组

成果形式：普及读物

颁奖部门：甘肃省委甘肃省政府

0162 甘肃现代革命人物传（一）

时　　间：1988-01-16

奖项名称：甘肃省第一届社会科学优秀成果奖

获奖等级：3

作　　者：甘肃省党史人物研究会

成果形式：传记

颁奖部门：甘肃省委甘肃省政府

0163 论改善农村流通结构与流通机制

时　　间：1988-01-16

奖项名称：甘肃省第一届社会科学优秀成果奖

获奖等级：3

作　　者：时正新

成果形式：论文

颁奖部门：甘肃省委甘肃省政府

0164 浅谈俄汉语成语的翻译

时　　间：1988-01-16

奖项名称：甘肃省第一届社会科学优秀成果奖

获奖等级：3

作　　者：袁席箴

成果形式：论文

颁奖部门：甘肃省委甘肃省政府

0165 从艺术史料上窥探《太平广记》

时　　间：1988-01-16

奖项名称：甘肃省第一届社会科学优秀成果奖

获奖等级：3

作　　者：魏明安

成果形式：论文

颁奖部门：甘肃省委甘肃省政府

0166 夜乡心五处同

时　　间：1988-01-16

奖项名称：甘肃省第一届社会科学优秀成果奖

获奖等级：3

作　　者：梁若梅

成果形式：学术资料

颁奖部门：甘肃省委甘肃省政府

0167 控制投资规模、加强投资管理

时　　间：1988-01-16

奖项名称：甘肃省第一届社会科学优秀成果奖

获奖等级：3

作　　者：南方（陈捷）

成果形式：论文

颁奖部门：甘肃省委甘肃省政府

0168 半脑人向裂脑人的挑战

时　　间：1988-01-16

奖项名称：甘肃省第一届社会科学优秀成果奖

获奖等级：3

作　　者：胡恩厚

成果形式：论文

颁奖部门：甘肃省委甘肃省政府

0169 建立中国式的社会主义统计的几个问题

时　　间：1988-01-16

奖项名称：甘肃省第一届社会科学优秀成果奖

获奖等级：3

作　　者：周英

成果形式：论文

颁奖部门：甘肃省委甘肃省政府

0170 杜甫陇右行踪考略

时　　间：1987-08-10

奖项名称：甘肃省第一届社会科学优秀成果奖

获奖等级：3

作　　者：王德全

成果形式：论文

颁奖部门：甘肃省委甘肃省政府

0171 发展·挑战·对策

时　　间：1991-02-01

奖项名称：甘肃省第二届社会科学优秀成果奖

获奖等级：1

作　　者：姚恭荣 时正新 李黑虎 董兆祥 安江林

成果形式：论文集

颁奖部门：甘肃省委甘肃省政府

0172 我国最早的歌剧《公莫舞》演出脚本研究

时　　间：1991-02-01

奖项名称：甘肃省第二届社会科学优秀成果奖

获奖等级：1

作　　者：赵逵夫

成果形式：论文

颁奖部门：甘肃省委甘肃省政府

0173 干部哲学学习纲要

时　　间：1991-02-01

奖项名称：甘肃省第二届社会科学优秀成果奖

获奖等级：1

作　　者：林径一

成果形式：编著

颁奖部门：甘肃省委甘肃省政府

0174 常用多义词词典

时　　间：1991-02-01

奖项名称：甘肃省第二届社会科学优秀成果奖

获奖等级：2

作　　者：杨凤清 李南

成果形式：工具书

颁奖部门：甘肃省委甘肃省政府

0175 论中国传统学思维的逻辑特征

时　　间：1991-02-01

奖项名称：甘肃省第二届社会科学优秀成果奖

获奖等级：2

作　　者：刘文英

成果形式：论文

颁奖部门：甘肃省委甘肃省政府

0176 三国史研究

时　　间：1991-02-01

奖项名称：甘肃省第二届社会科学优秀成果奖

获奖等级：2

作　　者：张大可

成果形式：专著

颁奖部门：甘肃省委甘肃省政府

0177 关于西北工业科技发展问题

时　　间：1991-02-01

奖项名称：甘肃省第二届社会科学优秀成果奖

获奖等级：2

作　　者：李黑虎 周述实

成果形式：论文

颁奖部门：甘肃省委甘肃省政府

0178 西北地区 2000 年科学技术发展战略与对策研究报告

时　　间：1991-02-01

奖项名称：甘肃省第二届社会科学优秀成果奖

获奖等级：2

作　　者：魏世恩

成果形式：研究报告

颁奖部门：甘肃省委甘肃省政府

0179 不发达地区中心城市发展问题探讨

时　　间：1991-02-01

奖项名称：甘肃省第二届社会科学优秀成果奖

获奖等级：2

作　　者：柯茂盛

成果形式：论文

颁奖部门：甘肃省委甘肃省政府

0180 中国计划生育活动史

时　　间：1991-02-01

奖项名称：甘肃省第二届社会科学优秀成果奖

获奖等级：2

作　　者：史成礼

成果形式：专著

颁奖部门：甘肃省委甘肃省政府

0181 社会主义初级阶段金融业务的基本特征与改革

时　　间：1991-02-01

奖项名称：甘肃省第二届社会科学优秀成果奖

获奖等级：2

作　　者：张忠山 赵怀珠

成果形式：论文

颁奖部门：甘肃省委甘肃省政府

0182 再论"商品拜物教"与社会主义商品经济

时　　间：1991-02-01

奖项名称：甘肃省第二届社会科学优秀成果奖

获奖等级：2

作　　者：宋福僧

成果形式：论文

颁奖部门：甘肃省委甘肃省政府

0183 冰川物理学

时　　间：1991-02-01

奖项名称：甘肃省第二届社会科学优秀成果奖

获奖等级：2

作　　者：张祥松 丁亚梅

成果形式：译著

颁奖部门：甘肃省委甘肃省政府

0184 走出困境的抉择

时　　间：1991-02-01

奖项名称：甘肃省第二届社会科学优秀成果奖

获奖等级：2

作　　者：陈宝生

成果形式：专集

颁奖部门：甘肃省委甘肃省政府

0185 农村社会经济统计指标及其运用

时　　间：1991-02-01

奖项名称：甘肃省第二届社会科学优秀成果奖

获奖等级：2

作　　者：袁吉璋

成果形式：编著

颁奖部门：甘肃省委甘肃省政府

0186 中国人口甘肃分册

时　　间：1991-02-01

奖项名称：甘肃省第二届社会科学优秀成果奖

获奖等级：2

作　　者：苏润 史成礼 李崇高 魏汉文

成果形式：编著

颁奖部门：甘肃省委甘肃省政府

0187 当代世界政治经济与国际关系

时　　间：1991-02-01

奖项名称：甘肃省第二届社会科学优秀成果奖

获奖等级：2

作　　者：候尚智 陈汉生 骆鉴华 李明新

李世华 黄济福

成果形式：教材

颁奖部门：甘肃省委甘肃省政府

0188 甘肃少数民族

时　　间：1991-02-01

奖项名称：甘肃省第二届社会科学优秀成果奖

获奖等级：2

作　　者：王梓杞 高占福

成果形式：专著

颁奖部门：甘肃省委甘肃省政府

0189 拉卜楞寺藏文档史料概述

时　　间：1991-02-01

奖项名称：甘肃省第二届社会科学优秀成果奖

获奖等级：2

作　　者：邱巧英 张克复

成果形式：论文

颁奖部门：甘肃省委甘肃省政府

0190 金融业务工作手册

时　　间：1991-02-01

奖项名称：甘肃省第二届社会科学优秀成果奖

获奖等级：2

作　　者：张忠山

成果形式：工具书

颁奖部门：甘肃省委甘肃省政府

0191 甘肃省乡镇人才现状及对策研究

时　　间：1991-02-01

奖项名称：甘肃省第二届社会科学优秀成果奖

获奖等级：2

作　　者：赵胜勤

成果形式：调查报告

颁奖部门：甘肃省委甘肃省政府

0192 中国美术全集

时　　间：1991-02-01

奖项名称：甘肃省第二届社会科学优秀成果奖

获奖等级：2

作　　者：董玉祥 岳邦湖

成果形式：专著

颁奖部门：甘肃省委甘肃省政府

0193 宏观引导法概论

时　　间：1991-02-01

奖项名称：甘肃省第二届社会科学优秀成果奖

获奖等级：2

作　　者：胡文瑞

成果形式：专著

颁奖部门：甘肃省委甘肃省政府

0194 优生优育优教全书

时　　间：1991-02-01

奖项名称：甘肃省第二届社会科学优秀成果奖

获奖等级：3

作　　者：梁淑凤 卫群平 逮志超 刑志勤

成果形式：专集

颁奖部门：甘肃省委甘肃省政府

0195 重视实验室建设搞好实验教学改革

时　　间：1991-02-01

奖项名称：甘肃省第二届社会科学优秀成果奖

获奖等级：3

作　　者：于瑞琳 李辑文 丁光明

成果形式：论文

颁奖部门：甘肃省委甘肃省政府

0196　法律命题逻辑

时　　间：1991-02-01

奖项名称：甘肃省第二届社会科学优秀成果奖

获奖等级：3

作　　者：陶景侃

成果形式：论文

颁奖部门：甘肃省委甘肃省政府

0197　中国近代开发西北文论选（上、下）

时　　间：1991-02-01

奖项名称：甘肃省第二届社会科学优秀成果奖

获奖等级：3

作　　者：张灏 张忠修

成果形式：古籍选注

颁奖部门：甘肃省委甘肃省政府

0198　改革初中教育的思路

时　　间：1991-02-01

奖项名称：甘肃省第二届社会科学优秀成果奖

获奖等级：3

作　　者：史尔君

成果形式：论文

颁奖部门：甘肃省委甘肃省政府

0199　对影响我省生产资料市场发展因素的探讨

时　　间：1991-02-01

奖项名称：甘肃省第二届社会科学优秀成果奖

获奖等级：3

作　　者：耿琳 张永礼

成果形式：论文

颁奖部门：甘肃省委甘肃省政府

0200　农村金融概论

时　　间：1991-02-01

奖项名称：甘肃省第二届社会科学优秀成果奖

获奖等级：3

作　　者：丁文翔 苟崇廉

成果形式：专著

颁奖部门：甘肃省委甘肃省政府

0201　系统科学（第七章系统分析）

时　　间：1991-02-01

奖项名称：甘肃省第二届社会科学优秀成果奖

获奖等级：3

作　　者：马名驹

成果形式：专著

颁奖部门：甘肃省委甘肃省政府

0202　邓小平哲学思想研究

时　　间：1991-02-01

奖项名称：甘肃省第二届社会科学优秀成果奖

获奖等级：3

作　　者：邓兆明

成果形式：专著

颁奖部门：甘肃省委甘肃省政府

0203　五凉史略

时　　间：1991-02-01

奖项名称：甘肃省第二届社会科学优秀成果奖

获奖等级：3

作　　者：齐陈俊 陆庆夫 郭锋

成果形式：专著

颁奖部门：甘肃省委甘肃省政府

0204 陈云经济论著研究

时　　间：1991-02-01

奖项名称：甘肃省第二届社会科学优秀成果奖

获奖等级：3

作　　者：王杰

成果形式：专著

颁奖部门：甘肃省委甘肃省政府

0205 新中国成立以来的工人运动和工会

时　　间：1991-02-01

奖项名称：甘肃省第二届社会科学优秀成果奖

获奖等级：3

作　　者：王家林

成果形式：教材

颁奖部门：甘肃省委甘肃省政府

0206 杂苑萃英

时　　间：1991-02-01

奖项名称：甘肃省第二届社会科学优秀成果奖

获奖等级：3

作　　者：甘肃省杂文学会

成果形式：专集

颁奖部门：甘肃省委甘肃省政府

0207 人类需要层次的新理论

时　　间：1991-02-01

奖项名称：甘肃省第二届社会科学优秀成果奖

获奖等级：3

作　　者：雷鸣

成果形式：论文

颁奖部门：甘肃省委甘肃省政府

0208 马克思主义原理

时　　间：1991-02-01

奖项名称：甘肃省第二届社会科学优秀成果奖

获奖等级：3

作　　者：高明寿 李萱增 王敬村 祁芬中

成果形式：专著

颁奖部门：甘肃省委甘肃省政府

0209 爱因斯坦的科学美思想

时　　间：1991-02-01

奖项名称：甘肃省第二届社会科学优秀成果奖

获奖等级：3

作　　者：穆纪光

成果形式：论文

颁奖部门：甘肃省委甘肃省政府

0210 选题是出版工作者的灵魂——浅谈选题必须及时优化

时　　间：1991-02-01

奖项名称：甘肃省第二届社会科学优秀成果奖

获奖等级：3

作　　者：林草

成果形式：论文

颁奖部门：甘肃省委甘肃省政府

0211 甘肃经济地理

时　　间：1991-02-01

奖项名称：甘肃省第二届社会科学优秀成果奖

获奖等级：3

作　　者：郑宝喜 潘琛 朱作勇

成果形式：专著

颁奖部门：甘肃省委甘肃省政府

0212 改革目标导向机制论

时　　间：1991-02-01

奖项名称：甘肃省第二届社会科学优秀成果奖

获奖等级：3

作　　者：延涛

成果形式：论文

颁奖部门：甘肃省委甘肃省政府

0213 我国生产力发展的理论与实践

时　　间：1991-02-01

奖项名称：甘肃省第二届社会科学优秀成果奖

获奖等级：3

作　　者：武文军

成果形式：专著

颁奖部门：甘肃省委甘肃省政府

0214 论西部改革中的非均衡地域差

时　　间：1991-02-01

奖项名称：甘肃省第二届社会科学优秀成果奖

获奖等级：3

作　　者：时正新

成果形式：论文

颁奖部门：甘肃省委甘肃省政府

0215 吐蕃史

时　　间：1991-02-01

奖项名称：甘肃省第二届社会科学优秀成果奖

获奖等级：3

作　　者：安应民

成果形式：专著

颁奖部门：甘肃省委甘肃省政府

0216 甘肃农业发展资金问题研究

时　　间：1991-02-01

奖项名称：甘肃省第二届社会科学优秀成果奖

获奖等级：3

作　　者：蔡岩晓 肖绍良

成果形式：论文

颁奖部门：甘肃省委甘肃省政府

0217 领导艺术方略

时　　间：1991-02-01

奖项名称：甘肃省第二届社会科学优秀成果奖

获奖等级：3

作　　者：刘洪泽

成果形式：专著

颁奖部门：甘肃省委甘肃省政府

0218 甘肃统战史略

时　　间：1991-02-01

奖项名称：甘肃省第二届社会科学优秀成果奖

获奖等级：3

作　　者：马祖灵 刘学福 胡国兴

成果形式：专著

颁奖部门：甘肃省委甘肃省政府

0219 从改革找出路、解决知识分子待遇偏低问题

时　　间：1991-02-01

奖项名称：甘肃省第二届社会科学优秀成果奖

获奖等级：3

作　　者：陆浩 黄玉珍 曹毅 刘谊群

成果形式：调查报告

颁奖部门：甘肃省委甘肃省政府

0220 尚待开发的无价财富：西北文化资源论

时　　间：1991-02-01

奖项名称：甘肃省第二届社会科学优秀成果奖

获奖等级：3

作　　者：赵养廷 延涛 葛海燕

成果形式：论文

颁奖部门：甘肃省委甘肃省政府

0221 实行统筹办学发展农村教育

时　　间：1991-02-01

奖项名称：甘肃省第二届社会科学优秀成果奖

获奖等级：3

作　　者：于忠正

成果形式：论文

颁奖部门：甘肃省委甘肃省政府

0222 裕固族人口总和调查分析

时　　间：1991-02-01

奖项名称：甘肃省第二届社会科学优秀成果奖

获奖等级：3

作　　者：杨玉林 马正亮

成果形式：论文

颁奖部门：甘肃省委甘肃省政府

0223 写作与汉语

时　　间：1991-02-01

奖项名称：甘肃省第二届社会科学优秀成果奖

获奖等级：3

作　　者：欧乐群 黄赞臣

成果形式：教材

颁奖部门：甘肃省委甘肃省政府

0224 国防教育教程

时　　间：1991-02-01

奖项名称：甘肃省第二届社会科学优秀成果奖

获奖等级：3

作　　者：周林科

成果形式：教材

颁奖部门：甘肃省委甘肃省政府

0225 老年学辞典

时　　间：1991-02-01

奖项名称：甘肃省第二届社会科学优秀成果奖

获奖等级：3

作　　者：《老年学辞典》编辑委员会 李果

成果形式：工具书

颁奖部门：甘肃省委甘肃省政府

0226 居延简释粹

时　　间：1991-02-01

奖项名称：甘肃省第二届社会科学优秀成果奖

获奖等级：3

作　　者：甘肃省文物考古研究所（薛英群等注）

成果形式：资料注释

颁奖部门：甘肃省委甘肃省政府

0227 美与文学的沉思

时　　间：1991-02-01

奖项名称：甘肃省第二届社会科学优秀成果奖

获奖等级：3

作　　者：李文衡

成果形式：论文

颁奖部门：甘肃省委甘肃省政府

0228 甘肃省社会、经济、科技发展战略研究

时　　间：1991-02-01

奖项名称：甘肃省第二届社会科学优秀成果奖

获奖等级：3

作　　者：魏武峰

成果形式：论文

颁奖部门：甘肃省委甘肃省政府

0229 西北地区旅游资源开发的战略与对策

时　　间：1991-02-01

奖项名称：甘肃省第二届社会科学优秀成果奖

获奖等级：3

作　　者：申培德

成果形式：论文

颁奖部门：甘肃省委甘肃省政府

0230 欧洲十二国公司法

时　　间：1991-02-01

奖项名称：甘肃省第二届社会科学优秀成果奖

获奖等级：3

作　　者：李功国 周林彬 陈志刚 周林军

成果形式：译著

颁奖部门：甘肃省委甘肃省政府

0231 普通教育督导概论

时　　间：1991-02-01

奖项名称：甘肃省第二届社会科学优秀成果奖

获奖等级：3

作　　者：景时春 陶立志 沈配功

成果形式：专著

颁奖部门：甘肃省委甘肃省政府

0232 乡镇企业经营管理

时　　间：1991-02-01

奖项名称：甘肃省第二届社会科学优秀成果奖

获奖等级：3

作　　者：刘家声 唐少卿

成果形式：教材

颁奖部门：甘肃省委甘肃省政府

0233 银行会计·出纳·储蓄·计划·信贷上岗考核标准及实施方案

时　　间：1991-02-01

奖项名称：甘肃省第二届社会科学优秀成果奖

获奖等级：3

作　　者：焦玉鹏 陈锡康

成果形式：研究报告

颁奖部门：甘肃省委甘肃省政府

0234 首相

时　　间：1991-02-01

奖项名称：甘肃省第二届社会科学优秀成果奖

获奖等级：3

作　　者：姊佩 冯建文 袁洪庚 徐筱玲 吴秀萍 马莉

成果形式：译著

颁奖部门：甘肃省委甘肃省政府

0235 师范院校应坚持为基础教育服务的方向

时　　间：1991-02-01

奖项名称：甘肃省第二届社会科学优秀成果奖

获奖等级：3

作　　者：李定仁

成果形式：论文

颁奖部门：甘肃省委甘肃省政府

0236 格鲁派史略（藏文）

时　　间：1991-02-01

奖项名称：甘肃省第二届社会科学优秀成果奖

获奖等级：3

作　　者：赛仓·罗桑华丹

成果形式：专著

颁奖部门：甘肃省委甘肃省政府

0237 论投资体制改革

时　　间：1991-02-01

奖项名称：甘肃省第二届社会科学优秀成果奖

获奖等级：3

作　　者：陈捷

成果形式：论文

颁奖部门：甘肃省委甘肃省政府

0238 中国现代化概论

时　　间：1991-02-01

奖项名称：甘肃省第二届社会科学优秀成果奖

获奖等级：3

作　　者：王生瑞

成果形式：专著

颁奖部门：甘肃省委甘肃省政府

0239 简述藏医学名著《四部医典》及其影响

时　　间：1991-02-01

奖项名称：甘肃省第二届社会科学优秀成果奖

获奖等级：3

作　　者：丹曲（张治福）

成果形式：论文

颁奖部门：甘肃省委甘肃省政府

0240 兰州鼓子研究

时　　间：1991-02-01

奖项名称：甘肃省第二届社会科学优秀成果奖

获奖等级：3

作　　者：王正强

成果形式：专著

颁奖部门：甘肃省委甘肃省政府

0241 甘肃财政经济的改革与发展

时　　间：1991-02-01

奖项名称：甘肃省第二届社会科学优秀成果奖

获奖等级：3

作　　者：崔正华

成果形式：论文

颁奖部门：甘肃省委甘肃省政府

0242 唐宋时代敦煌县河渠泽简志

时　　间：1991-02-01

奖项名称：甘肃省第二届社会科学优秀成果奖

获奖等级：3

作　　者：李正宇

成果形式：论文

颁奖部门：甘肃省委甘肃省政府

0243 理科人才使用和社会调查需求与理科改革意见

时　　间：1991-02-01

奖项名称：甘肃省第二届社会科学优秀成果奖

获奖等级：3

作　　者：杨峻 李映洲 刘景乾

成果形式：调查报告

颁奖部门：甘肃省委甘肃省政府

0244 巴黎藏伯字第2271号《杂钞·书目》考

时　　间：1991-02-01

奖项名称：甘肃省第二届社会科学优秀成果奖

获奖等级：3

作　　者：周丕显

成果形式：论文

颁奖部门：甘肃省委甘肃省政府

0245 维吾尔翻译史初探

时　　间：1991-02-01

奖项名称：甘肃省第二届社会科学优秀成果奖

获奖等级：3

作　　者：李国香

成果形式：论文

颁奖部门：甘肃省委甘肃省政府

0246 甘肃历代名人传

时　　间：1991-02-01

奖项名称：甘肃省第二届社会科学优秀成果奖

获奖等级：3

作　　者：王殿 余贤杰

成果形式：专著

颁奖部门：甘肃省委甘肃省政府

0247 电视文学剧本的多层次选择

时　　间：1991-02-01

奖项名称：甘肃省第二届社会科学优秀成果奖

获奖等级：3

作　　者：高戈

成果形式：论文

颁奖部门：甘肃省委甘肃省政府

0248 对统一发展战略若干问题的思考

时　　间：1991-02-01

奖项名称：甘肃省第二届社会科学优秀成果奖

获奖等级：3

作　　者：胡国兴

成果形式：论文

颁奖部门：甘肃省委甘肃省政府

0249 企业经营机制论要

时　　间：1991-02-01

奖项名称：甘肃省第二届社会科学优秀成果奖

获奖等级：3

作　　者：宋道盛

成果形式：论文

颁奖部门：甘肃省委甘肃省政府

0250 汉代西北屯田研究

时　　间：1991-02-01

奖项名称：甘肃省第二届社会科学优秀成果奖

获奖等级：3

作　　者：刘光华

成果形式：专著

颁奖部门：甘肃省委甘肃省政府

0251 甘肃经济发展的新突破

时　　间：1991-02-01

奖项名称：甘肃省第二届社会科学优秀成果奖

获奖等级：3

作　　者：韩福俊

成果形式：调查报告

颁奖部门：甘肃省委甘肃省政府

0252 唐代《氏族》与《姓氏录》比较刍议

时　　间：1991-02-01

奖项名称：甘肃省第二届社会科学优秀成果奖

获奖等级：3

作　　者：魏明孔

成果形式：论文

颁奖部门：甘肃省委甘肃省政府

0253 再论"一个半重点"的地区经济发展战略

时　　间：1991-02-01

奖项名称：甘肃省第二届社会科学优秀成果奖

获奖等级：3

作　　者：徐炳文

成果形式：论文

颁奖部门：甘肃省委甘肃省政府

0254 尼采哲学是一座墓穴

时　　间：1991-02-01

奖项名称：甘肃省第二届社会科学优秀成果奖

获奖等级：3

作　　者：张学军

成果形式：论文

颁奖部门：甘肃省委甘肃省政府

0255 中国社会主义建设基本问题

时　　间：1991-02-01

奖项名称：甘肃省第二届社会科学优秀成果奖

获奖等级：3

作　　者：田启瑞 左尚智 蒋克强

成果形式：专著

颁奖部门：甘肃省委甘肃省政府

0256 黄世仲作品诸问题小辨

时　　间：1991-02-01

奖项名称：甘肃省第二届社会科学优秀成果奖

获奖等级：3

作　　者：颜廷亮

成果形式：论文

颁奖部门：甘肃省委甘肃省政府

0257 颂为武舞之首容说

时　　间：1991-02-01

奖项名称：甘肃省第二届社会科学优秀成果奖

获奖等级：3

作　　者：汤斌

成果形式：论文

颁奖部门：甘肃省委甘肃省政府

0258 谈依法审计与实事求是

时　　间：1990-09-10

奖项名称：甘肃省第二届社会科学优秀成果奖

获奖等级：3

作　　者：乔龙光

成果形式：论文

颁奖部门：甘肃省委甘肃省政府

0259 麦积山石窟史略及其雕塑源流

时　　间：1990-09-10

奖项名称：甘肃省第二届社会科学优秀成果奖

获奖等级：3

作　　者：李西民

成果形式：论文

颁奖部门：甘肃省委甘肃省政府

0260 民政工作手册

时　　间：1991-02-01

奖项名称：甘肃省第二届社会科学优秀成果奖

获奖等级：3

作　　者：王龙宽

成果形式：工具书

颁奖部门：甘肃省委甘肃省政府

0261 中国都城历史图录

时　　间：1991-02-01

奖项名称：甘肃省第二届社会科学优秀成果奖

获奖等级：4

作　　者：叶晓军

成果形式：研究资料

颁奖部门：甘肃省委甘肃省政府

0262 7—9岁汉、藏、东乡、保安、裕固、哈萨克儿童语义理解的比较研究

时　　间：1991-02-01

奖项名称：甘肃省第二届社会科学优秀成果奖

获奖等级：4

作　　者：赵鸣九 万明钢 马明强

成果形式：论文

颁奖部门：甘肃省委甘肃省政府

0263 怎样学习更有效

时　　间：1991-02-01

奖项名称：甘肃省第二届社会科学优秀成果奖

获奖等级：4

作　　者：王家廉

成果形式：专著

颁奖部门：甘肃省委甘肃省政府

0264 认清初级阶段，总结历史经验，深化农村改革

时　　间：1991-02-01

奖项名称：甘肃省第二届社会科学优秀成果奖

获奖等级：4

作　　者：强宏斌

成果形式：论文

颁奖部门：甘肃省委甘肃省政府

0265 玉溪生诗的有神无迹与严沧浪的"羚羊挂角"

时　　间：1991-02-01

奖项名称：甘肃省第二届社会科学优秀成果奖

获奖等级：4

作　　者：魏明安

成果形式：论文

颁奖部门：甘肃省委甘肃省政府

0266 中国革命史纲要

时　　间：1991-02-01

奖项名称：甘肃省第二届社会科学优秀成果奖

获奖等级：4

作　　者：范圣予

成果形式：教材

颁奖部门：甘肃省委甘肃省政府

0267 关于发展企业集团的若干思考

时　　间：1991-02-01

奖项名称：甘肃省第二届社会科学优秀成果奖

获奖等级：4

作　　者：吕元琮

成果形式：论文

颁奖部门：甘肃省委甘肃省政府

0268 会计具有决策职能

时　　间：1991-02-01

奖项名称：甘肃省第二届社会科学优秀成果奖

获奖等级：4

作　　者：刘中华

成果形式：论文

颁奖部门：甘肃省委甘肃省政府

0269 略论商品流通新秩序的建立及其实施对策

时　　间：1991-02-01

奖项名称：甘肃省第二届社会科学优秀成果奖

获奖等级：4

作　　者：李震寰 薛维君

成果形式：论文

颁奖部门：甘肃省委甘肃省政府

0270 对我省民族地区人才问题的几点看法

时　　间：1991-02-01

奖项名称：甘肃省第二届社会科学优秀成果奖

获奖等级：4

作　　者：咸辉

成果形式：论文

颁奖部门：甘肃省委甘肃省政府

0271 "有意味的形式"和我国"风骨"论的审美内涵

时　　间：1991-02-01

奖项名称：甘肃省第二届社会科学优秀成果奖

获奖等级：4

作　　者：郭外岑 郭自强

成果形式：论文

颁奖部门：甘肃省委甘肃省政府

0272 论西北的环境与移民

时　　间：1991-02-01

奖项名称：甘肃省第二届社会科学优秀成果奖

获奖等级：4

作　　者：原华荣

成果形式：论文

颁奖部门：甘肃省委甘肃省政府

0273 地区性少先队活动现状及发展初析

时　　间：1991-02-01

奖项名称：甘肃省第二届社会科学优秀成果奖

获奖等级：4

作　　者：张学周

成果形式：论文

颁奖部门：甘肃省委甘肃省政府

0274 "焉支"语义及语源之我见

时　　间：1991-02-01

奖项名称：甘肃省第二届社会科学优秀成果奖

获奖等级：4

作　　者：刘文性

成果形式：论文

颁奖部门：甘肃省委甘肃省政府

0275 西北地区利用外资存在的问题、原因及对策

时　　间：1991-02-01

奖项名称：甘肃省第二届社会科学优秀成果奖

获奖等级：4

作　　者：宋海

成果形式：论文

颁奖部门：甘肃省委甘肃省政府

0276 谈谈加强和改进思想政治工作的有关问题

时　　间：1991-02-01

奖项名称：甘肃省第二届社会科学优秀成果奖

获奖等级：4

作　　者：王国祥

成果形式：论文

颁奖部门：甘肃省委甘肃省政府

0277 论生产力标准问题

时　　间：1991-02-01

奖项名称：甘肃省第二届社会科学优秀成果奖

获奖等级：4

作　　者：史柳宝 赵惠

成果形式：论文

颁奖部门：甘肃省委甘肃省政府

0278 税制改革与税收模式

时　　间：1991-02-01

奖项名称：甘肃省第二届社会科学优秀成果奖

获奖等级：4

作　　者：王应广

成果形式：论文

颁奖部门：甘肃省委甘肃省政府

0279 安多地区土司家谱探研

时　　间：1991-02-01

奖项名称：甘肃省第二届社会科学优秀成果奖

获奖等级：4

作　　者：王继光

成果形式：论文

颁奖部门：甘肃省委甘肃省政府

0280 行政管理学

时　　间：1991-02-01

奖项名称：甘肃省第二届社会科学优秀成果奖

获奖等级：4

作　　者：郝天魁

成果形式：专著

颁奖部门：甘肃省委甘肃省政府

0281 试论城市土地有偿使用

时　　间：1991-02-01

奖项名称：甘肃省第二届社会科学优秀成果奖

获奖等级：4

作　　者：葛生华

成果形式：论文

颁奖部门：甘肃省委甘肃省政府

0282 哲学最高问题是意识创造客观世界吗?

时　　间：1991-02-01

奖项名称：甘肃省第二届社会科学优秀成果奖

获奖等级：4

作　　者：王正君

成果形式：论文

颁奖部门：甘肃省委甘肃省政府

获奖成果

0283 乡卫生院实行《医生会计制度》的改革方案

时　　间：1991-02-01

奖项名称：甘肃省第二届社会科学优秀成果奖

获奖等级：4

作　　者：魏列祥

成果形式：论文

颁奖部门：甘肃省委甘肃省政府

0284 城市工商银行改革的理论思考

时　　间：1991-02-01

奖项名称：甘肃省第二届社会科学优秀成果奖

获奖等级：4

作　　者：凌为江 马凌霄 唐为忠 梁积江

成果形式：论文

颁奖部门：甘肃省委甘肃省政府

0285 甘肃省实施联合国亚太地区提高小学教育质量联合革新计划

时　　间：1991-02-01

奖项名称：甘肃省第二届社会科学优秀成果奖

获奖等级：4

作　　者：马培芳 李赞华

成果形式：研究及实验报告

颁奖部门：甘肃省委甘肃省政府

0286 理顺关系深化改革

时　　间：1991-02-01

奖项名称：甘肃省第二届社会科学优秀成果奖

获奖等级：4

作　　者：张彦英

成果形式：论文

颁奖部门：甘肃省委甘肃省政府

0287 主一辅多元回归方程在出厂水泥的判别和预报中的应用

时　　间：1991-02-01

奖项名称：甘肃省第二届社会科学优秀成果奖

获奖等级：4

作　　者：李伯海

成果形式：论文

颁奖部门：甘肃省委甘肃省政府

0288 丝绸之路

时　　间：1991-02-01

奖项名称：甘肃省第二届社会科学优秀成果奖

获奖等级：4

作　　者：杨建新

成果形式：专著

颁奖部门：甘肃省委甘肃省政府

0289 对中国西部经济发展的几点思考

时　　间：1991-02-01

奖项名称：甘肃省第二届社会科学优秀成果奖

获奖等级：4

作　　者：周宜兴

成果形式：论文

颁奖部门：甘肃省委甘肃省政府

0290 我省电视新闻节目发展断想

时　　间：1991-02-01

奖项名称：甘肃省第二届社会科学优秀成果奖

获奖等级：4

作　　者：刘炘

成果形式：论文

颁奖部门：甘肃省委甘肃省政府

0291 甘肃民族教育发展概况

时　　间：1991-02-01

奖项名称：甘肃省第二届社会科学优秀成果奖

获奖等级：4

作　　者：王力生

成果形式：专著

颁奖部门：甘肃省委甘肃省政府

0292 中共党史课理论的特点

时　　间：1991-02-01

奖项名称：甘肃省第二届社会科学优秀成果奖

获奖等级：4

作　　者：王希恩

成果形式：论文

颁奖部门：甘肃省委甘肃省政府

0293 麦积山石窟史略及雕塑源流

时　　间：1991-02-01

奖项名称：甘肃省第二届社会科学优秀成果奖

获奖等级：4

作　　者：李西民

成果形式：论文

颁奖部门：甘肃省委甘肃省政府

0294 甘肃经济发展和投资对策探索

时　　间：1991-02-01

奖项名称：甘肃省第二届社会科学优秀成果奖

获奖等级：4

作　　者：丁松旺

成果形式：论文

颁奖部门：甘肃省委甘肃省政府

0295 努力探索企业新时代思想政治工作新路子

时　　间：1991-02-01

奖项名称：甘肃省第二届社会科学优秀成果奖

获奖等级：4

作　　者：邓代维

成果形式：论文

颁奖部门：甘肃省委甘肃省政府

0296 书法艺术的本质特征

时　　间：1991-02-01

奖项名称：甘肃省第二届社会科学优秀成果奖

获奖等级：4

作　　者：拓之 刘开汉

成果形式：论文

颁奖部门：甘肃省委甘肃省政府

0297 微电脑在教学中的应用

时　　间：1991-02-01

奖项名称：甘肃省第二届社会科学优秀成果奖

获奖等级：4

作　　者：张富德

成果形式：论文

颁奖部门：甘肃省委甘肃省政府

0298 中国甘肃省麦草制浆造纸工业考察研究报告

时　　间：1991-02-01

奖项名称：甘肃省第二届社会科学优秀成果奖

获奖等级：4

作　　者：刘文俊

成果形式：研究报告

颁奖部门：甘肃省委甘肃省政府

0299 试论按劳分配的多层次性和非纯粹性

时　　间：1991-02-01

奖项名称：甘肃省第二届社会科学优秀成果奖

获奖等级：4

作　　者：王敬村

成果形式：论文

颁奖部门：甘肃省委甘肃省政府

0300 关于高等学校科学管理的几个问题

时　　间：1991-02-01

奖项名称：甘肃省第二届社会科学优秀成果奖

获奖等级：4

作　　者：蔡幸生

成果形式：论文

颁奖部门：甘肃省委甘肃省政府

0301 回鹘及吐蕃与西夏在丝路上的关系

时　　间：1991-02-01

奖项名称：甘肃省第二届社会科学优秀成果奖

获奖等级：4

作　　者：樊保良

成果形式：论文

颁奖部门：甘肃省委甘肃省政府

0302 外国教育史简编（其中七章）

时　　间：1991-02-01

奖项名称：甘肃省第二届社会科学优秀成果奖

获奖等级：4

作　　者：黄学溥

成果形式：专著

颁奖部门：甘肃省委甘肃省政府

0303 对偷漏税行为的分析及制止的设想

时　　间：1991-02-01

奖项名称：甘肃省第二届社会科学优秀成果奖

获奖等级：4

作　　者：陈贤俊

成果形式：论文

颁奖部门：甘肃省委甘肃省政府

0304 思维超前是不科学的思维方式

时　　间：1991-02-01

奖项名称：甘肃省第二届社会科学优秀成果奖

获奖等级：4

作　　者：段绪清

成果形式：论文

颁奖部门：甘肃省委甘肃省政府

0305 新时期文艺理论观念的嬗变

时　　间：1991-02-01

奖项名称：甘肃省第二届社会科学优秀成果奖

获奖等级：4

作　　者：梁胜明

成果形式：论文

颁奖部门：甘肃省委甘肃省政府

0306 建设第三梯队"择人"刍议

时　　间：1991-02-01

奖项名称：甘肃省第二届社会科学优秀成果奖

获奖等级：4

作　　者：陈述德

成果形式：论文

颁奖部门：甘肃省委甘肃省政府

0307 陇东石窟

时　　间：1991-02-01

奖项名称：甘肃省第二届社会科学优秀成果奖

获奖等级：4

作　　者：省文物工作队庆阳北石窟文物保护所

成果形式：专著

颁奖部门：甘肃省委甘肃省政府

0308 论企业短期化行为及其对策

时　　间：1991-02-01

奖项名称：甘肃省第二届社会科学优秀成果奖

获奖等级：4

作　　者：宋如山

成果形式：论文

颁奖部门：甘肃省委甘肃省政府

0309 用社会主义初级阶段理论探索统计改革的新路子

时　　间：1991-02-01

奖项名称：甘肃省第二届社会科学优秀成果奖

获奖等级：4

作　　者：周英 于洞娥

成果形式：论文

颁奖部门：甘肃省委甘肃省政府

0310 新时期还要发扬延安精神

时　　间：1991-02-01

奖项名称：甘肃省第二届社会科学优秀成果奖

获奖等级：4

作　　者：杨植霖

成果形式：系列论文

颁奖部门：甘肃省委甘肃省政府

0311 畜群发展的系统动态仿真

时　　间：1991-02-01

奖项名称：甘肃省第二届社会科学优秀成果奖

获奖等级：4

作　　者：吕胜利 宋秉芳

成果形式：论文

颁奖部门：甘肃省委甘肃省政府

0312 财政分配对国民经济总量需求的影响

时　　间：1991-02-01

奖项名称：甘肃省第二届社会科学优秀成果奖

获奖等级：4

作　　者：缪莉丽

成果形式：论文

颁奖部门：甘肃省委甘肃省政府

0313 怎样看待深度报道

时　　间：1991-02-01

奖项名称：甘肃省第二届社会科学优秀成果奖

获奖等级：4

作　　者：于清潍

成果形式：论文

颁奖部门：甘肃省委甘肃省政府

0314 我国近代的商业经济思想

时　　间：1991-02-01

奖项名称：甘肃省第二届社会科学优秀成果奖

获奖等级：4

作　　者：李天峰

成果形式：论文

颁奖部门：甘肃省委甘肃省政府

0315 凉造新泉版别初探

时　　间：1991-02-01

奖项名称：甘肃省第二届社会科学优秀成果奖

获奖等级：4

作　　者：陈悟年

成果形式：论文

颁奖部门：甘肃省委甘肃省政府

0316 略论公平原则

时　　间：1991-02-01

奖项名称：甘肃省第二届社会科学优秀成果奖

获奖等级：4

作　　者：禄正平

成果形式：论文

颁奖部门：甘肃省委甘肃省政府

0317 女干部现状思考

时　　间：1991-02-01

奖项名称：甘肃省第二届社会科学优秀成果奖

获奖等级：4

作　　者：杨淑

成果形式：论文

颁奖部门：甘肃省委甘肃省政府

0318 社会主义初级阶段我省供销社的发展战略

时　　间：1991-02-01

奖项名称：甘肃省第二届社会科学优秀成果奖

获奖等级：4

作　　者：王拓

成果形式：论文

颁奖部门：甘肃省委甘肃省政府

0319 论兴趣小组对提高职工素质的作用

时　　间：1991-02-01

奖项名称：甘肃省第二届社会科学优秀成果奖

获奖等级：4

作　　者：郁吉白

成果形式：论文

颁奖部门：甘肃省委甘肃省政府

0320 谈依法审计与实事求是

时　　间：1991-02-01

奖项名称：甘肃省第二届社会科学优秀成果奖

获奖等级：4

作　　者：乔龙光

成果形式：论文

颁奖部门：甘肃省委甘肃省政府

0321 贫困地区农村发展生产力的对策

时　　间：1991-02-01

奖项名称：甘肃省第二届社会科学优秀成果奖

获奖等级：4

作　　者：杨安民

成果形式：论文

颁奖部门：甘肃省委甘肃省政府

0322 浅谈粮食购销"双轨制"

时　　间：1991-02-01

奖项名称：甘肃省第二届社会科学优秀成果奖

获奖等级：4

作　　者：郭大捷

成果形式：论文

颁奖部门：甘肃省委甘肃省政府

0323 关于对农村统计工作的调查和农村统计改革问题

时　　间：1991-02-01

奖项名称：甘肃省第二届社会科学优秀成果奖

获奖等级：4

作　　者：吴士起

成果形式：论文

颁奖部门：甘肃省委甘肃省政府

0324 也谈苯教的名义和起源问题

时　　间：1991-02-01

奖项名称：甘肃省第二届社会科学优秀成果奖

获奖等级：4

作　　者：拉措（闵文义）

成果形式：论文

颁奖部门：甘肃省委甘肃省政府

0325 中国历史上 100 个故事

时　　间：1991-02-01

奖项名称：甘肃省第二届社会科学优秀成果奖

获奖等级：4

作　　者：宋镇玲 杨俊文 吴克明 胡民（胡汝骏）

成果形式：普及读物

颁奖部门：甘肃省委甘肃省政府

0326 控制货币稳定金融 支持我省经济稳步发展的十条意见

时　　间：1991-02-01

奖项名称：甘肃省第二届社会科学优秀成果奖

获奖等级：4

作　　者：赵春生 陶君道

成果形式：论文

颁奖部门：甘肃省委甘肃省政府

0327 "真气运行法"对青少年学生身心发展影响的实验研究

时　　间：1991-02-01

奖项名称：甘肃省第二届社会科学优秀成果奖

获奖等级：4

作　　者：王树秀 杨运良

成果形式：论文

颁奖部门：甘肃省委甘肃省政府

0328 小学语文教学体系改革的再尝试

时　　间：1991-02-01

奖项名称：甘肃省第二届社会科学优秀成果奖

获奖等级：4

作　　者：许秦生

成果形式：论文

颁奖部门：甘肃省委甘肃省政府

0329 实行优势互补的技术经济发展战略

时　　间：1991-02-01

奖项名称：甘肃省第二届社会科学优秀成果奖

获奖等级：4

作　　者：陈维忠

成果形式：论文

颁奖部门：甘肃省委甘肃省政府

0330 金融咨询

时　　间：1993-02-01

奖项名称：甘肃省第三届社会科学优秀成

果奖

获奖等级：1

作　　者：张忠山 陈得利 刘世安 赵怀珠

成果形式：工具书

颁奖部门：甘肃省委甘肃省政府

0331 敦煌文学

时　　间：1993-02-01

奖项名称：甘肃省第三届社会科学优秀成果奖

获奖等级：1

作　　者：颜廷亮

成果形式：专著

颁奖部门：甘肃省委甘肃省政府

0332 中国彩陶图谱

时　　间：1993-02-01

奖项名称：甘肃省第三届社会科学优秀成果奖

获奖等级：1

作　　者：张明川

成果形式：专著

颁奖部门：甘肃省委甘肃省政府

0333 《战国策·楚策一》张仪相秦军发檄

时　　间：1993-02-01

奖项名称：甘肃省第三届社会科学优秀成果奖

获奖等级：1

作　　者：赵逵夫

成果形式：论文

颁奖部门：甘肃省委甘肃省政府

0334 思想政治工作与哲学

时　　间：1993-02-01

奖项名称：甘肃省第三届社会科学优秀成

果奖

获奖等级：1

作　　者：郑颖生 刘承廉 延涛 谢春生 邓代维 刘兴斌

成果形式：专著

颁奖部门：甘肃省委甘肃省政府

0335 2000 年的甘肃

时　　间：1993-02-01

奖项名称：甘肃省第三届社会科学优秀成果奖

获奖等级：1

作　　者：魏武峰 马才斌 温友祥 刘清森

成果形式：专著

颁奖部门：甘肃省委甘肃省政府

0336 教学论

时　　间：1993-02-01

奖项名称：甘肃省第三届社会科学优秀成果奖

获奖等级：1

作　　者：李秉德 李定仁

成果形式：教材

颁奖部门：甘肃省委甘肃省政府

0337 技术商品学

时　　间：1993-02-01

奖项名称：甘肃省第三届社会科学优秀成果奖

获奖等级：2

作　　者：李万泰 孙新武

成果形式：专著

颁奖部门：甘肃省委甘肃省政府

0338 孙子释义附韵读

时　　间：1993-02-01

奖项名称：甘肃省第三届社会科学优秀成

果奖

获奖等级：2

作　　者：钮国平 王福成

成果形式：专著

颁奖部门：甘肃省委甘肃省政府

0339 政务信息论

时　　间：1993-02-01

奖项名称：甘肃省第三届社会科学优秀成果奖

获奖等级：2

作　　者：谢庆昌 戴先琳 陈军

成果形式：专著

颁奖部门：甘肃省委甘肃省政府

0340 关于价格形式分类问题的理论思考

时　　间：1993-02-01

奖项名称：甘肃省第三届社会科学优秀成果奖

获奖等级：2

作　　者：刘家声

成果形式：论文

颁奖部门：甘肃省委甘肃省政府

0341 电视意识论

时　　间：1993-02-01

奖项名称：甘肃省第三届社会科学优秀成果奖

获奖等级：2

作　　者：刘炘

成果形式：专著

颁奖部门：甘肃省委甘肃省政府

0342 甘肃历史货币

时　　间：1993-02-01

奖项名称：甘肃省第三届社会科学优秀成

果奖

获奖等级：2

作　　者：葛凌青

成果形式：专著

颁奖部门：甘肃省委甘肃省政府

0343 中国文学本体结构论

时　　间：1993-02-01

奖项名称：甘肃省第三届社会科学优秀成果奖

获奖等级：2

作　　者：郭外岑

成果形式：论文

颁奖部门：甘肃省委甘肃省政府

0344 开拓旅游地区财政研究的新局面

时　　间：1993-02-01

奖项名称：甘肃省第三届社会科学优秀成果奖

获奖等级：2

作　　者：崔正华

成果形式：论文

颁奖部门：甘肃省委甘肃省政府

0345 甘肃工业

时　　间：1993-02-01

奖项名称：甘肃省第三届社会科学优秀成果奖

获奖等级：2

作　　者：张吾乐 周英 张国杰 吴士起

成果形式：专著

颁奖部门：甘肃省委甘肃省政府

0346 甘肃省国土总体规划

时　　间：1993-02-01

奖项名称：甘肃省第三届社会科学优秀成果奖

获奖等级：2

作　　者：张国杰 陈一为 江存远

成果形式：专著

颁奖部门：甘肃省委甘肃省政府

0347 中国现代哲学人物评传·冯友兰

时　　间：1993-02-01

奖项名称：甘肃省第三届社会科学优秀成果奖

获奖等级：2

作　　者：范鹏

成果形式：专著一部分

颁奖部门：甘肃省委甘肃省政府

0348 居延汉简通论

时　　间：1993-02-01

奖项名称：甘肃省第三届社会科学优秀成果奖

获奖等级：2

作　　者：薛英群

成果形式：专著

颁奖部门：甘肃省委甘肃省政府

0349 中国西北伊斯兰教的基本特征

时　　间：1993-02-01

奖项名称：甘肃省第三届社会科学优秀成果奖

获奖等级：2

作　　者：马通

成果形式：专著

颁奖部门：甘肃省委甘肃省政府

0350 甘肃：经济成长新阶段"七五"回顾"八五"展望

时　　间：1993-02-01

奖项名称：甘肃省第三届社会科学优秀成果奖

获奖等级：2

作　　者：郭琨 陈宝生

成果形式：专著

颁奖部门：甘肃省委甘肃省政府

0351 中国国情丛书——百县市经济社会调查（静宁卷）

时　　间：1993-02-01

奖项名称：甘肃省第三届社会科学优秀成果奖

获奖等级：2

作　　者：甘棠寿 时正新 穆纪光 刘敏 李树基 郭宝宏

成果形式：课题研究

颁奖部门：甘肃省委甘肃省政府

0352 自学考试概论

时　　间：1993-02-01

奖项名称：甘肃省第三届社会科学优秀成果奖

获奖等级：2

作　　者：于忠正 史柳宝 宋捷

成果形式：专著

颁奖部门：甘肃省委甘肃省政府

0353 甘肃农业技术政策研究

时　　间：1993-02-01

奖项名称：甘肃省第三届社会科学优秀成果奖

获奖等级：2

作　　者：时正新

成果形式：课题研究

颁奖部门：甘肃省委甘肃省政府

0354 唐代边塞诗选注

时　　间：1993-02-01

奖项名称：甘肃省第三届社会科学优秀成

果奖

获奖等级：2

作　　者：胡大浚

成果形式：专著

颁奖部门：甘肃省委甘肃省政府

0355 关于中华民族精神的几个问题

时　　间：1993-02-01

奖项名称：甘肃省第三届社会科学优秀成果奖

获奖等级：2

作　　者：刘文英

成果形式：论文

颁奖部门：甘肃省委甘肃省政府

0356 甘肃省河西地区人口与资源多目标动态分析

时　　间：1993-02-01

奖项名称：甘肃省第三届社会科学优秀成果奖

获奖等级：2

作　　者：张志良 岳天祥

成果形式：论文

颁奖部门：甘肃省委甘肃省政府

0357 藏传佛教源流及社会影响

时　　间：1993-02-01

奖项名称：甘肃省第三届社会科学优秀成果奖

获奖等级：2

作　　者：丁汉儒 温华 唐景福 孙尔康

成果形式：专著

颁奖部门：甘肃省委甘肃省政府

0358 企业营销管理学

时　　间：1993-02-01

奖项名称：甘肃省第三届社会科学优秀成

果奖

获奖等级：2

作　　者：许宗望

成果形式：专著

颁奖部门：甘肃省委甘肃省政府

0359 敦煌汉简

时　　间：1993-02-01

奖项名称：甘肃省第三届社会科学优秀成果奖

获奖等级：2

作　　者：甘肃省文物考古研究所

成果形式：专著

颁奖部门：甘肃省委甘肃省政府

0360 敦煌地理文学汇辑校注

时　　间：1993-02-01

奖项名称：甘肃省第三届社会科学优秀成果奖

获奖等级：2

作　　者：郑炳林

成果形式：专著

颁奖部门：甘肃省委甘肃省政府

0361 人口与计划生育

时　　间：1993-02-01

奖项名称：甘肃省第三届社会科学优秀成果奖

获奖等级：2

作　　者：陈煦

成果形式：专著

颁奖部门：甘肃省委甘肃省政府

0362 正蒙注译

时　　间：1993-02-01

奖项名称：甘肃省第三届社会科学优秀成果奖

获奖等级：2

作　　者：喻博文

成果形式：专著

颁奖部门：甘肃省委甘肃省政府

0363 强化财政宏观调控　提高国民经济效益

时　　间：1993-02-01

奖项名称：甘肃省第三届社会科学优秀成果奖

获奖等级：2

作　　者：王国祥

成果形式：论文

颁奖部门：甘肃省委甘肃省政府

0364 敦煌舞谱序列"原型"探幽——敦煌舞谱交叉研究考之九

时　　间：1993-02-01

奖项名称：甘肃省第三届社会科学优秀成果奖

获奖等级：2

作　　者：席臻贯

成果形式：论文

颁奖部门：甘肃省委甘肃省政府

0365 西北花儿学

时　　间：1993-02-01

奖项名称：甘肃省第三届社会科学优秀成果奖

获奖等级：2

作　　者：郗慧民

成果形式：专著

颁奖部门：甘肃省委甘肃省政府

0366 毛泽东哲学思想与当代中国现实

时　　间：1993-02-01

奖项名称：甘肃省第三届社会科学优秀成

果奖

获奖等级：2

作　　者：王文学 范汉森 石华翼 王德存

成果形式：专著

颁奖部门：甘肃省委甘肃省政府

0367 商品美学

时　　间：1993-02-01

奖项名称：甘肃省第三届社会科学优秀成果奖

获奖等级：2

作　　者：祁聿民

成果形式：专著

颁奖部门：甘肃省委甘肃省政府

0368 甘肃省情第二部

时　　间：1993-02-01

奖项名称：甘肃省第三届社会科学优秀成果奖

获奖等级：2

作　　者：刘毓汉 仲兆隆 白文翰 郭方忠

成果形式：专著

颁奖部门：甘肃省委甘肃省政府

0369 西部风情与多民族色彩——甘肃文学四十年

时　　间：1993-02-01

奖项名称：甘肃省第三届社会科学优秀成果奖

获奖等级：2

作　　者：季成家 张明廉 王尚寿

成果形式：专著

颁奖部门：甘肃省委甘肃省政府

0370 应用生态学研究——生态系统的分析、调控与模拟

时　　间：1993-02-01

奖项名称：甘肃省第三届社会科学优秀成果奖

获奖等级：2

作　　者：李自珍

成果形式：专著

颁奖部门：甘肃省委甘肃省政府

0371 档案专业期刊漫议

时　　间：1993-02-01

奖项名称：甘肃省第三届社会科学优秀成果奖

获奖等级：2

作　　者：张克复 严桂夫

成果形式：论文

颁奖部门：甘肃省委甘肃省政府

0372 甘肃省八十年代后期普通中学初中科学教育评估研究报告

时　　间：1993-02-01

奖项名称：甘肃省第三届社会科学优秀成果奖

获奖等级：2

作　　者：郝大元 康印瑞 王陇生 吴名文

成果形式：课题研究

颁奖部门：甘肃省委甘肃省政府

0373 唐代瓜州（晋昌郡）治所及其有关城址的调查与考证——与孙修身先生商榷

时　　间：1993-02-01

奖项名称：甘肃省第三届社会科学优秀成果奖

获奖等级：2

作　　者：李并成

成果形式：论文

颁奖部门：甘肃省委甘肃省政府

0374 甘肃农业经济长期发展定量分析研究

时　　间：1993-02-01

奖项名称：甘肃省第三届社会科学优秀成果奖

获奖等级：2

作　　者：陈绥阳 聂华林 丁方允

成果形式：课题研究

颁奖部门：甘肃省委甘肃省政府

0375 曼斯菲尔庄园

时　　间：1993-02-01

奖项名称：甘肃省第三届社会科学优秀成果奖

获奖等级：2

作　　者：秭佩

成果形式：译著

颁奖部门：甘肃省委甘肃省政府

0376 中国不发达地区农村的社会发展

时　　间：1993-02-01

奖项名称：甘肃省第三届社会科学优秀成果奖

获奖等级：2

作　　者：刘敏 岳青 李頳武

成果形式：专著

颁奖部门：甘肃省委甘肃省政府

0377 中国近代经济史纲

时　　间：1993-02-01

奖项名称：甘肃省第三届社会科学优秀成果奖

获奖等级：2

作　　者：魏永理

成果形式：专著

颁奖部门：甘肃省委甘肃省政府

0378 建立新机制的实践——甘肃省农村改革张临高试验区成果选编

时　　间：1993-02-01

奖项名称：甘肃省第三届社会科学优秀成果奖

获奖等级：2

作　　者：张临高

成果形式：课题研究

颁奖部门：甘肃省委甘肃省政府

0379 新技术革命辞典

时　　间：1993-02-01

奖项名称：甘肃省第三届社会科学优秀成果奖

获奖等级：2

作　　者：叶开源 林立 高明寿

成果形式：工具书

颁奖部门：甘肃省委甘肃省政府

0380 技术商品学

时　　间：1993-05-10

奖项名称：甘肃省第三届社会科学优秀成果奖

获奖等级：2

作　　者：李万泰 孙新武

成果形式：专著

颁奖部门：甘肃省委甘肃省政府

0381 社会主义既是制度又是科学——兼评《共产党宣言研究》

时　　间：1993-02-01

奖项名称：甘肃省第三届社会科学优秀成果奖

获奖等级：3

作　　者：刘延寿

成果形式：论文

颁奖部门：甘肃省委甘肃省政府

0382 关于扶贫资金筹集、管理和使用问题

时　　间：1993-02-01

奖项名称：甘肃省第三届社会科学优秀成果奖

获奖等级：3

作　　者：韩福俊 温友祥

成果形式：论文

颁奖部门：甘肃省委甘肃省政府

0383 实践婚姻家庭法

时　　间：1993-02-01

奖项名称：甘肃省第三届社会科学优秀成果奖

获奖等级：3

作　　者：时春明

成果形式：专著

颁奖部门：甘肃省委甘肃省政府

0384 职工群众是企业的主体

时　　间：1993-02-01

奖项名称：甘肃省第三届社会科学优秀成果奖

获奖等级：3

作　　者：刘铁军

成果形式：论文

颁奖部门：甘肃省委甘肃省政府

0385 史诗，铭刻在甘肃大地

时　　间：1993-02-01

奖项名称：甘肃省第三届社会科学优秀成果奖

获奖等级：3

作　　者：刘吾魁 李荣珍

成果形式：音像资料

颁奖部门：甘肃省委甘肃省政府

0386 合理利用财政补贴实现甘肃财政状况的根本好转

时　　间：1993-02-01

奖项名称：甘肃省第三届社会科学优秀成果奖

获奖等级：3

作　　者：缪莉丽

成果形式：课题研究

颁奖部门：甘肃省委甘肃省政府

0387 "文革"前十年"左"倾错误在甘肃党内的发展及其历史教训

时　　间：1993-02-01

奖项名称：甘肃省第三届社会科学优秀成果奖

获奖等级：3

作　　者：郭维仪

成果形式：论文

颁奖部门：甘肃省委甘肃省政府

0388 藏戏"南木特"剧种浅论

时　　间：1993-02-01

奖项名称：甘肃省第三届社会科学优秀成果奖

获奖等级：3

作　　者：尕藏才旦

成果形式：论文

颁奖部门：甘肃省委甘肃省政府

0389 甘肃矿业发展战略

时　　间：1993-02-01

奖项名称：甘肃省第三届社会科学优秀成果奖

获奖等级：3

作　　者：殷先明 孙均勖 陶炳昆

成果形式：论文

颁奖部门：甘肃省委甘肃省政府

0390 运用税收杠杆推动经济振兴

时　　间：1993-02-01

奖项名称：甘肃省第三届社会科学优秀成果奖

获奖等级：3

作　　者：宋冠军 王繁钦

成果形式：论文

颁奖部门：甘肃省委甘肃省政府

0391 论社会主义意识形态工作

时　　间：1993-02-01

奖项名称：甘肃省第三届社会科学优秀成果奖

获奖等级：3

作　　者：杨德儒

成果形式：专著

颁奖部门：甘肃省委甘肃省政府

0392 试论企业制度创新

时　　间：1993-02-01

奖项名称：甘肃省第三届社会科学优秀成果奖

获奖等级：3

作　　者：谢剑琳

成果形式：论文

颁奖部门：甘肃省委甘肃省政府

0393 4—5岁独生子女行为问题调查与防治研究

时　　间：1993-02-01

奖项名称：甘肃省第三届社会科学优秀成果奖

获奖等级：3

作　　者：卢惠琴 李坤荣 柴玉兰 张瑞英 延瑞兰 赵秦君

成果形式：课题研究

颁奖部门：甘肃省委甘肃省政府

0394 治整过程中的财政货币政策 "倒滑"

时　　间：1993-02-01

奖项名称：甘肃省第三届社会科学优秀成果奖

获奖等级：3

作　　者：井百祥 傅培志

成果形式：论文

颁奖部门：甘肃省委甘肃省政府

0395 经济结构与经济成长研究报告

时　　间：1993-02-01

奖项名称：甘肃省第三届社会科学优秀成果奖

获奖等级：3

作　　者：安江林 邵克文

成果形式：课题研究

颁奖部门：甘肃省委甘肃省政府

0396 悲壮的征程

时　　间：1993-02-01

奖项名称：甘肃省第三届社会科学优秀成果奖

获奖等级：3

作　　者：麻琨 牟惠芬

成果形式：专著

颁奖部门：甘肃省委甘肃省政府

0397 清代西北回族起义研究

时　　间：1993-02-01

奖项名称：甘肃省第三届社会科学优秀成果奖

获奖等级：3

作　　者：吴万喜

成果形式：专著

颁奖部门：甘肃省委甘肃省政府

0398 美学散论

时　　间：1993-02-01

奖项名称：甘肃省第三届社会科学优秀成果奖

获奖等级：3

作　　者：张尔进

成果形式：专著

颁奖部门：甘肃省委甘肃省政府

0399 从农业现代化看甘肃高等农业教育改革

时　　间：1993-02-01

奖项名称：甘肃省第三届社会科学优秀成果奖

获奖等级：3

作　　者：白小平

成果形式：论文

颁奖部门：甘肃省委甘肃省政府

0400 比较合同法

时　　间：1993-02-01

奖项名称：甘肃省第三届社会科学优秀成果奖

获奖等级：3

作　　者：周林彬 刘俊臣

成果形式：专著

颁奖部门：甘肃省委甘肃省政府

0401 国家所有权与企业经营权适度分离研究

时　　间：1993-02-01

奖项名称：甘肃省第三届社会科学优秀成果奖

获奖等级：3

作　　者：吴文翰 张照珂 王廷湘

成果形式：专著

颁奖部门：甘肃省委甘肃省政府

0402 软科学概论

时　　间：1993-02-01

奖项名称：甘肃省第三届社会科学优秀成果奖

获奖等级：3

作　　者：李万泰

成果形式：专著

颁奖部门：甘肃省委甘肃省政府

0403 税务辞典

时　　间：1993-02-01

奖项名称：甘肃省第三届社会科学优秀成果奖

获奖等级：3

作　　者：李明龙

成果形式：工具书

颁奖部门：甘肃省委甘肃省政府

0404 西夏的丝路贸易及钱币法

时　　间：1993-02-01

奖项名称：甘肃省第三届社会科学优秀成果奖

获奖等级：3

作　　者：陈炳应

成果形式：论文

颁奖部门：甘肃省委甘肃省政府

0405 党的集体领导制度的形成与发展

时　　间：1993-02-01

奖项名称：甘肃省第三届社会科学优秀成果奖

获奖等级：3

作　　者：陈留记 袁俊宏

成果形式：论文

颁奖部门：甘肃省委甘肃省政府

0406 维吾尔语 So/Sz 形式变新探

时　　间：1993-02-01

奖项名称：甘肃省第三届社会科学优秀成果奖

获奖等级：3

作　　者：邓浩

成果形式：论文

颁奖部门：甘肃省委甘肃省政府

0407 行政管理案例及分析

时　　间：1993-02-01

奖项名称：甘肃省第三届社会科学优秀成果奖

获奖等级：3

作　　者：张正国 赵文广

成果形式：专著

颁奖部门：甘肃省委甘肃省政府

0408 甘肃四十年

时　　间：1993-02-01

奖项名称：甘肃省第三届社会科学优秀成果奖

获奖等级：3

作　　者：潘琛 魏汉文

成果形式：专著

颁奖部门：甘肃省委甘肃省政府

0409 当代世界史料选辑

时　　间：1993-02-01

奖项名称：甘肃省第三届社会科学优秀成果奖

获奖等级：3

作　　者：张培德

成果形式：专著

颁奖部门：甘肃省委甘肃省政府

0410 甘南牧区提高载畜能力的可行性研究

时　　间：1993-02-01

奖项名称：甘肃省第三届社会科学优秀成果奖

获奖等级：3

作　　者：李伦良

成果形式：课题研究

颁奖部门：甘肃省委甘肃省政府

0411 是决定与被决定还是相互决定——兼论传统在生产与流通关系论述中的矛盾与失误

时　　间：1993-02-01

奖项名称：甘肃省第三届社会科学优秀成果奖

获奖等级：3

作　　者：李震寰 薛维君

成果形式：论文

颁奖部门：甘肃省委甘肃省政府

0412 江隆基传

时　　间：1993-02-01

奖项名称：甘肃省第三届社会科学优秀成果奖

获奖等级：3

作　　者：苗高生

成果形式：专著

颁奖部门：甘肃省委甘肃省政府

0413 图书馆工作评价与管理目标

时　　间：1993-02-01

奖项名称：甘肃省第三届社会科学优秀成果奖

获奖等级：3

作　　者：郭建魁 郭向东

成果形式：论文

颁奖部门：甘肃省委甘肃省政府

0414 进一步发展我省乡镇企业的思考

时　　间：1993-02-01

奖项名称：甘肃省第三届社会科学优秀成果奖

获奖等级：3

作　　者：刘萍

成果形式：课题研究

颁奖部门：甘肃省委甘肃省政府

0415 陈诚及其《西域行程记》与《西域番国志》研究

时　　间：1993-02-01

奖项名称：甘肃省第三届社会科学优秀成果奖

获奖等级：3

作　　者：王继光

成果形式：论文

颁奖部门：甘肃省委甘肃省政府

0416 在推进决策科学化研究中提高调研人员的素质

时　　间：1993-02-01

奖项名称：甘肃省第三届社会科学优秀成果奖

获奖等级：3

作　　者：傅文章

成果形式：论文

颁奖部门：甘肃省委甘肃省政府

0417 李益集注

时　　间：1993-02-01

奖项名称：甘肃省第三届社会科学优秀成果奖

获奖等级：3

作　　者：王亦军 裴豫敏

成果形式：专著

颁奖部门：甘肃省委甘肃省政府

0418 论完善我国财产法体系

时　　间：1993-02-01

奖项名称：甘肃省第三届社会科学优秀成果奖

获奖等级：3

作　　者：禄正平

成果形式：论文

颁奖部门：甘肃省委甘肃省政府

0419 中国科学院兰州地区文献情报系统现状结构分析及发展趋势

时　　间：1993-02-01

奖项名称：甘肃省第三届社会科学优秀成果奖

获奖等级：3

作　　者：刘全根

成果形式：论文

颁奖部门：甘肃省委甘肃省政府

0420 简明英汉能源工程技术辞典

时　　间：1993-02-01

奖项名称：甘肃省第三届社会科学优秀成果奖

获奖等级：3

作　　者：喜文华

成果形式：工具书

颁奖部门：甘肃省委甘肃省政府

0421 计划经济与市场调节结合的理论探讨

时　　间：1993-02-01

奖项名称：甘肃省第三届社会科学优秀成果奖

获奖等级：3

作　　者：宋福僧

成果形式：论文

颁奖部门：甘肃省委甘肃省政府

0422 基层秘书手册

时　　间：1993-02-01

奖项名称：甘肃省第三届社会科学优秀成果奖

获奖等级：3

作　　者：马志洁 吕发成

成果形式：专著

颁奖部门：甘肃省委甘肃省政府

0423 甘肃农业科技投入机制研究

时　　间：1993-02-01

奖项名称：甘肃省第三届社会科学优秀成果奖

获奖等级：3

作　　者：石星光

成果形式：课题研究

颁奖部门：甘肃省委甘肃省政府

0424 爱我中华，爱我甘肃

时　　间：1993-02-01

奖项名称：甘肃省第三届社会科学优秀成果奖

获奖等级：3

作　　者：胡铁军

成果形式：专著

颁奖部门：甘肃省委甘肃省政府

0425 甘肃新县志览

时　　间：1993-02-01

奖项名称：甘肃省第三届社会科学优秀成果奖

获奖等级：3

作　　者：王会绍 申俊昌 田企川

成果形式：专著

颁奖部门：甘肃省委甘肃省政府

0426　求重言等组式的一组式

时　　间：1993-02-01

奖项名称：甘肃省第三届社会科学优秀成果奖

获奖等级：3

作　　者：任秋云

成果形式：论文

颁奖部门：甘肃省委甘肃省政府

0427　运输包装质量的控制

时　　间：1993-02-01

奖项名称：甘肃省第三届社会科学优秀成果奖

获奖等级：3

作　　者：索占鸿

成果形式：论文

颁奖部门：甘肃省委甘肃省政府

0428　社会调查理论与方法

时　　间：1993-02-01

奖项名称：甘肃省第三届社会科学优秀成果奖

获奖等级：3

作　　者：陈宝生

成果形式：专著

颁奖部门：甘肃省委甘肃省政府

0429　中国当代美学家

时　　间：1993-02-01

奖项名称：甘肃省第三届社会科学优秀成果奖

获奖等级：3

作　　者：穆纪光　李琦　刘珙　刘春生

成果形式：专著

颁奖部门：甘肃省委甘肃省政府

0430　实行双层经营是深化农村改革的必由之路——西峰市肖金镇三不同村的调查

时　　间：1993-02-01

奖项名称：甘肃省第三届社会科学优秀成果奖

获奖等级：3

作　　者：李文光　毛发祥

成果形式：论文

颁奖部门：甘肃省委甘肃省政府

0431　少数民族大学生成才修养论集

时　　间：1993-02-01

奖项名称：甘肃省第三届社会科学优秀成果奖

获奖等级：3

作　　者：马进

成果形式：专著

颁奖部门：甘肃省委甘肃省政府

0432　藏文文献的历史性发展及其启示

时　　间：1993-02-01

奖项名称：甘肃省第三届社会科学优秀成果奖

获奖等级：3

作　　者：包寿南

成果形式：论文

颁奖部门：甘肃省委甘肃省政府

0433　甘肃省市场发育及计划与市场结合形式的探索

时　　间：1993-02-01

奖项名称：甘肃省第三届社会科学优秀成果奖

获奖等级：3

作　　者：金兴民 陈宝生

成果形式：课题研究

颁奖部门：甘肃省委甘肃省政府

0434 中国音乐史

时　　间：1993-02-01

奖项名称：甘肃省第三届社会科学优秀成果奖

获奖等级：3

作　　者：祁文源

成果形式：专著

颁奖部门：甘肃省委甘肃省政府

0435 建立新时代的资源经济观

时　　间：1993-02-01

奖项名称：甘肃省第三届社会科学优秀成果奖

获奖等级：3

作　　者：李晓帆

成果形式：论文

颁奖部门：甘肃省委甘肃省政府

0436 培养奉献精神，造就矿山新人

时　　间：1993-02-01

奖项名称：甘肃省第三届社会科学优秀成果奖

获奖等级：3

作　　者：中共窑街矿务局委员会

成果形式：课题研究

颁奖部门：甘肃省委甘肃省政府

0437 我国现存汉字档案略述

时　　间：1993-02-01

奖项名称：甘肃省第三届社会科学优秀成果奖

获奖等级：3

作　　者：张启安

成果形式：论文

颁奖部门：甘肃省委甘肃省政府

0438 深化农村改革

时　　间：1993-02-01

奖项名称：甘肃省第三届社会科学优秀成果奖

获奖等级：3

作　　者：省委研究室农村政策处

成果形式：论文

颁奖部门：甘肃省委甘肃省政府

0439 诗海拾贝集 诗海拾贝续集

时　　间：1993-02-01

奖项名称：甘肃省第三届社会科学优秀成果奖

获奖等级：3

作　　者：林家英

成果形式：专著

颁奖部门：甘肃省委甘肃省政府

0440 人口决策学

时　　间：1993-02-01

奖项名称：甘肃省第三届社会科学优秀成果奖

获奖等级：3

作　　者：苗霞 杨新科

成果形式：专著

颁奖部门：甘肃省委甘肃省政府

0441 对农业信贷的再认识——对支农工作中的几个问题的探讨

时　　间：1993-02-01

奖项名称：甘肃省第三届社会科学优秀成果奖

获奖等级：3

作　　者：龚铜安

成果形式：论文

颁奖部门：甘肃省委甘肃省政府

0442 关于时代问题的思考

时　　间：1993-02-01

奖项名称：甘肃省第三届社会科学优秀成果奖

获奖等级：3

作　　者：郭保珠

成果形式：论文

颁奖部门：甘肃省委甘肃省政府

0443 草地第二性生产动力学模型

时　　间：1993-02-01

奖项名称：甘肃省第三届社会科学优秀成果奖

获奖等级：3

作　　者：吕胜利 宋秉芳

成果形式：课题研究

颁奖部门：甘肃省委甘肃省政府

0444 中国维吾尔族大学生个性特点初探

时　　间：1993-02-01

奖项名称：甘肃省第三届社会科学优秀成果奖

获奖等级：3

作　　者：王树秀

成果形式：论文

颁奖部门：甘肃省委甘肃省政府

0445 谈汉语、维吾尔语形容词谓语句

时　　间：1993-02-01

奖项名称：甘肃省第三届社会科学优秀成果奖

获奖等级：3

作　　者：苗焕德

成果形式：论文

颁奖部门：甘肃省委甘肃省政府

0446 图书馆知识组织的新思路

时　　间：1993-02-01

奖项名称：甘肃省第三届社会科学优秀成果奖

获奖等级：3

作　　者：刘洪波

成果形式：论文

颁奖部门：甘肃省委甘肃省政府

0447 新中国成立以来甘肃省经济发展的若干历史阶段

时　　间：1993-02-01

奖项名称：甘肃省第三届社会科学优秀成果奖

获奖等级：3

作　　者：葛正芳 刘积荣

成果形式：论文

颁奖部门：甘肃省委甘肃省政府

0448 "文山"探索与对策

时　　间：1993-02-01

奖项名称：甘肃省第三届社会科学优秀成果奖

获奖等级：3

作　　者：武文军

成果形式：系列论文

颁奖部门：甘肃省委甘肃省政府

0449 评 70 年代社会党国际对外政策的转变

时　　间：1993-02-01

奖项名称：甘肃省第三届社会科学优秀成果奖

获奖等级：3

作　　者：刘新田

成果形式：论文

颁奖部门：甘肃省委甘肃省政府

0450　中国报头大观

时　　间：1993-02-01

奖项名称：甘肃省第三届社会科学优秀成果奖

获奖等级：3

作　　者：杨波

成果形式：资料

颁奖部门：甘肃省委甘肃省政府

0451　天然气地球科学文献分布与核心期刊调查分析

时　　间：1993-02-01

奖项名称：甘肃省第三届社会科学优秀成果奖

获奖等级：3

作　　者：孙成权 史斗朱 岳年 张欣利 施永荣

成果形式：论文

颁奖部门：甘肃省委甘肃省政府

0452　从白银城乡人口差异看城市化的整体效应

时　　间：1993-02-01

奖项名称：甘肃省第三届社会科学优秀成果奖

获奖等级：3

作　　者：郭绍虞

成果形式：论文

颁奖部门：甘肃省委甘肃省政府

0453　甘肃省综合运输网规划

时　　间：1993-02-01

奖项名称：甘肃省第三届社会科学优秀成

果奖

获奖等级：3

作　　者：吉星文 朱德尧 王化一

成果形式：课题研究

颁奖部门：甘肃省委甘肃省政府

0454　对加快甘肃农业开发问题的研究

时　　间：1993-02-01

奖项名称：甘肃省第三届社会科学优秀成果奖

获奖等级：3

作　　者：颜敬东 李启章 马自学 陈牧原

成果形式：论文

颁奖部门：甘肃省委甘肃省政府

0455　走向 90 年代的甘肃经济

时　　间：1993-02-01

奖项名称：甘肃省第三届社会科学优秀成果奖

获奖等级：3

作　　者：陈宝生 邓志涛 刘文亮 申建法

成果形式：课题研究

颁奖部门：甘肃省委甘肃省政府

0456　现阶段的地方人大

时　　间：1993-02-01

奖项名称：甘肃省第三届社会科学优秀成果奖

获奖等级：3

作　　者：敬延年 韩肇文 张文麒

成果形式：专著

颁奖部门：甘肃省委甘肃省政府

0457　叶圣陶新论

时　　间：1993-02-01

奖项名称：甘肃省第三届社会科学优秀成果奖

获奖等级：3

作　　者：万嵩

成果形式：专著

颁奖部门：甘肃省委甘肃省政府

0458 老年学基础

时　　间：1993-02-01

奖项名称：甘肃省第三届社会科学优秀成果奖

获奖等级：3

作　　者：毕可生 李晨

成果形式：专著

颁奖部门：甘肃省委甘肃省政府

0459 大学生成才修养

时　　间：1993-02-01

奖项名称：甘肃省第三届社会科学优秀成果奖

获奖等级：3

作　　者：陶君廉 刘淑华 李萱增

成果形式：教材

颁奖部门：甘肃省委甘肃省政府

0460 "对立面协调、和谐"与矛盾的正确调处

时　　间：1993-02-01

奖项名称：甘肃省第三届社会科学优秀成果奖

获奖等级：3

作　　者：范汉森

成果形式：论文

颁奖部门：甘肃省委甘肃省政府

0461 切实用好投资增量　推动资产存量调整

时　　间：1993-02-01

奖项名称：甘肃省第三届社会科学优秀成

果奖

获奖等级：3

作　　者：丁松旺

成果形式：论文

颁奖部门：甘肃省委甘肃省政府

0462 日趋严重的毒品问题

时　　间：1993-02-01

奖项名称：甘肃省第三届社会科学优秀成果奖

获奖等级：3

作　　者：刘敏 岳青

成果形式：专著

颁奖部门：甘肃省委甘肃省政府

0463 发展我国社会主义保险事业的几点设想

时　　间：1993-02-01

奖项名称：甘肃省第三届社会科学优秀成果奖

获奖等级：3

作　　者：周万义 武英

成果形式：论文

颁奖部门：甘肃省委甘肃省政府

0464 对"八五"和"九五"期间甘肃黄河上游地区经济开发中资金筹措与使用的研究

时　　间：1993-02-01

奖项名称：甘肃省第三届社会科学优秀成果奖

获奖等级：3

作　　者：葛凌青

成果形式：课题研究

颁奖部门：甘肃省委甘肃省政府

0465 论邹韬奋的抗日救国主张

时　　间：1993-02-01

奖项名称：甘肃省第三届社会科学优秀成果奖

获奖等级：3

作　　者：朱允兴 沈谦芳

成果形式：论文

颁奖部门：甘肃省委甘肃省政府

0466 关于中行办好政策性业务的思考

时　　间：1993-02-01

奖项名称：甘肃省第三届社会科学优秀成果奖

获奖等级：3

作　　者：崔永熙 漆占福

成果形式：论文

颁奖部门：甘肃省委甘肃省政府

0467 高擎胜利旗帜——毛泽东思想题释

时　　间：1993-02-01

奖项名称：甘肃省第三届社会科学优秀成果奖

获奖等级：3

作　　者：周林科

成果形式：专著

颁奖部门：甘肃省委甘肃省政府

0468 清代西北屯田研究

时　　间：1993-02-01

奖项名称：甘肃省第三届社会科学优秀成果奖

获奖等级：3

作　　者：王希隆

成果形式：专著

颁奖部门：甘肃省委甘肃省政府

0469 楚人卜俗考略

时　　间：1993-02-01

奖项名称：甘肃省第三届社会科学优秀成果奖

获奖等级：3

作　　者：张崇琛

成果形式：论文

颁奖部门：甘肃省委甘肃省政府

0470 中国人才史第二编

时　　间：1993-02-01

奖项名称：甘肃省第三届社会科学优秀成果奖

获奖等级：3

作　　者：常校珍

成果形式：专著（部分）

颁奖部门：甘肃省委甘肃省政府

0471 青年县（处）级领导干部成长规律及培养途径研究

时　　间：1993-02-01

奖项名称：甘肃省第三届社会科学优秀成果奖

获奖等级：3

作　　者：课题组

成果形式：论文

颁奖部门：甘肃省委甘肃省政府

0472 甘肃省志·财税志

时　　间：1993-02-01

奖项名称：甘肃省第三届社会科学优秀成果奖

获奖等级：3

作　　者：庞一敏 银少峰 陈兆南

成果形式：专著

颁奖部门：甘肃省委甘肃省政府

0473 人事工作要切实为经济建设服务

时　　间：1993-02-01

奖项名称：甘肃省第三届社会科学优秀成果奖

获奖等级：3

作　　者：王化成

成果形式：论文

颁奖部门：甘肃省委甘肃省政府

0474 张洁的小说世界

时　　间：1993-02-01

奖项名称：甘肃省第三届社会科学优秀成果奖

获奖等级：3

作　　者：许文郁

成果形式：专著

颁奖部门：甘肃省委甘肃省政府

0475 再论神话生成的时代问题——答袁珂先生之一

时　　间：1993-02-01

奖项名称：甘肃省第三届社会科学优秀成果奖

获奖等级：3

作　　者：武世珍

成果形式：论文

颁奖部门：甘肃省委甘肃省政府

0476 关于发展甘肃地县工业的思考及建议

时　　间：1993-02-01

奖项名称：甘肃省第三届社会科学优秀成果奖

获奖等级：3

作　　者：赵春生

成果形式：论文

颁奖部门：甘肃省委甘肃省政府

0477 社团工作手册

时　　间：1993-02-01

奖项名称：甘肃省第三届社会科学优秀成果奖

获奖等级：3

作　　者：张汉相 王世英

成果形式：工具书

颁奖部门：甘肃省委甘肃省政府

0478 试论逻辑应用问题

时　　间：1993-02-01

奖项名称：甘肃省第三届社会科学优秀成果奖

获奖等级：3

作　　者：周尚荣

成果形式：论文

颁奖部门：甘肃省委甘肃省政府

0479 汉蒙翻译基础

时　　间：1993-02-01

奖项名称：甘肃省第三届社会科学优秀成果奖

获奖等级：3

作　　者：杨才铭

成果形式：专著

颁奖部门：甘肃省委甘肃省政府

0480 股票发行、交易、管理的理论与实务

时　　间：1993-02-01

奖项名称：甘肃省第三届社会科学优秀成果奖

获奖等级：3

作　　者：李敦 赵克宏 李培根

成果形式：音像资料

颁奖部门：甘肃省委甘肃省政府

0481 刑事诉讼的"两重结构论"质疑——与龙宗智同志商榷

时　　间：1993-02-01

奖项名称：甘肃省第三届社会科学优秀成果奖

获奖等级：3

作　　者：马贵翔

成果形式：论文

颁奖部门：甘肃省委甘肃省政府

0482 甘肃稀土公司发展战略研究报告

时　　间：1993-02-01

奖项名称：甘肃省第三届社会科学优秀成果奖

获奖等级：3

作　　者：李黑虎 周述实 申秀云 姜安印 强明侠

成果形式：课题研究

颁奖部门：甘肃省委甘肃省政府

0483 从财政体制的变革看唐代的历史地位

时　　间：1993-02-01

奖项名称：甘肃省第三届社会科学优秀成果奖

获奖等级：3

作　　者：王三北

成果形式：论文

颁奖部门：甘肃省委甘肃省政府

0484 当代富于哲学特色的信息研究

时　　间：1993-02-01

奖项名称：甘肃省第三届社会科学优秀成果奖

获奖等级：3

作　　者：马名驹 陈忠 柳延延

成果形式：论文

颁奖部门：甘肃省委甘肃省政府

0485 甘肃省志·畜牧志

时　　间：1993-02-01

奖项名称：甘肃省第三届社会科学优秀成果奖

获奖等级：3

作　　者：李自健

成果形式：专著

颁奖部门：甘肃省委甘肃省政府

0486 经济环境、对外开放及产业发展政策研究

时　　间：1993-02-01

奖项名称：甘肃省第三届社会科学优秀成果奖

获奖等级：3

作　　者：薛宗林 毛建军

成果形式：课题研究

颁奖部门：甘肃省委甘肃省政府

0487 大力筹措建设资金　促进提高投资效果

时　　间：1993-02-01

奖项名称：甘肃省第三届社会科学优秀成果奖

获奖等级：3

作　　者：张宗祥

成果形式：论文

颁奖部门：甘肃省委甘肃省政府

0488 甘肃少数民族干部队伍及建设情况调查报告

时　　间：1993-02-01

奖项名称：甘肃省第三届社会科学优秀成果奖

获奖等级：3

作　　者：高建国 王志斌 李斌 魏霖

成果形式：课题研究

颁奖部门：甘肃省委甘肃省政府

0489 现代人生心理学

时　　间：1993-02-01

奖项名称：甘肃省第三届社会科学优秀成果奖

获奖等级：3

作　　者：王廷福

成果形式：论文

颁奖部门：甘肃省委甘肃省政府

0490 唐代的科举与官僚入仕

时　　间：1993-02-01

奖项名称：甘肃省第三届社会科学优秀成果奖

获奖等级：3

作　　者：齐陈俊

成果形式：论文

颁奖部门：甘肃省委甘肃省政府

0491 甘肃顾委

时　　间：1993-02-01

奖项名称：甘肃省第三届社会科学优秀成果奖

获奖等级：3

作　　者：李天昌

成果形式：专著

颁奖部门：甘肃省委甘肃省政府

0492 财经改革与发展若干问题的探索

时　　间：1993-02-01

奖项名称：甘肃省第三届社会科学优秀成果奖

获奖等级：3

作　　者：萧绍良

成果形式：专著

颁奖部门：甘肃省委甘肃省政府

0493 岑参《挽歌》考

时　　间：1993-02-01

奖项名称：甘肃省第三届社会科学优秀成果奖

获奖等级：3

作　　者：王勋成

成果形式：论文

颁奖部门：甘肃省委甘肃省政府

0494 节育博览

时　　间：1993-02-01

奖项名称：甘肃省第三届社会科学优秀成果奖

获奖等级：3

作　　者：史成礼 史保光

成果形式：专著

颁奖部门：甘肃省委甘肃省政府

0495 民族教育专题《希望篇》

时　　间：1993-02-01

奖项名称：甘肃省第三届社会科学优秀成果奖

获奖等级：3

作　　者：李京仁 钟联诚

成果形式：音像教材

颁奖部门：甘肃省委甘肃省政府

0496 兴农对策文集

时　　间：1993-02-01

奖项名称：甘肃省第三届社会科学优秀成果奖

获奖等级：3

作　　者：康民副 友祥 韩楫舟 董兆祥 宋道盛

成果形式：专著

颁奖部门：甘肃省委甘肃省政府

0497 发展完善农业社会化服务体系是供销合作社深化改革的中心课题

时　　间：1993-02-01

奖项名称：甘肃省第三届社会科学优秀成果奖

获奖等级：3

作　　者：张桐

成果形式：论文

颁奖部门：甘肃省委甘肃省政府

0498 不同法律下的会计差异——西方主要会计模式比较

时　　间：1993-02-01

奖项名称：甘肃省第三届社会科学优秀成果奖

获奖等级：3

作　　者：陈玮 赵克宏

成果形式：论文

颁奖部门：甘肃省委甘肃省政府

0499 人事管理学

时　　间：1993-02-01

奖项名称：甘肃省第三届社会科学优秀成果奖

获奖等级：3

作　　者：李培芳 常仲智 赵卫华

成果形式：教材

颁奖部门：甘肃省委甘肃省政府

0500 坚持走建设中国特色的社会主义道路

时　　间：1993-02-01

奖项名称：甘肃省第三届社会科学优秀成果奖

获奖等级：3

作　　者：田启瑞

成果形式：论文

颁奖部门：甘肃省委甘肃省政府

0501 中共甘肃党史大事记

时　　间：1993-02-01

奖项名称：甘肃省第三届社会科学优秀成果奖

获奖等级：3

作　　者：郝玉屏 王军 麻琨

成果形式：专著

颁奖部门：甘肃省委甘肃省政府

0502 乡镇管理概论

时　　间：1993-02-01

奖项名称：甘肃省第三届社会科学优秀成果奖

获奖等级：3

作　　者：欧阳锦 饶凤翥 魏向阳 王文才

成果形式：教材

颁奖部门：甘肃省委甘肃省政府

0503 中国社会主义行政管理学

时　　间：1993-02-01

奖项名称：甘肃省第三届社会科学优秀成果奖

获奖等级：3

作　　者：郝天魁 马奇文

成果形式：专著

颁奖部门：甘肃省委甘肃省政府

0504 中国现代诗论要略

时　　间：1993-02-01

奖项名称：甘肃省第三届社会科学优秀成果奖

获奖等级：3

作　　者：常文昌

成果形式：专著

颁奖部门：甘肃省委甘肃省政府

0505 当代社会主义研究

时　　间：1993-02-01

奖项名称：甘肃省第三届社会科学优秀成果奖

获奖等级：3

作　　者：张炳玉 延涛 田启瑞

成果形式：专著

颁奖部门：甘肃省委甘肃省政府

0506 江湖内幕黑话考

时　　间：1993-02-01

奖项名称：甘肃省第三届社会科学优秀成果奖

获奖等级：3

作　　者：雪漠

成果形式：专著

颁奖部门：甘肃省委甘肃省政府

0507 从考古看《诗·大雅·公刘》真实性

时　　间：1993-02-01

奖项名称：甘肃省第三届社会科学优秀成果奖

获奖等级：3

作　　者：张珑

成果形式：论文

颁奖部门：甘肃省委甘肃省政府

0508 投资领域的治理整顿与深化改革

时　　间：1993-02-01

奖项名称：甘肃省第三届社会科学优秀成果奖

获奖等级：3

作　　者：陈捷

成果形式：论文

颁奖部门：甘肃省委甘肃省政府

0509 高校思想政治教育与行为科学

时　　间：1993-02-01

奖项名称：甘肃省第三届社会科学优秀成果奖

获奖等级：3

作　　者：雷鸣

成果形式：论文

颁奖部门：甘肃省委甘肃省政府

0510 四有新人的楷模——雷锋精神与当代青年的抉择

时　　间：1993-02-01

奖项名称：甘肃省第三届社会科学优秀成果奖

获奖等级：3

作　　者：李光伟

成果形式：专著

颁奖部门：甘肃省委甘肃省政府

0511 艺术创作的深度表现——鲁迅创作新论

时　　间：1993-02-01

奖项名称：甘肃省第三届社会科学优秀成果奖

获奖等级：3

作　　者：张建生

成果形式：专著

颁奖部门：甘肃省委甘肃省政府

0512 东乡族风俗志

时　　间：1993-02-01

奖项名称：甘肃省第三届社会科学优秀成果奖

获奖等级：3

作　　者：马自祥

成果形式：专著

颁奖部门：甘肃省委甘肃省政府

0513 秋叶集

时　　间：1993-02-01

奖项名称：甘肃省第三届社会科学优秀成果奖

获奖等级：3

作　　者：谢富饶

成果形式：专著

颁奖部门：甘肃省委甘肃省政府

0514 西路军战俘记实

时　　间：1993-02-01

奖项名称：甘肃省第三届社会科学优秀成果奖

获奖等级：3

作　　者：董汉河

成果形式：专著

颁奖部门：甘肃省委甘肃省政府

0515 说"史"

时　　间：1993-02-01

奖项名称：甘肃省第三届社会科学优秀成果奖

获奖等级：3

作　　者：袁林

成果形式：论文

颁奖部门：甘肃省委甘肃省政府

0516 论我国第三次产业结构调整期的成人教育

时　　间：1997-05-20

奖项名称：甘肃省第五届社会科学优秀成果奖

获奖等级：3

作　　者：朱涛

成果形式：论文

颁奖部门：甘肃省委甘肃省政府

0517 试论考试改革与校园外文化

时　　间：1993-02-01

奖项名称：甘肃省第三届社会科学优秀成果奖

获奖等级：3

作　　者：周祖昌 赵高伦

成果形式：论文

颁奖部门：甘肃省委甘肃省政府

0518 中国现代文学价值观系统论纲

时　　间：1993-02-01

奖项名称：甘肃省第三届社会科学优秀成果奖

获奖等级：3

作　　者：程金城

成果形式：论文

颁奖部门：甘肃省委甘肃省政府

0519 中国藏传佛教名僧录

时　　间：1993-02-01

奖项名称：甘肃省第三届社会科学优秀成果奖

获奖等级：3

作　　者：唐景福

成果形式：专著

颁奖部门：甘肃省委甘肃省政府

0520 在困境中拼搏奋进的甘肃军工企业

时　　间：1993-02-01

奖项名称：甘肃省第三届社会科学优秀成果奖

获奖等级：3

作　　者：联合调查组

成果形式：课题研究

颁奖部门：甘肃省委甘肃省政府

0521 成人教育理论教程

时　　间：1993-02-01

奖项名称：甘肃省第三届社会科学优秀成果奖

获奖等级：3

作　　者：于忠正 康尔珪 马志荣

成果形式：专著

颁奖部门：甘肃省委甘肃省政府

0522 关心鼓励引导进步——教育一个学生的故事

时　　间：1993-02-01

奖项名称：甘肃省第三届社会科学优秀成果奖

获奖等级：3

作　　者：谢瑞

成果形式：论文

颁奖部门：甘肃省委甘肃省政府

0523 民主集中制理论和实践中的几个问题

时　　间：1993-02-01

奖项名称：甘肃省第三届社会科学优秀成果奖

获奖等级：3

作　　者：钟永棠

成果形式：论文

颁奖部门：甘肃省委甘肃省政府

0524 预算会计

时　　间：1993-02-01

奖项名称：甘肃省第三届社会科学优秀成果奖

获奖等级：3

作　　者：赵景臣

成果形式：教材

颁奖部门：甘肃省委甘肃省政府

0525 嘉峪关市志

时　　间：1993-02-01

奖项名称：甘肃省第三届社会科学优秀成果奖

获奖等级：3

作　　者：龚雪泉 薛长年 张军武

成果形式：专著

颁奖部门：甘肃省委甘肃省政府

0526 兰州市普通中学教学质量分析

时　　间：1993-02-01

奖项名称：甘肃省第三届社会科学优秀成果奖

获奖等级：3

作　　者：赵海清 朱培英

成果形式：论文

颁奖部门：甘肃省委甘肃省政府

0527 普通小学课程整体改革的前景设想

时　　间：1993-02-01

奖项名称：甘肃省第三届社会科学优秀成果奖

获奖等级：3

作　　者：杨爱程

成果形式：论文

颁奖部门：甘肃省委甘肃省政府

0528 敦煌本《佛说十王经》校录研究

时　　间：1993-02-01

奖项名称：甘肃省第三届社会科学优秀成果奖

获奖等级：3

作　　者：杜斗城

成果形式：专著

颁奖部门：甘肃省委甘肃省政府

0529 兰州三毛厂织布分厂内部推行"标米质量计酬法"经济责任制的调查

时　　间：1993-02-01

奖项名称：甘肃省第三届社会科学优秀成果奖

获奖等级：3

作　　者：梁巨用 王涛

成果形式：调查报告

颁奖部门：甘肃省委甘肃省政府

0530 为实现计划生育工作经常化而努力

时　　间：1993-02-01

奖项名称：甘肃省第三届社会科学优秀成果奖

获奖等级：3

作　　者：赖学中

成果形式：论文

颁奖部门：甘肃省委甘肃省政府

0531 中国电大管理概论

时　　间：1993-02-01

奖项名称：甘肃省第三届社会科学优秀成果奖

获奖等级：3

作　　者：李大成 陈叔敏 曹长春 贺安民 王久成

成果形式：专著

颁奖部门：甘肃省委甘肃省政府

0532 玉门市志

时　　间：1993-02-01

奖项名称：甘肃省第三届社会科学优秀成果奖

获奖等级：3

作　　者：杜振涛

成果形式：专著

颁奖部门：甘肃省委甘肃省政府

0533 欧米茄大骗局

时　　间：1993-02-01

奖项名称：甘肃省第三届社会科学优秀成果奖

获奖等级：3

作　　者：袁洪庚

成果形式：译著

颁奖部门：甘肃省委甘肃省政府

0534 国民经济管理法律制度

时　　间：1993-02-01

奖项名称：甘肃省第三届社会科学优秀成

果奖

获奖等级：3

作　　者：周林彬 张奇令 孙尚佳

成果形式：专著

颁奖部门：甘肃省委甘肃省政府

0535 青少年违法犯罪根源及预防对策

时　　间：1993-02-01

奖项名称：甘肃省第三届社会科学优秀成果奖

获奖等级：3

作　　者：张和平 俄军 侯立民 郑显璋 郭明德

成果形式：论文

颁奖部门：甘肃省委甘肃省政府

0536 论农村改革深化问题

时　　间：1993-02-01

奖项名称：甘肃省第三届社会科学优秀成果奖

获奖等级：3

作　　者：王杰 何独业

成果形式：论文

颁奖部门：甘肃省委甘肃省政府

0537 充分认识电子信息产业的地位和作用

时　　间：1993-02-01

奖项名称：甘肃省第三届社会科学优秀成果奖

获奖等级：3

作　　者：宋如山

成果形式：论文

颁奖部门：甘肃省委甘肃省政府

0538 心态科学的研究与思想政治工作

时　　间：1993-02-01

奖项名称：甘肃省第三届社会科学优秀成果奖

获奖等级：3

作　　者：杨学松

成果形式：论文

颁奖部门：甘肃省委甘肃省政府

0539 关于地震保险的几点刍议

时　　间：1993-02-01

奖项名称：甘肃省第三届社会科学优秀成果奖

获奖等级：3

作　　者：张喜坤

成果形式：论文

颁奖部门：甘肃省委甘肃省政府

0540 现代企业管理辞典

时　　间：1993-02-01

奖项名称：甘肃省第三届社会科学优秀成果奖

获奖等级：3

作　　者：李国杰 刘云忠 李育良 陈杰 夏永祥 康恒昌高新才

成果形式：工具书

颁奖部门：甘肃省委甘肃省政府

0541 银行支持搞好国营大中型企业的几点思考

时　　间：1993-02-01

奖项名称：甘肃省第三届社会科学优秀成果奖

获奖等级：3

作　　者：唐为忠

成果形式：论文

颁奖部门：甘肃省委甘肃省政府

0542 关于我国经济布局的历史思考

时　　间：1993-02-01

奖项名称：甘肃省第三届社会科学优秀成果奖

获奖等级：3

作　　者：郭志仪

成果形式：论文

颁奖部门：甘肃省委甘肃省政府

0543 中国农村法制问题

时　　间：1993-02-01

奖项名称：甘肃省第三届社会科学优秀成果奖

获奖等级：3

作　　者：张谦元

成果形式：专著

颁奖部门：甘肃省委甘肃省政府

0544 甘肃经济概论

时　　间：1993-02-01

奖项名称：甘肃省第三届社会科学优秀成果奖

获奖等级：3

作　　者：杨大明 马壮昌

成果形式：专著

颁奖部门：甘肃省委甘肃省政府

0545 夫球戏起源于中国古代摇丸的考证

时　　间：1993-02-01

奖项名称：甘肃省第三届社会科学优秀成果奖

获奖等级：3

作　　者：凌洪龄

成果形式：论文

颁奖部门：甘肃省委甘肃省政府

0546 中国农业经济面临的困扰和出路

时　　间：1993-02-01

奖项名称：甘肃省第三届社会科学优秀成果奖

获奖等级：3

作　　者：王杰

成果形式：论文

颁奖部门：甘肃省委甘肃省政府

0547 广告学原理与应用

时　　间：1993-02-01

奖项名称：甘肃省第三届社会科学优秀成果奖

获奖等级：3

作　　者：宋顺清 刘端武

成果形式：专著

颁奖部门：甘肃省委甘肃省政府

0548 花儿新论

时　　间：1993-02-01

奖项名称：甘肃省第三届社会科学优秀成果奖

获奖等级：3

作　　者：魏泉鸣

成果形式：专著

颁奖部门：甘肃省委甘肃省政府

0549 商业会计学教程

时　　间：1993-02-01

奖项名称：甘肃省第三届社会科学优秀成果奖

获奖等级：3

作　　者：王宗台

成果形式：教材

颁奖部门：甘肃省委甘肃省政府

0550 中华民国时期军政职官志

时　　间：1993-02-01

奖项名称：甘肃省第三届社会科学优秀成果奖

获奖等级：3

作　　者：郭卿友

成果形式：专著

颁奖部门：甘肃省委甘肃省政府

0551 甘肃民族源流

时　　间：1993-02-01

奖项名称：甘肃省第三届社会科学优秀成果奖

获奖等级：3

作　　者：胡国兴

成果形式：专著

颁奖部门：甘肃省委甘肃省政府

0552 鲁迅审美视角论

时　　间：1993-02-01

奖项名称：甘肃省第三届社会科学优秀成果奖

获奖等级：3

作　　者：王建中 张建生

成果形式：论文

颁奖部门：甘肃省委甘肃省政府

0553 格萨尔与敦煌

时　　间：1993-02-01

奖项名称：甘肃省第三届社会科学优秀成果奖

获奖等级：3

作　　者：王沂暖

成果形式：论文

颁奖部门：甘肃省委甘肃省政府

0554 银行会计操作技术

时　　间：1993-02-01

奖项名称：甘肃省第三届社会科学优秀成果奖

获奖等级：3

作　　者：陈得利 赵成明

成果形式：工具书

颁奖部门：甘肃省委甘肃省政府

0555 浅谈 PDCA 循环管理法在会计工作达标升级活动中的应用

时　　间：1993-02-01

奖项名称：甘肃省第三届社会科学优秀成果奖

获奖等级：3

作　　者：苏联青

成果形式：论文

颁奖部门：甘肃省委甘肃省政府

0556 乡镇人大主席团的立法探讨

时　　间：1993-02-01

奖项名称：甘肃省第三届社会科学优秀成果奖

获奖等级：3

作　　者：邹通祥

成果形式：论文

颁奖部门：甘肃省委甘肃省政府

0557 会计知识手册

时　　间：1993-02-01

奖项名称：甘肃省第三届社会科学优秀成果奖

获奖等级：3

作　　者：甘肃省财政厅甘肃省会计学会

成果形式：工具书

颁奖部门：甘肃省委甘肃省政府

0558 当代教育问题研究

时　　间：1993-02-01

奖项名称：甘肃省第三届社会科学优秀成果奖

获奖等级：3

作　　者：杨新科 李含琳 王兴朝

成果形式：专著

颁奖部门：甘肃省委甘肃省政府

0559 谈预测中的测不准原理

时　　间：1993-02-01

奖项名称：甘肃省第三届社会科学优秀成果奖

获奖等级：3

作　　者：欧阳锦

成果形式：论文

颁奖部门：甘肃省委甘肃省政府

0560 高等学校教学论

时　　间：1993-02-01

奖项名称：甘肃省第三届社会科学优秀成果奖

获奖等级：3

作　　者：李希 杨峻 李宗植 王根顺

成果形式：专著

颁奖部门：甘肃省委甘肃省政府

0561 音乐艺术中的"虚""实""美"——以"大音希"声为参照的若干思考

时　　间：1993-02-01

奖项名称：甘肃省第三届社会科学优秀成果奖

获奖等级：3

作　　者：贾纪文

成果形式：论文

颁奖部门：甘肃省委甘肃省政府

0562 幼儿的心理世界

时　　间：1993-02-01

奖项名称：甘肃省第三届社会科学优秀成果奖

获奖等级：3

作　　者：王忠民

成果形式：专著

颁奖部门：甘肃省委甘肃省政府

0563 离婚纵横谈

时　　间：1993-02-01

奖项名称：甘肃省第三届社会科学优秀成果奖

获奖等级：3

作　　者：陶明顺 陈慧琴

成果形式：专著

颁奖部门：甘肃省委甘肃省政府

0564 日本战后时期经济迅速发展探源

时　　间：1993-02-01

奖项名称：甘肃省第三届社会科学优秀成果奖

获奖等级：3

作　　者：王钺

成果形式：论文

颁奖部门：甘肃省委甘肃省政府

0565 实行承包经营增强企业活力

时　　间：1993-02-01

奖项名称：甘肃省第三届社会科学优秀成果奖

获奖等级：3

作　　者：李昆木

成果形式：论文

颁奖部门：甘肃省委甘肃省政府

0566 社会主义初级阶段民族关系的本质特征和发展趋势之我见

时　　间：1993-02-01

奖项名称：甘肃省第三届社会科学优秀成果奖

获奖等级：3

作　　者：王梓杞

成果形式：论文

颁奖部门：甘肃省委甘肃省政府

0567 档案与文化试析

时　　间：1993-02-01

奖项名称：甘肃省第三届社会科学优秀成果奖

获奖等级：3

作　　者：马定保

成果形式：论文

颁奖部门：甘肃省委甘肃省政府

0568 经济文化不发达地区的女童教育问题

时　　间：1993-02-01

奖项名称：甘肃省第三届社会科学优秀成果奖

获奖等级：3

作　　者：李含荣

成果形式：论文

颁奖部门：甘肃省委甘肃省政府

0569 信贷资金管理体制改革的回顾与思考

时　　间：1993-02-01

奖项名称：甘肃省第三届社会科学优秀成果奖

获奖等级：3

作　　者：张文轩

成果形式：论文

颁奖部门：甘肃省委甘肃省政府

0570 谈谈社会福利企业如何强化内部管理问题

时　　间：1993-02-01

奖项名称：甘肃省第三届社会科学优秀成果奖

获奖等级：3

作　　者：陈逊

成果形式：论文

颁奖部门：甘肃省委甘肃省政府

0571 提出问题是为了解决问题——困扰当前干部人事制度改革的人事难题

时　　间：1993-02-01

奖项名称：甘肃省第三届社会科学优秀成果奖

获奖等级：3

作　　者：李培

成果形式：论文

颁奖部门：甘肃省委甘肃省政府

0572 说话和作文

时　　间：1993-02-01

奖项名称：甘肃省第三届社会科学优秀成果奖

获奖等级：3

作　　者：赵维新

成果形式：论文

颁奖部门：甘肃省委甘肃省政府

0573 党建研究文集

时　　间：1993-02-01

奖项名称：甘肃省第三届社会科学优秀成果奖

获奖等级：3

作　　者：杨振杰 陆浩 康民 强宗恕

成果形式：专著

颁奖部门：甘肃省委甘肃省政府

0574 汉藏商路与货币经济的关系——八角城出土古钱币析谈

时　　间：1993-02-01

奖项名称：甘肃省第三届社会科学优秀成果奖

获奖等级：3

作　　者：李振翼

成果形式：论文

颁奖部门：甘肃省委甘肃省政府

0575 英国工业垄断地位的丧失

时　　间：1993-02-01

奖项名称：甘肃省第三届社会科学优秀成果奖

获奖等级：3

作　　者：马英昌

成果形式：论文

颁奖部门：甘肃省委甘肃省政府

0576 《共产党宣言》研究

时　　间：1993-02-01

奖项名称：甘肃省第三届社会科学优秀成果奖

获奖等级：3

作　　者：黄济福

成果形式：专著

颁奖部门：甘肃省委甘肃省政府

0577 中国社会主义辩证法

时　　间：1993-02-01

奖项名称：甘肃省第三届社会科学优秀成果奖

获奖等级：3

作　　者：延涛 邓兆明

成果形式：专著

颁奖部门：甘肃省委甘肃省政府

0578 公文写作指南

时　　间：1993-02-01

奖项名称：甘肃省第三届社会科学优秀成果奖

获奖等级：3

作　　者：张宝元

成果形式：专著

颁奖部门：甘肃省委甘肃省政府

0579 论企业破产界限

时　　间：1993-02-01

奖项名称：甘肃省第三届社会科学优秀成果奖

获奖等级：3

作　　者：陈志刚 李茂荣

成果形式：论文

颁奖部门：甘肃省委甘肃省政府

0580 略论农村扫盲工作与社会经济发展

时　　间：1993-02-01

奖项名称：甘肃省第三届社会科学优秀成果奖

获奖等级：3

作　　者：俄军

成果形式：论文

颁奖部门：甘肃省委甘肃省政府

0581 强化工业意识　发展县区经济

时　　间：1993-05-10

奖项名称：甘肃省第三届社会科学优秀成果奖

获奖等级：3

作　　者：王文华

成果形式：论文

颁奖部门：甘肃省委甘肃省政府

0582 革命老区脱贫的政治思考

时　　间：1992-02-01

奖项名称：甘肃省第三届社会科学优秀成果奖

获奖等级：3

作　　者：郭继芳

成果形式：论文

颁奖部门：甘肃省委甘肃省政府

0583 必须重视和加强基层党建工作

时　　间：1992-12-01

奖项名称：甘肃省第三届社会科学优秀成果奖

获奖等级：3

作　　者：黄续祖

成果形式：论文

颁奖部门：甘肃省委甘肃省政府

0584 新时期党员干部修养的几个问题

时　　间：1993-02-01

奖项名称：甘肃省第三届社会科学优秀成果奖

获奖等级：4

作　　者：彭效忠

成果形式：论文

颁奖部门：甘肃省委甘肃省政府

0585 甘南藏族自治州迭部县财政状况的调查与思考

时　　间：1993-02-01

奖项名称：甘肃省第三届社会科学优秀成果奖

获奖等级：4

作　　者：钟福军 罗发辉

成果形式：论文

颁奖部门：甘肃省委甘肃省政府

0586 机关刊物必须兼顾"两头"兼具"两性"

时　　间：1993-02-01

奖项名称：甘肃省第三届社会科学优秀成果奖

获奖等级：4

作　　者：冯国荣

成果形式：论文

颁奖部门：甘肃省委甘肃省政府

0587 "企业管理技能开发"课题研究报告

时　　间：1993-02-01

奖项名称：甘肃省第三届社会科学优秀成果奖

获奖等级：4

作　　者：杨晓辉等

成果形式：课题研究

颁奖部门：甘肃省委甘肃省政府

0588 振兴农业的希望之路——甘肃科技兴农对策研究

时　　间：1993-02-01

奖项名称：甘肃省第三届社会科学优秀成果奖

获奖等级：4

作　　者：温友祥 韩福俊

成果形式：论文

颁奖部门：甘肃省委甘肃省政府

0589 必须重视和加强基层党建工作

时　　间：1993-02-01

奖项名称：甘肃省第三届社会科学优秀成果奖

获奖等级：4

作　　者：黄续祖

成果形式：论文

颁奖部门：甘肃省委甘肃省政府

0590 嘉峪关市经济结构问题及其对策

时　　间：1993-02-01

奖项名称：甘肃省第三届社会科学优秀成果奖

获奖等级：4

作　　者：龚雪泉

成果形式：论文

颁奖部门：甘肃省委甘肃省政府

0591 充分开发合理利用劳动力资源促进经济发展

时　　间：1993-02-01

奖项名称：甘肃省第三届社会科学优秀成果奖

获奖等级：4

作　　者：刘远汉

成果形式：论文

颁奖部门：甘肃省委甘肃省政府

0592 论北宋对陇中地区的经济开发

时　　间：1993-02-01

奖项名称：甘肃省第三届社会科学优秀成果奖

获奖等级：4

作　　者：雍际春

成果形式：论文

颁奖部门：甘肃省委甘肃省政府

0593 重造公有制土地的产权制度

时　　间：1993-02-01

奖项名称：甘肃省第三届社会科学优秀成果奖

获奖等级：4

作　　者：来耀勤

成果形式：论文

颁奖部门：甘肃省委甘肃省政府

0594 我国物资流通形式及对策探析

时　　间：1993-02-01

奖项名称：甘肃省第三届社会科学优秀成果奖

获奖等级：4

作　　者：阎永年 邹宝善

成果形式：论文

颁奖部门：甘肃省委甘肃省政府

0595 进一步树立"大外贸"观念支持全方位增强出口创汇能力

时　　间：1993-02-01

奖项名称：甘肃省第三届社会科学优秀成果奖

获奖等级：4

作　　者：刘俊琪

成果形式：论文

颁奖部门：甘肃省委甘肃省政府

0596 杂志是办给读者看的

时　　间：1993-02-01

奖项名称：甘肃省第三届社会科学优秀成果奖

获奖等级：4

作　　者：郑元绪
成果形式：论文
颁奖部门：甘肃省委甘肃省政府

0597 藏族地区利用藏语文教育势在必行——兼论利用藏文语言讲授数理化课程的重要性

时　　间：1993-02-01
奖项名称：甘肃省第三届社会科学优秀成果奖
获奖等级：4
作　　者：拉措（闵文义）
成果形式：论文
颁奖部门：甘肃省委甘肃省政府

0598 男女知多少——人口性别比知识

时　　间：1993-02-01
奖项名称：甘肃省第三届社会科学优秀成果奖
获奖等级：4
作　　者：马正亮
成果形式：专著
颁奖部门：甘肃省委甘肃省政府

0599 总结经验，明确思路，把临夏经济社会发展提高到一个新的水平

时　　间：1993-02-01
奖项名称：甘肃省第三届社会科学优秀成果奖
获奖等级：4
作　　者：石宗源
成果形式：论文
颁奖部门：甘肃省委甘肃省政府

0600 综合运用医院会计科目的做法与实效

时　　间：1993-02-01
奖项名称：甘肃省第三届社会科学优秀成果奖
获奖等级：4
作　　者：魏列祥
成果形式：论文
颁奖部门：甘肃省委甘肃省政府

0601 陇原新骑——甘肃少数民族企业家创业记

时　　间：1993-02-01
奖项名称：甘肃省第三届社会科学优秀成果奖
获奖等级：4
作　　者：仲兆隆 杨应忠 郭长乐 顾军
成果形式：专著
颁奖部门：甘肃省委甘肃省政府

0602 对"八五"财政管理体制改革在甘肃实施的设想

时　　间：1993-02-01
奖项名称：甘肃省第三届社会科学优秀成果奖
获奖等级：4
作　　者：康伶
成果形式：论文
颁奖部门：甘肃省委甘肃省政府

0603 强化工业意识　发展县区工业

时　　间：1993-02-01
奖项名称：甘肃省第三届社会科学优秀成果奖
获奖等级：4
作　　者：王文华
成果形式：论文

颁奖部门：甘肃省委甘肃省政府

0604 发展粮食经济的关键在于人才培养——甘肃粮食人才现状调查及今后需求预测

时　　间：1993-02-01

奖项名称：甘肃省第三届社会科学优秀成果奖

获奖等级：4

作　　者：钱永成

成果形式：论文

颁奖部门：甘肃省委甘肃省政府

0605 论西部发展的几个问题

时　　间：1993-02-01

奖项名称：甘肃省第三届社会科学优秀成果奖

获奖等级：4

作　　者：吴廷富

成果形式：论文

颁奖部门：甘肃省委甘肃省政府

0606 关于分配不公的几个问题

时　　间：1993-02-01

奖项名称：甘肃省第三届社会科学优秀成果奖

获奖等级：4

作　　者：王敬村

成果形式：论文

颁奖部门：甘肃省委甘肃省政府

0607 对干部考核方式的再认识

时　　间：1993-02-01

奖项名称：甘肃省第三届社会科学优秀成果奖

获奖等级：4

作　　者：刘洪泽

成果形式：论文

颁奖部门：甘肃省委甘肃省政府

0608 "双轨制"：困境与出路

时　　间：1993-02-01

奖项名称：甘肃省第三届社会科学优秀成果奖

获奖等级：4

作　　者：罗玉和

成果形式：论文

颁奖部门：甘肃省委甘肃省政府

0609 供销合作业务手册

时　　间：1993-02-01

奖项名称：甘肃省第三届社会科学优秀成果奖

获奖等级：4

作　　者：雷兴华 刘承志 李力文 张泉涛

成果形式：工具书

颁奖部门：甘肃省委甘肃省政府

0610 简论藏族帐篷绣花艺术

时　　间：1993-02-01

奖项名称：甘肃省第三届社会科学优秀成果奖

获奖等级：4

作　　者：姜安

成果形式：论文

颁奖部门：甘肃省委甘肃省政府

0611 甘肃财税改革

时　　间：1993-02-01

奖项名称：甘肃省第三届社会科学优秀成果奖

获奖等级：4

作　　者：刘国权

成果形式：专著

颁奖部门：甘肃省委甘肃省政府

0612 开拓流通领域是货畅其流的前提

时　间：1993-02-01

奖项名称：甘肃省第三届社会科学优秀成果奖

获奖等级：4

作　者：杨振民

成果形式：论文

颁奖部门：甘肃省委甘肃省政府

0613 浅谈环境保护与社会稳定

时　间：1993-02-01

奖项名称：甘肃省第三届社会科学优秀成果奖

获奖等级：4

作　者：解放

成果形式：论文

颁奖部门：甘肃省委甘肃省政府

0614 对民族自治区立法几个问题的思考

时　间：1993-02-01

奖项名称：甘肃省第三届社会科学优秀成果奖

获奖等级：4

作　者：马斌

成果形式：论文

颁奖部门：甘肃省委甘肃省政府

0615 重在结合实际　贵在结合实际

时　间：1993-02-01

奖项名称：甘肃省第三届社会科学优秀成果奖

获奖等级：4

作　者：朱森麟

成果形式：论文

颁奖部门：甘肃省委甘肃省政府

0616 浅议科学技术期刊编排标准化

时　间：1993-02-01

奖项名称：甘肃省第三届社会科学优秀成果奖

获奖等级：4

作　者：唐亚洲

成果形式：论文

颁奖部门：甘肃省委甘肃省政府

0617 巨大的贡献，光辉的典范——邓小平对确立毛泽东思想体系和评价毛泽东的论述

时　间：1993-02-01

奖项名称：甘肃省第三届社会科学优秀成果奖

获奖等级：4

作　者：郝玉屏

成果形式：论文

颁奖部门：甘肃省委甘肃省政府

0618 演讲与说服

时　间：1993-02-01

奖项名称：甘肃省第三届社会科学优秀成果奖

获奖等级：4

作　者：徐亚荣

成果形式：论文

颁奖部门：甘肃省委甘肃省政府

0619 关于"重大事项"范围交界的探讨

时　间：1993-02-01

奖项名称：甘肃省第三届社会科学优秀成果奖

获奖等级：4

作　　者：张文麒

成果形式：论文

颁奖部门：甘肃省委甘肃省政府

0620　短篇文言文译析

时　　间：1993-02-01

奖项名称：甘肃省第三届社会科学优秀成果奖

获奖等级：4

作　　者：刘书智

成果形式：教材

颁奖部门：甘肃省委甘肃省政府

0621　社会主义精神文明三题

时　　间：1993-02-01

奖项名称：甘肃省第三届社会科学优秀成果奖

获奖等级：4

作　　者：潘竞万

成果形式：论文

颁奖部门：甘肃省委甘肃省政府

0622　跨世纪的困厄

时　　间：1993-02-01

奖项名称：甘肃省第三届社会科学优秀成果奖

获奖等级：4

作　　者：张熠（张合龙）

成果形式：论文

颁奖部门：甘肃省委甘肃省政府

0623　略论高等学校的校风校纪建设

时　　间：1993-02-01

奖项名称：甘肃省第三届社会科学优秀成果奖

获奖等级：4

作　　者：马麒麟

成果形式：论文

颁奖部门：甘肃省委甘肃省政府

0624　建立我国通道型经济格局刍议

时　　间：1993-02-01

奖项名称：甘肃省第三届社会科学优秀成果奖

获奖等级：4

作　　者：申培德 魏公谦

成果形式：论文

颁奖部门：甘肃省委甘肃省政府

0625　马克思主义怎样理解人权等问题

时　　间：1993-02-01

奖项名称：甘肃省第三届社会科学优秀成果奖

获奖等级：4

作　　者：贾东海

成果形式：论文

颁奖部门：甘肃省委甘肃省政府

0626　价格信息系统自动化问题浅议

时　　间：1993-02-01

奖项名称：甘肃省第三届社会科学优秀成果奖

获奖等级：4

作　　者：尹霖初 李得源

成果形式：论文

颁奖部门：甘肃省委甘肃省政府

0627　摆脱粮食困境的措施及对策

时　　间：1993-02-01

奖项名称：甘肃省第三届社会科学优秀成果奖

获奖等级：4

作　　者：丁兆魁

成果形式：论文

颁奖部门：甘肃省委甘肃省政府

0628 公务员应用文写作教程

时　　间：1993-02-01

奖项名称：甘肃省第三届社会科学优秀成果奖

获奖等级：4

作　　者：姚栋新

成果形式：专著

颁奖部门：甘肃省委甘肃省政府

0629 甘肃乡镇机构编制和干部队伍现状分析及对策研究

时　　间：1993-02-01

奖项名称：甘肃省第三届社会科学优秀成果奖

获奖等级：4

作　　者：王炳琨 孔令纪

成果形式：论文

颁奖部门：甘肃省委甘肃省政府

0630 加强作风建设　努力开创工作新局面

时　　间：1993-02-01

奖项名称：甘肃省第三届社会科学优秀成果奖

获奖等级：4

作　　者：麻惠杰

成果形式：论文

颁奖部门：甘肃省委甘肃省政府

0631 民族教育学

时　　间：1993-02-01

奖项名称：甘肃省第三届社会科学优秀成果奖

获奖等级：4

作　　者：景时春 马琦明 郝振仓

成果形式：教材

颁奖部门：甘肃省委甘肃省政府

0632 进一步完善计划管理职能，促进计划经济市场调节的有机结合

时　　间：1993-02-01

奖项名称：甘肃省第三届社会科学优秀成果奖

获奖等级：4

作　　者：武毅

成果形式：论文

颁奖部门：甘肃省委甘肃省政府

0633 整体设计优化组合——提高课堂教学效率散论

时　　间：1993-02-01

奖项名称：甘肃省第三届社会科学优秀成果奖

获奖等级：4

作　　者：刘得斗

成果形式：论文

颁奖部门：甘肃省委甘肃省政府

0634 审计人员标准基本内容初探

时　　间：1993-02-01

奖项名称：甘肃省第三届社会科学优秀成果奖

获奖等级：4

作　　者：张孟兰

成果形式：论文

颁奖部门：甘肃省委甘肃省政府

0635 学理论　发展社会主义法律意识

时　　间：1993-02-01

奖项名称：甘肃省第三届社会科学优秀成果奖

获奖等级：4

作　　者：杨雨生

成果形式：论文

颁奖部门：甘肃省委甘肃省政府

0636 外部环境与高等教育改革

时　　间：1993-02-01

奖项名称：甘肃省第三届社会科学优秀成果奖

获奖等级：4

作　　者：王肃元 曹建华

成果形式：论文

颁奖部门：甘肃省委甘肃省政府

0637 关于支持发展农业社会化服务体系的初步探讨

时　　间：1993-02-01

奖项名称：甘肃省第三届社会科学优秀成果奖

获奖等级：4

作　　者：苟崇廉 滑文献 赵志波

成果形式：论文

颁奖部门：甘肃省委甘肃省政府

0638 《日语半月二十天》及速成教学法

时　　间：1993-02-01

奖项名称：甘肃省第三届社会科学优秀成果奖

获奖等级：4

作　　者：马克祥

成果形式：教材

颁奖部门：甘肃省委甘肃省政府

0639 兰州市人口文化素质分析

时　　间：1993-02-01

奖项名称：甘肃省第三届社会科学优秀成

果奖

获奖等级：4

作　　者：刘清廉

成果形式：论文

颁奖部门：甘肃省委甘肃省政府

0640 思想政治工作研究要综合运用定性和定量分析方法

时　　间：1993-02-01

奖项名称：甘肃省第三届社会科学优秀成果奖

获奖等级：4

作　　者：倪鹤声

成果形式：论文

颁奖部门：甘肃省委甘肃省政府

0641 读书与思考

时　　间：1993-02-01

奖项名称：甘肃省第三届社会科学优秀成果奖

获奖等级：4

作　　者：许金坤

成果形式：专著

颁奖部门：甘肃省委甘肃省政府

0642 革命老区脱贫的政治思考

时　　间：1993-02-01

奖项名称：甘肃省第三届社会科学优秀成果奖

获奖等级：4

作　　者：郭继芳

成果形式：论文

颁奖部门：甘肃省委甘肃省政府

0643 全面认识和整体把握党的基本路线

时　　间：1993-02-01

奖项名称：甘肃省第三届社会科学优秀成果奖

获奖等级：4

作　者：段德元

成果形式：论文

颁奖部门：甘肃省委甘肃省政府

0644 论我国成人高教发展之得失与改革取向

时　间：1993-02-01

奖项名称：甘肃省第三届社会科学优秀成果奖

获奖等级：4

作　者：朱涛

成果形式：论文

颁奖部门：甘肃省委甘肃省政府

0645 热门话题"破三铁"

时　间：1993-02-01

奖项名称：甘肃省第三届社会科学优秀成果奖

获奖等级：4

作　者：宋道盛

成果形式：论文

颁奖部门：甘肃省委甘肃省政府

0646 九十年代银行信贷扶贫工作的思考

时　间：1993-02-01

奖项名称：甘肃省第三届社会科学优秀成果奖

获奖等级：4

作　者：陶君道

成果形式：论文

颁奖部门：甘肃省委甘肃省政府

0647 甘肃民族地区货币经济

时　间：1993-02-01

奖项名称：甘肃省第三届社会科学优秀成果奖

获奖等级：4

作　者：康柳锁

成果形式：论文

颁奖部门：甘肃省委甘肃省政府

0648 贫困经济学对我国农业经济的启示

时　间：1993-02-01

奖项名称：甘肃省第三届社会科学优秀成果奖

获奖等级：4

作　者：周宜兴

成果形式：论文

颁奖部门：甘肃省委甘肃省政府

0649 短篇文言文译析

时　间：1993-05-10

奖项名称：甘肃省第三届社会科学优秀成果奖

获奖等级：4

作　者：刘书智

成果形式：教材

颁奖部门：甘肃省委甘肃省政府

0650 关于信贷资金二元供给问题的探讨

时　间：1995-02-01

奖项名称：甘肃省第四届社会科学优秀成果奖

获奖等级：1

作　者：张忠山

成果形式：论文

颁奖部门：甘肃省委甘肃省政府

0651 声类疏证

时　　间：1995-02-01

奖项名称：甘肃省第四届社会科学优秀成
果奖

获奖等级：1

作　　者：郭晋稀

成果形式：专著

颁奖部门：甘肃省委甘肃省政府

0652 杜诗繁诂

时　　间：1995-02-01

奖项名称：甘肃省第四届社会科学优秀成
果奖

获奖等级：1

作　　者：郑文

成果形式：专著

颁奖部门：甘肃省委甘肃省政府

0653 毛泽东邓小平廉政思想研究

时　　间：1995-02-01

奖项名称：甘肃省第四届社会科学优秀成
果奖

获奖等级：1

作　　者：强宗恕 邓兆明

成果形式：专著

颁奖部门：甘肃省委甘肃省政府

0654 城市合作金融发展的理论与实践

时　　间：1997-05-20

奖项名称：甘肃省第四届社会科学优秀成
果奖

获奖等级：1

作　　者：张忠山

成果形式：论文

颁奖部门：甘肃省委甘肃省政府

0655 我们如何放开价格

时　　间：1995-02-01

奖项名称：甘肃省第四届社会科学优秀成
果奖

获奖等级：1

作　　者：刘家声 刘力

成果形式：论文

颁奖部门：甘肃省委甘肃省政府

0656 敦煌文学概论

时　　间：1995-02-01

奖项名称：甘肃省第四届社会科学优秀成
果奖

获奖等级：1

作　　者：颜廷亮

成果形式：专著

颁奖部门：甘肃省委甘肃省政府

0657 英语谚语

时　　间：1995-02-01

奖项名称：甘肃省第四届社会科学优秀成
果奖

获奖等级：1

作　　者：郭建民

成果形式：专著

颁奖部门：甘肃省委甘肃省政府

0658 中国西北社会经济史研究

时　　间：1995-02-01

奖项名称：甘肃省第四届社会科学优秀成
果奖

获奖等级：1

作　　者：王致中 魏丽英

成果形式：专著

颁奖部门：甘肃省委甘肃省政府

0659 新闻广播学

时　　间：1995-02-01

奖项名称：甘肃省第四届社会科学优秀成果奖

获奖等级：2

作　　者：李岩

成果形式：专著

颁奖部门：甘肃省委甘肃省政府

0660 国有企业资产评估

时　　间：1995-02-01

奖项名称：甘肃省第四届社会科学优秀成果奖

获奖等级：2

作　　者：王关义 陈浩 黄冬生 丁军 雷振龙

成果形式：专著

颁奖部门：甘肃省委甘肃省政府

0661 王符评传

时　　间：1995-02-01

奖项名称：甘肃省第四届社会科学优秀成果奖

获奖等级：2

作　　者：王步贵

成果形式：专著

颁奖部门：甘肃省委甘肃省政府

0662 再论自调节审美

时　　间：1995-02-01

奖项名称：甘肃省第四届社会科学优秀成果奖

获奖等级：2

作　　者：王建疆

成果形式：论文

颁奖部门：甘肃省委甘肃省政府

0663 西北民族地区畜牧业商品经济研究

时　　间：1995-02-01

奖项名称：甘肃省第四届社会科学优秀成果奖

获奖等级：2

作　　者：王瑜 罗耀辉

成果形式：专著

颁奖部门：甘肃省委甘肃省政府

0664 敦煌碑铭赞辑释

时　　间：1995-02-01

奖项名称：甘肃省第四届社会科学优秀成果奖

获奖等级：2

作　　者：郑炳林

成果形式：专著

颁奖部门：甘肃省委甘肃省政府

0665 现代普通教育管理学

时　　间：1995-02-01

奖项名称：甘肃省第四届社会科学优秀成果奖

获奖等级：2

作　　者：邓品珊 康尔珪

成果形式：专著

颁奖部门：甘肃省委甘肃省政府

0666 自然资源垃圾化与垃圾资源化初探

时　　间：1995-02-01

奖项名称：甘肃省第四届社会科学优秀成果奖

获奖等级：2

作　　者：方创琳

成果形式：论文

颁奖部门：甘肃省委甘肃省政府

0667 经营责任与会计发展

时　　间：1995-02-01

奖项名称：甘肃省第四届社会科学优秀成果奖

获奖等级：2

作　　者：陈玮

成果形式：论文

颁奖部门：甘肃省委甘肃省政府

0668 老舍的小说世界与东西方文化

时　　间：1995-02-01

奖项名称：甘肃省第四届社会科学优秀成果奖

获奖等级：2

作　　者：吴小美 魏韶华

成果形式：专著

颁奖部门：甘肃省委甘肃省政府

0669 汉语助词论

时　　间：1995-02-01

奖项名称：甘肃省第四届社会科学优秀成果奖

获奖等级：2

作　　者：刘公望

成果形式：专著

颁奖部门：甘肃省委甘肃省政府

0670 中国社会主义流通系统研究

时　　间：1995-02-01

奖项名称：甘肃省第四届社会科学优秀成果奖

获奖等级：2

作　　者：李震寰 薛维君

成果形式：专著

颁奖部门：甘肃省委甘肃省政府

0671 《离骚》的比喻和抒情主人公的形貌问题

时　　间：1995-02-01

奖项名称：甘肃省第四届社会科学优秀成果奖

获奖等级：2

作　　者：赵逵夫

成果形式：论文

颁奖部门：甘肃省委甘肃省政府

0672 自主管理工作法

时　　间：1995-02-01

奖项名称：甘肃省第四届社会科学优秀成果奖

获奖等级：2

作　　者：周述实 陈清芳

成果形式：专著

颁奖部门：甘肃省委甘肃省政府

0673 蒙藏关系史研究

时　　间：1995-02-01

奖项名称：甘肃省第四届社会科学优秀成果奖

获奖等级：2

作　　者：樊保良

成果形式：专著

颁奖部门：甘肃省委甘肃省政府

0674 中华社会科学工具书辞典

时　　间：1995-02-01

奖项名称：甘肃省第四届社会科学优秀成果奖

获奖等级：2

作　　者：潘寅生 郭建魁 刘振邦 郭向东 世炜 吴秋鸢

成果形式：工具书

颁奖部门：甘肃省委甘肃省政府

0675 神话学论纲

时　　间：1995-02-01

奖项名称：甘肃省第四届社会科学优秀成果奖

获奖等级：2

作　　者：武世珍

成果形式：专著

颁奖部门：甘肃省委甘肃省政府

0676 欧洲共同体经济教程

时　　间：1995-02-01

奖项名称：甘肃省第四届社会科学优秀成果奖

获奖等级：2

作　　者：杨逢珉 李守植 张永安

成果形式：教材

颁奖部门：甘肃省委甘肃省政府

0677 中国草地生产力模拟

时　　间：1995-02-01

奖项名称：甘肃省第四届社会科学优秀成果奖

获奖等级：2

作　　者：吕胜利 宋秉芳

成果形式：研究报告

颁奖部门：甘肃省委甘肃省政府

0678 甘肃省地方科技立法研究

时　　间：1995-02-01

奖项名称：甘肃省第四届社会科学优秀成果奖

获奖等级：2

作　　者：李功国

成果形式：研究报告

颁奖部门：甘肃省委甘肃省政府

0679 中国古代文官制度

时　　间：1995-02-01

奖项名称：甘肃省第四届社会科学优秀成果奖

获奖等级：2

作　　者：楼劲 刘光华

成果形式：专著

颁奖部门：甘肃省委甘肃省政府

0680 安多藏语口语词典

时　　间：1995-02-01

奖项名称：甘肃省第四届社会科学优秀成果奖

获奖等级：2

作　　者：华侃龙 博甲

成果形式：工具书

颁奖部门：甘肃省委甘肃省政府

0681 中国西北近代开发史

时　　间：1995-02-01

奖项名称：甘肃省第四届社会科学优秀成果奖

获奖等级：2

作　　者：魏永 李宗植 张寿彭

成果形式：专著

颁奖部门：甘肃省委甘肃省政府

0682 楚辞文化探微

时　　间：1995-02-01

奖项名称：甘肃省第四届社会科学优秀成果奖

获奖等级：2

作　　者：张崇琛

成果形式：专著

颁奖部门：甘肃省委甘肃省政府

0683 马克思主义哲学经典文选导读

时　　间：1995-02-01

奖项名称：甘肃省第四届社会科学优秀成果奖

获奖等级：2

作　　者：王兴嘉 范汉森 陈国生

成果形式：专著

颁奖部门：甘肃省委甘肃省政府

0684 历史的余响

时　　间：1995-02-01

奖项名称：甘肃省第四届社会科学优秀成果奖

获奖等级：2

作　　者：韩学本

成果形式：专著

颁奖部门：甘肃省委甘肃省政府

0685 中国西北地区人口、土地、粮食资源与环境问题中长期研究

时　　间：1995-02-01

奖项名称：甘肃省第四届社会科学优秀成果奖

获奖等级：2

作　　者：张志良

成果形式：研究报告

颁奖部门：甘肃省委甘肃省政府

0686 摆脱贫困之路探索

时　　间：1995-02-01

奖项名称：甘肃省第四届社会科学优秀成果奖

获奖等级：2

作　　者：温友祥

成果形式：专著

颁奖部门：甘肃省委甘肃省政府

0687 中国县级政治体制改革研究

时　　间：1995-02-01

奖项名称：甘肃省第四届社会科学优秀成果奖

获奖等级：2

作　　者：伏耀祖 穆纪光

成果形式：专著

颁奖部门：甘肃省委甘肃省政府

0688 甘宁青民族教育简编

时　　间：1995-02-01

奖项名称：甘肃省第四届社会科学优秀成果奖

获奖等级：2

作　　者：朱解琳

成果形式：专著

颁奖部门：甘肃省委甘肃省政府

0689 美即"知音"

时　　间：1995-02-01

奖项名称：甘肃省第四届社会科学优秀成果奖

获奖等级：2

作　　者：叶知秋

成果形式：论文

颁奖部门：甘肃省委甘肃省政府

0690 敦煌婚姻文化

时　　间：1995-02-01

奖项名称：甘肃省第四届社会科学优秀成果奖

获奖等级：2

作　　者：谭蝉雪

成果形式：专著

颁奖部门：甘肃省委甘肃省政府

获奖成果

0691 人的管理与管理的人

时　　间：1995-02-01

奖项名称：甘肃省第四届社会科学优秀成果奖

获奖等级：2

作　　者：欧阳锦

成果形式：专著

颁奖部门：甘肃省委甘肃省政府

0692 经济法学

时　　间：1995-02-01

奖项名称：甘肃省第四届社会科学优秀成果奖

获奖等级：2

作　　者：任先行

成果形式：专著

颁奖部门：甘肃省委甘肃省政府

0693 坎坷的历程——近代学习西方八十年

时　　间：1995-02-01

奖项名称：甘肃省第四届社会科学优秀成果奖

获奖等级：2

作　　者：吴庭桢 赵颂尧

成果形式：专著

颁奖部门：甘肃省委甘肃省政府

0694 撞击下的浮躁与选择——当代中国西北人口的文化价值观

时　　间：1995-02-01

奖项名称：甘肃省第四届社会科学优秀成果奖

获奖等级：2

作　　者：戴元光 江波

成果形式：专著

颁奖部门：甘肃省委甘肃省政府

0695 陇右高僧录

时　　间：1995-02-01

奖项名称：甘肃省第四届社会科学优秀成果奖

获奖等级：3

作　　者：杜斗城

成果形式：专著

颁奖部门：甘肃省委甘肃省政府

0696 中国审计学导论

时　　间：1995-02-01

奖项名称：甘肃省第四届社会科学优秀成果奖

获奖等级：3

作　　者：王崇乾

成果形式：专著

颁奖部门：甘肃省委甘肃省政府

0697 入党培训教程

时　　间：1995-02-01

奖项名称：甘肃省第四届社会科学优秀成果奖

获奖等级：3

作　　者：张积礼 宋超英 石生仁

成果形式：教材

颁奖部门：甘肃省委甘肃省政府

0698 文艺辨集

时　　间：1995-02-01

奖项名称：甘肃省第四届社会科学优秀成果奖

获奖等级：3

作　　者：梁胜明

成果形式：专著

颁奖部门：甘肃省委甘肃省政府

0699 审计学原理

时　　间：1995-02-01

奖项名称：甘肃省第四届社会科学优秀成果奖

获奖等级：3

作　　者：包强

成果形式：教材

颁奖部门：甘肃省委甘肃省政府

0700 藏族古籍文献概论

时　　间：1995-02-01

奖项名称：甘肃省第四届社会科学优秀成果奖

获奖等级：3

作　　者：道周

成果形式：专著

颁奖部门：甘肃省委甘肃省政府

0701 甘肃临夏话作补语的"下"

时　　间：1995-02-01

奖项名称：甘肃省第四届社会科学优秀成果奖

获奖等级：3

作　　者：王森

成果形式：论文

颁奖部门：甘肃省委甘肃省政府

0702 目前财政困难的体制原因和改革方向

时　　间：1995-02-01

奖项名称：甘肃省第四届社会科学优秀成果奖

获奖等级：3

作　　者：郭北辰

成果形式：论文

颁奖部门：甘肃省委甘肃省政府

0703 《为田律》农田规划制度再释

时　　间：1995-02-01

奖项名称：甘肃省第四届社会科学优秀成果奖

获奖等级：3

作　　者：袁林

成果形式：论文

颁奖部门：甘肃省委甘肃省政府

0704 对经济不发达地区基础教育投资效益调查思考

时　　间：1995-02-01

奖项名称：甘肃省第四届社会科学优秀成果奖

获奖等级：3

作　　者：李含荣

成果形式：论文

颁奖部门：甘肃省委甘肃省政府

0705 试谈行政组织的几个不同特点

时　　间：1995-02-01

奖项名称：甘肃省第四届社会科学优秀成果奖

获奖等级：3

作　　者：扎西才让

成果形式：论文

颁奖部门：甘肃省委甘肃省政府

0706 西夏的衡制与币制

时　　间：1995-02-01

奖项名称：甘肃省第四届社会科学优秀成果奖

获奖等级：3

作　　者：陈炳应

成果形式：论文

颁奖部门：甘肃省委甘肃省政府

0707 心理卫生与人口素质

时　　间：1995-02-01

奖项名称：甘肃省第四届社会科学优秀成果奖

获奖等级：3

作　　者：梁淑芬

成果形式：论文

颁奖部门：甘肃省委甘肃省政府

0708 敦煌唐写本《西京赋》残卷校诂（一）

时　　间：1995-02-01

奖项名称：甘肃省第四届社会科学优秀成果奖

获奖等级：3

作　　者：伏俊琏

成果形式：系列论文

颁奖部门：甘肃省委甘肃省政府

0709 唐诗精华

时　　间：1995-02-01

奖项名称：甘肃省第四届社会科学优秀成果奖

获奖等级：3

作　　者：林家英

成果形式：选注

颁奖部门：甘肃省委甘肃省政府

0710 关于社会主义时期的宗教问题研究

时　　间：1995-02-01

奖项名称：甘肃省第四届社会科学优秀成果奖

获奖等级：3

作　　者：秋实（马通）

成果形式：论文

颁奖部门：甘肃省委甘肃省政府

0711 积极实施"双带整推"　努力振兴甘肃财政

时　　间：1995-02-01

奖项名称：甘肃省第四届社会科学优秀成果奖

获奖等级：3

作　　者：张文启

成果形式：论文

颁奖部门：甘肃省委甘肃省政府

0712 提高农村小学教育质量

时　　间：1995-02-01

奖项名称：甘肃省第四届社会科学优秀成果奖

获奖等级：3

作　　者：马培芳 李赞华 张铁 道景民

成果形式：丛书

颁奖部门：甘肃省委甘肃省政府

0713 发展生态农业是历史的必然选择——从陇中黄土高原的转机探索重建生态平衡的方略

时　　间：1995-02-01

奖项名称：甘肃省第四届社会科学优秀成果奖

获奖等级：3

作　　者：杨安民

成果形式：论文

颁奖部门：甘肃省委甘肃省政府

0714 社会主义市场经济与领导班子建设

时　　间：1995-02-01

奖项名称：甘肃省第四届社会科学优秀成果奖

获奖等级：3

作　　者：陆武成　姜信治

成果形式：论文

颁奖部门：甘肃省委甘肃省政府

0715 农村社会主义精神文明建设浅谈

时　　间：1995-02-01

奖项名称：甘肃省第四届社会科学优秀成果奖

获奖等级：3

作　　者：张新民 铁双林

成果形式：专著

颁奖部门：甘肃省委甘肃省政府

0716 中国共产党领导的多党合作制的历史经验

时　　间：1995-02-01

奖项名称：甘肃省第四届社会科学优秀成果奖

获奖等级：3

作　　者：桑维军

成果形式：论文

颁奖部门：甘肃省委甘肃省政府

0717 鸟鼠山人胡瓒宗诗选

时　　间：1995-02-01

奖项名称：甘肃省第四届社会科学优秀成果奖

获奖等级：3

作　　者：李天舒

成果形式：专著

颁奖部门：甘肃省委甘肃省政府

0718 发展旅游事业　振兴甘肃经济

时　　间：1995-02-01

奖项名称：甘肃省第四届社会科学优秀成果奖

获奖等级：3

作　　者：陈捷 岳凤来

成果形式：调查报告

颁奖部门：甘肃省委甘肃省政府

0719 论数学文化研究及其对数学教育研究的启示

时　　间：1995-02-01

奖项名称：甘肃省第四届社会科学优秀成果奖

获奖等级：3

作　　者：张维忠

成果形式：论文

颁奖部门：甘肃省委甘肃省政府

0720 酒泉地区农村奔小康初探

时　　间：1995-02-01

奖项名称：甘肃省第四届社会科学优秀成果奖

获奖等级：3

作　　者：唐福永 梁秀芬

成果形式：论文

颁奖部门：甘肃省委甘肃省政府

0721 论敦煌古塞城

时　　间：1995-02-01

奖项名称：甘肃省第四届社会科学优秀成果奖

获奖等级：3

作　　者：李正宇

成果形式：论文

颁奖部门：甘肃省委甘肃省政府

0722 大学逻辑教程

时　　间：1995-02-01

奖项名称：甘肃省第四届社会科学优秀成果奖

获奖等级：3

作　　者：陶景侃 任秋云 颜华东 邱德钧
成果形式：专著
颁奖部门：甘肃省委甘肃省政府

0723　英语语调的辨义功能

时　　间：1995-02-01
奖项名称：甘肃省第四届社会科学优秀成果奖
获奖等级：3
作　　者：俞杰
成果形式：专著
颁奖部门：甘肃省委甘肃省政府

0724　五代宋初的玉门关及相关问题思考

时　　间：1995-02-01
奖项名称：甘肃省第四届社会科学优秀成果奖
获奖等级：3
作　　者：李并成
成果形式：论文
颁奖部门：甘肃省委甘肃省政府

0725　神奇的塔克拉玛干

时　　间：1995-02-01
奖项名称：甘肃省第四届社会科学优秀成果奖
获奖等级：3
作　　者：程道远 丁亚梅
成果形式：译著
颁奖部门：甘肃省委甘肃省政府

0726　人性的扭曲与未来世界犯罪问题的社会控制——21世纪世界犯罪问题的伦理社会思考

时　　间：1995-02-01
奖项名称：甘肃省第四届社会科学优秀成

果奖
获奖等级：3
作　　者：刘延寿
成果形式：论文
颁奖部门：甘肃省委甘肃省政府

0727　会宁县志

时　　间：1995-02-01
奖项名称：甘肃省第四届社会科学优秀成果奖
获奖等级：3
作　　者：编委会
成果形式：编著
颁奖部门：甘肃省委甘肃省政府

0728　新闻入门谈

时　　间：1995-02-01
奖项名称：甘肃省第四届社会科学优秀成果奖
获奖等级：3
作　　者：梁玉飞
成果形式：专著
颁奖部门：甘肃省委甘肃省政府

0729　单复利计算公式应用与比较

时　　间：1995-02-01
奖项名称：甘肃省第四届社会科学优秀成果奖
获奖等级：3
作　　者：赵新民
成果形式：论文
颁奖部门：甘肃省委甘肃省政府

0730　略论第二掌骨侧与全息生物学的创立

时　　间：1995-02-01
奖项名称：甘肃省第四届社会科学优秀成

果奖

获奖等级：3

作　　者：杨明震

成果形式：论文

颁奖部门：甘肃省委甘肃省政府

0731 浅议涉外汽车运输管理

时　　间：1995-02-01

奖项名称：甘肃省第四届社会科学优秀成果奖

获奖等级：3

作　　者：寇学聪

成果形式：论文

颁奖部门：甘肃省委甘肃省政府

0732 中国西北地区经济发展战略概论

时　　间：1995-02-01

奖项名称：甘肃省第四届社会科学优秀成果奖

获奖等级：3

作　　者：徐炳文 周述实 李晓帆 李黑虎

成果形式：专著

颁奖部门：甘肃省委甘肃省政府

0733 发展经济学

时　　间：1995-02-01

奖项名称：甘肃省第四届社会科学优秀成果奖

获奖等级：3

作　　者：王必达等

成果形式：专著

颁奖部门：甘肃省委甘肃省政府

0734 向大教育迈进的金川模式

时　　间：1995-02-01

奖项名称：甘肃省第四届社会科学优秀成

果奖

获奖等级：3

作　　者：甘肃省成人教育协会

成果形式：论文

颁奖部门：甘肃省委甘肃省政府

0735 左宗棠与我国的图书出版事业

时　　间：1995-02-01

奖项名称：甘肃省第四届社会科学优秀成果奖

获奖等级：3

作　　者：白玉岱

成果形式：论文

颁奖部门：甘肃省委甘肃省政府

0736 中国信仰伊斯兰教各民族丧葬习俗考

时　　间：1995-02-01

奖项名称：甘肃省第四届社会科学优秀成果奖

获奖等级：3

作　　者：高永久

成果形式：论文

颁奖部门：甘肃省委甘肃省政府

0737 盛唐彩塑的代表作——论莫高窟第四五窟（附第四六窟）的艺术

时　　间：1995-02-01

奖项名称：甘肃省第四届社会科学优秀成果奖

获奖等级：3

作　　者：杨雄

成果形式：专著

颁奖部门：甘肃省委甘肃省政府

0738 人类生态系统

时　　间：1995-02-01

奖项名称：甘肃省第四届社会科学优秀成果奖

获奖等级：3

作　　者：徐建华 余庆作

成果形式：专著

颁奖部门：甘肃省委甘肃省政府

0739 甘肃老困地区扶贫对策研究

时　　间：1995-02-01

奖项名称：甘肃省第四届社会科学优秀成果奖

获奖等级：3

作　　者：张进元 李树基 赵文刚

成果形式：研究报告

颁奖部门：甘肃省委甘肃省政府

0740 梦想与现实的冲突——美国少数民族教育机会均等问题的讨论述评

时　　间：1995-02-01

奖项名称：甘肃省第四届社会科学优秀成果奖

获奖等级：3

作　　者：万明钢

成果形式：论文

颁奖部门：甘肃省委甘肃省政府

0741 实现财政职能转化　建立财政运行新机制

时　　间：1995-02-01

奖项名称：甘肃省第四届社会科学优秀成果奖

获奖等级：3

作　　者：崔正华

成果形式：论文

颁奖部门：甘肃省委甘肃省政府

0742 撒尔塔——也谈撒尔塔与东乡族族源

时　　间：1995-02-01

奖项名称：甘肃省第四届社会科学优秀成果奖

获奖等级：3

作　　者：马虎臣

成果形式：论文

颁奖部门：甘肃省委甘肃省政府

0743 《中国农村金融知识大全》第十篇：计划统计

时　　间：1995-02-01

奖项名称：甘肃省第四届社会科学优秀成果奖

获奖等级：3

作　　者：荀崇廉

成果形式：专著

颁奖部门：甘肃省委甘肃省政府

0744 比较审计学探讨

时　　间：1995-02-01

奖项名称：甘肃省第四届社会科学优秀成果奖

获奖等级：3

作　　者：杨肃昌

成果形式：论文

颁奖部门：甘肃省委甘肃省政府

0745 初中文言文赏析辞典

时　　间：1995-02-01

奖项名称：甘肃省第四届社会科学优秀成果奖

获奖等级：3

作　　者：向叙典

成果形式：工具书

颁奖部门：甘肃省委甘肃省政府

0746 元代悲剧及其审美艺术特征初探

时　　间：1995-02-01

奖项名称：甘肃省第四届社会科学优秀成果奖

获奖等级：3

作　　者：张仲仪

成果形式：论文

颁奖部门：甘肃省委甘肃省政府

0747 甘肃省志·公路交通志

时　　间：1995-02-01

奖项名称：甘肃省第四届社会科学优秀成果奖

获奖等级：3

作　　者：编委会

成果形式：专著

颁奖部门：甘肃省委甘肃省政府

0748 敦煌舞蹈

时　　间：1995-02-01

奖项名称：甘肃省第四届社会科学优秀成果奖

获奖等级：3

作　　者：高金荣

成果形式：专著

颁奖部门：甘肃省委甘肃省政府

0749 略谈医院及其经济性质

时　　间：1995-02-01

奖项名称：甘肃省第四届社会科学优秀成果奖

获奖等级：3

作　　者：白守双

成果形式：论文

颁奖部门：甘肃省委甘肃省政府

0750 《格萨尔》史诗哲学思想浅析

时　　间：1995-02-01

奖项名称：甘肃省第四届社会科学优秀成果奖

获奖等级：3

作　　者：郭海云

成果形式：论文

颁奖部门：甘肃省委甘肃省政府

0751 经济效益考核与评价

时　　间：1995-02-01

奖项名称：甘肃省第四届社会科学优秀成果奖

获奖等级：3

作　　者：朱杰 田中禾 郭自诚 邵建平

成果形式：专著

颁奖部门：甘肃省委甘肃省政府

0752 共青团宣传工作艺术

时　　间：1995-02-01

奖项名称：甘肃省第四届社会科学优秀成果奖

获奖等级：3

作　　者：张合龙 王焕运

成果形式：专著

颁奖部门：甘肃省委甘肃省政府

0753 新欧亚大陆桥与西北地区对外开放

时　　间：1995-02-01

奖项名称：甘肃省第四届社会科学优秀成果奖

获奖等级：3

作　　者：李平

成果形式：论文

颁奖部门：甘肃省委甘肃省政府

0754 建立社会主义市场经济宏观调控体系的构想

时　　间：1995-02-01

奖项名称：甘肃省第四届社会科学优秀成果奖

获奖等级：3

作　　者：杨大明

成果形式：论文

颁奖部门：甘肃省委甘肃省政府

0755 中小学生实用字形字典

时　　间：1995-02-01

奖项名称：甘肃省第四届社会科学优秀成果奖

获奖等级：3

作　　者：周明乾

成果形式：工具书

颁奖部门：甘肃省委甘肃省政府

0756 甘肃省中部干旱地区返贫现象和反贫困战略研究

时　　间：1995-02-01

奖项名称：甘肃省第四届社会科学优秀成果奖

获奖等级：3

作　　者：李含琳

成果形式：论文

颁奖部门：甘肃省委甘肃省政府

0757 经济模式转换与未来会计战略

时　　间：1995-02-01

奖项名称：甘肃省第四届社会科学优秀成果奖

获奖等级：3

作　　者：晋自力

成果形式：论文

颁奖部门：甘肃省委甘肃省政府

0758 关于领导者思想方法的几个问题

时　　间：1995-02-01

奖项名称：甘肃省第四届社会科学优秀成果奖

获奖等级：3

作　　者：杨利民

成果形式：论文

颁奖部门：甘肃省委甘肃省政府

0759 市场营销百战奇谋

时　　间：1995-02-01

奖项名称：甘肃省第四届社会科学优秀成果奖

获奖等级：3

作　　者：周安 成权震

成果形式：专著

颁奖部门：甘肃省委甘肃省政府

0760 全国人大常委会修改和补充的犯罪（第8、9章）

时　　间：1995-02-01

奖项名称：甘肃省第四届社会科学优秀成果奖

获奖等级：3

作　　者：杨子明

成果形式：专著

颁奖部门：甘肃省委甘肃省政府

0761 甘肃中部黄土台塬灌区滑坡与塌陷治理

时　　间：1995-02-01

奖项名称：甘肃省第四届社会科学优秀成果奖

获奖等级：3

作　　者：王桂英 李鸿琏

成果形式：研究课题

颁奖部门：甘肃省委甘肃省政府

0762 甘肃省农科教"三位一体"开发农村技术人才方略研究

时　　间：1995-02-01

奖项名称：甘肃省第四届社会科学优秀成果奖

获奖等级：3

作　　者：常荣生

成果形式：课题

颁奖部门：甘肃省委甘肃省政府

0763 从音乐意象看阮籍文学创作与音乐的关系

时　　间：1995-02-01

奖项名称：甘肃省第四届社会科学优秀成果奖

获奖等级：3

作　　者：刘志伟

成果形式：论文

颁奖部门：甘肃省委甘肃省政府

0764 北宋威远监滔山（镇）监的设置和铁钱铸行的概况

时　　间：1995-02-01

奖项名称：甘肃省第四届社会科学优秀成果奖

获奖等级：3

作　　者：陈悟年

成果形式：论文

颁奖部门：甘肃省委甘肃省政府

0765 甘肃个体私营经济发展的主攻方向

时　　间：1995-02-01

奖项名称：甘肃省第四届社会科学优秀成果奖

获奖等级：3

作　　者：惠树人 孙望尘 白春鸣

成果形式：课题

颁奖部门：甘肃省委甘肃省政府

0766 中国农村贫困地区能源发展研究

时　　间：1995-02-01

奖项名称：甘肃省第四届社会科学优秀成果奖

获奖等级：3

作　　者：席群

成果形式：论文

颁奖部门：甘肃省委甘肃省政府

0767 用主成份分析方法进行多指标综合评价应注意的问题

时　　间：1995-02-01

奖项名称：甘肃省第四届社会科学优秀成果奖

获奖等级：3

作　　者：孟生旺

成果形式：论文

颁奖部门：甘肃省委甘肃省政府

0768 辩证法与形而上学具有统一性

时　　间：1995-02-01

奖项名称：甘肃省第四届社会科学优秀成果奖

获奖等级：3

作　　者：吉彦波

成果形式：论文

颁奖部门：甘肃省委甘肃省政府

0769 情报意识与读者服务工作

时　　间：1995-02-01

奖项名称：甘肃省第四届社会科学优秀成果奖

获奖等级：3

作　　者：邵国秀

成果形式：论文

颁奖部门：甘肃省委甘肃省政府

0770 联系实际解放思想推进农村金融改革

时　　间：1995-02-01

奖项名称：甘肃省第四届社会科学优秀成果奖

获奖等级：3

作　　者：罗正亚

成果形式：论文

颁奖部门：甘肃省委甘肃省政府

0771 简论中国特色社会主义的道德建设

时　　间：1995-02-01

奖项名称：甘肃省第四届社会科学优秀成果奖

获奖等级：3

作　　者：马进

成果形式：论文

颁奖部门：甘肃省委甘肃省政府

0772 《往事纪年》译注

时　　间：1995-02-01

奖项名称：甘肃省第四届社会科学优秀成果奖

获奖等级：3

作　　者：王钺

成果形式：译注

颁奖部门：甘肃省委甘肃省政府

0773 甘肃省第三产业发展及其相关政策研究

时　　间：1995-02-01

奖项名称：甘肃省第四届社会科学优秀成果奖

获奖等级：3

作　　者：张国杰 武毅

成果形式：课题

颁奖部门：甘肃省委甘肃省政府

0774 农业教育学

时　　间：1995-02-01

奖项名称：甘肃省第四届社会科学优秀成果奖

获奖等级：3

作　　者：龚祖文 白小平 杨士谋

成果形式：专著

颁奖部门：甘肃省委甘肃省政府

0775 职业经济学

时　　间：1995-02-01

奖项名称：甘肃省第四届社会科学优秀成果奖

获奖等级：3

作　　者：齐经民

成果形式：专著

颁奖部门：甘肃省委甘肃省政府

0776 从加快经济发展、推动党的建设和领导班子建设的三重需要加强领导班子的思想作风建设

时　　间：1995-02-01

奖项名称：甘肃省第四届社会科学优秀成果奖

获奖等级：3

作　　者：董有山

成果形式：论文

颁奖部门：甘肃省委甘肃省政府

0777 人口·社会·发展

时　　间：1995-02-01

奖项名称：甘肃省第四届社会科学优秀成
果奖

获奖等级：3

作　　者：郭绍虞 张志良 韦惠兰 李自珍

成果形式：文集

颁奖部门：甘肃省委甘肃省政府

0778 清代前期天山北路的自耕农经济

时　　间：1995-02-01

奖项名称：甘肃省第四届社会科学优秀成
果奖

获奖等级：3

作　　者：王希隆

成果形式：论文

颁奖部门：甘肃省委甘肃省政府

0779 龙腾飞百业兴

时　　间：1995-02-01

奖项名称：甘肃省第四届社会科学优秀成
果奖

获奖等级：3

作　　者：申积来 周伟

成果形式：调查报告

颁奖部门：甘肃省委甘肃省政府

0780 甘肃资金运筹的若干问题探析

时　　间：1995-02-01

奖项名称：甘肃省第四届社会科学优秀成
果奖

获奖等级：3

作　　者：薛宗林

成果形式：论文

颁奖部门：甘肃省委甘肃省政府

0781 公共关系原理与实务

时　　间：1995-02-01

奖项名称：甘肃省第四届社会科学优秀成
果奖

获奖等级：3

作　　者：董原 赵利民

成果形式：专著

颁奖部门：甘肃省委甘肃省政府

0782 九十年代甘肃农业上新台阶的对策

时　　间：1995-02-01

奖项名称：甘肃省第四届社会科学优秀成
果奖

获奖等级：3

作　　者：里程（张恒利）

成果形式：论文

颁奖部门：甘肃省委甘肃省政府

0783 浅谈俄语诗歌的翻译

时　　间：1995-02-01

奖项名称：甘肃省第四届社会科学优秀成
果奖

获奖等级：3

作　　者：袁席箴

成果形式：论文

颁奖部门：甘肃省委甘肃省政府

0784 回鹘与吐蕃对北庭、西州、凉州的争夺

时　　间：1995-02-01

奖项名称：甘肃省第四届社会科学优秀成
果奖

获奖等级：3

作　　者：尹伟先

成果形式：论文

颁奖部门：甘肃省委甘肃省政府

获奖成果

0785 税制改革在我国经济生活中必将产生深远的影响

时　　间：1995-02-01

奖项名称：甘肃省第四届社会科学优秀成果奖

获奖等级：3

作　　者：刘思义

成果形式：论文

颁奖部门：甘肃省委甘肃省政府

0786 整顿金融秩序严明金融纪律壮大资金实力优化资金投向

时　　间：1995-02-01

奖项名称：甘肃省第四届社会科学优秀成果奖

获奖等级：3

作　　者：陈捷

成果形式：论文

颁奖部门：甘肃省委甘肃省政府

0787 《古兰经》妇女观浅识

时　　间：1995-02-01

奖项名称：甘肃省第四届社会科学优秀成果奖

获奖等级：3

作　　者：马亚萍

成果形式：论文

颁奖部门：甘肃省委甘肃省政府

0788 显现与对话

时　　间：1995-02-01

奖项名称：甘肃省第四届社会科学优秀成果奖

获奖等级：3

作　　者：徐亮

成果形式：专著

颁奖部门：甘肃省委甘肃省政府

0789 马克思主义十大原理新观

时　　间：1995-02-01

奖项名称：甘肃省第四届社会科学优秀成果奖

获奖等级：3

作　　者：王凤显

成果形式：专著

颁奖部门：甘肃省委甘肃省政府

0790 九十年代改革走势

时　　间：1995-02-01

奖项名称：甘肃省第四届社会科学优秀成果奖

获奖等级：3

作　　者：赵胜勤

成果形式：专著

颁奖部门：甘肃省委甘肃省政府

0791 甘肃省投资信托公司发展思路之探索

时　　间：1995-02-01

奖项名称：甘肃省第四届社会科学优秀成果奖

获奖等级：3

作　　者：史文献

成果形式：论文

颁奖部门：甘肃省委甘肃省政府

0792 史学概论

时　　间：1995-02-01

奖项名称：甘肃省第四届社会科学优秀成果奖

获奖等级：3

作　　者：贾东海 郭卿友 李清凌

成果形式：编著

颁奖部门：甘肃省委甘肃省政府

0793 立足甘南资源优势大力发展经济 壮大地方财力

时　　间：1995-02-01

奖项名称：甘肃省第四届社会科学优秀成果奖

获奖等级：3

作　　者：洪海天

成果形式：论文

颁奖部门：甘肃省委甘肃省政府

0794 我国应选择什么样的货币政策目标

时　　间：1995-02-01

奖项名称：甘肃省第四届社会科学优秀成果奖

获奖等级：3

作　　者：张忠山 葛凌青

成果形式：论文

颁奖部门：甘肃省委甘肃省政府

0795 区域发展战略案例分析

时　　间：1995-02-01

奖项名称：甘肃省第四届社会科学优秀成果奖

获奖等级：3

作　　者：包国宪 陈兴鹏 武伟

成果形式：著作

颁奖部门：甘肃省委甘肃省政府

0796 提高编辑素质是提高图书质量的根本途径和保证

时　　间：1995-02-01

奖项名称：甘肃省第四届社会科学优秀成果奖

获奖等级：3

作　　者：林草

成果形式：论文

颁奖部门：甘肃省委甘肃省政府

0797 论我国少数民族宗教的几个问题

时　　间：1995-02-01

奖项名称：甘肃省第四届社会科学优秀成果奖

获奖等级：3

作　　者：吴庭富 郭清祥

成果形式：论文

颁奖部门：甘肃省委甘肃省政府

0798 外国文学史思维定式批判

时　　间：1995-02-01

奖项名称：甘肃省第四届社会科学优秀成果奖

获奖等级：3

作　　者：肖锦龙

成果形式：论文

颁奖部门：甘肃省委甘肃省政府

0799 甘肃·宁夏"三西"地区移民教育现状调查与思考

时　　间：1995-02-01

奖项名称：甘肃省第四届社会科学优秀成果奖

获奖等级：3

作　　者：何永 忠景民 张铁道

成果形式：论文

颁奖部门：甘肃省委甘肃省政府

0800 高台县

时　　间：1995-02-01

奖项名称：甘肃省第四届社会科学优秀成果奖

获奖等级：3

作　　者：编委会

成果形式：专著

颁奖部门：甘肃省委甘肃省政府

0801 甘肃省志·邮电志

时　　间：1995-02-01

奖项名称：甘肃省第四届社会科学优秀成果奖

获奖等级：3

作　　者：编委会

成果形式：编著

颁奖部门：甘肃省委甘肃省政府

0802 藏文 论文目录索引

时　　间：1995-02-01

奖项名称：甘肃省第四届社会科学优秀成果奖

获奖等级：3

作　　者：赤·山夫旦

成果形式：资料

颁奖部门：甘肃省委甘肃省政府

0803 弥漫在雪域的藏传佛教

时　　间：1995-02-01

奖项名称：甘肃省第四届社会科学优秀成果奖

获奖等级：3

作　　者：姜安

成果形式：专著

颁奖部门：甘肃省委甘肃省政府

0804 新时期毛泽东思想的发展

时　　间：1995-02-01

奖项名称：甘肃省第四届社会科学优秀成果奖

获奖等级：3

作　　者：王德孝

成果形式：专著

颁奖部门：甘肃省委甘肃省政府

0805 税收工作要服从于改革、发展、稳定的大局

时　　间：1995-02-01

奖项名称：甘肃省第四届社会科学优秀成果奖

获奖等级：3

作　　者：宋冠军

成果形式：论文

颁奖部门：甘肃省委甘肃省政府

0806 中国银行基础培训教程

时　　间：1995-02-01

奖项名称：甘肃省第四届社会科学优秀成果奖

获奖等级：3

作　　者：中国银行甘肃分行

成果形式：专著

颁奖部门：甘肃省委甘肃省政府

0807 乡镇企业进行股份制改造运作指南

时　　间：1995-02-01

奖项名称：甘肃省第四届社会科学优秀成果奖

获奖等级：3

作　　者：刘萍 毛乃佳 马天义 刘金生

成果形式：专著

颁奖部门：甘肃省委甘肃省政府

0808 生态位理论在农村社会生态系统研究中的应用

时　　间：1995-02-01

奖项名称：甘肃省第四届社会科学优秀成果奖

获奖等级：3

作　　者：张静

成果形式：论文

颁奖部门：甘肃省委甘肃省政府

0809 两宋党争与文学

时　　间：1995-02-01

奖项名称：甘肃省第四届社会科学优秀成果奖

获奖等级：3

作　　者：庆振轩

成果形式：专著

颁奖部门：甘肃省委甘肃省政府

0810 域外文学探论

时　　间：1995-02-01

奖项名称：甘肃省第四届社会科学优秀成果奖

获奖等级：3

作　　者：水天明等

成果形式：专著

颁奖部门：甘肃省委甘肃省政府

0811 中国体育思想史

时　　间：1995-02-01

奖项名称：甘肃省第四届社会科学优秀成果奖

获奖等级：3

作　　者：乔克勤 关文明

成果形式：专著

颁奖部门：甘肃省委甘肃省政府

0812 秦国名考

时　　间：1995-02-01

奖项名称：甘肃省第四届社会科学优秀成果奖

获奖等级：3

作　　者：雒江生

成果形式：论文

颁奖部门：甘肃省委甘肃省政府

0813 敦煌佛教文化与体育

时　　间：1995-02-01

奖项名称：甘肃省第四届社会科学优秀成果奖

获奖等级：3

作　　者：李重申 韩佐生

成果形式：论文

颁奖部门：甘肃省委甘肃省政府

0814 甘肃农业分区开发的经济评价和效益分析

时　　间：1995-02-01

奖项名称：甘肃省第四届社会科学优秀成果奖

获奖等级：3

作　　者：牛叔文 李文卿

成果形式：研究报告

颁奖部门：甘肃省委甘肃省政府

0815 我省幼儿园儿童电视观看模式的调查报告

时　　间：1995-02-01

奖项名称：甘肃省第四届社会科学优秀成果奖

获奖等级：3

作　　者：陶清德

成果形式：调查报告

颁奖部门：甘肃省委甘肃省政府

0816 李白论探

时　　间：1995-02-01

奖项名称：甘肃省第四届社会科学优秀成果奖

获奖等级：3

作　　者：康怀远

成果形式：专著

颁奖部门：甘肃省委甘肃省政府

0817 适应市场经济发展 加快投资体制改革

时　　间：1995-02-01

奖项名称：甘肃省第四届社会科学优秀成果奖

获奖等级：3

作　　者：麻惠杰

成果形式：论文

颁奖部门：甘肃省委甘肃省政府

0818 临床思维的基本特征

时　　间：1995-02-01

奖项名称：甘肃省第四届社会科学优秀成果奖

获奖等级：3

作　　者：余占海 姜兆侯

成果形式：论文

颁奖部门：甘肃省委甘肃省政府

0819 走向中东市场——西北地区向中东国家开放的战略研究

时　　间：1995-02-01

奖项名称：甘肃省第四届社会科学优秀成果奖

获奖等级：3

作　　者：高新才

成果形式：专著

颁奖部门：甘肃省委甘肃省政府

0820 适应市场经济体制改革甘肃高校毕业生分配制度

时　　间：1995-02-01

奖项名称：甘肃省第四届社会科学优秀成果奖

获奖等级：3

作　　者：李培芳 宋宗勤

成果形式：研究报告

颁奖部门：甘肃省委甘肃省政府

0821 历史的必然与选择——社会主义纵横谈

时　　间：1995-02-01

奖项名称：甘肃省第四届社会科学优秀成果奖

获奖等级：3

作　　者：徐仲碧 邓兆明

成果形式：专著

颁奖部门：甘肃省委甘肃省政府

0822 中国少数民族人口文化分布的地域性研究

时　　间：1995-02-01

奖项名称：甘肃省第四届社会科学优秀成果奖

获奖等级：3

作　　者：原华荣 张志良 吴玉平

成果形式：论文

颁奖部门：甘肃省委甘肃省政府

0823 试论国家公务员制度与行政效率

时　　间：1995-02-01

奖项名称：甘肃省第四届社会科学优秀成果奖

获奖等级：3

作　　者：常仲智 陈宪

成果形式：论文

颁奖部门：甘肃省委甘肃省政府

0824 论教育、人和社会的关系

时　　间：1995-02-01

奖项名称：甘肃省第四届社会科学优秀成果奖

获奖等级：3

作　　者：胡德海

成果形式：论文

颁奖部门：甘肃省委甘肃省政府

0825　性科学与计划生育

时　　间：1995-02-01

奖项名称：甘肃省第四届社会科学优秀成果奖

获奖等级：3

作　　者：史成礼

成果形式：论文

颁奖部门：甘肃省委甘肃省政府

0826　转换经营机制——甘肃化工机械厂的腾飞之路

时　　间：1995-02-01

奖项名称：甘肃省第四届社会科学优秀成果奖

获奖等级：3

作　　者：邓代维

成果形式：论文

颁奖部门：甘肃省委甘肃省政府

0827　中学语文学法

时　　间：1995-02-01

奖项名称：甘肃省第四届社会科学优秀成果奖

获奖等级：3

作　　者：吴春晖

成果形式：专著

颁奖部门：甘肃省委甘肃省政府

0828　陇原巾帼颂

时　　间：1995-02-01

奖项名称：甘肃省第四届社会科学优秀成

果奖

获奖等级：3

作　　者：甘肃省妇联宣传部

成果形式：专著

颁奖部门：甘肃省委甘肃省政府

0829　金融新业务知识

时　　间：1995-02-01

奖项名称：甘肃省第四届社会科学优秀成果奖

获奖等级：3

作　　者：檀景顺 许天信 张伟 李刚 高万生

成果形式：丛书

颁奖部门：甘肃省委甘肃省政府

0830　顺应市场规律　加快地方经济发展

时　　间：1995-02-01

奖项名称：甘肃省第四届社会科学优秀成果奖

获奖等级：3

作　　者：丁泽生

成果形式：论文

颁奖部门：甘肃省委甘肃省政府

0831　八路军与西安事变　兼论西路军失败的原因

时　　间：1995-02-01

奖项名称：甘肃省第四届社会科学优秀成果奖

获奖等级：3

作　　者：董汉河

成果形式：论文

颁奖部门：甘肃省委甘肃省政府

0832 书法艺术形象思维初探

时　　间：1995-02-01

奖项名称：甘肃省第四届社会科学优秀成果奖

获奖等级：3

作　　者：王林宝

成果形式：论文

颁奖部门：甘肃省委甘肃省政府

0833 加拿大女作家短篇小说选

时　　间：1995-02-01

奖项名称：甘肃省第四届社会科学优秀成果奖

获奖等级：3

作　　者：赵满（赵惠珍）

成果形式：译著

颁奖部门：甘肃省委甘肃省政府

0834 西北近代军事史

时　　间：1995-02-01

奖项名称：甘肃省第四届社会科学优秀成果奖

获奖等级：3

作　　者：于建文

成果形式：专著

颁奖部门：甘肃省委甘肃省政府

0835 甘肃省综合财源建设初探

时　　间：1995-02-01

奖项名称：甘肃省第四届社会科学优秀成果奖

获奖等级：3

作　　者：李有定

成果形式：论文

颁奖部门：甘肃省委甘肃省政府

0836 哲学自学应试导试

时　　间：1995-02-01

奖项名称：甘肃省第四届社会科学优秀成果奖

获奖等级：3

作　　者：陈贵言

成果形式：专著

颁奖部门：甘肃省委甘肃省政府

0837 北魏史研究

时　　间：1995-02-01

奖项名称：甘肃省第四届社会科学优秀成果奖

获奖等级：3

作　　者：张金龙

成果形式：论文

颁奖部门：甘肃省委甘肃省政府

0838 试论新形势下提"两个比重"的意义及设想

时　　间：1995-02-01

奖项名称：甘肃省第四届社会科学优秀成果奖

获奖等级：3

作　　者：郭玉安

成果形式：论文

颁奖部门：甘肃省委甘肃省政府

0839 开发经济学概论

时　　间：1995-02-01

奖项名称：甘肃省第四届社会科学优秀成果奖

获奖等级：3

作　　者：聂华林 徐创风

成果形式：专著

颁奖部门：甘肃省委甘肃省政府

0840 国际环境保护法学

时　　间：1995-02-01

奖项名称：甘肃省第四届社会科学优秀成果奖

获奖等级：3

作　　者：江伟钰 江伟铿

成果形式：专著

颁奖部门：甘肃省委甘肃省政府

0841 陇右文献丛书

时　　间：1995-02-01

奖项名称：甘肃省第四届社会科学优秀成果奖

获奖等级：3

作　　者：西北师范大学

成果形式：专著

颁奖部门：甘肃省委甘肃省政府

0842 西征中的红军女战士

时　　间：1995-02-01

奖项名称：甘肃省第四届社会科学优秀成果奖

获奖等级：3

作　　者：孙兆霞 丁文建

成果形式：专著

颁奖部门：甘肃省委甘肃省政府

0843 用"三不三互"精神正确处理地企关系，加快发展我市经济

时　　间：1995-02-01

奖项名称：甘肃省第四届社会科学优秀成果奖

获奖等级：3

作　　者：韩修国 王重国

成果形式：论文

颁奖部门：甘肃省委甘肃省政府

0844 兰州市蔬菜产销发展的探讨

时　　间：1995-02-01

奖项名称：甘肃省第四届社会科学优秀成果奖

获奖等级：3

作　　者：王生林 蔡伟民

成果形式：系列论文

颁奖部门：甘肃省委甘肃省政府

0845 甘肃科技人员外流情况及对策研究

时　　间：1995-02-01

奖项名称：甘肃省第四届社会科学优秀成果奖

获奖等级：3

作　　者：陆浩

成果形式：研究报告

颁奖部门：甘肃省委甘肃省政府

0846 发展社会主义生产力的两条基本途径

时　　间：1995-02-01

奖项名称：甘肃省第四届社会科学优秀成果奖

获奖等级：3

作　　者：宋如山

成果形式：论文

颁奖部门：甘肃省委甘肃省政府

0847 中国改革开放辉煌成就十四年（甘肃卷）

时　　间：1995-02-01

奖项名称：甘肃省第四届社会科学优秀成果奖

获奖等级：3

作　　者：贾志杰 陈绮玲 吴浩 朱作勇 白学林

成果形式：编著
颁奖部门：甘肃省委甘肃省政府

0848 河洲花儿研究

时　　间：1995-02-01
奖项名称：甘肃省第四届社会科学优秀成果奖
获奖等级：3
作　　者：王沛
成果形式：专著
颁奖部门：甘肃省委甘肃省政府

0849 甘肃省社会财力的综合管理研究

时　　间：1995-02-01
奖项名称：甘肃省第四届社会科学优秀成果奖
获奖等级：3
作　　者：甘肃省财政科学研究所
成果形式：研究报告
颁奖部门：甘肃省委甘肃省政府

0850 中国地球科学家队伍现状研究报告

时　　间：1995-02-01
奖项名称：甘肃省第四届社会科学优秀成果奖
获奖等级：3
作　　者：刘全根 孙成全
成果形式：研究报告
颁奖部门：甘肃省委甘肃省政府

0851 新时期小说人物论

时　　间：1995-02-01
奖项名称：甘肃省第四届社会科学优秀成果奖
获奖等级：3

作　　者：刘俐俐
成果形式：专著
颁奖部门：甘肃省委甘肃省政府

0852 匈奴在沟通中西经济文化中的贡献

时　　间：1995-02-01
奖项名称：甘肃省第四届社会科学优秀成果奖
获奖等级：3
作　　者：王震亚
成果形式：论文
颁奖部门：甘肃省委甘肃省政府

0853 固定资产贷款运行机制改革刍议

时　　间：1995-02-01
奖项名称：甘肃省第四届社会科学优秀成果奖
获奖等级：3
作　　者：张宗祥 丁松旺
成果形式：论文
颁奖部门：甘肃省委甘肃省政府

0854 甘肃社会科学团体大全

时　　间：1995-02-01
奖项名称：甘肃省第四届社会科学优秀成果奖
获奖等级：3
作　　者：韩楫舟 王钢 宋文杰
成果形式：学术资料
颁奖部门：甘肃省委甘肃省政府

0855 四年制中专藏语文

时　　间：1995-02-01
奖项名称：甘肃省第四届社会科学优秀成果奖

获奖等级：3

作　　者：希日布

成果形式：教材

颁奖部门：甘肃省委甘肃省政府

0856　论社会误解

时　　间：1995-02-01

奖项名称：甘肃省第四届社会科学优秀成果奖

获奖等级：3

作　　者：贾雨桥（贾应生）

成果形式：系列论文

颁奖部门：甘肃省委甘肃省政府

0857　加快开拓发展合作社经济

时　　间：1995-02-01

奖项名称：甘肃省第四届社会科学优秀成果奖

获奖等级：3

作　　者：黄德友

成果形式：论文

颁奖部门：甘肃省委甘肃省政府

0858　建设银行适应社会主义市场经济思考

时　　间：1995-02-01

奖项名称：甘肃省第四届社会科学优秀成果奖

获奖等级：3

作　　者：李永成

成果形式：论文

颁奖部门：甘肃省委甘肃省政府

0859　嬗变中的婚姻家庭

时　　间：1995-02-01

奖项名称：甘肃省第四届社会科学优秀成果奖

果奖

获奖等级：3

作　　者：张德强

成果形式：专著

颁奖部门：甘肃省委甘肃省政府

0860　按市场经济要求深化金融改革

时　　间：1995-02-01

奖项名称：甘肃省第四届社会科学优秀成果奖

获奖等级：3

作　　者：白克荣

成果形式：论文

颁奖部门：甘肃省委甘肃省政府

0861　中国古代的"士"

时　　间：1995-02-01

奖项名称：甘肃省第四届社会科学优秀成果奖

获奖等级：3

作　　者：延涛　林声

成果形式：专著

颁奖部门：甘肃省委甘肃省政府

0862　甘肃乡镇企业区划

时　　间：1995-02-01

奖项名称：甘肃省第四届社会科学优秀成果奖

获奖等级：3

作　　者：吴解生　阎生延　王觉民

成果形式：编著

颁奖部门：甘肃省委甘肃省政府

0863　会计学基础

时　　间：1995-02-01

奖项名称：甘肃省第四届社会科学优秀成果奖

获奖等级：3

作　　者：王宗台 刘泉 李敦 孔龙

成果形式：教材

颁奖部门：甘肃省委甘肃省政府

0864 走向世界之路——第二亚欧大陆桥贯通后甘肃经济和铁路运输面临的挑战对策

时　　间：1995-02-01

奖项名称：甘肃省第四届社会科学优秀成果奖

获奖等级：3

作　　者：康民 周述实 易学言 丁元湛

成果形式：课题

颁奖部门：甘肃省委甘肃省政府

0865 新编法学基础理论

时　　间：1995-02-01

奖项名称：甘肃省第四届社会科学优秀成果奖

获奖等级：3

作　　者：金联华 王章合

成果形式：专著

颁奖部门：甘肃省委甘肃省政府

0866 中国沿海与内地经济发展关系

时　　间：1995-02-01

奖项名称：甘肃省第四届社会科学优秀成果奖

获奖等级：3

作　　者：魏世恩 郭志仪

成果形式：专著

颁奖部门：甘肃省委甘肃省政府

0867 期货交易策略与技巧

时　　间：1995-02-01

奖项名称：甘肃省第四届社会科学优秀成果奖

获奖等级：3

作　　者：徐好新 王学军

成果形式：编著

颁奖部门：甘肃省委甘肃省政府

0868 语言研究引论

时　　间：1995-02-01

奖项名称：甘肃省第四届社会科学优秀成果奖

获奖等级：3

作　　者：张文轩

成果形式：译著

颁奖部门：甘肃省委甘肃省政府

0869 唤起公民的科技意识——对搞好科技报导的思考

时　　间：1995-02-01

奖项名称：甘肃省第四届社会科学优秀成果奖

获奖等级：3

作　　者：焦富全

成果形式：论文

颁奖部门：甘肃省委甘肃省政府

0870 科技法教程

时　　间：1995-02-01

奖项名称：甘肃省第四届社会科学优秀成果奖

获奖等级：3

作　　者：李功国

成果形式：专著

颁奖部门：甘肃省委甘肃省政府

0871 《诗经》译注

时　　间：1995-02-01

奖项名称：甘肃省第四届社会科学优秀成果奖

获奖等级：3

作　　者：李子伟

成果形式：专著

颁奖部门：甘肃省委甘肃省政府

0872 敦煌遗书档案略述

时　　间：1995-02-01

奖项名称：甘肃省第四届社会科学优秀成果奖

获奖等级：3

作　　者：张启安

成果形式：论文

颁奖部门：甘肃省委甘肃省政府

0873 甘肃民族地区乡镇企业发展的回顾与展望

时　　间：1995-02-01

奖项名称：甘肃省第四届社会科学优秀成果奖

获奖等级：3

作　　者：郭长乐 阎生延

成果形式：论文

颁奖部门：甘肃省委甘肃省政府

0874 二胡演奏艺术中的"三点论"

时　　间：1995-02-01

奖项名称：甘肃省第四届社会科学优秀成果奖

获奖等级：3

作　　者：贾纪文

成果形式：论文

颁奖部门：甘肃省委甘肃省政府

0875 甘肃农村金融志

时　　间：1995-02-01

奖项名称：甘肃省第四届社会科学优秀成果奖

获奖等级：3

作　　者：李文光

成果形式：编著

颁奖部门：甘肃省委甘肃省政府

0876 比较专利法

时　　间：1995-02-01

奖项名称：甘肃省第四届社会科学优秀成果奖

获奖等级：3

作　　者：陈志刚 刘俊臣 刘贵祥

成果形式：专著

颁奖部门：甘肃省委甘肃省政府

0877 自学考试管理学

时　　间：1995-02-01

奖项名称：甘肃省第四届社会科学优秀成果奖

获奖等级：3

作　　者：于忠正 史柳宝 宋婕

成果形式：专著

颁奖部门：甘肃省委甘肃省政府

0878 兰州建设内陆开放城市研究

时　　间：1995-02-01

奖项名称：甘肃省第四届社会科学优秀成果奖

获奖等级：3

作　　者：兰州市经济研究中心兰州市科委

成果形式：课题

颁奖部门：甘肃省委甘肃省政府

0879 岗位培训制度研究课题报告

时　　间：1995-02-01

奖项名称：甘肃省第四届社会科学优秀成果奖

获奖等级：3

作　　者：课题组

成果形式：论文

颁奖部门：甘肃省委甘肃省政府

0880 民族地区经济发展通俗讲话

时　　间：1995-02-01

奖项名称：甘肃省第四届社会科学优秀成果奖

获奖等级：3

作　　者：杨作林 段华明 张瑞民 刘敏

成果形式：专著

颁奖部门：甘肃省委甘肃省政府

0881 纳税人必读——新税法详解

时　　间：1995-02-01

奖项名称：甘肃省第四届社会科学优秀成果奖

获奖等级：3

作　　者：常向东 童志刚

成果形式：编著

颁奖部门：甘肃省委甘肃省政府

0882 虚实化意

时　　间：1995-02-01

奖项名称：甘肃省第四届社会科学优秀成果奖

获奖等级：3

作　　者：冯建文

成果形式：论文

颁奖部门：甘肃省委甘肃省政府

0883 经济金融调查统计概论

时　　间：1995-02-01

奖项名称：甘肃省第四届社会科学优秀成果奖

获奖等级：3

作　　者：郭延祥 马珍范 威海 冷之竹

成果形式：编著

颁奖部门：甘肃省委甘肃省政府

0884 当前股份制功能的局限性及改革对策

时　　间：1995-02-01

奖项名称：甘肃省第四届社会科学优秀成果奖

获奖等级：3

作　　者：吕元琼

成果形式：论文

颁奖部门：甘肃省委甘肃省政府

0885 中西君德思想之差异——《贞观政要》与《君王论》的比较研究

时　　间：1995-02-01

奖项名称：甘肃省第四届社会科学优秀成果奖

获奖等级：3

作　　者：肖群忠

成果形式：论文

颁奖部门：甘肃省委甘肃省政府

0886 新形势下的违法犯罪与综合治理

时　　间：1995-02-01

奖项名称：甘肃省第四届社会科学优秀成果奖

获奖等级：3

作　　者：杨雨生 李功国

成果形式：专著

颁奖部门：甘肃省委甘肃省政府

0887 刷新与循环——二十年代的新小说研究

时　　间：1995-02-01

奖项名称：甘肃省第四届社会科学优秀成果奖

获奖等级：3

作　　者：王喜绒

成果形式：专著

颁奖部门：甘肃省委甘肃省政府

0888 选言判断新析

时　　间：1995-02-01

奖项名称：甘肃省第四届社会科学优秀成果奖

获奖等级：3

作　　者：任秋云

成果形式：论文

颁奖部门：甘肃省委甘肃省政府

0889 中国企业债务法律实务研究

时　　间：1995-02-01

奖项名称：甘肃省第四届社会科学优秀成果奖

获奖等级：3

作　　者：周林彬

成果形式：专著

颁奖部门：甘肃省委甘肃省政府

0890 甘肃职工队伍状况调查

时　　间：1995-02-01

奖项名称：甘肃省第四届社会科学优秀成果奖

获奖等级：3

作　　者：王文锦 闵彦 李兆林 范成戊

成果形式：调查报告

颁奖部门：甘肃省委甘肃省政府

0891 岗位劳动技术与方法

时　　间：1995-02-01

奖项名称：甘肃省第四届社会科学优秀成果奖

获奖等级：3

作　　者：编写组

成果形式：专著

颁奖部门：甘肃省委甘肃省政府

0892 面向市场求生存求发展

时　　间：1995-02-01

奖项名称：甘肃省第四届社会科学优秀成果奖

获奖等级：3

作　　者：卫孺勤

成果形式：调查报告

颁奖部门：甘肃省委甘肃省政府

0893 康德对人类历史的思索

时　　间：1995-02-01

奖项名称：甘肃省第四届社会科学优秀成果奖

获奖等级：3

作　　者：王晓兴

成果形式：论文

颁奖部门：甘肃省委甘肃省政府

0894 试论毛泽东的经济思想

时　　间：1995-02-01

奖项名称：甘肃省第四届社会科学优秀成果奖

获奖等级：3

作　　者：魏虎德

成果形式：论文

颁奖部门：甘肃省委甘肃省政府

0895 建设有中国特色社会主义理论学习指南

时　　间：1995-02-01

奖项名称：甘肃省第四届社会科学优秀成果奖

获奖等级：3

作　　者：左尚智 王寅存 李选忠 张清宇 王兴虎

成果形式：专著

颁奖部门：甘肃省委甘肃省政府

0896 中国少数民族地区社会发展特征与转型

时　　间：1995-02-01

奖项名称：甘肃省第四届社会科学优秀成果奖

获奖等级：3

作　　者：刘敏

成果形式：论文

颁奖部门：甘肃省委甘肃省政府

0897 毛泽东哲学思想的历史与现实

时　　间：1995-02-01

奖项名称：甘肃省第四届社会科学优秀成果奖

获奖等级：3

作　　者：鲁修文

成果形式：专著

颁奖部门：甘肃省委甘肃省政府

0898 铁路路网布局市场经济发育

时　　间：1995-02-01

奖项名称：甘肃省第四届社会科学优秀成果奖

获奖等级：3

作　　者：申培德

成果形式：论文

颁奖部门：甘肃省委甘肃省政府

0899 努力发展社会主义市场经济

时　　间：1995-02-01

奖项名称：甘肃省第四届社会科学优秀成果奖

获奖等级：3

作　　者：萧绍良

成果形式：论文

颁奖部门：甘肃省委甘肃省政府

0900 爱默生集·论文与讲演录

时　　间：1995-02-01

奖项名称：甘肃省第四届社会科学优秀成果奖

获奖等级：3

作　　者：赵一凡 蒲隆（李登科）任晓晋 冯建文

成果形式：译著

颁奖部门：甘肃省委甘肃省政府

0901 音乐时空符号的重要作用及主体建构

时　　间：1995-02-01

奖项名称：甘肃省第四届社会科学优秀成果奖

获奖等级：3

作　　者：任志琴

成果形式：论文

颁奖部门：甘肃省委甘肃省政府

0902 话龙城划未来

时　　间：1999-03-10

奖项名称：甘肃省第四届社会科学优秀成果奖

获奖等级：3

作　　者：李万泰 陈逸平 雍际春

成果形式：编著

颁奖部门：甘肃省委甘肃省政府

0903 市场营销百战夺谋

时　　间：1995-08-10

奖项名称：甘肃省第四届社会科学优秀成果奖

获奖等级：3

作　　者：周安成 权震

成果形式：论文

颁奖部门：甘肃省委甘肃省政府

0904 《诗刊》大讲堂 论文三篇

时　　间：2012-05-01

奖项名称：甘肃省第四届黄河文学奖

获奖等级：3

作　　者：雪潇（薛世昌）

成果形式：论文集

颁奖部门：省文联，省作协

0905 陇东革命斗争史

时　　间：1995-12-10

奖项名称：甘肃省第四届社会科学优秀成果奖

获奖等级：3

作　　者：马西林 王钊林

成果形式：编著

颁奖部门：甘肃省委甘肃省政府

0906 庆阳地区发展社会主义市场经济采取的对策

时　　间：1994-04-04

奖项名称：甘肃省第四届社会科学优秀成果

获奖等级：3

作　　者：王钊林 刘乾

成果形式：论文

颁奖部门：甘肃省委甘肃省政府

0907 中国经济体制大走势

时　　间：1995-02-01

奖项名称：甘肃省第四届社会科学优秀成果奖

获奖等级：3

作　　者：高新才

成果形式：专著

颁奖部门：甘肃省委甘肃省政府

0908 当代共产党人与新的伟大革命

时　　间：1995-02-01

奖项名称：甘肃省第四届社会科学优秀成果奖

获奖等级：3

作　　者：王文学 秦生

成果形式：论文

颁奖部门：甘肃省委甘肃省政府

0909 现代企业制度引论

时　　间：1995-02-01

奖项名称：甘肃省第四届社会科学优秀成果奖

获奖等级：3

作　　者：武文军

成果形式：专著

颁奖部门：甘肃省委甘肃省政府

0910 阴铿生平考释六题

时　　间：1995-02-01

奖项名称：甘肃省第四届社会科学优秀成果奖

获奖等级：3

作　　者：赵以武

成果形式：论文

颁奖部门：甘肃省委甘肃省政府

0911 河陇史地考述

时　　间：1995-02-01

奖项名称：甘肃省第四届社会科学优秀成果奖

获奖等级：3

作　　者：陈守忠

成果形式：专著

颁奖部门：甘肃省委甘肃省政府

0912 唤起公民的科技意识——对搞好科技报导的思考

时　　间：1994-04-04

奖项名称：甘肃省第四届社会科学优秀成果奖

获奖等级：3

作　　者：焦富全

成果形式：论文

颁奖部门：甘肃省委甘肃省政府

0913 庆阳历史事略

时　　间：1994-04-04

奖项名称：甘肃省第四届社会科学优秀成果奖

获奖等级：3

作　　者：姚自昌

成果形式：专著

颁奖部门：甘肃省委甘肃省政府

0914 中国经济波动的根本原因探讨——兼谈生产力积累释放规律

时　　间：1995-02-01

奖项名称：甘肃省第四届社会科学优秀成果奖

获奖等级：4

作　　者：王杰

成果形式：论文

颁奖部门：甘肃省委甘肃省政府

0915 甘肃四十年经济简史

时　　间：1995-02-01

奖项名称：甘肃省第四届社会科学优秀成果奖

获奖等级：4

作　　者：黎中 王殿 贾维坤 唐少卿 司马

成果形式：专著

颁奖部门：甘肃省委甘肃省政府

0916 国际共产主义运动的基本经验教训

时　　间：1995-02-01

奖项名称：甘肃省第四届社会科学优秀成果奖

获奖等级：4

作　　者：王拓 殷淑兰

成果形式：专著

颁奖部门：甘肃省委甘肃省政府

0917 加快小城镇建设是当前农村一项战略性的历史任务

时　　间：1995-02-01

奖项名称：甘肃省第四届社会科学优秀成果奖

获奖等级：4

作　　者：课题组

成果形式：研究报告

颁奖部门：甘肃省委甘肃省政府

0918 天水统计年鉴——93

时　　间：1995-02-01

奖项名称：甘肃省第四届社会科学优秀成果奖

获奖等级：4

作　　者：课题组

成果形式：专著

颁奖部门：甘肃省委甘肃省政府

0919 甘肃境内秦直道管见

时　　间：1995-02-01

奖项名称：甘肃省第四届社会科学优秀成果奖

获奖等级：4

作　　者：李仲立

成果形式：论文

颁奖部门：甘肃省委甘肃省政府

0920 庆阳历史事略

时　　间：1995-02-01

奖项名称：甘肃省第四届社会科学优秀成果奖

获奖等级：4

作　　者：姚自昌

成果形式：专著

颁奖部门：甘肃省委甘肃省政府

0921 庆阳历史事略

时　　间：1995-02-01

奖项名称：甘肃省第四届社会科学优秀成果奖

获奖等级：4

作　　者：姚自昌

成果形式：专著

颁奖部门：甘肃省委甘肃省政府

0922 加强改革步伐　转换经营机制努力实现兰钢发展的宏伟目标

时　　间：1995-02-01

奖项名称：甘肃省第四届社会科学优秀成果奖

获奖等级：4

作　　者：李昆木

成果形式：论文

颁奖部门：甘肃省委甘肃省政府

0923 长寿箴言

时　　间：1995-02-01

奖项名称：甘肃省第四届社会科学优秀成果奖

获奖等级：4

作　　者：李果 张克复

成果形式：专著

颁奖部门：甘肃省委甘肃省政府

0924 经营咨询手册

时　　间：1995-02-01

奖项名称：甘肃省第四届社会科学优秀成果奖

获奖等级：4

作　　者：王克昌

成果形式：工具书

颁奖部门：甘肃省委甘肃省政府

0925 河西达怛考述

时　　间：1995-02-01

奖项名称：甘肃省第四届社会科学优秀成果奖

获奖等级：4

作　　者：陆庆夫

成果形式：论文

颁奖部门：甘肃省委甘肃省政府

0926 发展地方旅游必须在特色上做文章

时　　间：1995-02-01

奖项名称：甘肃省第四届社会科学优秀成果奖

获奖等级：4

作　　者：王通智

成果形式：论文

颁奖部门：甘肃省委甘肃省政府

0927 深化价格体系改革 进一步搞好国有大中型石化企业

时　　间：1995-02-01

奖项名称：甘肃省第四届社会科学优秀成果奖

获奖等级：4

作　　者：兰州炼油化工总厂

成果形式：论文

颁奖部门：甘肃省委甘肃省政府

0928 邓小平思想政治工作理论的新特点

时　　间：1995-02-01

奖项名称：甘肃省第四届社会科学优秀成果奖

获奖等级：4

作　　者：胡炳成 刘祥太

成果形式：论文

颁奖部门：甘肃省委甘肃省政府

0929 中东市场环境分析及我国企业的营销战略

时　　间：1995-02-01

奖项名称：甘肃省第四届社会科学优秀成果奖

获奖等级：4

作　　者：金永生

成果形式：论文

颁奖部门：甘肃省委甘肃省政府

0930 审时度势 加快与市场经济对接——三谈明年及今后几年甘肃经济发展态势

时　　间：1995-02-01

奖项名称：甘肃省第四届社会科学优秀成果奖

获奖等级：4

作　　者：葛正芳 何世清 侯万军

成果形式：论文

颁奖部门：甘肃省委甘肃省政府

0931 试论邓小平发展论的内涵及其历史贡献

时　　间：1995-02-01

奖项名称：甘肃省第四届社会科学优秀成果奖

获奖等级：4

作　　者：姚万录

成果形式：论文

颁奖部门：甘肃省委甘肃省政府

0932 一字轩谈学录

时　　间：1995-02-01

奖项名称：甘肃省第四届社会科学优秀成果奖

获奖等级：4

作　　者：武守志

成果形式：专著

颁奖部门：甘肃省委甘肃省政府

0933 组建甘肃公路运输企业集团

时　　间：1995-02-01

奖项名称：甘肃省第四届社会科学优秀成果奖

获奖等级：4

作　　者：课题组

成果形式：课题

颁奖部门：甘肃省委甘肃省政府

0934 有作为人会有位置——兼论企业思想政治工作的新视角

时　　间：1995-02-01

奖项名称：甘肃省第四届社会科学优秀成果奖

获奖等级：4

作　　者：王槐青 温克立 王德芳

成果形式：论文

颁奖部门：甘肃省委甘肃省政府

0935 加快民勤农业发展的几个着力点

时　　间：1995-02-01

奖项名称：甘肃省第四届社会科学优秀成果奖

获奖等级：4

作　　者：祁子湘

成果形式：论文

颁奖部门：甘肃省委甘肃省政府

0936 审计管理

时　　间：1995-02-01

奖项名称：甘肃省第四届社会科学优秀成果奖

获奖等级：4

作　　者：王维国 苟三云

成果形式：专著

颁奖部门：甘肃省委甘肃省政府

0937 古声不分清浊说

时　　间：1995-02-01

奖项名称：甘肃省第四届社会科学优秀成果奖

获奖等级：4

作　　者：周玉秀

成果形式：论文

颁奖部门：甘肃省委甘肃省政府

0938 甘肃少数民族妇女社会地位现状调查

时　　间：1995-02-01

奖项名称：甘肃省第四届社会科学优秀成果奖

获奖等级：4

作　　者：省妇联党组

成果形式：调查报告

颁奖部门：甘肃省委甘肃省政府

0939 甘肃的由来

时　　间：1995-02-01

奖项名称：甘肃省第四届社会科学优秀成果奖

获奖等级：4

作　　者：张克复 仲兆隆

成果形式：专著

颁奖部门：甘肃省委甘肃省政府

0940 关键是调动和保护职工的积极性

时　　间：1995-02-01

奖项名称：甘肃省第四届社会科学优秀成果奖

获奖等级：4

作　　者：王廷福

成果形式：论文

颁奖部门：甘肃省委甘肃省政府

0941 中国唐宋硬笔书法

时　　间：1995-02-01

奖项名称：甘肃省第四届社会科学优秀成果奖

获奖等级：4

作　　者：李正宇

成果形式：专著

颁奖部门：甘肃省委甘肃省政府

0942 甘肃古迹名胜辞典

时　　间：1995-02-01

奖项名称：甘肃省第四届社会科学优秀成果奖

获奖等级：4

作　　者：西北师范大学

成果形式：工具书

颁奖部门：甘肃省委甘肃省政府

0943　新闻出版志·出版

时　　间：1995-02-01

奖项名称：甘肃省第四届社会科学优秀成果奖

获奖等级：4

作　　者：编委会

成果形式：编著

颁奖部门：甘肃省委甘肃省政府

0944　我党在实事求是的轨迹上竖起的两座丰碑

时　　间：1995-02-01

奖项名称：甘肃省第四届社会科学优秀成果奖

获奖等级：4

作　　者：苟宏宣

成果形式：论文

颁奖部门：甘肃省委甘肃省政府

0945　拉卜楞寺简史

时　　间：1995-02-01

奖项名称：甘肃省第四届社会科学优秀成果奖

获奖等级：4

作　　者：丹曲

成果形式：专著

颁奖部门：甘肃省委甘肃省政府

0946　西路军在当时党的总体战略中的地位和作用

时　　间：1995-02-01

奖项名称：甘肃省第四届社会科学优秀成

果奖

获奖等级：4

作　　者：牟慧芬 麻琨

成果形式：论文

颁奖部门：甘肃省委甘肃省政府

0947　明代海运衰落原因浅析

时　　间：1995-02-01

奖项名称：甘肃省第四届社会科学优秀成果奖

获奖等级：4

作　　者：王玉祥

成果形式：论文

颁奖部门：甘肃省委甘肃省政府

0948　正确认识和处理新形势下的人民内部矛盾

时　　间：1995-02-01

奖项名称：甘肃省第四届社会科学优秀成果奖

获奖等级：4

作　　者：张新民 王生乾

成果形式：论文

颁奖部门：甘肃省委甘肃省政府

0949　长征路上的中共中央西北局

时　　间：1995-02-01

奖项名称：甘肃省第四届社会科学优秀成果奖

获奖等级：4

作　　者：李民效

成果形式：论文

颁奖部门：甘肃省委甘肃省政府

0950　甘肃电子工业腾飞的出路何在

时　　间：1995-02-01

奖项名称：甘肃省第四届社会科学优秀成

果奖

获奖等级：4

作　　者：宋如山

成果形式：论文

颁奖部门：甘肃省委甘肃省政府

0951 审计十年有感

时　　间：1995-02-01

奖项名称：甘肃省第四届社会科学优秀成果奖

获奖等级：4

作　　者：张孟兰

成果形式：论文

颁奖部门：甘肃省委甘肃省政府

0952 中国历代官制

时　　间：1995-02-01

奖项名称：甘肃省第四届社会科学优秀成果奖

获奖等级：4

作　　者：孔令纪 曲万法 刘运珍 刘锦星

成果形式：编著

颁奖部门：甘肃省委甘肃省政府

0953 甘肃城市经济发展的综合评价及关联分析

时　　间：1995-02-01

奖项名称：甘肃省第四届社会科学优秀成果奖

获奖等级：4

作　　者：王仁曾

成果形式：论文

颁奖部门：甘肃省委甘肃省政府

0954 中外文学名著欣赏

时　　间：1995-02-01

奖项名称：甘肃省第四届社会科学优秀成果奖

获奖等级：4

作　　者：王伟俊

成果形式：教材

颁奖部门：甘肃省委甘肃省政府

0955 经济欠发达地区科技人才开发的战略思考

时　　间：1995-02-01

奖项名称：甘肃省第四届社会科学优秀成果奖

获奖等级：4

作　　者：樊瑛明 李森 孔政平

成果形式：论文

颁奖部门：甘肃省委甘肃省政府

0956 马克思主义基本知识竞赛3000题

时　　间：1995-02-01

奖项名称：甘肃省第四届社会科学优秀成果奖

获奖等级：4

作　　者：高银禄

成果形式：编著

颁奖部门：甘肃省委甘肃省政府

0957 畜牧业经营管理学

时　　间：1995-02-01

奖项名称：甘肃省第四届社会科学优秀成果奖

获奖等级：4

作　　者：甘肃农业大学农经系

成果形式：专著

颁奖部门：甘肃省委甘肃省政府

0958 金融职业道德建设

时　　间：1995-02-01

奖项名称：甘肃省第四届社会科学优秀成果奖

获奖等级：4

作　　者：丁文祥 路国英

成果形式：专著

颁奖部门：甘肃省委甘肃省政府

0959 谈农村中学生现代文阅读能力的培养与提高

时　　间：1995-02-01

奖项名称：甘肃省第四届社会科学优秀成果奖

获奖等级：4

作　　者：沈志荣

成果形式：论文

颁奖部门：甘肃省委甘肃省政府

0960 藏族神话对藏族文学的影响研究

时　　间：1995-02-01

奖项名称：甘肃省第四届社会科学优秀成果奖

获奖等级：4

作　　者：道吉仁钦

成果形式：论文

颁奖部门：甘肃省委甘肃省政府

0961 干旱地区水资源的利用

时　　间：1995-02-01

奖项名称：甘肃省第四届社会科学优秀成果奖

获奖等级：4

作　　者：李景生

成果形式：译文

颁奖部门：甘肃省委甘肃省政府

0962 工业企业原材料管理

时　　间：1995-02-01

奖项名称：甘肃省第四届社会科学优秀成果奖

获奖等级：4

作　　者：王在华

成果形式：专著

颁奖部门：甘肃省委甘肃省政府

0963 试论建设银行向国有商业银行转换的困难与途径

时　　间：1995-02-01

奖项名称：甘肃省第四届社会科学优秀成果奖

获奖等级：4

作　　者：建行课题组

成果形式：论文

颁奖部门：甘肃省委甘肃省政府

0964 通向市场经济工业国之路——工业化比较研究

时　　间：1995-02-01

奖项名称：甘肃省第四届社会科学优秀成果奖

获奖等级：4

作　　者：赵伟 左中海

成果形式：专著

颁奖部门：甘肃省委甘肃省政府

0965 机关公文写作

时　　间：1995-02-01

奖项名称：甘肃省第四届社会科学优秀成果奖

获奖等级：4

作　　者：张宝元

成果形式：专著

颁奖部门：甘肃省委甘肃省政府

0966 结合实际大胆改革

时　　间：1995-02-01

奖项名称：甘肃省第四届社会科学优秀成果奖

获奖等级：4

作　　者：王爱彦

成果形式：论文

颁奖部门：甘肃省委甘肃省政府

0967 经济波动与物价涨落趋向一致周期合拍——物价总水平变动与经济增长关系分析

时　　间：1995-02-01

奖项名称：甘肃省第四届社会科学优秀成果奖

获奖等级：4

作　　者：侯和平 高建和

成果形式：研究报告

颁奖部门：甘肃省委甘肃省政府

0968 中国的经济体制改革——改革的回顾与展望

时　　间：1995-02-01

奖项名称：甘肃省第四届社会科学优秀成果奖

获奖等级：4

作　　者：许飞青 王生瑞

成果形式：专著

颁奖部门：甘肃省委甘肃省政府

0969 向管理要效益　要质量　要合格人才

时　　间：1995-02-01

奖项名称：甘肃省第四届社会科学优秀成果奖

获奖等级：4

作　　者：邹宗杰 何存琪

成果形式：论文

颁奖部门：甘肃省委甘肃省政府

0970 试论质量成本的会计控制

时　　间：1995-02-01

奖项名称：甘肃省第四届社会科学优秀成果奖

获奖等级：4

作　　者：周一虹 王树民

成果形式：论文

颁奖部门：甘肃省委甘肃省政府

0971 走向市场的中国工业化

时　　间：1995-02-01

奖项名称：甘肃省第四届社会科学优秀成果奖

获奖等级：4

作　　者：王秀君 孔铉祜 李平等

成果形式：译著

颁奖部门：甘肃省委甘肃省政府

0972 加强党的团结，提高党的战斗力

时　　间：1995-02-01

奖项名称：甘肃省第四届社会科学优秀成果奖

获奖等级：4

作　　者：杨永铭

成果形式：论文

颁奖部门：甘肃省委甘肃省政府

0973 从独特的民主革命道路到有中国特色社会主义道路

时　　间：1995-02-01

奖项名称：甘肃省第四届社会科学优秀成果奖

获奖等级：4

作　　者：赵燕斌

成果形式：论文

颁奖部门：甘肃省委甘肃省政府

0974　资源技术经济学

时　　间：1995-02-01

奖项名称：甘肃省第四届社会科学优秀成果奖

获奖等级：4

作　　者：王在华

成果形式：专著

颁奖部门：甘肃省委甘肃省政府

0975　历代辞赋鉴赏辞典

时　　间：1995-02-01

奖项名称：甘肃省第四届社会科学优秀成果奖

获奖等级：4

作　　者：霍旭东 赵呈元

成果形式：工具书

颁奖部门：甘肃省委甘肃省政府

0976　解放思想与实事求是

时　　间：1995-02-01

奖项名称：甘肃省第四届社会科学优秀成果奖

获奖等级：4

作　　者：杨连德

成果形式：论文

颁奖部门：甘肃省委甘肃省政府

0977　康德是辩证逻辑的奠基人

时　　间：1995-02-01

奖项名称：甘肃省第四届社会科学优秀成果奖

获奖等级：4

作　　者：刘学义

成果形式：论文

颁奖部门：甘肃省委甘肃省政府

0978　加大人才开发力度与发展市场经济的战略思考

时　　间：1995-02-01

奖项名称：甘肃省第四届社会科学优秀成果奖

获奖等级：4

作　　者：常校珍

成果形式：论文

颁奖部门：甘肃省委甘肃省政府

0979　今日武威

时　　间：1995-02-01

奖项名称：甘肃省第四届社会科学优秀成果奖

获奖等级：4

作　　者：编委会

成果形式：编著

颁奖部门：甘肃省委甘肃省政府

0980　中华文化和民族精神

时　　间：1995-02-01

奖项名称：甘肃省第四届社会科学优秀成果奖

获奖等级：4

作　　者：李焰平 赵颂尧 关连吉 尚安堂

成果形式：专著

颁奖部门：甘肃省委甘肃省政府

0981　市场经济体制下税收与企业的关系

时　　间：1995-02-01

奖项名称：甘肃省第四届社会科学优秀成

果奖

获奖等级：4

作　　者：郭德显

成果形式：论文

颁奖部门：甘肃省委甘肃省政府

0982 少边穷地区实施初保对策探讨

时　　间：1995-02-01

奖项名称：甘肃省第四届社会科学优秀成果奖

获奖等级：4

作　　者：刘晓明

成果形式：论文

颁奖部门：甘肃省委甘肃省政府

0983 树立新的理财观念　转变财政职能

时　　间：1995-02-01

奖项名称：甘肃省第四届社会科学优秀成果奖

获奖等级：4

作　　者：周祥元

成果形式：论文

颁奖部门：甘肃省委甘肃省政府

0984 红色财魁——记毛泽民烈士

时　　间：1995-02-01

奖项名称：甘肃省第四届社会科学优秀成果奖

获奖等级：4

作　　者：李敏杰 叶高飞 王家明

成果形式：传记

颁奖部门：甘肃省委甘肃省政府

0985 入关中国企业面临的抉择

时　　间：1995-02-01

奖项名称：甘肃省第四届社会科学优秀成果奖

获奖等级：4

作　　者：孙呈祥 李树雄

成果形式：专著

颁奖部门：甘肃省委甘肃省政府

0986 甘肃省志·人事志

时　　间：1995-02-01

奖项名称：甘肃省第四届社会科学优秀成果奖

获奖等级：4

作　　者：编委会

成果形式：编著

颁奖部门：甘肃省委甘肃省政府

0987 教育督导制度必须适应教育改革和发展的需要

时　　间：1995-02-01

奖项名称：甘肃省第四届社会科学优秀成果奖

获奖等级：4

作　　者：李天庆

成果形式：论文

颁奖部门：甘肃省委甘肃省政府

0988 地区发展社会主义市场经济采取的对策

时　　间：1995-02-01

奖项名称：甘肃省第四届社会科学优秀成果奖

获奖等级：4

作　　者：王剑林 刘乾

成果形式：论文

颁奖部门：甘肃省委甘肃省政府

0989 家庭生产经营管理

时　　间：1995-02-01

奖项名称：甘肃省第四届社会科学优秀成果奖

获奖等级：4

作　　者：省教委职业技术教育办公室

成果形式：教材

颁奖部门：甘肃省委甘肃省政府

0990 史学理论与方法

时　　间：1995-02-01

奖项名称：甘肃省第四届社会科学优秀成果奖

获奖等级：4

作　　者：李清凌

成果形式：专著

颁奖部门：甘肃省委甘肃省政府

0991 《格萨尔》原型断想——从裕固族《格萨尔故事》看格萨尔其人

时　　间：1995-02-01

奖项名称：甘肃省第四届社会科学优秀成果奖

获奖等级：4

作　　者：武文

成果形式：论文

颁奖部门：甘肃省委甘肃省政府

0992 略论毛泽东探索中国社会主义建设道路

时　　间：1995-02-01

奖项名称：甘肃省第四届社会科学优秀成果奖

获奖等级：4

作　　者：郭维仪

成果形式：论文

颁奖部门：甘肃省委甘肃省政府

0993 女儿也是传后人

时　　间：1995-02-01

奖项名称：甘肃省第四届社会科学优秀成果奖

获奖等级：4

作　　者：陈煦 罗祖孝 赖学忠

成果形式：专著

颁奖部门：甘肃省委甘肃省政府

0994 徐特立教育思想研究

时　　间：1995-02-01

奖项名称：甘肃省第四届社会科学优秀成果奖

获奖等级：4

作　　者：李之钦

成果形式：专著

颁奖部门：甘肃省委甘肃省政府

0995 图书馆改革的心理研究

时　　间：1995-02-01

奖项名称：甘肃省第四届社会科学优秀成果奖

获奖等级：4

作　　者：郭向东

成果形式：论文

颁奖部门：甘肃省委甘肃省政府

0996 现代社团管理

时　　间：1995-02-01

奖项名称：甘肃省第四届社会科学优秀成果奖

获奖等级：4

作　　者：王世英 李新苗

成果形式：专著

颁奖部门：甘肃省委甘肃省政府

0997 话说洮砚

时　　间：1995-02-01

奖项名称：甘肃省第四届社会科学优秀成果奖

获奖等级：4

作　　者：秋子

成果形式：论文

颁奖部门：甘肃省委甘肃省政府

0998 金昌市情

时　　间：1995-02-01

奖项名称：甘肃省第四届社会科学优秀成果奖

获奖等级：4

作　　者：王多民 俞发甲

成果形式：编著

颁奖部门：甘肃省委甘肃省政府

0999 唐宋之际丝路贸易与海路贸易的消长变化

时　　间：1995-02-01

奖项名称：甘肃省第四届社会科学优秀成果奖

获奖等级：4

作　　者：蒋致洁

成果形式：论文

颁奖部门：甘肃省委甘肃省政府

1000 河西走廊石羊河流域、武威地区水资源与工农业协调发展的动力学模拟研究

时　　间：1995-02-01

奖项名称：甘肃省第四届社会科学优秀成果奖

获奖等级：4

作　　者：宋秉芳

成果形式：研究报告

颁奖部门：甘肃省委甘肃省政府

1001 甘肃扶贫攻坚奔小康研究

时　　间：1995-02-01

奖项名称：甘肃省第四届社会科学优秀成果奖

获奖等级：4

作　　者：石星光

成果形式：研究报告

颁奖部门：甘肃省委甘肃省政府

1002 关于"一张报纸"决定长征落脚点的考辨

时　　间：1995-02-01

奖项名称：甘肃省第四届社会科学优秀成果奖

获奖等级：4

作　　者：魏其荣

成果形式：论文

颁奖部门：甘肃省委甘肃省政府

1003 90年代的挑战——强化企业管理

时　　间：1995-02-01

奖项名称：甘肃省第四届社会科学优秀成果奖

获奖等级：4

作　　者：李桂 方昆

成果形式：专著

颁奖部门：甘肃省委甘肃省政府

1004 改革和完善信贷资金管理体制增强金融宏观调控能力

时　　间：1995-02-01

奖项名称：甘肃省第四届社会科学优秀成果奖

获奖等级：4

作　　者：孙奕

成果形式：论文

颁奖部门：甘肃省委甘肃省政府

1005 甘肃省地方志考略

时　　间：1995-02-01

奖项名称：甘肃省第四届社会科学优秀成果奖

获奖等级：4

作　　者：邵国秀

成果形式：论文

颁奖部门：甘肃省委甘肃省政府

1006 市场经济与企业负债经营

时　　间：1995-02-01

奖项名称：甘肃省第四届社会科学优秀成果奖

获奖等级：4

作　　者：李盛兰 刘彤海

成果形式：专著

颁奖部门：甘肃省委甘肃省政府

1007 科技人才资源开发

时　　间：1995-02-01

奖项名称：甘肃省第四届社会科学优秀成果奖

获奖等级：4

作　　者：薛克琛 马天彩 马名驹

成果形式：专著

颁奖部门：甘肃省委甘肃省政府

1008 西北文献丛书

时　　间：1995-02-01

奖项名称：甘肃省第四届社会科学优秀成果奖

获奖等级：4

作　　者：吴坚

成果形式：专著

颁奖部门：甘肃省委甘肃省政府

1009 中共党史党建理论学习指南

时　　间：1995-02-01

奖项名称：甘肃省第四届社会科学优秀成果奖

获奖等级：4

作　　者：左尚志 王寅存 张帆 王兴民

成果形式：教材

颁奖部门：甘肃省委甘肃省政府

1010 星火培训考核指标体系研究

时　　间：1995-02-01

奖项名称：甘肃省第四届社会科学优秀成果奖

获奖等级：4

作　　者：张掖地区科技处 张掖地区培训中心

成果形式：研究报告

颁奖部门：甘肃省委甘肃省政府

1011 控制机制演进承包制向股份制的必然跨越

时　　间：1995-02-01

奖项名称：甘肃省第四届社会科学优秀成果奖

获奖等级：4

作　　者：张明侠

成果形式：论文

颁奖部门：甘肃省委甘肃省政府

1012 浅议新形势下档案信息的开发利用

时　　间：1995-02-01

奖项名称：甘肃省第四届社会科学优秀成果奖

获奖等级：4

作　　者：寇雷

成果形式：论文

颁奖部门：甘肃省委甘肃省政府

1013 企业管理人才评估的现场研究

时　　间：1995-02-01

奖项名称：甘肃省第四届社会科学优秀成果奖

获奖等级：4

作　　者：房汉臣 杨晓辉

成果形式：研究报告

颁奖部门：甘肃省委甘肃省政府

1014 教育督导制度必须适应教育改革和改革的需要

时　　间：1995-01-10

奖项名称：甘肃省第四届社会科学优秀成果奖

获奖等级：4

作　　者：李天庆

成果形式：论文

颁奖部门：甘肃省委甘肃省政府

1015 邓小平思想政治工作理论的新特点

时　　间：1995-01-10

奖项名称：甘肃省第四届社会科学优秀成果奖

获奖等级：4

作　　者：胡炳成 刘祥太

成果形式：论文

颁奖部门：甘肃省委甘肃省政府

1016 入关中国企业面临的抉择

时　　间：1995-01-10

奖项名称：甘肃省第四届社会科学优秀成果奖

获奖等级：4

作　　者：孙呈祥 李树雄

成果形式：专著

颁奖部门：甘肃省委甘肃省政府

1017 关于缩小西部地区经济差别税收问题的探讨

时　　间：1995-02-01

奖项名称：甘肃省第四届社会科学优秀成果奖

获奖等级：4

作　　者：马法纪 高小爱

成果形式：论文

颁奖部门：甘肃省委甘肃省政府

1018 围绕经济建设做好物价工作

时　　间：1995-02-01

奖项名称：甘肃省第四届社会科学优秀成果奖

获奖等级：4

作　　者：尹霖初

成果形式：论文

颁奖部门：甘肃省委甘肃省政府

1019 评丘吉耶夫斯基对敦煌所所出某些籍帐文书的考释

时　　间：1995-02-01

奖项名称：甘肃省第四届社会科学优秀成果奖

获奖等级：4

作　　者：王克孝

成果形式：论文

颁奖部门：甘肃省委甘肃省政府

1020　敦煌文献研究

时　　间：1997-05-20

奖项名称：甘肃省第五届社会科学优秀成果奖

获奖等级：1

作　　者：周丕显

成果形式：专著

颁奖部门：甘肃省委甘肃省政府

1021　新时期民族工作的光辉指针——邓小平民族理论研究

时　　间：1997-05-20

奖项名称：甘肃省第五届社会科学优秀成果奖

获奖等级：1

作　　者：贾东海 高占福

成果形式：论文

颁奖部门：甘肃省委甘肃省政府

1022　《甘肃公路交通史》丛书

时　　间：1997-05-20

奖项名称：甘肃省第五届社会科学优秀成果奖

获奖等级：1

作　　者：《甘肃公路交通史丛书》编委会

成果形式：丛书

颁奖部门：甘肃省委甘肃省政府

1023　学习邓小平建设有中国特色社会主义的国际战略思想

时　　间：1997-05-20

奖项名称：甘肃省第五届社会科学优秀成

果奖

获奖等级：1

作　　者：王文学 郭宝珠

成果形式：论文

颁奖部门：甘肃省委甘肃省政府

1024　西北少数民族伦理道德研究

时　　间：1997-05-20

奖项名称：甘肃省第五届社会科学优秀成果奖

获奖等级：1

作　　者：马进

成果形式：专著

颁奖部门：甘肃省委甘肃省政府

1025　社会主义市场价格新体制

时　　间：1995-02-01

奖项名称：甘肃省第五届社会科学优秀成果奖

获奖等级：1

作　　者：刘家声

成果形式：专著

颁奖部门：甘肃省委甘肃省政府

1026　基础传播学

时　　间：1997-05-20

奖项名称：甘肃省第五届社会科学优秀成果奖

获奖等级：1

作　　者：段京肃 罗锐

成果形式：专著

颁奖部门：甘肃省委甘肃省政府

1027　移民安置规划研究

时　　间：1997-05-20

奖项名称：甘肃省第五届社会科学优秀成果奖

获奖等级：1

作　　者：张志良 原华荣 韦慧兰 白建明 张
茂林 于蜀

成果形式：研究报告

颁奖部门：甘肃省委甘肃省政府

1028 甘肃经济史

时　　间：1997-05-20

奖项名称：甘肃省第五届社会科学优秀成
果奖

获奖等级：2

作　　者：李清凌

成果形式：专著

颁奖部门：甘肃省委甘肃省政府

1029 实用美学

时　　间：1997-05-20

奖项名称：甘肃省第五届社会科学优秀成
果奖

获奖等级：2

作　　者：李文瑞 袁金刚 黄怀璞

成果形式：教材

颁奖部门：甘肃省委甘肃省政府

1030 甘肃回族史

时　　间：1997-05-20

奖项名称：甘肃省第五届社会科学优秀成
果奖

获奖等级：2

作　　者：马通

成果形式：专著

颁奖部门：甘肃省委甘肃省政府

1031 中国西北不发达地区农业现代
化研究

时　　间：1997-05-20

奖项名称：甘肃省第五届社会科学优秀成

果奖

获奖等级：2

作　　者：聂华林

成果形式：研究报告

颁奖部门：甘肃省委甘肃省政府

1032 财税金融体制改革对不发达地
区经济发展的影响

时　　间：1997-05-20

奖项名称：甘肃省第五届社会科学优秀成
果奖

获奖等级：2

作　　者：课题组

成果形式：研究报告

颁奖部门：甘肃省委甘肃省政府

1033 中国文化导论

时　　间：1997-05-20

奖项名称：甘肃省第五届社会科学优秀成
果奖

获奖等级：2

作　　者：任遂虎

成果形式：专著

颁奖部门：甘肃省委甘肃省政府

1034 社会治安综合治理研究报告

时　　间：1997-05-20

奖项名称：甘肃省第五届社会科学优秀成
果奖

获奖等级：2

作　　者：课题组

成果形式：研究报告

颁奖部门：甘肃省委甘肃省政府

1035 大学教学原理与方法

时　　间：1997-05-20

奖项名称：甘肃省第五届社会科学优秀成

果奖

获奖等级：2

作　　者：李定仁 王树秀 刘要悟

成果形式：教材

颁奖部门：甘肃省委甘肃省政府

1036 立法会计: 个案评析与启示——中国会计法制建设的若干思考

时　　间：1997-05-20

奖项名称：甘肃省第五届社会科学优秀成果奖

获奖等级：2

作　　者：胡凯 王宗台

成果形式：论文

颁奖部门：甘肃省委甘肃省政府

1037 傅玄评传

时　　间：1997-05-20

奖项名称：甘肃省第五届社会科学优秀成果奖

获奖等级：2

作　　者：魏明安 赵以武

成果形式：专著

颁奖部门：甘肃省委甘肃省政府

1038 建立现代企业制度中国有资产管理的几个问题

时　　间：1997-05-20

奖项名称：甘肃省第五届社会科学优秀成果奖

获奖等级：2

作　　者：张文武

成果形式：论文

颁奖部门：甘肃省委甘肃省政府

1039 谥法研究

时　　间：1997-05-20

奖项名称：甘肃省第五届社会科学优秀成果奖

获奖等级：2

作　　者：汪受宽

成果形式：专著

颁奖部门：甘肃省委甘肃省政府

1040 市场经济法

时　　间：1997-05-20

奖项名称：甘肃省第五届社会科学优秀成果奖

获奖等级：2

作　　者：周林彬 裴惠宁 李功国 贾登勋

成果形式：教材

颁奖部门：甘肃省委甘肃省政府

1041 论我国现代企业制度的构建

时　　间：1997-05-20

奖项名称：甘肃省第五届社会科学优秀成果奖

获奖等级：2

作　　者：高新才

成果形式：论文

颁奖部门：甘肃省委甘肃省政府

1042 建立具有中国特色的社会发展理论体系

时　　间：1997-05-20

奖项名称：甘肃省第五届社会科学优秀成果奖

获奖等级：2

作　　者：刘敏

成果形式：论文

颁奖部门：甘肃省委甘肃省政府

1043 甘肃爱国主义教育系列丛书

时　　间：1997-05-20

奖项名称：甘肃省第五届社会科学优秀成果奖

获奖等级：2

作　　者：省委宣传部

成果形式：丛书

颁奖部门：甘肃省委甘肃省政府

1044 敦煌文学概说

时　　间：1997-05-20

奖项名称：甘肃省第五届社会科学优秀成果奖

获奖等级：2

作　　者：颜廷亮

成果形式：编著

颁奖部门：甘肃省委甘肃省政府

1045 中国西北农牧民政治行为研究

时　　间：1997-05-20

奖项名称：甘肃省第五届社会科学优秀成果奖

获奖等级：2

作　　者：王宗礼 刘建兰 贾应生

成果形式：专著

颁奖部门：甘肃省委甘肃省政府

1046 世界文艺大背景中的中国文艺

时　　间：1997-05-20

奖项名称：甘肃省第五届社会科学优秀成果奖

获奖等级：2

作　　者：郭外岑（郭自强）

成果形式：论文

颁奖部门：甘肃省委甘肃省政府

1047 甘肃工业结构研究

时　　间：1997-05-20

奖项名称：甘肃省第五届社会科学优秀成果奖

获奖等级：2

作　　者：王军 李平

成果形式：专著

颁奖部门：甘肃省委甘肃省政府

1048 百年沧桑——科学社会主义理论与实践

时　　间：1997-05-20

奖项名称：甘肃省第五届社会科学优秀成果奖

获奖等级：2

作　　者：倪国良

成果形式：专著

颁奖部门：甘肃省委甘肃省政府

1049 甘肃出版史略

时　　间：1997-05-20

奖项名称：甘肃省第五届社会科学优秀成果奖

获奖等级：2

作　　者：白玉岱

成果形式：专著

颁奖部门：甘肃省委甘肃省政府

1050 法律逻辑学

时　　间：1997-05-20

奖项名称：甘肃省第五届社会科学优秀成果奖

获奖等级：2

作　　者：杨三正 薛禄辰

成果形式：教材

颁奖部门：甘肃省委甘肃省政府

1051 加快甘肃乡镇企业发展的对策研究

时　　间：1997-05-20

奖项名称：甘肃省第五届社会科学优秀成果奖

获奖等级：2

作　　者：课题组

成果形式：研究报告

颁奖部门：甘肃省委甘肃省政府

1052 敦煌史地新论

时　　间：1997-05-20

奖项名称：甘肃省第五届社会科学优秀成果奖

获奖等级：2

作　　者：李正宇

成果形式：编著

颁奖部门：甘肃省委甘肃省政府

1053 马克思主义的歌中之歌——《共产党宣言》研究

时　　间：1997-05-20

奖项名称：甘肃省第五届社会科学优秀成果奖

获奖等级：2

作　　者：张兴杰

成果形式：专著

颁奖部门：甘肃省委甘肃省政府

1054 河西走廊历史地理

时　　间：1997-05-20

奖项名称：甘肃省第五届社会科学优秀成果奖

获奖等级：2

作　　者：李并成

成果形式：专著

颁奖部门：甘肃省委甘肃省政府

1055 西北民族地区社会稳定与社会发展

时　　间：1997-05-20

奖项名称：甘肃省第五届社会科学优秀成果奖

获奖等级：2

作　　者：岳青 刘敏 段华明 张谦元

成果形式：编著

颁奖部门：甘肃省委甘肃省政府

1056 敦煌祁家湾——西晋十六国墓葬发掘报告

时　　间：1997-05-20

奖项名称：甘肃省第五届社会科学优秀成果奖

获奖等级：2

作　　者：戴春阳 张陇

成果形式：专著

颁奖部门：甘肃省委甘肃省政府

1057 建立现代企业制度的难点、思路与措施

时　　间：1997-05-20

奖项名称：甘肃省第五届社会科学优秀成果奖

获奖等级：3

作　　者：刘萍

成果形式：论文

颁奖部门：甘肃省委甘肃省政府

1058 甘肃经济区划研究

时　　间：1997-05-20

奖项名称：甘肃省第五届社会科学优秀成果奖

获奖等级：3

作　　者：课题组

成果形式：研究报告

颁奖部门：甘肃省委甘肃省政府

1059 甘肃省志·粮食志

时　　间：1997-05-20

奖项名称：甘肃省第五届社会科学优秀成果奖

获奖等级：3

作　　者：甘肃省地方志编纂委员会 甘肃省粮食局

成果形式：编著

颁奖部门：甘肃省委甘肃省政府

1060 贫困县培植财源的几点启示

时　　间：1997-05-20

奖项名称：甘肃省第五届社会科学优秀成果奖

获奖等级：3

作　　者：王吉泰 赵彩雯

成果形式：论文

颁奖部门：甘肃省委甘肃省政府

1061 三西移民教育发展与对策

时　　间：1997-05-20

奖项名称：甘肃省第五届社会科学优秀成果奖

获奖等级：3

作　　者：《中国"三西"地区移民教育研究》课题组

成果形式：研究报告

颁奖部门：甘肃省委甘肃省政府

1062 《淮南子》对魏晋六朝文论的影响《淮南子》在批评史上的贡献之二

时　　间：1997-05-20

奖项名称：甘肃省第五届社会科学优秀成果奖

获奖等级：3

作　　者：潘世秀

成果形式：论文

颁奖部门：甘肃省委甘肃省政府

1063 试论破除社会福利服务单位化局面　对整合化的促进作用

时　　间：1997-05-20

奖项名称：甘肃省第五届社会科学优秀成果奖

获奖等级：3

作　　者：张静

成果形式：论文

颁奖部门：甘肃省委甘肃省政府

1064 翻译转换轮

时　　间：1997-05-20

奖项名称：甘肃省第五届社会科学优秀成果奖

获奖等级：3

作　　者：魏立智

成果形式：专著

颁奖部门：甘肃省委甘肃省政府

1065 从"所"字词义误增论词义研究方法

时　　间：1997-05-20

奖项名称：甘肃省第五届社会科学优秀成果奖

获奖等级：3

作　　者：刘明瑞

成果形式：论文

颁奖部门：甘肃省委甘肃省政府

1066　推销学

时　　间：1997-05-20

奖项名称：甘肃省第五届社会科学优秀成果奖

获奖等级：3

作　　者：秦陇一 董原

成果形式：专著

颁奖部门：甘肃省委甘肃省政府

1067　充分应用稳健原则提高会计信息质量—— 一份稳健原则问卷调查表的启示

时　　间：1997-05-20

奖项名称：甘肃省第五届社会科学优秀成果奖

获奖等级：3

作　　者：陈玮

成果形式：论文

颁奖部门：甘肃省委甘肃省政府

1068　甘肃老区概览

时　　间：1997-05-20

奖项名称：甘肃省第五届社会科学优秀成果奖

获奖等级：3

作　　者：编委会

成果形式：编著

颁奖部门：甘肃省委甘肃省政府

1069　国际一体化的政治意义

时　　间：1997-05-20

奖项名称：甘肃省第五届社会科学优秀成果奖

获奖等级：3

作　　者：丁志刚

成果形式：论文

颁奖部门：甘肃省委甘肃省政府

1070　永不板结的黄土地——秦陇文化论

时　　间：1997-05-20

奖项名称：甘肃省第五届社会科学优秀成果奖

获奖等级：3

作　　者：武文

成果形式：专著

颁奖部门：甘肃省委甘肃省政府

1071　现代管理学基础

时　　间：1997-05-20

奖项名称：甘肃省第五届社会科学优秀成果奖

获奖等级：3

作　　者：沈配功 黄成林 宋新民 陶敬道

成果形式：教材

颁奖部门：甘肃省委甘肃省政府

1072　试论四项基本原则和社会主义市场经济的关系

时　　间：1997-05-20

奖项名称：甘肃省第五届社会科学优秀成果奖

获奖等级：3

作　　者：吴雨霖

成果形式：论文

颁奖部门：甘肃省委甘肃省政府

1073 政治经济学教程

时　　间：1997-05-20

奖项名称：甘肃省第五届社会科学优秀成果奖

获奖等级：3

作　　者：杨大明 刘枫

成果形式：教材

颁奖部门：甘肃省委甘肃省政府

1074 对财务评价指标体系的思考

时　　间：1997-05-20

奖项名称：甘肃省第五届社会科学优秀成果奖

获奖等级：3

作　　者：刘中华

成果形式：论文

颁奖部门：甘肃省委甘肃省政府

1075 "九五"期间我省财源建设的主要思路及对策

时　　间：1997-05-20

奖项名称：甘肃省第五届社会科学优秀成果奖

获奖等级：3

作　　者：史文献

成果形式：论文

颁奖部门：甘肃省委甘肃省政府

1076 汉英谚语词典

时　　间：1997-05-20

奖项名称：甘肃省第五届社会科学优秀成果奖

获奖等级：3

作　　者：郭建民 黄凌

成果形式：工具书

颁奖部门：甘肃省委甘肃省政府

1077 对当前我国农民概念内涵与农民群体划分的探讨——与张义同志商榷

时　　间：1997-05-20

奖项名称：甘肃省第五届社会科学优秀成果奖

获奖等级：3

作　　者：孙鑫

成果形式：论文

颁奖部门：甘肃省委甘肃省政府

1078 "九五"时期甘肃资金筹措与动用的对策研究

时　　间：1997-05-20

奖项名称：甘肃省第五届社会科学优秀成果奖

获奖等级：3

作　　者：金融研究所

成果形式：研究报告

颁奖部门：甘肃省委甘肃省政府

1079 简论因明研究的现代意义

时　　间：1997-05-20

奖项名称：甘肃省第五届社会科学优秀成果奖

获奖等级：3

作　　者：颜华东

成果形式：论文

颁奖部门：甘肃省委甘肃省政府

1080 甘肃民族教育的回顾与前瞻

时　　间：1997-05-20

奖项名称：甘肃省第五届社会科学优秀成果奖

获奖等级：3

作　　者：李绍唐 马国惠 王从新

成果形式：编著

颁奖部门：甘肃省委甘肃省政府

1081 对政策性收购资金良性循环问题的探讨

时　　间：1997-05-20

奖项名称：甘肃省第五届社会科学优秀成果奖

获奖等级：3

作　　者：张治均

成果形式：论文

颁奖部门：甘肃省委甘肃省政府

1082 居延汉简研究

时　　间：1997-05-20

奖项名称：甘肃省第五届社会科学优秀成果奖

获奖等级：3

作　　者：何双全

成果形式：论文

颁奖部门：甘肃省委甘肃省政府

1083 现代教育公文管理与协作

时　　间：1997-05-20

奖项名称：甘肃省第五届社会科学优秀成果奖

获奖等级：3

作　　者：祁振仓 马琦明

成果形式：教材

颁奖部门：甘肃省委甘肃省政府

1084 第二次世界大战史要论

时　　间：1997-05-20

奖项名称：甘肃省第五届社会科学优秀成果奖

获奖等级：3

作　　者：李积顺

成果形式：教材

颁奖部门：甘肃省委甘肃省政府

1085 简论邓小平经济理论科学体系的建构

时　　间：1997-05-20

奖项名称：甘肃省第五届社会科学优秀成果奖

获奖等级：3

作　　者：宋凌霄

成果形式：论文

颁奖部门：甘肃省委甘肃省政府

1086 贫困县培植财源的几点启示

时　　间：1997-06-06

奖项名称：甘肃省第五届社会科学优秀成果

获奖等级：3

作　　者：王吉泰 赵彩雯

成果形式：论文

颁奖部门：甘肃省委甘肃省政府

1087 邓小平的社会主义根本任务论

时　　间：1997-05-20

奖项名称：甘肃省第五届社会科学优秀成果奖

获奖等级：3

作　　者：王德孝

成果形式：论文

颁奖部门：甘肃省委甘肃省政府

1088 生命力从中午消失——路遥的小说世界

时　　间：1997-05-20

奖项名称：甘肃省第五届社会科学优秀成果奖

获奖等级：3

作　　者：赵学勇

成果形式：专著

颁奖部门：甘肃省委甘肃省政府

1089 闯难关、求发展、上效益——甘肃农行转轨中若干问题的思考

时　　间：1997-05-20

奖项名称：甘肃省第五届社会科学优秀成果奖

获奖等级：3

作　　者：罗正亚

成果形式：论文

颁奖部门：甘肃省委甘肃省政府

1090 现代公司法学

时　　间：1997-05-20

奖项名称：甘肃省第五届社会科学优秀成果奖

获奖等级：3

作　　者：任先行 江合宁 梁剑兵 包哲钰

成果形式：编著

颁奖部门：甘肃省委甘肃省政府

1091 性科学辑要

时　　间：1997-05-20

奖项名称：甘肃省第五届社会科学优秀成果奖

获奖等级：3

作　　者：史成礼 史葆光

成果形式：专著

颁奖部门：甘肃省委甘肃省政府

1092 古籍注释学基础

时　　间：1997-05-20

奖项名称：甘肃省第五届社会科学优秀成果奖

获奖等级：3

作　　者：黄亚平

成果形式：专著

颁奖部门：甘肃省委甘肃省政府

1093 论正确处理邻接权与版权的关系

时　　间：1997-05-20

奖项名称：甘肃省第五届社会科学优秀成果奖

获奖等级：3

作　　者：蔡永民 姚佳利

成果形式：论文

颁奖部门：甘肃省委甘肃省政府

1094 宋代交子在甘肃流通述论

时　　间：1997-05-20

奖项名称：甘肃省第五届社会科学优秀成果奖

获奖等级：3

作　　者：康柳硕

成果形式：论文

颁奖部门：甘肃省委甘肃省政府

1095 我国区域发展差距原因的分析

时　　间：1997-05-20

奖项名称：甘肃省第五届社会科学优秀成果奖

获奖等级：'3

作　　者：夏永祥

成果形式：论文

颁奖部门：甘肃省委甘肃省政府

1096 劳动竞赛学概论——企业软管理科学

时　　间：1997-05-20

奖项名称：甘肃省第五届社会科学优秀成果奖

获奖等级：3

作　　者：宋如山 杨新科 闵彦

成果形式：专著

颁奖部门：甘肃省委甘肃省政府

1097 区域经济协调发展：政策调整与认识升华

时　　间：1997-05-20

奖项名称：甘肃省第五届社会科学优秀成果奖

获奖等级：3

作　　者：吴解生

成果形式：论文

颁奖部门：甘肃省委甘肃省政府

1098 加强甘肃省中行基层机构网点建设的几个问题

时　　间：1997-05-20

奖项名称：甘肃省第五届社会科学优秀成果奖

获奖等级：3

作　　者：崔永熙

成果形式：论文

颁奖部门：甘肃省委甘肃省政府

1099 大学生成才导论

时　　间：1997-05-20

奖项名称：甘肃省第五届社会科学优秀成果奖

获奖等级：3

作　　者：孙元化 张秀芝 杨鉴晓 卢有余 张桂芝 郎全发

成果形式：教材

颁奖部门：甘肃省委甘肃省政府

1100 新西兰、澳大利亚农产品出口战略及对我们的启示

时　　间：1997-05-20

奖项名称：甘肃省第五届社会科学优秀成

果奖

获奖等级：3

作　　者：丁文广

成果形式：论文

颁奖部门：甘肃省委甘肃省政府

1101 公平与效率：发展的二难选择

时　　间：1997-05-20

奖项名称：甘肃省第五届社会科学优秀成果奖

获奖等级：3

作　　者：李彦 姜珍

成果形式：论文

颁奖部门：甘肃省委甘肃省政府

1102 经济一体化：概念与实践的探讨

时　　间：1997-05-20

奖项名称：甘肃省第五届社会科学优秀成果奖

获奖等级：3

作　　者：张永安 杨逢珉

成果形式：论文

颁奖部门：甘肃省委甘肃省政府

1103 政治经济学原理

时　　间：1997-05-20

奖项名称：甘肃省第五届社会科学优秀成果奖

获奖等级：3

作　　者：沈滨 张志军

成果形式：教材

颁奖部门：甘肃省委甘肃省政府

1104 甘肃财务研究与实践

时　　间：1997-05-20

奖项名称：甘肃省第五届社会科学优秀成果奖

获奖等级：3

作　　者：张文启 刘茂兴 张铢 郭玉安 罗刚

成果形式：编著

颁奖部门：甘肃省委甘肃省政府

1105 中央银行货币发行金银管理理论与实务

时　　间：1997-05-20

奖项名称：甘肃省第五届社会科学优秀成果奖

获奖等级：3

作　　者：人行甘肃分行发行处、教育处

成果形式：专著

颁奖部门：甘肃省委甘肃省政府

1106 产品责任原则的经济分析

时　　间：1997-05-20

奖项名称：甘肃省第五届社会科学优秀成果奖

获奖等级：3

作　　者：李胜兰 王录元 白瑞庆

成果形式：论文

颁奖部门：甘肃省委甘肃省政府

1107 简明中国古代文化史

时　　间：1997-05-20

奖项名称：甘肃省第五届社会科学优秀成果奖

获奖等级：3

作　　者：张崇琛

成果形式：专著

颁奖部门：甘肃省委甘肃省政府

1108 政治地理学概论

时　　间：1997-05-20

奖项名称：甘肃省第五届社会科学优秀成果奖

获奖等级：3

作　　者：肖星

成果形式：教材

颁奖部门：甘肃省委甘肃省政府

1109 华亭县志

时　　间：1997-05-20

奖项名称：甘肃省第五届社会科学优秀成果奖

获奖等级：3

作　　者：编委会

成果形式：华亭县志

颁奖部门：甘肃省委甘肃省政府

1110 兰州城市和城郊经济功能研究

时　　间：1997-05-20

奖项名称：甘肃省第五届社会科学优秀成果奖

获奖等级：3

作　　者：张德强 江海萍

成果形式：研究报告

颁奖部门：甘肃省委甘肃省政府

1111 论市场经济与商品流通的宏观调控

时　　间：1997-05-20

奖项名称：甘肃省第五届社会科学优秀成果奖

获奖等级：3

作　　者：徐好新

成果形式：论文

颁奖部门：甘肃省委甘肃省政府

1112 理论视野中的作家张俊彪

时　　间：1997-05-20

奖项名称：甘肃省第五届社会科学优秀成果奖

获奖等级：3

作　　者：刘俐俐

成果形式：专著

颁奖部门：甘肃省委甘肃省政府

1113 从社会基本矛盾看社会主义的本质

时　　间：1997-05-20

奖项名称：甘肃省第五届社会科学优秀成果奖

获奖等级：3

作　　者：李正元

成果形式：论文

颁奖部门：甘肃省委甘肃省政府

1114 甘肃科技信息网络系统建设方略

时　　间：1997-05-20

奖项名称：甘肃省第五届社会科学优秀成果奖

获奖等级：3

作　　者：花天崇 杜英

成果形式：论文

颁奖部门：甘肃省委甘肃省政府

1115 实用统计分析方法

时　　间：1997-05-20

奖项名称：甘肃省第五届社会科学优秀成果奖

获奖等级：3

作　　者：樊元 王学海

成果形式：专著

颁奖部门：甘肃省委甘肃省政府

1116 人的全面发展理论与教育

时　　间：1997-05-20

奖项名称：甘肃省第五届社会科学优秀成果奖

获奖等级：3

作　　者：赵卫

成果形式：专著

颁奖部门：甘肃省委甘肃省政府

1117 论我省畜牧业规模经营的态势和对策

时　　间：1997-05-20

奖项名称：甘肃省第五届社会科学优秀成果奖

获奖等级：3

作　　者：朱光明 曹藏虎

成果形式：论文

颁奖部门：甘肃省委甘肃省政府

1118 人口与发展

时　　间：1997-05-20

奖项名称：甘肃省第五届社会科学优秀成果奖

获奖等级：3

作　　者：原华荣

成果形式：专著

颁奖部门：甘肃省委甘肃省政府

1119 从"一国两制"看社会主义的中国特色

时　　间：1997-05-20

奖项名称：甘肃省第五届社会科学优秀成果奖

获奖等级：3

作　　者：王晓平

成果形式：论文

颁奖部门：甘肃省委甘肃省政府

1120 万泰智业——企业软件科学策划

时　　间：1997-05-20

奖项名称：甘肃省第五届社会科学优秀成果奖

获奖等级：3

作　　者：李万泰

成果形式：企业软件科学策划

颁奖部门：甘肃省委甘肃省政府

1121 西北铁路多元经营走向亚欧大市场的对策研究

时　　间：1997-05-20

奖项名称：甘肃省第五届社会科学优秀成果奖

获奖等级：3

作　　者：张志宏 冯杰

成果形式：论文

颁奖部门：甘肃省委甘肃省政府

1122 安多吉刹禅定司

时　　间：1997-05-20

奖项名称：甘肃省第五届社会科学优秀成果奖

获奖等级：3

作　　者：觉乃·洛桑丹珠 冰角·婆帕次仁

成果形式：专著

颁奖部门：甘肃省委甘肃省政府

1123 历史的思想和思想的历史——兼论儒学演变的客观规定性

时　　间：1997-05-20

奖项名称：甘肃省第五届社会科学优秀成果奖

获奖等级：3

作　　者：王步贵

成果形式：论文

颁奖部门：甘肃省委甘肃省政府

1124 澳大利亚移民社交与职业英语

时　　间：1997-05-20

奖项名称：甘肃省第五届社会科学优秀成

果奖

获奖等级：3

作　　者：俞杰 冯世杰

成果形式：教材

颁奖部门：甘肃省委甘肃省政府

1125 期刊编辑素质的结构体系

时　　间：1997-05-20

奖项名称：甘肃省第五届社会科学优秀成果奖

获奖等级：3

作　　者：赵新辉

成果形式：论文

颁奖部门：甘肃省委甘肃省政府

1126 弘扬中国传统文化与图书馆的教育职能

时　　间：1997-05-20

奖项名称：甘肃省第五届社会科学优秀成果奖

获奖等级：3

作　　者：吴秋鸾

成果形式：论文

颁奖部门：甘肃省委甘肃省政府

1127 胡风文艺思想新论

时　　间：1997-05-20

奖项名称：甘肃省第五届社会科学优秀成果奖

获奖等级：3

作　　者：尚延龄

成果形式：编著

颁奖部门：甘肃省委甘肃省政府

1128 贞观玉镜将研究

时　　间：1997-05-20

奖项名称：甘肃省第五届社会科学优秀成

果奖

获奖等级：3

作　者：陈炳应

成果形式：专著

颁奖部门：甘肃省委甘肃省政府

1129 强化交通银行资产负债管理组织体系

时　间：1997-05-20

奖项名称：甘肃省第五届社会科学优秀成果奖

获奖等级：3

作　者：武小成

成果形式：论文

颁奖部门：甘肃省委甘肃省政府

1130 雍正时期宝巩局设置始末和所铸制钱版别

时　间：1997-05-20

奖项名称：甘肃省第五届社会科学优秀成果奖

获奖等级：3

作　者：陈悟年

成果形式：论文

颁奖部门：甘肃省委甘肃省政府

1131 中国古代少数民族与丝绸之路

时　间：1997-05-20

奖项名称：甘肃省第五届社会科学优秀成果奖

获奖等级：3

作　者：樊保良

成果形式：专著

颁奖部门：甘肃省委甘肃省政府

1132 思想道德教育

时　间：1997-05-20

奖项名称：甘肃省第五届社会科学优秀成果奖

获奖等级：3

作　者：何道祥

成果形式：教材

颁奖部门：甘肃省委甘肃省政府

1133 论郊岛与姚贾

时　间：1997-05-20

奖项名称：甘肃省第五届社会科学优秀成果奖

获奖等级：3

作　者：尹占华

成果形式：论文

颁奖部门：甘肃省委甘肃省政府

1134 论新时期党的民族人口政策与民族关系

时　间：1997-05-20

奖项名称：甘肃省第五届社会科学优秀成果奖

获奖等级：3

作　者：马正亮

成果形式：论文

颁奖部门：甘肃省委甘肃省政府

1135 庆阳、平凉地区农村职业技术教育情况

时　间：1997-05-20

奖项名称：甘肃省第五届社会科学优秀成果奖

获奖等级：3

作　者：张宝元 廉永善 董清致 雷彦治

成果形式：调查报告

颁奖部门：甘肃省委甘肃省政府

1136 工矿基地型城市自我发展的战略选择

时　　间：1997-05-20

奖项名称：甘肃省第五届社会科学优秀成果奖

获奖等级：3

作　　者：冯云海

成果形式：论文

颁奖部门：甘肃省委甘肃省政府

1137 "保险"在实现共同富裕中的作用

时　　间：1997-05-20

奖项名称：甘肃省第五届社会科学优秀成果奖

获奖等级：3

作　　者：孟小荣

成果形式：论文

颁奖部门：甘肃省委甘肃省政府

1138 平凉生产布局研究

时　　间：1997-05-20

奖项名称：甘肃省第五届社会科学优秀成果奖

获奖等级：3

作　　者：郭峰

成果形式：专著

颁奖部门：甘肃省委甘肃省政府

1139 我国金融信息工作现状及未来发展趋势

时　　间：1997-05-20

奖项名称：甘肃省第五届社会科学优秀成果奖

获奖等级：3

作　　者：李玉琥 陶君道 张学峰

成果形式：论文

颁奖部门：甘肃省委甘肃省政府

1140 《突厥语词典》名词的语法范畴及其形式

时　　间：1997-05-20

奖项名称：甘肃省第五届社会科学优秀成果奖

获奖等级：3

作　　者：邓浩

成果形式：论文

颁奖部门：甘肃省委甘肃省政府

1141 消费文化及其对现代社会文化发展的影响

时　　间：1997-05-20

奖项名称：甘肃省第五届社会科学优秀成果奖

获奖等级：3

作　　者：陈文江

成果形式：论文

颁奖部门：甘肃省委甘肃省政府

1142 中俄关系史略

时　　间：1997-05-20

奖项名称：甘肃省第五届社会科学优秀成果奖

获奖等级：3

作　　者：王希隆

成果形式：专著

颁奖部门：甘肃省委甘肃省政府

1143 商业银行经营管理概论

时　　间：1997-05-20

奖项名称：甘肃省第五届社会科学优秀成果奖

获奖等级：3

作　　者：陈新树 郑建文 温付旺 张庆易

成果形式：编著

颁奖部门：甘肃省委甘肃省政府

1144 "前有浮声，后须切响"别解

时　　间：1997-05-20

奖项名称：甘肃省第五届社会科学优秀成果奖

获奖等级：3

作　　者：赵小刚

成果形式：论文

颁奖部门：甘肃省委甘肃省政府

1145 中国现代表现主义文学的兴起和高涨

时　　间：1997-05-20

奖项名称：甘肃省第五届社会科学优秀成果奖

获奖等级：3

作　　者：程金城

成果形式：论文

颁奖部门：甘肃省委甘肃省政府

1146 中国国情丛书百县市经济社会调查、永昌卷

时　　间：1997-05-20

奖项名称：甘肃省第五届社会科学优秀成果奖

获奖等级：3

作　　者：支克坚 穆纪光 刘敏 郭宝宏 井百祥 冯世平

成果形式：编著

颁奖部门：甘肃省委甘肃省政府

1147 国有企业转换经营机制若干问题研究

时　　间：1997-05-20

奖项名称：甘肃省第五届社会科学优秀成

果奖

获奖等级：3

作　　者：金川有色金属公司审计署驻兰办

成果形式：编著

颁奖部门：甘肃省委甘肃省政府

1148 臧克家的文艺世界

时　　间：1997-05-20

奖项名称：甘肃省第五届社会科学优秀成果奖

获奖等级：3

作　　者：常文昌

成果形式：专著

颁奖部门：甘肃省委甘肃省政府

1149 我国企业国有资产流失状况及其治理对策

时　　间：1997-05-20

奖项名称：甘肃省第五届社会科学优秀成果奖

获奖等级：3

作　　者：吕元琮

成果形式：论文

颁奖部门：甘肃省委甘肃省政府

1150 关于"实物档案"的争论及其启示

时　　间：1997-05-20

奖项名称：甘肃省第五届社会科学优秀成果奖

获奖等级：3

作　　者：向全福

成果形式：论文

颁奖部门：甘肃省委甘肃省政府

1151 在文化比较中重建中国哲学

时　　间：1997-05-20

奖项名称：甘肃省第五届社会科学优秀成果奖

获奖等级：3

作　　者：王晓兴

成果形式：论文

颁奖部门：甘肃省委甘肃省政府

1152 人生与教师修养

时　　间：1997-05-20

奖项名称：甘肃省第五届社会科学优秀成果奖

获奖等级：3

作　　者：胡德海

成果形式：专著

颁奖部门：甘肃省委甘肃省政府

1153 坚持艺术精神的积极价值

时　　间：1997-05-20

奖项名称：甘肃省第五届社会科学优秀成果奖

获奖等级：3

作　　者：许文郁

成果形式：论文

颁奖部门：甘肃省委甘肃省政府

1154 保安族妇女经济参与和教育的现状

时　　间：1997-05-20

奖项名称：甘肃省第五届社会科学优秀成果奖

获奖等级：3

作　　者：省妇联宣传部

成果形式：调查报告

颁奖部门：甘肃省委甘肃省政府

1155 试论会计确认

时　　间：1997-05-20

奖项名称：甘肃省第五届社会科学优秀成果奖

获奖等级：3

作　　者：李培根

成果形式：论文

颁奖部门：甘肃省委甘肃省政府

1156 对国有大中型企业债务状况的研究报告

时　　间：1997-05-20

奖项名称：甘肃省第五届社会科学优秀成果奖

获奖等级：3

作　　者：课题组

成果形式：研究报告

颁奖部门：甘肃省委甘肃省政府

1157 改进领导方法　提高领导艺术

时　　间：1997-05-20

奖项名称：甘肃省第五届社会科学优秀成果奖

获奖等级：3

作　　者：王致祥

成果形式：论文

颁奖部门：甘肃省委甘肃省政府

1158 科技文献管理

时　　间：1997-05-20

奖项名称：甘肃省第五届社会科学优秀成果奖

获奖等级：3

作　　者：安建邦 邵国秀 王怀诗 王留师 张宇

成果形式：教材

颁奖部门：甘肃省委甘肃省政府

1159 正确处理人民内部矛盾应做到"五解"

时　　间：1997-05-20

奖项名称：甘肃省第五届社会科学优秀成果奖

获奖等级：3

作　　者：邓永鹏

成果形式：论文

颁奖部门：甘肃省委甘肃省政府

1160 老子反向思维方式探微

时　　间：1997-05-20

奖项名称：甘肃省第五届社会科学优秀成果奖

获奖等级：3

作　　者：李少惠

成果形式：论文

颁奖部门：甘肃省委甘肃省政府

1161 我国现代高等学校课程的形成、发展与改革

时　　间：1997-05-20

奖项名称：甘肃省第五届社会科学优秀成果奖

获奖等级：3

作　　者：王根顺 饶慧

成果形式：论文

颁奖部门：甘肃省委甘肃省政府

1162 市场经济条件下甘肃建行信贷资产投向选择研究

时　　间：1997-05-20

奖项名称：甘肃省第五届社会科学优秀成果奖

获奖等级：3

作　　者：课题组

成果形式：研究报告

颁奖部门：甘肃省委甘肃省政府

1163 明代陶瓷与伊斯兰文化

时　　间：1997-05-20

奖项名称：甘肃省第五届社会科学优秀成果奖

获奖等级：3

作　　者：马建春

成果形式：论文

颁奖部门：甘肃省委甘肃省政府

1164 道德与人生实践

时　　间：1997-05-20

奖项名称：甘肃省第五届社会科学优秀成果奖

获奖等级：3

作　　者：孙朝晖

成果形式：教材

颁奖部门：甘肃省委甘肃省政府

1165 电力管理人员岗位培训考核计算机管理试题库

时　　间：1997-05-20

奖项名称：甘肃省第五届社会科学优秀成果奖

获奖等级：3

作　　者：甘肃省电力工业局

成果形式：计算机软件

颁奖部门：甘肃省委甘肃省政府

1166 因果关系验证：中国转轨时期的通货膨胀与经济增长

时　　间：1997-05-20

奖项名称：甘肃省第五届社会科学优秀成果奖

获奖等级：3

作　　者：吕胜利 宋秉芳

成果形式：论文

颁奖部门：甘肃省委甘肃省政府

1167 外经贸教程

时　　间：1997-05-20

奖项名称：甘肃省第五届社会科学优秀成果奖

获奖等级：3

作　　者：程有清 达蕃钦

成果形式：教材

颁奖部门：甘肃省委甘肃省政府

1168 张掖市志

时　　间：1997-05-20

奖项名称：甘肃省第五届社会科学优秀成果奖

获奖等级：3

作　　者：张掖市志编修委员会

成果形式：编著

颁奖部门：甘肃省委甘肃省政府

1169 变革年代的喧哗——中国现当代小说比较研究

时　　间：1997-05-20

奖项名称：甘肃省第五届社会科学优秀成果奖

获奖等级：3

作　　者：王喜绒

成果形式：专著

颁奖部门：甘肃省委甘肃省政府

1170 农业银行商业化面临的困难与改革发展思路

时　　间：1997-05-20

奖项名称：甘肃省第五届社会科学优秀成果奖

获奖等级：3

作　　者：滑文献 赵志波

成果形式：论文

颁奖部门：甘肃省委甘肃省政府

1171 中国农业经济与管理问题

时　　间：1997-05-20

奖项名称：甘肃省第五届社会科学优秀成果奖

获奖等级：3

作　　者：赵惠 党国印

成果形式：专著

颁奖部门：甘肃省委甘肃省政府

1172 中青年领导干部的成才之路

时　　间：1997-05-20

奖项名称：甘肃省第五届社会科学优秀成果奖

获奖等级：3

作　　者：孙杰 杨仁争

成果形式：专著

颁奖部门：甘肃省委甘肃省政府

1173 丝绸之路贸易与西北社会研究

时　　间：1997-05-20

奖项名称：甘肃省第五届社会科学优秀成果奖

获奖等级：3

作　　者：蒋致洁

成果形式：专著

颁奖部门：甘肃省委甘肃省政府

1174 企业领导人才库建立的现状研究

时　　间：1997-05-20

奖项名称：甘肃省第五届社会科学优秀成果奖

获奖等级：3

作　　者：省经管干部学院兰州钢铁集团

公司
成果形式：研究报告
颁奖部门：甘肃省委甘肃省政府

1175 论落后地区转变经济增长方式

时　　间：1997-05-20
奖项名称：甘肃省第五届社会科学优秀成果奖
获奖等级：3
作　　者：赵廷毅 张存刚
成果形式：论文
颁奖部门：甘肃省委甘肃省政府

1176 甘肃交通邮电

时　　间：1997-05-20
奖项名称：甘肃省第五届社会科学优秀成果奖
获奖等级：3
作　　者：《甘肃交通邮电》编写组
成果形式：编著
颁奖部门：甘肃省委甘肃省政府

1177 中国西部地区经济发展的优势分析及战略支点的选择

时　　间：1997-05-20
奖项名称：甘肃省第五届社会科学优秀成果奖
获奖等级：3
作　　者：王关义
成果形式：论文
颁奖部门：甘肃省委甘肃省政府

1178 天祝县志

时　　间：1997-05-20
奖项名称：甘肃省第五届社会科学优秀成果奖
获奖等级：3

作　　者：编委会
成果形式：编著
颁奖部门：甘肃省委甘肃省政府

1179 走出长廊

时　　间：1997-05-20
奖项名称：甘肃省第五届社会科学优秀成果奖
获奖等级：3
作　　者：邓志涛
成果形式：专著
颁奖部门：甘肃省委甘肃省政府

1180 东乡文学史

时　　间：1997-05-20
奖项名称：甘肃省第五届社会科学优秀成果奖
获奖等级：3
作　　者：马自祥
成果形式：专著
颁奖部门：甘肃省委甘肃省政府

1181 毛泽东与中国农业现代化

时　　间：1997-05-20
奖项名称：甘肃省第五届社会科学优秀成果奖
获奖等级：3
作　　者：呼志慧 李安兰
成果形式：专著
颁奖部门：甘肃省委甘肃省政府

1182 中国市场经济与地方立法

时　　间：1997-05-20
奖项名称：甘肃省第五届社会科学优秀成果奖
获奖等级：3
作　　者：孙启明 张谦元

成果形式：专著

颁奖部门：甘肃省委甘肃省政府

1183 重新确认省级政府经济管理职能与成功地发挥其职能的途径

时　　间：1997-05-20

奖项名称：甘肃省第五届社会科学优秀成果奖

获奖等级：3

作　　者：常仲智 达蕃钦

成果形式：研究报告

颁奖部门：甘肃省委甘肃省政府

1184 反贫困的战略选择——甘肃两西扶贫开发战略与对策

时　　间：1997-05-20

奖项名称：甘肃省第五届社会科学优秀成果奖

获奖等级：3

作　　者：段舜山 徐建华 杨子兴 刘正平

成果形式：编著

颁奖部门：甘肃省委甘肃省政府

1185 图书馆改革理论研究

时　　间：1997-05-20

奖项名称：甘肃省第五届社会科学优秀成果奖

获奖等级：3

作　　者：郭向东 潘寅生

成果形式：系列论文

颁奖部门：甘肃省委甘肃省政府

1186 律师学

时　　间：1997-05-20

奖项名称：甘肃省第五届社会科学优秀成果奖

获奖等级：3

作　　者：马贵祥 王章合 郑家奎 姜才 张世金 吴春雷

成果形式：教材

颁奖部门：甘肃省委甘肃省政府

1187 现代企业经营管理的最新策略与方法

时　　间：1997-05-20

奖项名称：甘肃省第五届社会科学优秀成果奖

获奖等级：3

作　　者：安应民

成果形式：专著

颁奖部门：甘肃省委甘肃省政府

1188 文化透视：蒙古口承语言民俗

时　　间：1997-05-20

奖项名称：甘肃省第五届社会科学优秀成果奖

获奖等级：3

作　　者：郝苏民

成果形式：编著

颁奖部门：甘肃省委甘肃省政府

1189 世界民族学史

时　　间：1997-05-20

奖项名称：甘肃省第五届社会科学优秀成果奖

获奖等级：3

作　　者：贾东海 孙振玉 邓文科 邵文

成果形式：编著

颁奖部门：甘肃省委甘肃省政府

1190 西部证券市场与西部经济发展

时　　间：1997-05-20

奖项名称：甘肃省第五届社会科学优秀成果奖

获奖等级：3

作　　者：赵亚平

成果形式：论文

颁奖部门：甘肃省委甘肃省政府

1191 中国公文史

时　　间：1997-05-20

奖项名称：甘肃省第五届社会科学优秀成果奖

获奖等级：3

作　　者：吕发成

成果形式：专著

颁奖部门：甘肃省委甘肃省政府

1192 关于我国连锁商店发展的若干问题

时　　间：1997-05-20

奖项名称：甘肃省第五届社会科学优秀成果奖

获奖等级：3

作　　者：王学军

成果形式：论文

颁奖部门：甘肃省委甘肃省政府

1193 兰州市城市建设法规体系和规划方案研究

时　　间：1997-05-20

奖项名称：甘肃省第五届社会科学优秀成果奖

获奖等级：3

作　　者：宋小平 孟祥魁 韩达成

成果形式：研究报告

颁奖部门：甘肃省委甘肃省政府

1194 艺术基础、美术

时　　间：1997-05-20

奖项名称：甘肃省第五届社会科学优秀成

果奖

获奖等级：3

作　　者：杨改学

成果形式：教材

颁奖部门：甘肃省委甘肃省政府

1195 超越虚无走向真实

时　　间：1997-05-20

奖项名称：甘肃省第五届社会科学优秀成果奖

获奖等级：3

作　　者：叶知秋

成果形式：论文

颁奖部门：甘肃省委甘肃省政府

1196 分税制条件下甘肃省县级财政发展对策研究

时　　间：1997-05-20

奖项名称：甘肃省第五届社会科学优秀成果奖

获奖等级：3

作　　者：李有定

成果形式：论文

颁奖部门：甘肃省委甘肃省政府

1197 邓小平人口思想初探

时　　间：1997-05-20

奖项名称：甘肃省第五届社会科学优秀成果奖

获奖等级：3

作　　者：杨新科

成果形式：论文

颁奖部门：甘肃省委甘肃省政府

1198 甘肃历代文学概览

时　　间：1997-05-20

奖项名称：甘肃省第五届社会科学优秀成

果奖

获奖等级：3

作　　者：省社科院文学研究所编写组

成果形式：专著

颁奖部门：甘肃省委甘肃省政府

1199 学习邓小平同志的宏观经济战略思想

时　　间：1997-05-20

奖项名称：甘肃省第五届社会科学优秀成果奖

获奖等级：3

作　　者：欧阳锦

成果形式：论文

颁奖部门：甘肃省委甘肃省政府

1200 外国文学简史

时　　间：1997-05-20

奖项名称：甘肃省第五届社会科学优秀成果奖

获奖等级：3

作　　者：王培青 杜林 李莹 李健

成果形式：教材

颁奖部门：甘肃省委甘肃省政府

1201 甘肃省志·石油化工志

时　　间：1997-05-20

奖项名称：甘肃省第五届社会科学优秀成果奖

获奖等级：3

作　　者：甘肃省地方志编纂委员会　甘肃省石油化学工业厅

成果形式：编著

颁奖部门：甘肃省委甘肃省政府

1202 敦煌赋校注

时　　间：1997-05-20

奖项名称：甘肃省第五届社会科学优秀成果奖

获奖等级：3

作　　者：伏俊琏

成果形式：古籍整理

颁奖部门：甘肃省委甘肃省政府

1203 甘肃民族地区草原牧业市场化及对策研究

时　　间：1997-05-20

奖项名称：甘肃省第五届社会科学优秀成果奖

获奖等级：3

作　　者：邓艾

成果形式：论文

颁奖部门：甘肃省委甘肃省政府

1204 医古文精篇注释解析

时　　间：1997-05-20

奖项名称：甘肃省第五届社会科学优秀成果奖

获奖等级：3

作　　者：吴正中 于淮仁 姜文熙 汤治明

成果形式：古籍校注

颁奖部门：甘肃省委甘肃省政府

1205 甘肃河西地区粮食购销体制改革的调查与思考

时　　间：1997-05-20

奖项名称：甘肃省第五届社会科学优秀成果奖

获奖等级：3

作　　者：来耀勤 杨新科

成果形式：论文

颁奖部门：甘肃省委甘肃省政府

1206 中西文化深层结构和中西文学的思想导向

时　　间：1997-05-20

奖项名称：甘肃省第五届社会科学优秀成果奖

获奖等级：3

作　　者：肖锦龙

成果形式：专著

颁奖部门：甘肃省委甘肃省政府

1207 邓小平用人艺术

时　　间：1997-05-20

奖项名称：甘肃省第五届社会科学优秀成果奖

获奖等级：3

作　　者：夏之鸿 高怀忠

成果形式：论文

颁奖部门：甘肃省委甘肃省政府

1208 关于电视剧创作的思考

时　　间：1997-05-20

奖项名称：甘肃省第五届社会科学优秀成果奖

获奖等级：3

作　　者：高戈

成果形式：论文

颁奖部门：甘肃省委甘肃省政府

1209 大学语文

时　　间：1997-05-20

奖项名称：甘肃省第五届社会科学优秀成果奖

获奖等级：3

作　　者：刘公望

成果形式：教材

颁奖部门：甘肃省委甘肃省政府

1210 发挥传统优势、实施抓大行业大企业战略

时　　间：1997-05-20

奖项名称：甘肃省第五届社会科学优秀成果奖

获奖等级：3

作　　者：杨万林

成果形式：论文

颁奖部门：甘肃省委甘肃省政府

1211 春华秋实集

时　　间：1997-05-20

奖项名称：甘肃省第五届社会科学优秀成果奖

获奖等级：3

作　　者：彭效忠

成果形式：编著

颁奖部门：甘肃省委甘肃省政府

1212 商业银行信贷分析与决策

时　　间：1997-05-20

奖项名称：甘肃省第五届社会科学优秀成果奖

获奖等级：3

作　　者：李生宁 王黎明 吴星任 陈利荣

成果形式：编著

颁奖部门：甘肃省委甘肃省政府

1213 20 世纪中国哲学散论

时　　间：1997-05-20

奖项名称：甘肃省第五届社会科学优秀成果奖

获奖等级：3

作　　者：范鹏

成果形式：专著

颁奖部门：甘肃省委甘肃省政府

1214 甘肃少数民族地区人口与经济发展相关因素分析

时　　间：1997-05-20

奖项名称：甘肃省第五届社会科学优秀成果奖

获奖等级：3

作　　者：赵军 温军

成果形式：论文

颁奖部门：甘肃省委甘肃省政府

1215 陇上壮歌行

时　　间：1997-05-20

奖项名称：甘肃省第五届社会科学优秀成果奖

获奖等级：3

作　　者：省委宣传部省教育委员会

成果形式：音像资料

颁奖部门：甘肃省委甘肃省政府

1216 第二亚欧大陆桥与中国"沿桥经济带"发展战略

时　　间：1997-05-20

奖项名称：甘肃省第五届社会科学优秀成果奖

获奖等级：3

作　　者：郭志仪

成果形式：论文

颁奖部门：甘肃省委甘肃省政府

1217 企业岗位培训出现的新情况及对策

时　　间：1997-05-22

奖项名称：甘肃省第五届社会科学"兴陇奖"

获奖等级：4

作　　者：徐翔鹏

成果形式：论文

颁奖部门：甘肃省委甘肃省政府

1218 对发展人民币信用卡业务的几点建议

时　　间：1997-05-22

奖项名称：甘肃省第五届社会科学"兴陇奖"

获奖等级：4

作　　者：袁雁宾 包小玲

成果形式：论文

颁奖部门：甘肃省委甘肃省政府

1219 量刑情节的冲突问题研究

时　　间：1997-05-22

奖项名称：甘肃省第五届社会科学"兴陇奖"

获奖等级：4

作　　者：陈航

成果形式：论文

颁奖部门：甘肃省委甘肃省政府

1220 论师范高等专科学校的发展趋向

时　　间：1997-05-22

奖项名称：甘肃省第五届社会科学"兴陇奖"

获奖等级：4

作　　者：李刊文 杜玉明

成果形式：论文

颁奖部门：甘肃省委甘肃省政府

1221 中国革命和建设

时　　间：1997-05-22

奖项名称：甘肃省第五届社会科学"兴陇奖"

获奖等级：4

作　　者：段成斌 李济春 李世师

成果形式：专著

颁奖部门：甘肃省委甘肃省政府

1222 建立健全地方税体系　进一步完善现行财政体制

时　　间：1997-05-22

奖项名称：甘肃省第五届社会科学"兴陇奖"

获奖等级：4

作　　者：郭北辰 尚可文

成果形式：论文

颁奖部门：甘肃省委甘肃省政府

1223 陇山秦汉寻踪

时　　间：1997-05-22

奖项名称：甘肃省第五届社会科学"兴陇奖"

获奖等级：4

作　　者：王学礼

成果形式：论文

颁奖部门：甘肃省委甘肃省政府

1224 理论价值观——考完新时期图书馆学研究历程的一种方式

时　　间：1997-05-22

奖项名称：甘肃省第五届社会科学"兴陇奖"

获奖等级：4

作　　者：沙勇忠

成果形式：论文

颁奖部门：甘肃省委甘肃省政府

1225 中国饮食文化与美学

时　　间：1997-05-22

奖项名称：甘肃省第五届社会科学"兴陇奖"

获奖等级：4

作　　者：林少雄

成果形式：论文

颁奖部门：甘肃省委甘肃省政府

1226 中国社会主义市场经济概论

时　　间：1997-05-22

奖项名称：甘肃省第五届社会科学"兴陇奖"

获奖等级：4

作　　者：马德堠 何昌明 张方礼

成果形式：专著

颁奖部门：甘肃省委甘肃省政府

1227 国有发行企业试行股份制的思考

时　　间：1997-05-22

奖项名称：甘肃省第五届社会科学"兴陇奖"

获奖等级：4

作　　者：方咏歌

成果形式：论文

颁奖部门：甘肃省委甘肃省政府

1228 资产选择理论评介

时　　间：1997-05-22

奖项名称：甘肃省第五届社会科学"兴陇奖"

获奖等级：4

作　　者：刘克 吴江

成果形式：论文

颁奖部门：甘肃省委甘肃省政府

1229 酒泉区情概论

时　　间：1997-05-22

奖项名称：甘肃省第五届社会科学"兴陇奖"

获奖等级：4

作　　者：赵向标 张俊彦 李丰荫

成果形式：专著

颁奖部门：甘肃省委甘肃省政府

1230 市场经济条件下的农民经济角色与政府职能探讨

时　　间：1997-05-22

奖项名称：甘肃省第五届社会科学"兴陇奖"

获奖等级：4

作　　者：陈士辉

成果形式：论文

颁奖部门：甘肃省委甘肃省政府

1231 政企分开之后仍需政企合作

时　　间：1997-05-22

奖项名称：甘肃省第五届社会科学"兴陇奖"

获奖等级：4

作　　者：达蕃钦

成果形式：论文

颁奖部门：甘肃省委甘肃省政府

1232 贫困地区建行筹措企业存款的难点与对策

时　　间：1997-05-22

奖项名称：甘肃省第五届社会科学"兴陇奖"

获奖等级：4

作　　者：建行平凉地区中心支行课题组

成果形式：论文

颁奖部门：甘肃省委甘肃省政府

1233 教学研究的本质与特点

时　　间：1997-05-22

奖项名称：甘肃省第五届社会科学"兴陇奖"

获奖等级：4

作　　者：王嘉毅

成果形式：论文

颁奖部门：甘肃省委甘肃省政府

1234 依靠科技进步振兴牧区经济——对肃南县科技管理工作的探讨

时　　间：1997-05-22

奖项名称：甘肃省第五届社会科学"兴陇奖"

获奖等级：4

作　　者：谭福安

成果形式：论文

颁奖部门：甘肃省委甘肃省政府

1235 亚里士多德第一哲学的发展线索

时　　间：1997-05-22

奖项名称：甘肃省第五届社会科学"兴陇奖"

获奖等级：4

作　　者：张晓林

成果形式：论文

颁奖部门：甘肃省委甘肃省政府

1236 试论把农业推向市场过程中的县乡政府行为

时　　间：1997-05-22

奖项名称：甘肃省第五届社会科学"兴陇奖"

获奖等级：4

作　　者：范义

成果形式：论文

颁奖部门：甘肃省委甘肃省政府

1237 嵇康兄弟文谜与兄弟关系考辨

时　　间：1997-05-22

奖项名称：甘肃省第五届社会科学"兴陇奖"

获奖等级：4

作　　者：刘志伟

成果形式：论文

颁奖部门：甘肃省委甘肃省政府

1238 历史大转折时期职工思想品德建设的调查与思考

时　　间：1997-05-22

奖项名称：甘肃省第五届社会科学"兴陇奖"

获奖等级：4

作　　者：赵延河

成果形式：论文

颁奖部门：甘肃省委甘肃省政府

1239 西部不发达地区深化金融体制改革的基本思路

时　　间：1997-05-22

奖项名称：甘肃省第五届社会科学"兴陇奖"

获奖等级：4

作　　者：张忠山 白克荣 张天祀

成果形式：论文

颁奖部门：甘肃省委甘肃省政府

1240 论价值观念对社会经济发展的作用与影响

时　　间：1997-05-22

奖项名称：甘肃省第五届社会科学"兴陇奖"

获奖等级：4

作　　者：安应民

成果形式：论文

颁奖部门：甘肃省委甘肃省政府

1241 藏汉学智力因素和非智力因素对数学能力发展影响的跨文化研究

时　　间：1997-05-22

奖项名称：甘肃省第五届社会科学"兴陇奖"

获奖等级：4

作　　者：吕世虎 付敏 王仲春 孙名符

成果形式：论文

颁奖部门：甘肃省委甘肃省政府

1242 汉代简牍档案的管理

时　　间：1997-05-22

奖项名称：甘肃省第五届社会科学"兴陇奖"

获奖等级：4

作　　者：张启安

成果形式：论文

颁奖部门：甘肃省委甘肃省政府

1243 社会眼中的"狂人"与"狂人"眼中的社会——《狂人日记》与《哈姆雷特》

时　　间：1997-05-22

奖项名称：甘肃省第五届社会科学"兴陇奖"

获奖等级：4

作　　者：何键

成果形式：论文

颁奖部门：甘肃省委甘肃省政府

1244 商场计算机管理系统的现状与对策

时　　间：1997-05-22

奖项名称：甘肃省第五届社会科学"兴陇奖"

获奖等级：4

作　　者：乔东亮

成果形式：论文

颁奖部门：甘肃省委甘肃省政府

1245 甘肃藏族人口

时　　间：1997-05-22

奖项名称：甘肃省第五届社会科学"兴陇奖"

获奖等级：4

作　　者：甘肃人口普查办公室

成果形式：专著

颁奖部门：甘肃省委甘肃省政府

1246 转型期农村妇女生活方式变化的研究

时　　间：1997-05-22

奖项名称：甘肃省第五届社会科学"兴陇奖"

获奖等级：4

作　　者：白建明 韦惠兰

成果形式：论文

颁奖部门：甘肃省委甘肃省政府

1247 马尔库塞哲学研究

时　　间：1997-05-22

奖项名称：甘肃省第五届社会科学"兴陇奖"

获奖等级：4

作　　者：张和平

成果形式：论文

颁奖部门：甘肃省委甘肃省政府

1248 所有制混合化是现代市场经济发展的必然趋势

时　　间：1997-05-22

奖项名称：甘肃省第五届社会科学"兴陇奖"

获奖等级：4

作　　者：王勋铭

成果形式：论文

颁奖部门：甘肃省委甘肃省政府

1249 《文心雕龙》的文学本体论

时　　间：1997-05-22

奖项名称：甘肃省第五届社会科学"兴陇奖"

获奖等级：4

作　　者：王志明

成果形式：论文

颁奖部门：甘肃省委甘肃省政府

1250 把科学理论变为振兴经济的巨大动力——关于广河县委领导干部学习理论指导工作的调查

时　　间：1997-05-22

奖项名称：甘肃省第五届社会科学"兴陇奖"

获奖等级：4

作　　者：临夏州委宣传部调查组

成果形式：论文

颁奖部门：甘肃省委甘肃省政府

1251 商业银行会计

时　　间：1997-05-22

奖项名称：甘肃省第五届社会科学"兴陇奖"

获奖等级：4

作　　者：张琼 李明

成果形式：专著

颁奖部门：甘肃省委甘肃省政府

1252 市场经济对公司法学研究的启示

时　　间：1997-05-22

奖项名称：甘肃省第五届社会科学"兴陇奖"

获奖等级：4

作　　者：苟军看

成果形式：论文

颁奖部门：甘肃省委甘肃省政府

1253 货币政策和财政政策的经济效应分析

时　　间：1997-05-22

奖项名称：甘肃省第五届社会科学"兴陇奖"

获奖等级：4

作　　者：李兴江

成果形式：论文

颁奖部门：甘肃省委甘肃省政府

1254 再论民族教育学科体系建构问题

时　　间：1997-05-22

奖项名称：甘肃省第五届社会科学"兴陇奖"

获奖等级：4

作　　者：蔡宝来

成果形式：论文

颁奖部门：甘肃省委甘肃省政府

1255 实用经贸法语

时　　间：1997-05-22

奖项名称：甘肃省第五届社会科学"兴陇奖"

获奖等级：4

作　　者：朱良 王宝琼

成果形式：编著

颁奖部门：甘肃省委甘肃省政府

1256 区域经济地理学

时　　间：1997-05-22

奖项名称：甘肃省第五届社会科学"兴陇奖"

获奖等级：4

作　　者：安成谋 周盛基

成果形式：著作

颁奖部门：甘肃省委甘肃省政府

1257 甘肃省粮食供需平衡问题及发展对策

时　　间：1997-05-22

奖项名称：甘肃省第五届社会科学"兴陇奖"

获奖等级：4

作　　者：谢鹏云 张宇 李新文

成果形式：论文

颁奖部门：甘肃省委甘肃省政府

1258 甘肃省志农业志

时　　间：1997-05-22

奖项名称：甘肃省第五届社会科学"兴陇奖"

获奖等级：4

作　　者：崔荣芳 谢登清 李长成 许维刚

成果形式：地方志

颁奖部门：甘肃省委甘肃省政府

1259 小学生作文步步高（四、五年级使用）

时　　间：1997-05-22

奖项名称：甘肃省第五届社会科学"兴陇奖"

获奖等级：4

作　　者：马钧

成果形式：编著

颁奖部门：甘肃省委甘肃省政府

1260 关于适应社会主义市场经济的道德原则和道德规范的思考

时　　间：1997-05-22

奖项名称：甘肃省第五届社会科学"兴陇奖"

获奖等级：4

作　　者：武劼

成果形式：论文

颁奖部门：甘肃省委甘肃省政府

1261 全面提高国家汲取财政能力的战略思考

时　　间：1997-05-22

奖项名称：甘肃省第五届社会科学"兴陇奖"

获奖等级：4

作　　者：郭继强

成果形式：论文

颁奖部门：甘肃省委甘肃省政府

1262 建立教育功能学的构想

时　　间：1997-05-22

奖项名称：甘肃省第五届社会科学"兴陇奖"

获奖等级：4

作　　者：陶立志

成果形式：论文

颁奖部门：甘肃省委甘肃省政府

1263 把握重点、理清思路、转变观念——我国国有经济深化改革新探

时　　间：1997-05-22

奖项名称：甘肃省第五届社会科学"兴陇奖"

获奖等级：4

作　　者：刘进军

成果形式：论文

颁奖部门：甘肃省委甘肃省政府

1264 甘肃历代诗文词典鉴赏辞典

时　　间：1997-05-22

奖项名称：甘肃省第五届社会科学"兴陇奖"

获奖等级：4

作　　者：匡扶 龚喜年 孙京荣

成果形式：工具书

颁奖部门：甘肃省委甘肃省政府

1265 从汉语看汉民族的传统时间观

时　　间：1997-05-22

奖项名称：甘肃省第五届社会科学"兴陇奖"

获奖等级：4

作　　者：刘泽民

成果形式：论文

颁奖部门：甘肃省委甘肃省政府

1266 甘肃省粮食平衡与短缺研究

时　　间：1997-05-22

奖项名称：甘肃省第五届社会科学"兴陇奖"

获奖等级：4

作　　者：省统计局调查队课题组

成果形式：论文

颁奖部门：甘肃省委甘肃省政府

1267 敦煌石窟艺术莫高窟第9.12窟

时　　间：1997-05-22

奖项名称：甘肃省第五届社会科学"兴陇奖"

获奖等级：4

作　　者：敦煌研究院

成果形式：专著

颁奖部门：甘肃省委甘肃省政府

1268 中英文广告语言研究

时　　间：1997-05-22

奖项名称：甘肃省第五届社会科学"兴陇奖"

获奖等级：4

作　　者：王春玉 吕顺景

成果形式：专著

颁奖部门：甘肃省委甘肃省政府

1269 大学生社会调查方法

时　　间：1997-05-22

奖项名称：甘肃省第五届社会科学"兴陇奖"

获奖等级：4

作　　者：改革教材编写组

成果形式：教材

颁奖部门：甘肃省委甘肃省政府

1270 近代西藏社会经济形态分析

时　　间：1997-05-22

奖项名称：甘肃省第五届社会科学"兴陇奖"

获奖等级：4

作　　者：彭清深

成果形式：论文

颁奖部门：甘肃省委甘肃省政府

1271 甘肃抗旱治沙史研究

时　　间：1997-05-22

奖项名称：甘肃省第五届社会科学"兴陇奖"

获奖等级：4

作　　者：王福成 王震亚 李清凌 李并成 赵艳林

成果形式：专著

颁奖部门：甘肃省委甘肃省政府

1272 拉卜楞寺院经济模式初探

时　　间：1997-05-22

奖项名称：甘肃省第五届社会科学"兴陇奖"

获奖等级：4

作　　者：东噶仓才让加

成果形式：论文

颁奖部门：甘肃省委甘肃省政府

1273 毛泽东诗词全集辑注

时　　间：1997-05-22

奖项名称：甘肃省第五届社会科学"兴陇奖"

获奖等级：4

作　　者：庆振轩 阎军

成果形式：专著

颁奖部门：甘肃省委甘肃省政府

1274 浅谈市场流通货币券别结构变化的原因与对策

时　　间：1997-05-22

奖项名称：甘肃省第五届社会科学"兴陇奖"

获奖等级：4

作　　者：缪普 昌雪铁

成果形式：调查报告

颁奖部门：甘肃省委甘肃省政府

1275 邓小平社会主义本质思路研究

时　　间：1997-05-22

奖项名称：甘肃省第五届社会科学"兴陇奖"

获奖等级：4

作　　者：刘先春 张健

成果形式：著作

颁奖部门：甘肃省委甘肃省政府

1276 我国农业科技推广管窥

时　　间：1997-05-22

奖项名称：甘肃省第五届社会科学"兴陇奖"

获奖等级：4

作　　者：刘升元 刘爱云 康红

成果形式：论文

颁奖部门：甘肃省委甘肃省政府

1277 社会学的新视野

时　　间：1997-05-22

奖项名称：甘肃省第五届社会科学"兴陇奖"

获奖等级：4

作　　者：赵利生 刘莹 江波 李自清

成果形式：专著

颁奖部门：甘肃省委甘肃省政府

1278 关于建立天水市乡镇企业人才培训体系研究

时　　间：1997-05-22

奖项名称：甘肃省第五届社会科学"兴陇奖"

获奖等级：4

作　　者：林双成 陈逸平 雍际春 康民

成果形式：研究报告

颁奖部门：甘肃省委甘肃省政府

1279 眺望远古的微光　漫读岩画随想

时　　间：1997-05-22

奖项名称：甘肃省第五届社会科学"兴陇奖"

获奖等级：4

作　　者：刘立波

成果形式：论文

颁奖部门：甘肃省委甘肃省政府

1280 用文摘法与引文法测单学科核心期刊的本质区别

时　　间：1997-05-22

奖项名称：甘肃省第五届社会科学"兴陇奖"

获奖等级：4

作　　者：刘维义

成果形式：论文

颁奖部门：甘肃省委甘肃省政府

1281 要重视发扬中国特色的社会主义精神

时　　间：1997-05-22

奖项名称：甘肃省第五届社会科学"兴陇奖"

获奖等级：4

作　　者：郑子文

成果形式：论文

颁奖部门：甘肃省委甘肃省政府

1282 敦煌石窟艺术莫高窟第 61 窟

时　　间：1997-05-22

奖项名称：甘肃省第五届社会科学"兴陇奖"

获奖等级：4

作　　者：敦煌研究院

成果形式：专著

颁奖部门：甘肃省委甘肃省政府

1283 羲皇古域历代诗文传记选注

时　　间：1997-05-22

奖项名称：甘肃省第五届社会科学"兴陇奖"

获奖等级：4

作　　者：杨育峰

成果形式：编著

颁奖部门：甘肃省委甘肃省政府

1284 甘肃实现 2000 年粮肉新增目标对策研究

时　　间：1997-05-20

奖项名称：甘肃省第五届社会科学优秀成果奖

获奖等级：4

作　　者：省计委农经处 经济研究所

成果形式：研究报告

颁奖部门：甘肃省委甘肃省政府

1285 金融企业经营管理学

时　　间：1997-05-22

奖项名称：甘肃省第五届社会科学"兴陇奖"

获奖等级：4

作　　者：张劲松

成果形式：专著

颁奖部门：甘肃省委甘肃省政府

1286 论"独尊儒术"思想的产生确立及其意义

时　　间：1997-05-22

奖项名称：甘肃省第五届社会科学"兴陇奖"

获奖等级：4

作　　者：张如珍

成果形式：论文

颁奖部门：甘肃省委甘肃省政府

1287 干旱贫困地区解决温饱的五条路子

时　　间：1997-05-22

奖项名称：甘肃省第五届社会科学"兴陇奖"

获奖等级：4

作　　者：王重国

成果形式：调查报告

颁奖部门：甘肃省委甘肃省政府

1288 甘肃经济周期波动研究

时　　间：1997-05-22

奖项名称：甘肃省第五届社会科学"兴陇奖"

获奖等级：4

作　　者：倪克湖

成果形式：论文

颁奖部门：甘肃省委甘肃省政府

1289 唐代粟特人与中原商业贸易产生的社会作用和影响

时　　间：1997-05-22

奖项名称：甘肃省第五届社会科学"兴陇奖"

获奖等级：4

作　　者：王尚达

成果形式：论文

颁奖部门：甘肃省委甘肃省政府

1290 怪圈之谜初探　贫困人口问题的透视与思考

时　　间：1997-05-22

奖项名称：甘肃省第五届社会科学"兴陇奖"

获奖等级：4

作　　者：韦惠兰 张志良

成果形式：专著

颁奖部门：甘肃省委甘肃省政府

1291 现代财务管理

时　　间：1997-05-22

奖项名称：甘肃省第五届社会科学"兴陇奖"

获奖等级：4

作　　者：李保和

成果形式：教材

颁奖部门：甘肃省委甘肃省政府

1292 信贷工作的一项创举——论信贷业务的"三项工程"建设

时　　间：1997-05-22

奖项名称：甘肃省第五届社会科学优秀成果奖

获奖等级：4

作　　者：龚铜安

成果形式：论文

颁奖部门：甘肃省委甘肃省政府

1293 沙州回鹘及其文献

时　　间：1997-05-22

奖项名称：甘肃省第五届社会科学"兴陇奖"

获奖等级：4

作　　者：杨富学 牛汝极

成果形式：专著

颁奖部门：甘肃省委甘肃省政府

1294 改革出版社内部运行机制

时　　间：1997-05-22

奖项名称：甘肃省第五届社会科学"兴陇奖"

获奖等级：4

作　　者：胡福生

成果形式：论文

颁奖部门：甘肃省委甘肃省政府

1295 小康之路

时　　间：1997-05-22

奖项名称：甘肃省第五届社会科学"兴陇奖"

获奖等级：4

作　　者：郭承录 李强

成果形式：专著

颁奖部门：甘肃省委甘肃省政府

1296 改革开放中企业思想政治工作

时　　间：1997-05-22

奖项名称：甘肃省第五届社会科学"兴陇奖"

获奖等级：4

作　　者：马起朴

成果形式：教材

颁奖部门：甘肃省委甘肃省政府

1297 甘肃石羊河流域武威绿洲水资源系统分析

时　　间：1997-05-22

奖项名称：甘肃省第五届社会科学"兴陇奖"

获奖等级：4

作　　者：张勃 石培基 赵军

成果形式：论文

颁奖部门：甘肃省委甘肃省政府

1298 向西开放——中国西北地区与中亚五国关系研究

时　　间：1997-05-22

奖项名称：甘肃省第五届社会科学"兴陇奖"

获奖等级：4

作　　者：倪国良

成果形式：专著

颁奖部门：甘肃省委甘肃省政府

1299 十九世纪加拿大英语妇女文学及其发展

时　　间：1997-05-22

奖项名称：甘肃省第五届社会科学"兴陇奖"

获奖等级：4

作　　者：赵惠珍

成果形式：论文

颁奖部门：甘肃省委甘肃省政府

1300 对货币供给与经济增长物价上涨不确定性关系的研究

时　　间：1997-05-22

奖项名称：甘肃省第五届社会科学"兴陇奖"

获奖等级：4

作　　者：倪克湖

成果形式：论文

颁奖部门：甘肃省委甘肃省政府

1301 关于西北铁路与西南铁路新通道的思考

时　　间：1997-05-22

奖项名称：甘肃省第五届社会科学"兴陇奖"

获奖等级：4

作　　者：杨云生

成果形式：论文

颁奖部门：甘肃省委甘肃省政府

1302 论行政法律规范的冲突

时　　间：1997-05-22

奖项名称：甘肃省第五届社会科学"兴陇奖"

获奖等级：4

作　　者：刘志坚

成果形式：论文

颁奖部门：甘肃省委甘肃省政府

1303 外汇储备与通货膨胀

时　　间：1997-05-22

奖项名称：甘肃省第五届社会科学"兴陇奖"

获奖等级：4

作　　者：成学真

成果形式：论文

颁奖部门：甘肃省委甘肃省政府

1304 回顾与展望

时　　间：1997-05-22

奖项名称：甘肃省第五届社会科学"兴陇奖"

获奖等级：4

作　　者：吕荣志 王联群 刘央先

成果形式：专著

颁奖部门：甘肃省委甘肃省政府

1305 心理学

时　　间：1997-05-22

奖项名称：甘肃省第五届社会科学"兴陇奖"

获奖等级：4

作　　者：王树秀 孙继民

成果形式：专著

颁奖部门：甘肃省委甘肃省政府

1306 成才时间运筹术

时　　间：1997-05-22

奖项名称：甘肃省第五届社会科学"兴陇奖"

获奖等级：4

作　　者：李光伟 董亚玲

成果形式：专著

颁奖部门：甘肃省委甘肃省政府

1307 唐宋诗词精选

时　　间：1997-05-22

奖项名称：甘肃省第五届社会科学"兴陇奖"

获奖等级：4

作　　者：孙艺蓁 孙绿江

成果形式：专著

颁奖部门：甘肃省委甘肃省政府

1308 一河两江流域藏语方言汇要

时　　间：1997-05-22

奖项名称：甘肃省第五届社会科学"兴陇奖"

获奖等级：4

作　　者：杨士宏

成果形式：专著

颁奖部门：甘肃省委甘肃省政府

1309 试论爱国主义与现代化建设

时　　间：1997-05-22

奖项名称：甘肃省第五届社会科学"兴陇奖"

获奖等级：4

作　　者：桑维军

成果形式：论文

颁奖部门：甘肃省委甘肃省政府

1310 企业转制对金融工作的影响及对策建议——对六户试点企业转制情况的调查研究

时　　间：1997-05-22

奖项名称：甘肃省第五届社会科学"兴陇奖"

获奖等级：4

作　　者：课题组

成果形式：调查报告

颁奖部门：甘肃省委甘肃省政府

1311 走向 21 世纪的高等民族师范教育

时　　间：1997-05-22

奖项名称：甘肃省第五届社会科学"兴陇奖"

获奖等级：4

作　　者：韦鹏飞 王福成 张俊宗 易先培 马振林

成果形式：专著

颁奖部门：甘肃省委甘肃省政府

1312 金昌市志

时　　间：1997-05-22

奖项名称：甘肃省第五届社会科学"兴陇奖"

获奖等级：4

作　　者：唐立贵 李庆云 康怀远

成果形式：地方志

颁奖部门：甘肃省委甘肃省政府

1313 论历史文化地理学的研究对象、科学内容及其任务

时　　间：1997-05-22

奖项名称：甘肃省第五届社会科学"兴陇奖"

获奖等级：4

作　　者：雍际春

成果形式：论文

颁奖部门：甘肃省委甘肃省政府

1314 缩小东西部差距的对策研究

时　　间：1997-05-22

奖项名称：甘肃省第五届社会科学"兴陇奖"

获奖等级：4

作　　者：冷冰鑫 高子章

成果形式：论文

颁奖部门：甘肃省委甘肃省政府

1315 铁路集装运输

时　　间：1997-05-22

奖项名称：甘肃省第五届社会科学"兴陇奖"

获奖等级：4

作　　者：索占鸿

成果形式：专著

颁奖部门：甘肃省委甘肃省政府

1316 北京译经论

时　　间：1997-05-22

奖项名称：甘肃省第五届社会科学"兴陇奖"

获奖等级：4

作　　者：杜斗城

成果形式：专著

颁奖部门：甘肃省委甘肃省政府

1317 突破传统体制　全面推行教育综合改革

时　　间：1997-05-22

奖项名称：甘肃省第五届社会科学"兴陇奖"

获奖等级：4

作　　者：张一

成果形式：论文

颁奖部门：甘肃省委甘肃省政府

1318 关于农业比较利益的思考

时　　间：1997-05-22

奖项名称：甘肃省第五届社会科学"兴陇奖"

获奖等级：4

作　　者：杨军 杨林娟

成果形式：论文

颁奖部门：甘肃省委甘肃省政府

1319 卓尼县志

时　　间：1997-05-22

奖项名称：甘肃省第五届社会科学"兴陇奖"

获奖等级：4

作　　者：祁殿臣

成果形式：地方志

颁奖部门：甘肃省委甘肃省政府

1320 社会主义市场经济条件下加强和改进煤炭企业党的建设的思考

时　　间：1997-05-22

奖项名称：甘肃省第五届社会科学"兴陇奖"

获奖等级：4

作　　者：张怀江

成果形式：论文

颁奖部门：甘肃省委甘肃省政府

1321 关于我国货币政策体系的思考与建议

时　　间：1997-05-22

奖项名称：甘肃省第五届社会科学"兴陇奖"

获奖等级：4

作　　者：李锦屏 李川斗

成果形式：论文

颁奖部门：甘肃省委甘肃省政府

1322 对管好用好世界银行贷款的思考与建议

时　　间：1997-05-22

奖项名称：甘肃省第五届社会科学"兴陇奖"

获奖等级：4

作　　者：石磊

成果形式：论文

颁奖部门：甘肃省委甘肃省政府

1323 深化企业社会保险制度改革的一项有益的尝试

时　　间：1997-05-22

奖项名称：甘肃省第五届社会科学"兴陇奖"

获奖等级：4

作　　者：尚进忠 贺国芳 甘煜春

成果形式：论文

颁奖部门：甘肃省委甘肃省政府

1324 独生子女成才指南

时　　间：1997-05-22

奖项名称：甘肃省第五届社会科学"兴陇奖"

获奖等级：4

作　　者：常校珍

成果形式：专著

颁奖部门：甘肃省委甘肃省政府

1325 甘州府志

时　　间：1997-05-22

奖项名称：甘肃省第五届社会科学"兴陇奖"

获奖等级：4

作　　者：张志纯 张民林 高欣荣 王嘉俊 刘江东 王元第

成果形式：古籍整理

颁奖部门：甘肃省委甘肃省政府

1326 人类需要的哲学透视

时　　间：1997-05-22

奖项名称：甘肃省第五届社会科学"兴陇奖"

获奖等级：4

作　　者：连珩 杨森

成果形式：论文

颁奖部门：甘肃省委甘肃省政府

1327 女性觉醒的最先声——《简·爱》中的妇女超前意识

时　　间：1997-05-22

奖项名称：甘肃省第五届社会科学"兴陇奖"

获奖等级：4

作　　者：毛岸波

成果形式：论文

颁奖部门：甘肃省委甘肃省政府

1328 略论编辑人才建设

时　　间：1997-05-22

奖项名称：甘肃省第五届社会科学"兴陇奖"

获奖等级：4

作　　者：刘延寿

成果形式：论文

颁奖部门：甘肃省委甘肃省政府

1329 陇东高原半湿润偏旱区（镇原）种植业系统动态仿真研究

时　　间：1997-05-22

奖项名称：甘肃省第五届社会科学"兴陇奖"

获奖等级：4

作　　者：李新文 高旺盛 佘世明

成果形式：论文

颁奖部门：甘肃省委甘肃省政府

1330 我国贫困落后地区经济现状及发展对策——以甘肃定西地区为例

时　　间：1997-05-22

奖项名称：甘肃省第五届社会科学"兴陇奖"

获奖等级：4

作　　者：何启明

成果形式：论文

颁奖部门：甘肃省委甘肃省政府

1331 太平鼓正源

时　　间：1997-05-22

奖项名称：甘肃省第五届社会科学"兴陇奖"

获奖等级：4

作　　者：曹燕柳

成果形式：论文

颁奖部门：甘肃省委甘肃省政府

1332 小学生作文步步高（五、六年级使用）

时　　间：1997-05-22

奖项名称：甘肃省第五届社会科学"兴陇奖"

获奖等级：4

作　　者：陈锡萱 李嘉贵

成果形式：编著

颁奖部门：甘肃省委甘肃省政府

1333 现代国际公法

时　　间：1997-05-22

奖项名称：甘肃省第五届社会科学"兴陇奖"

获奖等级：4

作　　者：江伟钰 董天良

成果形式：专著

颁奖部门：甘肃省委甘肃省政府

1334 课堂教学原理与策略

时　　间：1997-05-22

奖项名称：甘肃省第五届社会科学"兴陇奖"

获奖等级：4

作　　者：张智学 徐继存 潘洪建

成果形式：专著

颁奖部门：甘肃省委甘肃省政府

1335 中共党史分期论

时　　间：1997-05-22

奖项名称：甘肃省第五届社会科学"兴陇奖"

获奖等级：4

作　　者：秦陇晟（秦生）

成果形式：论文

颁奖部门：甘肃省委甘肃省政府

1336 浅析意外医疗给付完善医疗保险管理——对兰州市附加意外伤害医疗保险给付情况的调查

时　　间：1997-05-22

奖项名称：甘肃省第五届社会科学"兴陇奖"

获奖等级：4

作　　者：方志英 于晨阳 周鸿

成果形式：论文

颁奖部门：甘肃省委甘肃省政府

1337 兰州炼油化工总厂志

时　　间：1997-05-22

奖项名称：甘肃省第五届社会科学"兴陇奖"

获奖等级：4

作　　者：《兰州炼油化工总厂志》编纂委员会

成果形式：史志

颁奖部门：甘肃省委甘肃省政府

1338 适应市场经济需要，加强国有资产管理

时　　间：1997-05-22

奖项名称：甘肃省第五届社会科学优秀成果奖

获奖等级：4

作　　者：任君常

成果形式：论文

颁奖部门：甘肃省委甘肃省政府

1339 论教育教学研究中的知识社会学问题

时　　间：1997-05-22

奖项名称：甘肃省第五届社会科学"兴陇奖"

获奖等级：4

作　　者：万明钢

成果形式：论文

颁奖部门：甘肃省委甘肃省政府

1340 浅谈陈云再生产理论的现实意义

时　　间：1997-05-22

奖项名称：甘肃省第五届社会科学"兴陇奖"

获奖等级：4

作　　者：高鹤龄

成果形式：论文

颁奖部门：甘肃省委甘肃省政府

1341 道法自然——谈老子札记

时　　间：1997-05-22

奖项名称：甘肃省第五届社会科学"兴陇奖"

获奖等级：4

作　者：任凯

成果形式：专著

颁奖部门：甘肃省委甘肃省政府

1342 从小尾寒羊看开发扶贫

时　间：1997-05-22

奖项名称：甘肃省第五届社会科学"兴陇奖"

获奖等级：4

作　者：张文辉

成果形式：论文

颁奖部门：甘肃省委甘肃省政府

1343 古曲诗词中一个永恒的主题——孤独情绪

时　间：1997-05-22

奖项名称：甘肃省第五届社会科学"兴陇奖"

获奖等级：4

作　者：裴登峰

成果形式：论文

颁奖部门：甘肃省委甘肃省政府

1344 女性主义批评的经验论

时　间：1997-05-22

奖项名称：甘肃省第五届社会科学"兴陇奖"

获奖等级：4

作　者：陈晓兰

成果形式：论文

颁奖部门：甘肃省委甘肃省政府

1345 敦煌石窟秘方与灸经图

时　间：1997-05-22

奖项名称：甘肃省第五届社会科学"兴陇奖"

获奖等级：4

作　者：张侬

成果形式：专著

颁奖部门：甘肃省委甘肃省政府

1346 系统科学革命：物质观变革的基础

时　间：1997-05-22

奖项名称：甘肃省第五届社会科学优秀成果奖

获奖等级：4

作　者：贺恒信 曹文强

成果形式：论文

颁奖部门：甘肃省委甘肃省政府

1347 中外合资合作企业审计实务

时　间：1997-05-22

奖项名称：甘肃省第五届社会科学"兴陇奖"

获奖等级：4

作　者：孙宝厚 高存弟 冯义申 张玉忠 王小烈 梁德修 杨凯军 周云平 胡虎

成果形式：编著

颁奖部门：甘肃省委甘肃省政府

1348 浅谈毛泽东关于共产党员要在思想上入党的思想

时　间：1997-05-22

奖项名称：甘肃省第五届社会科学"兴陇奖"

获奖等级：4

作　者：周祥志

成果形式：论文

颁奖部门：甘肃省委甘肃省政府

1349 比较侵权行为法

时　间：1997-05-22

奖项名称：甘肃省第五届社会科学"兴陇奖"

获奖等级：4

作　者：陶广峰 刘艺工

成果形式：专著

颁奖部门：甘肃省委甘肃省政府

1350 农业发展银行经营机制初探

时　　间：1997-05-22

奖项名称：甘肃省第五届社会科学"兴陇奖"

获奖等级：4

作　　者：管立新

成果形式：论文

颁奖部门：甘肃省委甘肃省政府

1351 萨迦五祖六集

时　　间：1997-05-22

奖项名称：甘肃省第五届社会科学"兴陇奖"

获奖等级：4

作　　者：道周 更志

成果形式：古籍整理

颁奖部门：甘肃省委甘肃省政府

1352 毛泽东关于"调查研究是科学决策基础"的实践与思想

时　　间：1997-05-22

奖项名称：甘肃省第五届社会科学"兴陇奖"

获奖等级：4

作　　者：魏虎德

成果形式：论文

颁奖部门：甘肃省委甘肃省政府

1353 河西文化论

时　　间：1997-05-22

奖项名称：甘肃省第五届社会科学"兴陇奖"

获奖等级：4

作　　者：邵如林

成果形式：论文

颁奖部门：甘肃省委甘肃省政府

1354 寻找精神家园——论《花狗崖》的神话原型模式

时　　间：1997-05-22

奖项名称：甘肃省第五届社会科学"兴陇奖"

获奖等级：4

作　　者：黄涛梅

成果形式：论文

颁奖部门：甘肃省委甘肃省政府

1355 敦煌学论述

时　　间：1997-05-22

奖项名称：甘肃省第五届社会科学"兴陇奖"

获奖等级：4

作　　者：刘进宝

成果形式：专著

颁奖部门：甘肃省委甘肃省政府

1356 论审计及强化审计监督

时　　间：1997-05-22

奖项名称：甘肃省第五届社会科学"兴陇奖"

获奖等级：4

作　　者：丁建华

成果形式：论文

颁奖部门：甘肃省委甘肃省政府

1357 从文化结构角度看邓小平的文化观

时　　间：1997-05-22

奖项名称：甘肃省第五届社会科学"兴陇奖"

获奖等级：4

作　　者：李建学

成果形式：论文

颁奖部门：甘肃省委甘肃省政府

1358 略论民族地区新闻传播中的几个问题

时　　间：1997-05-22

奖项名称：甘肃省第五届社会科学"兴陇奖"

获奖等级：4

作　　者：益母拉姆（张燕）

成果形式：论文

颁奖部门：甘肃省委甘肃省政府

1359 从反判与重建走入深层困境——谈超现实主义文学的命运

时　　间：1997-05-22

奖项名称：甘肃省第五届社会科学"兴陇奖"

获奖等级：4

作　　者：李克

成果形式：论文

颁奖部门：甘肃省委甘肃省政府

1360 佉卢文书所见鄯善国之货币

时　　间：1997-05-22

奖项名称：甘肃省第五届社会科学"兴陇奖"

获奖等级：4

作　　者：杨富学

成果形式：论文

颁奖部门：甘肃省委甘肃省政府

1361 农村合作经济组织会计

时　　间：1997-05-22

奖项名称：甘肃省第五届社会科学"兴陇奖"

获奖等级：4

作　　者：高兴明 王玉堂 崔增团

成果形式：专著

颁奖部门：甘肃省委甘肃省政府

1362 革命史诗气壮山河——毛泽东诗词述论

时　　间：1997-05-22

奖项名称：甘肃省第五届社会科学"兴陇奖"

获奖等级：4

作　　者：张仲仪

成果形式：论文

颁奖部门：甘肃省委甘肃省政府

1363 陇东老区红军史

时　　间：1997-05-22

奖项名称：甘肃省第五届社会科学"兴陇奖"

获奖等级：4

作　　者：曲涛 李仲立

成果形式：专著

颁奖部门：甘肃省委甘肃省政府

1364 社会主义市场经济体制下会计的基本理论问题——资金静态结构模式及意义

时　　间：1997-05-22

奖项名称：甘肃省第五届社会科学"兴陇奖"

获奖等级：4

作　　者：杨隆骞

成果形式：论文

颁奖部门：甘肃省委甘肃省政府

1365 西北贫困地区深化农村改革问题研究

时　　间：1999-02-01

奖项名称：甘肃省第六届社会科学优秀成果奖

获奖等级：1

作　　者：高新才

成果形式：研究报告

颁奖部门：甘肃省委甘肃省政府

1366 当代甘肃社会犯罪问题研究

时　　间：1999-02-01

奖项名称：甘肃省第六届社会科学优秀成果奖

获奖等级：1

作　　者：徐仲碧 张谦元 杜宝虎

成果形式：编著

颁奖部门：甘肃省委甘肃省政府

1367 贫困与反贫困经济学

时　　间：1999-02-01

奖项名称：甘肃省第六届社会科学优秀成果奖

获奖等级：1

作　　者：李含琳

成果形式：专著

颁奖部门：甘肃省委甘肃省政府

1368 邓小平理论与建设有中国特色社会主义实践

时　　间：1999-02-01

奖项名称：甘肃省第六届社会科学优秀成果奖

获奖等级：1

作　　者：王文学 王兴嘉 郭宝珠

成果形式：编著

颁奖部门：甘肃省委甘肃省政府

1369 知识与智慧——金岳霖哲学研究

时　　间：1999-02-01

奖项名称：甘肃省第六届社会科学优秀成果奖

获奖等级：1

作　　者：陈晓龙

成果形式：专著

颁奖部门：甘肃省委甘肃省政府

1370 宋代西北吐蕃研究

时　　间：1999-02-01

奖项名称：甘肃省第六届社会科学优秀成果奖

获奖等级：1

作　　者：刘建丽

成果形式：专著

颁奖部门：甘肃省委甘肃省政府

1371 意象文艺论

时　　间：1999-02-01

奖项名称：甘肃省第六届社会科学优秀成果奖

获奖等级：1

作　　者：郭外岑

成果形式：专著

颁奖部门：甘肃省委甘肃省政府

1372 中国西北少数民族教育

时　　间：1999-02-01

奖项名称：甘肃省第六届社会科学优秀成果奖

获奖等级：1

作　　者：李定仁 蔡国英

成果形式：专著

颁奖部门：甘肃省委甘肃省政府

1373 振兴地方财政研究——兼论甘肃财政问题

时　　间：1999-02-01

奖项名称：甘肃省第六届社会科学优秀成果奖

获奖等级：1

作　　者：刘茂兴 郭玉安 罗刚

成果形式：编著

颁奖部门：甘肃省委甘肃省政府

1374 关于我省宗教问题的调研报告

时　　间：1999-02-01

奖项名称：甘肃省第六届社会科学优秀成果奖

获奖等级：1

作　　者：牟本理

成果形式：研究报告

颁奖部门：甘肃省委甘肃省政府

1375 唐宋间敦煌粟特人之汉化

时　　间：1999-02-01

奖项名称：甘肃省第六届社会科学优秀成果奖

获奖等级：2

作　　者：陆庆夫

成果形式：论文

颁奖部门：甘肃省委甘肃省政府

1376 商人精神与商法

时　　间：1999-02-01

奖项名称：甘肃省第六届社会科学优秀成果奖

获奖等级：2

作　　者：李功国

成果形式：论文

颁奖部门：甘肃省委甘肃省政府

1377 西域古代民族宗教论

时　　间：1999-02-01

奖项名称：甘肃省第六届社会科学优秀成果奖

获奖等级：2

作　　者：高永久

成果形式：专著

颁奖部门：甘肃省委甘肃省政府

1378 甘川青交接区域民族经济开发与区域联系研究

时　　间：1999-02-01

奖项名称：甘肃省第六届社会科学优秀成果奖

获奖等级：2

作　　者：石培基

成果形式：研究报告

颁奖部门：甘肃省委甘肃省政府

1379 20世纪中国文学价值系统1900—1949

时　　间：1999-02-01

奖项名称：甘肃省第六届社会科学优秀成果奖

获奖等级：2

作　　者：程金城

成果形式：专著

颁奖部门：甘肃省委甘肃省政府

1380 敦煌莫高窟史研究

时　　间：1999-02-01

奖项名称：甘肃省第六届社会科学优秀成果奖

获奖等级：2

作　　者：马德

成果形式：专著

颁奖部门：甘肃省委甘肃省政府

1381 关于非控理论的哲学思考

时　　间：1999-02-01

奖项名称：甘肃省第六届社会科学优秀成果奖

获奖等级：2

作　　者：任遂虎 孙晓玲

成果形式：论文

颁奖部门：甘肃省委甘肃省政府

1382 唐六典全译

时　　间：1999-02-01

奖项名称：甘肃省第六届社会科学优秀成果奖

获奖等级：2

作　　者：袁文兴 潘寅生

成果形式：古籍整理注释

颁奖部门：甘肃省委甘肃省政府

1383 西北市场经济的链条——中介组织

时　　间：1999-02-01

奖项名称：甘肃省第六届社会科学优秀成果奖

获奖等级：2

作　　者：包强

成果形式：研究报告

颁奖部门：甘肃省委甘肃省政府

1384 晚清小说理论

时　　间：1999-02-01

奖项名称：甘肃省第六届社会科学优秀成果奖

获奖等级：2

作　　者：颜廷亮

成果形式：专著

颁奖部门：甘肃省委甘肃省政府

1385 人力资源管理学

时　　间：1999-02-01

奖项名称：甘肃省第六届社会科学优秀成果奖

获奖等级：2

作　　者：安应民 吴菁

成果形式：专著

颁奖部门：甘肃省委甘肃省政府

1386 文献情报自动化与网络化建设

时　　间：1999-02-01

奖项名称：甘肃省第六届社会科学优秀成果奖

获奖等级：2

作　　者：张海华 李明明 唐健鹏

成果形式：编著

颁奖部门：甘肃省委甘肃省政府

1387 富县策——甘肃省县级财政建设研究

时　　间：1999-02-01

奖项名称：甘肃省第六届社会科学优秀成果奖

获奖等级：2

作　　者：康民 吴碧莲 刘茂兴 周多明 郭玉安 李有定

成果形式：编著

颁奖部门：甘肃省委甘肃省政府

1388 法律规范的逻辑演示 QS 系统

时　　间：1999-02-01

奖项名称：甘肃省第六届社会科学优秀成果奖

获奖等级：2

作　　者：陶景侃

成果形式：论文

颁奖部门：甘肃省委甘肃省政府

1389 黄土魂魄与天马精神——甘肃小说家文化心理剖析

时　　间：1999-02-01

奖项名称：甘肃省第六届社会科学优秀成果奖

获奖等级：2

作　　者：许文郁

成果形式：论文

颁奖部门：甘肃省委甘肃省政府

1390 跨世纪的忧患——影响中国稳定发展的主要社会问题

时　　间：1999-02-01

奖项名称：甘肃省第六届社会科学优秀成果奖

获奖等级：2

作　　者：张兴杰 赵世荣 王锐 王骝

成果形式：编著

颁奖部门：甘肃省委甘肃省政府

1391 农业双层经营体制的理论与实践——农村经济体制改革研究

时　　间：1999-02-01

奖项名称：甘肃省第六届社会科学优秀成果奖

获奖等级：2

作　　者：李文斌

成果形式：专著

颁奖部门：甘肃省委甘肃省政府

1392 历史教育学概论

时　　间：1999-02-01

奖项名称：甘肃省第六届社会科学优秀成果奖

获奖等级：2

作　　者：姬秉新

成果形式：教材

颁奖部门：甘肃省委甘肃省政府

1393 法律成本与中国经济法制建设

时　　间：1999-02-01

奖项名称：甘肃省第六届社会科学优秀成果奖

获奖等级：2

作　　者：李胜兰 周林彬 邱海洋

成果形式：论文

颁奖部门：甘肃省委甘肃省政府

1394 通向富裕之路——中国农村的改革开放与发展

时　　间：1999-02-01

奖项名称：甘肃省第六届社会科学优秀成果奖

获奖等级：2

作　　者：温友祥

成果形式：编著

颁奖部门：甘肃省委甘肃省政府

1395 制度变迁与东西部农村经济发展差异论纲

时　　间：1999-02-01

奖项名称：甘肃省第六届社会科学优秀成果奖

获奖等级：2

作　　者：把多勋

成果形式：论文

颁奖部门：甘肃省委甘肃省政府

1396 中国贫困地区开发性扶贫移民研究

时　　间：1999-02-01

奖项名称：甘肃省第六届社会科学优秀成果奖

获奖等级：2

作　　者：张志良 张涛 张潜 席群

成果形式：系列论文

颁奖部门：甘肃省委甘肃省政府

1397 不发达地区经济增长方式转变与金融创新

时　　间：1999-02-01

奖项名称：甘肃省第六届社会科学优秀成果奖

获奖等级：2

作　　者：课题组

成果形式：研究报告

颁奖部门：甘肃省委甘肃省政府

1398 西北经济史

时　　间：1999-02-01

奖项名称：甘肃省第六届社会科学优秀成

果奖

获奖等级：2

作　　者：李清凌

成果形式：专著

颁奖部门：甘肃省委甘肃省政府

1399 中亚研究——中亚与中国同源跨国民族卷

时　　间：1999-02-01

奖项名称：甘肃省第六届社会科学优秀成果奖

获奖等级：2

作　　者：马曼丽

成果形式：编著

颁奖部门：甘肃省委甘肃省政府

1400 甘肃省民族地区扶贫现状与对策研究报告

时　　间：1999-02-01

奖项名称：甘肃省第六届社会科学优秀成果奖

获奖等级：3

作　　者：课题组

成果形式：研究报告

颁奖部门：甘肃省委甘肃省政府

1401 《逻辑哲学论》的逻辑观

时　　间：1999-02-01

奖项名称：甘肃省第六届社会科学优秀成果奖

获奖等级：3

作　　者：戚本芬

成果形式：论文

颁奖部门：甘肃省委甘肃省政府

1402 教学研究方法论

时　　间：1999-02-01

奖项名称：甘肃省第六届社会科学优秀成果奖

获奖等级：3

作　　者：王嘉毅

成果形式：专著

颁奖部门：甘肃省委甘肃省政府

1403 张祜诗集校注

时　　间：1999-02-01

奖项名称：甘肃省第六届社会科学优秀成果奖

获奖等级：3

作　　者：尹占华

成果形式：编著

颁奖部门：甘肃省委甘肃省政府

1404 说文解字与古代文化

时　　间：1999-02-01

奖项名称：甘肃省第六届社会科学优秀成果奖

获奖等级：3

作　　者：赵小刚

成果形式：专著

颁奖部门：甘肃省委甘肃省政府

1405 心理学的理论与实践

时　　间：1999-02-01

奖项名称：甘肃省第六届社会科学优秀成果奖

获奖等级：3

作　　者：李晖 汤丰林

成果形式：教材

颁奖部门：甘肃省委甘肃省政府

1406 中国古代修养美学论纲

时　　间：1999-02-01

奖项名称：甘肃省第六届社会科学优秀成

果奖

获奖等级：3

作　　者：王建疆

成果形式：系列论文

颁奖部门：甘肃省委甘肃省政府

1407　中级财务会计

时　　间：1999-02-01

奖项名称：甘肃省第六届社会科学优秀成果奖

获奖等级：3

作　　者：陈玮 李梦玉 周一虹

成果形式：教材

颁奖部门：甘肃省委甘肃省政府

1408　农业经营与管理

时　　间：1999-02-01

奖项名称：甘肃省第六届社会科学优秀成果奖

获奖等级：3

作　　者：魏永昭 刘玉森

成果形式：教材

颁奖部门：甘肃省委甘肃省政府

1409　从跨文化角度看英语异型词的汉译

时　　间：1999-02-01

奖项名称：甘肃省第六届社会科学优秀成果奖

获奖等级：3

作　　者：郭建民 黄凌

成果形式：论文

颁奖部门：甘肃省委甘肃省政府

1410　金融公共关系学

时　　间：1999-02-01

奖项名称：甘肃省第六届社会科学优秀成

果奖

获奖等级：3

作　　者：张志峰

成果形式：编著

颁奖部门：甘肃省委甘肃省政府

1411　藏族历史通论

时　　间：1999-02-01

奖项名称：甘肃省第六届社会科学优秀成果奖

获奖等级：3

作　　者：幸擦·罗桑嘉措

成果形式：专著

颁奖部门：甘肃省委甘肃省政府

1412　论基本教育——贫困地区扫盲与消除贫困问题研究

时　　间：1999-02-01

奖项名称：甘肃省第六届社会科学优秀成果奖

获奖等级：3

作　　者：万明钢 张铁 道景民

成果形式：论文

颁奖部门：甘肃省委甘肃省政府

1413　嘉峪关漫话

时　　间：1999-02-01

奖项名称：甘肃省第六届社会科学优秀成果奖

获奖等级：3

作　　者：张军武

成果形式：科普读物

颁奖部门：甘肃省委甘肃省政府

1414　国外农业产业化的基本经验及发展趋势

时　　间：1999-02-01

奖项名称：甘肃省第六届社会科学优秀成果奖

获奖等级：3

作　　者：马翠玲

成果形式：论文

颁奖部门：甘肃省委甘肃省政府

1415 晚唐五代宋初归义军武职军将研究

时　　间：1999-02-01

奖项名称：甘肃省第六届社会科学优秀成果奖

获奖等级：3

作　　者：冯培红

成果形式：论文

颁奖部门：甘肃省委甘肃省政府

1416 行政协调面临的挑战

时　　间：1999-02-01

奖项名称：甘肃省第六届社会科学优秀成果奖

获奖等级：3

作　　者：张勤

成果形式：论文

颁奖部门：甘肃省委甘肃省政府

1417 人类忧患：人口、粮食、土地、水

时　　间：1999-02-01

奖项名称：甘肃省第六届社会科学优秀成果奖

获奖等级：3

作　　者：彭真志

成果形式：编著

颁奖部门：甘肃省委甘肃省政府

1418 民乐东灰山考古

时　　间：1999-02-01

奖项名称：甘肃省第六届社会科学优秀成果奖

获奖等级：3

作　　者：无

成果形式：编著

颁奖部门：甘肃省委甘肃省政府

1419 期刊文献资源开发利用研究

时　　间：1999-02-01

奖项名称：甘肃省第六届社会科学优秀成果奖

获奖等级：3

作　　者：刘增义 张学武

成果形式：论文

颁奖部门：甘肃省委甘肃省政府

1420 河西开发史研究

时　　间：1999-02-01

奖项名称：甘肃省第六届社会科学优秀成果奖

获奖等级：3

作　　者：吴廷桢 郭厚安

成果形式：编著

颁奖部门：甘肃省委甘肃省政府

1421 中国古代小说宏观论

时　　间：1999-02-01

奖项名称：甘肃省第六届社会科学优秀成果奖

获奖等级：3

作　　者：刘书成

成果形式：专著

颁奖部门：甘肃省委甘肃省政府

1422 西北史鉴

时　　间：1999-02-01

奖项名称：甘肃省第六届社会科学优秀成

果奖

获奖等级：3

作　　者：汪受宽

成果形式：编著

颁奖部门：甘肃省委甘肃省政府

1423 蒙藏文化交流研究

时　　间：1999-02-01

奖项名称：甘肃省第六届社会科学优秀成果奖

获奖等级：3

作　　者：嘎尔迪

成果形式：专著

颁奖部门：甘肃省委甘肃省政府

1424 行政法与税务行政责任

时　　间：1999-02-01

奖项名称：甘肃省第六届社会科学优秀成果奖

获奖等级：3

作　　者：王维国 杨涛 刘新陆 李飞舟

成果形式：编著

颁奖部门：甘肃省委甘肃省政府

1425 自费出版面面观

时　　间：1999-02-01

奖项名称：甘肃省第六届社会科学优秀成果奖

获奖等级：3

作　　者：申晓君

成果形式：论文

颁奖部门：甘肃省委甘肃省政府

1426 改革开放条件下中国择偶观念的变化及发展趋势

时　　间：1999-02-01

奖项名称：甘肃省第六届社会科学优秀成

果奖

获奖等级：3

作　　者：杨新科

成果形式：论文

颁奖部门：甘肃省委甘肃省政府

1427 大学生成才学

时　　间：1999-02-01

奖项名称：甘肃省第六届社会科学优秀成果奖

获奖等级：3

作　　者：孙元化 叶进 杨鉴晓

成果形式：教材

颁奖部门：甘肃省委甘肃省政府

1428 报告文学探论

时　　间：1999-02-01

奖项名称：甘肃省第六届社会科学优秀成果奖

获奖等级：3

作　　者：陈进波 马永强

成果形式：专著

颁奖部门：甘肃省委甘肃省政府

1429 五凉史探

时　　间：1999-02-01

奖项名称：甘肃省第六届社会科学优秀成果奖

获奖等级：3

作　　者：赵向群

成果形式：专著

颁奖部门：甘肃省委甘肃省政府

1430 男到女家结婚落户与甘肃农村生育率下降

时　　间：1999-02-01

奖项名称：甘肃省第六届社会科学优秀成

果奖

获奖等级：3

作　　者：马正亮

成果形式：论文

颁奖部门：甘肃省委甘肃省政府

1431 知识的演进及其产权化过程

时　　间：1999-02-01

奖项名称：甘肃省第六届社会科学优秀成果奖

获奖等级：3

作　　者：姜安印

成果形式：论文

颁奖部门：甘肃省委甘肃省政府

1432 话龙城划未来

时　　间：1999-02-01

奖项名称：甘肃省第六届社会科学优秀成果奖

获奖等级：3

作　　者：李万泰 陈逸平 雍际春 徐日辉 康民

成果形式：编著

颁奖部门：甘肃省委甘肃省政府

1433 合作与竞争——走向 21 世纪的世界经济

时　　间：1999-02-01

奖项名称：甘肃省第六届社会科学优秀成果奖

获奖等级：3

作　　者：倪国良 关平

成果形式：专著

颁奖部门：甘肃省委甘肃省政府

1434 现代语言教育学

时　　间：1999-02-01

奖项名称：甘肃省第六届社会科学优秀成果奖

获奖等级：3

作　　者：靳建 石义堂 赵跟喜 郭治锋

成果形式：教材

颁奖部门：甘肃省委甘肃省政府

1435 试论行政行为的分析框架

时　　间：1999-02-01

奖项名称：甘肃省第六届社会科学优秀成果奖

获奖等级：3

作　　者：贺恒信

成果形式：论文

颁奖部门：甘肃省委甘肃省政府

1436 中国通货膨胀的因果关系验证：通货膨胀与经济增长

时　　间：1999-02-01

奖项名称：甘肃省第六届社会科学优秀成果奖

获奖等级：3

作　　者：吕胜利

成果形式：论文

颁奖部门：甘肃省委甘肃省政府

1437 建设有中国特色社会主义理论与实践

时　　间：1999-02-01

奖项名称：甘肃省第六届社会科学优秀成果奖

获奖等级：3

作　　者：石玉亭 范学斌 徐德祯

成果形式：编著

颁奖部门：甘肃省委甘肃省政府

1438 国家公务员测评指标体系研究

时　　间：1999-02-01

奖项名称：甘肃省第六届社会科学优秀成果奖

获奖等级：3

作　　者：调配录用处

成果形式：研究报告

颁奖部门：甘肃省委甘肃省政府

1439 当代甘肃人口问题

时　　间：1999-02-01

奖项名称：甘肃省第六届社会科学优秀成果奖

获奖等级：3

作　　者：原华荣 梁珊泉 陈波 常跟应

成果形式：编著

颁奖部门：甘肃省委甘肃省政府

1440 中国回回历法辑丛

时　　间：1999-02-01

奖项名称：甘肃省第六届社会科学优秀成果奖

获奖等级：3

作　　者：省民委古籍所

成果形式：编著

颁奖部门：甘肃省委甘肃省政府

1441 关于加强女性教育的几个问题

时　　间：1999-02-01

奖项名称：甘肃省第六届社会科学优秀成果奖

获奖等级：3

作　　者：刘喜云

成果形式：论文

颁奖部门：甘肃省委甘肃省政府

1442 社会主义市场经济体制与现代化

时　　间：1999-02-01

奖项名称：甘肃省第六届社会科学优秀成果奖

获奖等级：3

作　　者：许信胜

成果形式：专著

颁奖部门：甘肃省委甘肃省政府

1443 跨世纪的选择

时　　间：1999-02-01

奖项名称：甘肃省第六届社会科学优秀成果奖

获奖等级：3

作　　者：张翀

成果形式：编著

颁奖部门：甘肃省委甘肃省政府

1444 "三西"建设与党的领导和建设

时　　间：1999-02-01

奖项名称：甘肃省第六届社会科学优秀成果奖

获奖等级：3

作　　者：陈纪常

成果形式：专著

颁奖部门：甘肃省委甘肃省政府

1445 西北内陆民族地区经济如何实现超常规发展——对甘肃省民族地区经济发展政策性问题的调查报告

时　　间：1999-02-01

奖项名称：甘肃省第六届社会科学优秀成果奖

获奖等级：3

作　　者：牟本理 杨进智 郭长乐

成果形式：论文

颁奖部门：甘肃省委甘肃省政府

1446 肖洛霍夫创作研究

时　　间：1999-02-01

奖项名称：甘肃省第六届社会科学优秀成果奖

获奖等级：3

作　　者：徐家荣

成果形式：专著

颁奖部门：甘肃省委甘肃省政府

1447 我国社会主义初级阶段的基本经济制度

时　　间：1999-02-01

奖项名称：甘肃省第六届社会科学优秀成果奖

获奖等级：3

作　　者：刘家声

成果形式：论文

颁奖部门：甘肃省委甘肃省政府

1448 农村教育综合改革研究

时　　间：1999-02-01

奖项名称：甘肃省第六届社会科学优秀成果奖

获奖等级：3

作　　者：马培芳 王琳

成果形式：编著

颁奖部门：甘肃省委甘肃省政府

1449 诸葛亮世家

时　　间：1999-02-01

奖项名称：甘肃省第六届社会科学优秀成果奖

获奖等级：3

作　　者：张崇琛

成果形式：专著

颁奖部门：甘肃省委甘肃省政府

1450 适应商业化改革需要建立农业银行质量会计体系

时　　间：1999-02-01

奖项名称：甘肃省第六届社会科学优秀成果奖

获奖等级：3

作　　者：高万生

成果形式：论文

颁奖部门：甘肃省委甘肃省政府

1451 文献信息利用学导论

时　　间：1999-02-01

奖项名称：甘肃省第六届社会科学优秀成果奖

获奖等级：3

作　　者：郭向东 刘喜

成果形式：编著

颁奖部门：甘肃省委甘肃省政府

1452 税务稽查理论与实践

时　　间：1999-02-01

奖项名称：甘肃省第六届社会科学优秀成果奖

获奖等级：3

作　　者：史文献 郝发忠 张敏

成果形式：编著

颁奖部门：甘肃省委甘肃省政府

1453 《简·爱》中罗切斯特形象的论析

时　　间：1999-02-01

奖项名称：甘肃省第六届社会科学优秀成果奖

获奖等级：3

作　　者：毛岸波

成果形式：论文

颁奖部门：甘肃省委甘肃省政府

1454 从国际经济模式比较看我国"抓大放小"政策的科学性

时　　间：1999-02-01

奖项名称：甘肃省第六届社会科学优秀成果奖

获奖等级：3

作　　者：陈蒲芳

成果形式：论文

颁奖部门：甘肃省委甘肃省政府

1455 我国市场中介组织的理论与实践

时　　间：1999-02-01

奖项名称：甘肃省第六届社会科学优秀成果奖

获奖等级：3

作　　者：梁亚民

成果形式：研究报告

颁奖部门：甘肃省委甘肃省政府

1456 市场演进与营销战略选择

时　　间：1999-02-01

奖项名称：甘肃省第六届社会科学优秀成果奖

获奖等级：3

作　　者：王学军

成果形式：论文

颁奖部门：甘肃省委甘肃省政府

1457 信息革命与高校德育

时　　间：1999-02-01

奖项名称：甘肃省第六届社会科学优秀成果奖

获奖等级：3

作　　者：孙朝晖

成果形式：论文

颁奖部门：甘肃省委甘肃省政府

1458 中国油画家风格论

时　　间：1999-02-01

奖项名称：甘肃省第六届社会科学优秀成果奖

获奖等级：3

作　　者：呼喜江

成果形式：专著

颁奖部门：甘肃省委甘肃省政府

1459 中国农业志全书·甘肃卷

时　　间：1999-02-01

奖项名称：甘肃省第六届社会科学优秀成果奖

获奖等级：3

作　　者：中国农业志甘肃卷编委会

成果形式：编著

颁奖部门：甘肃省委甘肃省政府

1460 三种一体化词表比较研究

时　　间：1999-02-01

奖项名称：甘肃省第六届社会科学优秀成果奖

获奖等级：3

作　　者：袁相琴

成果形式：论文

颁奖部门：甘肃省委甘肃省政府

1461 债权法论

时　　间：1999-02-01

奖项名称：甘肃省第六届社会科学优秀成果奖

获奖等级：3

作　　者：贾登勋 蔡永民 周林彬

成果形式：教材

颁奖部门：甘肃省委甘肃省政府

1462 缺陷与完美

时　　间：1999-02-01

奖项名称：甘肃省第六届社会科学优秀成果奖

获奖等级：3

作　　者：雷岩岭

成果形式：论文

颁奖部门：甘肃省委甘肃省政府

1463 论"道德功利主义"：中国主导传统伦理的内在运行机制

时　　间：1999-02-01

奖项名称：甘肃省第六届社会科学优秀成果奖

获奖等级：3

作　　者：肖群忠

成果形式：论文

颁奖部门：甘肃省委甘肃省政府

1464 13世纪蒙藏文化关系的确立及其重要意义

时　　间：1999-02-01

奖项名称：甘肃省第六届社会科学优秀成果奖

获奖等级：3

作　　者：嘎尔迪 闵文义

成果形式：论文

颁奖部门：甘肃省委甘肃省政府

1465 结合少数民族牧区实际发展基础教育的新模式——甘肃肃南裕固族自治县"全民""普九"工作调研报告

时　　间：1999-02-01

奖项名称：甘肃省第六届社会科学优秀成果奖

获奖等级：3

作　　者：何永忠 马金玲

成果形式：调研报告

颁奖部门：甘肃省委甘肃省政府

1466 汉河西四郡设置年代考辨

时　　间：1999-02-01

奖项名称：甘肃省第六届社会科学优秀成果奖

获奖等级：3

作　　者：郝树声

成果形式：论文

颁奖部门：甘肃省委甘肃省政府

1467 唐代公文制度研究

时　　间：1999-02-01

奖项名称：甘肃省第六届社会科学优秀成果奖

获奖等级：3

作　　者：张启安

成果形式：论文

颁奖部门：甘肃省委甘肃省政府

1468 邓小平理论是毛泽东思想的继承和发展

时　　间：1999-02-01

奖项名称：甘肃省第六届社会科学优秀成果奖

获奖等级：3

作　　者：赵建利

成果形式：论文

颁奖部门：甘肃省委甘肃省政府

1469 析毛泽东逻辑思想之本源

时　　间：1999-02-01

奖项名称：甘肃省第六届社会科学优秀成

果奖

获奖等级：3

作　　者：颜华东

成果形式：论文

颁奖部门：甘肃省委甘肃省政府

1470 深化改革强化管理加快发展——农业银行向国有商业银行转轨的基本思路

时　　间：1999-02-01

奖项名称：甘肃省第六届社会科学优秀成果奖

获奖等级：3

作　　者：罗正亚

成果形式：论文

颁奖部门：甘肃省委甘肃省政府

1471 甘肃通货膨胀问题研究

时　　间：1999-02-01

奖项名称：甘肃省第六届社会科学优秀成果奖

获奖等级：3

作　　者：课题组

成果形式：论文

颁奖部门：甘肃省委甘肃省政府

1472 简史——松赞干布遗训

时　　间：1999-02-01

奖项名称：甘肃省第六届社会科学优秀成果奖

获奖等级：3

作　　者：卢亚军

成果形式：译著

颁奖部门：甘肃省委甘肃省政府

1473 资源开发研究

时　　间：1999-02-01

奖项名称：甘肃省第六届社会科学优秀成果奖

获奖等级：3

作　　者：胡福生

成果形式：论文

颁奖部门：甘肃省委甘肃省政府

1474 反贫困的职业教育发展战略研究

时　　间：1999-02-01

奖项名称：甘肃省第六届社会科学优秀成果奖

获奖等级：3

作　　者：黄信爱

成果形式：论文

颁奖部门：甘肃省委甘肃省政府

1475 走向社会关怀——兰州市民众主观社会指标调查研究

时　　间：1999-02-01

奖项名称：甘肃省第六届社会科学优秀成果奖

获奖等级：3

作　　者：赵利生 江波

成果形式：专著

颁奖部门：甘肃省委甘肃省政府

1476 从西北道堂看宗教与中国现代化的问题

时　　间：1999-02-01

奖项名称：甘肃省第六届社会科学优秀成果奖

获奖等级：3

作　　者：高占福

成果形式：论文

颁奖部门：甘肃省委甘肃省政府

1477 历代经略西北边疆研究

时　　间：1999-02-01

奖项名称：甘肃省第六届社会科学优秀成果奖

获奖等级：3

作　　者：侯丕勋

成果形式：专著

颁奖部门：甘肃省委甘肃省政府

1478 构建企业质量经营机制的对策探讨

时　　间：1999-02-01

奖项名称：甘肃省第六届社会科学优秀成果奖

获奖等级：3

作　　者：冯进学

成果形式：论文

颁奖部门：甘肃省委甘肃省政府

1479 试论教学论研究的思维规范

时　　间：1999-02-01

奖项名称：甘肃省第六届社会科学优秀成果奖

获奖等级：3

作　　者：蔡宝来

成果形式：论文

颁奖部门：甘肃省委甘肃省政府

1480 论半干旱地区集水农业工程技术体系的建立与完善

时　　间：1999-02-01

奖项名称：甘肃省第六届社会科学优秀成果奖

获奖等级：3

作　　者：李锋瑞

成果形式：论文

颁奖部门：甘肃省委甘肃省政府

1481 精神文明与"精神温饱工程"

时　　间：1999-02-01

奖项名称：甘肃省第六届社会科学优秀成果奖

获奖等级：3

作　　者：潘竟万 周文武 马振亚

成果形式：专著

颁奖部门：甘肃省委甘肃省政府

1482 张东荪与中国价值哲学

时　　间：1999-02-01

奖项名称：甘肃省第六届社会科学优秀成果奖

获奖等级：3

作　　者：王国银 牟永生

成果形式：论文

颁奖部门：甘肃省委甘肃省政府

1483 社会主义市场经济条件下的民族区域经济优惠政策

时　　间：1999-02-01

奖项名称：甘肃省第六届社会科学优秀成果奖

获奖等级：3

作　　者：陈永奎

成果形式：论文

颁奖部门：甘肃省委甘肃省政府

1484 甘肃省农副产品流通问题研究

时　　间：1999-02-01

奖项名称：甘肃省第六届社会科学优秀成

果奖

获奖等级：3

作　　者：课题组

成果形式：研究报告

颁奖部门：甘肃省委甘肃省政府

1485　应用写作学

时　　间：1999-02-01

奖项名称：甘肃省第六届社会科学优秀成果奖

获奖等级：3

作　　者：邵炳军 叶小军

成果形式：教材

颁奖部门：甘肃省委甘肃省政府

1486　兰州在 21 世纪将面临的挑战与机遇

时　　间：1999-02-01

奖项名称：甘肃省第六届社会科学优秀成果奖

获奖等级：3

作　　者：钱勇生 李保和

成果形式：论文

颁奖部门：甘肃省委甘肃省政府

1487　富强之路——甘肃省老区、贫困地区农村支柱产业发展对策研究

时　　间：1999-02-01

奖项名称：甘肃省第六届社会科学优秀成果奖

获奖等级：3

作　　者：郭承录等

成果形式：编著

颁奖部门：甘肃省委甘肃省政府

1488　广义实践观释论

时　　间：1999-02-01

奖项名称：甘肃省第六届社会科学优秀成果奖

获奖等级：3

作　　者：雷龙乾

成果形式：论文

颁奖部门：甘肃省委甘肃省政府

1489　拉卜楞寺志

时　　间：1999-02-01

奖项名称：甘肃省第六届社会科学优秀成果奖

获奖等级：3

作　　者：玛钦·诺言 理更志 道周

成果形式：译注

颁奖部门：甘肃省委甘肃省政府

1490　庆阳简史

时　　间：1999-02-01

奖项名称：甘肃省第六届社会科学优秀成果奖

获奖等级：3

作　　者：阎庆生 黄正林

成果形式：编著

颁奖部门：甘肃省委甘肃省政府

1491　当前影响政令畅通的因素及对策

时　　间：1999-02-01

奖项名称：甘肃省第六届社会科学优秀成果奖

获奖等级：3

作　　者：廖娱泰

成果形式：论文

颁奖部门：甘肃省委甘肃省政府

1492 人和之道——与人相处的艺术

时　　间：1999-02-01

奖项名称：甘肃省第六届社会科学优秀成果奖

获奖等级：3

作　　者：梁淑凤

成果形式：专著

颁奖部门：甘肃省委甘肃省政府

1493 新闻的理性思考

时　　间：1999-02-01

奖项名称：甘肃省第六届社会科学优秀成果奖

获奖等级：3

作　　者：李引进

成果形式：专著

颁奖部门：甘肃省委甘肃省政府

1494 甘肃省牧区经济及牧业税负担研究

时　　间：1999-02-01

奖项名称：甘肃省第六届社会科学优秀成果奖

获奖等级：3

作　　者：省农财研究会课题组

成果形式：研究报告

颁奖部门：甘肃省委甘肃省政府

1495 论体育与艺术

时　　间：1999-02-01

奖项名称：甘肃省第六届社会科学优秀成果奖

获奖等级：3

作　　者：寇永俊 牛亚莉

成果形式：论文

颁奖部门：甘肃省委甘肃省政府

1496 周恩来营救西路军

时　　间：1999-02-01

奖项名称：甘肃省第六届社会科学优秀成果奖

获奖等级：3

作　　者：董汉河

成果形式：论文

颁奖部门：甘肃省委甘肃省政府

1497 农户行为与农业两个根本性转变

时　　间：1999-02-01

奖项名称：甘肃省第六届社会科学优秀成果奖

获奖等级：3

作　　者：张希仁

成果形式：论文

颁奖部门：甘肃省委甘肃省政府

1498 关于我国西部地区增创新优势的思考

时　　间：1999-02-01

奖项名称：甘肃省第六届社会科学优秀成果奖

获奖等级：3

作　　者：李伯祥

成果形式：论文

颁奖部门：甘肃省委甘肃省政府

1499 闭路电视系统在中小学教育中的应用研究

时　　间：1999-02-01

奖项名称：甘肃省第六届社会科学优秀成果奖

获奖等级：3

作　　者：郭绍青 张筱兰

成果形式：系列论文

颁奖部门：甘肃省委甘肃省政府

1500 法医学研究与应用

时　　间：1999-02-01

奖项名称：甘肃省第六届社会科学优秀成果奖

获奖等级：3

作　　者：郭万里 薛月琴 李杰

成果形式：教材

颁奖部门：甘肃省委甘肃省政府

1501 甘肃农业经济发展战略研究的模型系统

时　　间：1999-02-01

奖项名称：甘肃省第六届社会科学优秀成果奖

获奖等级：3

作　　者：马德山 冯旭

成果形式：论文

颁奖部门：甘肃省委甘肃省政府

1502 崛起的中国

时　　间：1999-02-01

奖项名称：甘肃省第六届社会科学优秀成果奖

获奖等级：3

作　　者：桑维军

成果形式：专著

颁奖部门：甘肃省委甘肃省政府

1503 墨子的管理思想及其特征

时　　间：1999-02-01

奖项名称：甘肃省第六届社会科学优秀成果奖

获奖等级：3

作　　者：李少惠

成果形式：论文

颁奖部门：甘肃省委甘肃省政府

1504 甘肃省投资发展战略研究

时　　间：1999-02-01

奖项名称：甘肃省第六届社会科学优秀成果奖

获奖等级：3

作　　者：课题组

成果形式：论文

颁奖部门：甘肃省委甘肃省政府

1505 兰州地区人才资源整体开发研究

时　　间：1999-02-01

奖项名称：甘肃省第六届社会科学优秀成果奖

获奖等级：3

作　　者：赵士通 廉淑琴 武文军 曹萍

成果形式：研究报告

颁奖部门：甘肃省委甘肃省政府

1506 古浪县志

时　　间：1999-02-01

奖项名称：甘肃省第六届社会科学优秀成果奖

获奖等级：3

作　　者：古浪县志编委会

成果形式：编著

颁奖部门：甘肃省委甘肃省政府

1507 发展区域经济协作的实践与对策研究

时　　间：1999-02-01

奖项名称：甘肃省第六届社会科学优秀成果奖

获奖等级：3

作　　者：李源和

成果形式：论文

颁奖部门：甘肃省委甘肃省政府

1508 国际体系相互依存一体化国际秩序——对当代西方国际关系理论的整合

时　　间：1999-02-01

奖项名称：甘肃省第六届社会科学优秀成果奖

获奖等级：3

作　　者：丁志刚

成果形式：论文

颁奖部门：甘肃省委甘肃省政府

1509 公主兼诗人，燧石映羽毛——论波琳·约翰逊其人其诗

时　　间：1999-02-01

奖项名称：甘肃省第六届社会科学优秀成果奖

获奖等级：3

作　　者：赵慧珍

成果形式：论文

颁奖部门：甘肃省委甘肃省政府

1510 甘肃民间文学概论

时　　间：1999-02-01

奖项名称：甘肃省第六届社会科学优秀成果奖

获奖等级：3

作　　者：武文

成果形式：专著

颁奖部门：甘肃省委甘肃省政府

1511 平凉经济概论

时　　间：1999-02-01

奖项名称：甘肃省第六届社会科学优秀成果奖

获奖等级：3

作　　者：甘成福 王鸿浩

成果形式：编著

颁奖部门：甘肃省委甘肃省政府

1512 兰州市志·市政建设志

时　　间：1999-02-01

奖项名称：甘肃省第六届社会科学优秀成果奖

获奖等级：3

作　　者：兰州市地方志市政建志编委会

成果形式：编著

颁奖部门：甘肃省委甘肃省政府

1513 高原地理与青藏文化

时　　间：1999-02-01

奖项名称：甘肃省第六届社会科学优秀成果奖

获奖等级：3

作　　者：尕藏才旦

成果形式：论文

颁奖部门：甘肃省委甘肃省政府

1514 庆阳地区农业产业化经营的战略选择

时　　间：1999-02-01

奖项名称：甘肃省第六届社会科学优秀成果奖

获奖等级：3

作　　者：魏虎德

成果形式：论文

颁奖部门：甘肃省委甘肃省政府

1515 中国少数民族科学技术史丛书·方志卷

时　　间：1999-02-01

奖项名称：甘肃省第六届社会科学优秀成果奖

获奖等级：3

作　　者：陈炳应

成果形式：编著

颁奖部门：甘肃省委甘肃省政府

1516 会计学基础

时　　间：1999-02-01

奖项名称：甘肃省第六届社会科学优秀成果奖

获奖等级：3

作　　者：李培根 孔龙 袁有赋

成果形式：教材

颁奖部门：甘肃省委甘肃省政府

1517 卓尼版"丹珠尔"大藏经序目

时　　间：1999-02-01

奖项名称：甘肃省第六届社会科学优秀成果奖

获奖等级：3

作　　者：杨士宏

成果形式：译著

颁奖部门：甘肃省委甘肃省政府

1518 国有资产管理学

时　　间：1999-02-01

奖项名称：甘肃省第六届社会科学优秀成果奖

获奖等级：3

作　　者：达蕃钦

成果形式：编著

颁奖部门：甘肃省委甘肃省政府

1519 西方文学与宗教

时　　间：1999-02-01

奖项名称：甘肃省第六届社会科学优秀成果奖

获奖等级：3

作　　者：李晓卫

成果形式：专著

颁奖部门：甘肃省委甘肃省政府

1520 中国贫困地区的发展目标与结构调整

时　　间：1999-02-01

奖项名称：甘肃省第六届社会科学优秀成果奖

获奖等级：3

作　　者：郭志仪 曹洪民

成果形式：论文

颁奖部门：甘肃省委甘肃省政府

1521 村民委员会主任工作手册

时　　间：1999-02-01

奖项名称：甘肃省第六届社会科学优秀成果奖

获奖等级：3

作　　者：陈田贵 张治科

成果形式：编著

颁奖部门：甘肃省委甘肃省政府

1522 论人力资源会计的几个问题

时　　间：1999-02-01

奖项名称：甘肃省第六届社会科学优秀成果奖

获奖等级：3

作　　者：王苾

成果形式：论文

颁奖部门：甘肃省委甘肃省政府

1523 发展中国投资政策自由化的作用及其影响

时　　间：1999-02-01

奖项名称：甘肃省第六届社会科学优秀成果奖

获奖等级：3

作　　者：朱廷珺

成果形式：论文

颁奖部门：甘肃省委甘肃省政府

1524 科教兴市理论与实践——天水科教兴市软科学研究

时　　间：1999-02-01

奖项名称：甘肃省第六届社会科学优秀成果奖

获奖等级：3

作　　者：王庆元 雷升杰 李万泰

成果形式：编著

颁奖部门：甘肃省委甘肃省政府

1525 经济法案例教学教程

时　　间：1999-02-01

奖项名称：甘肃省第六届社会科学优秀成果奖

获奖等级：3

作　　者：王肃元 刘光华

成果形式：教材

颁奖部门：甘肃省委甘肃省政府

1526 投资战略西移与区域经济关系转型

时　　间：1999-02-01

奖项名称：甘肃省第六届社会科学优秀成果奖

获奖等级：3

作　　者：张宗祥

成果形式：论文

颁奖部门：甘肃省委甘肃省政府

1527 扬弃和升华市场经济原则是精神文明建设的基础

时　　间：1999-02-01

奖项名称：甘肃省第六届社会科学优秀成果奖

获奖等级：3

作　　者：董雅丽 杨魁

成果形式：论文

颁奖部门：甘肃省委甘肃省政府

1528 马克思货币需要量规律探讨

时　　间：1999-02-01

奖项名称：甘肃省第六届社会科学优秀成果奖

获奖等级：3

作　　者：张晓

成果形式：论文

颁奖部门：甘肃省委甘肃省政府

1529 敦煌遗书与我国古代的图书翻译及抄写

时　　间：1999-02-01

奖项名称：甘肃省第六届社会科学优秀成果奖

获奖等级：3

作　　者：白玉岱

成果形式：论文

颁奖部门：甘肃省委甘肃省政府

1530 托起新世纪的梦——当代中学生思想道德状况调查

时　　间：1999-02-01

奖项名称：甘肃省第六届社会科学优秀成果奖

获奖等级：3

作　　者：陈文江 杨来生 房先平

成果形式：编著

颁奖部门：甘肃省委甘肃省政府

1531 平凉市志

时　　间：1999-02-01

奖项名称：甘肃省第六届社会科学优秀成

果奖

获奖等级：3

作　　者：平凉市志编委会

成果形式：编著

颁奖部门：甘肃省委甘肃省政府

1532 甘肃民族部落的社会与历史研究

时　　间：1999-02-01

奖项名称：甘肃省第六届社会科学优秀成果奖

获奖等级：3

作　　者：洲塔

成果形式：编著

颁奖部门：甘肃省委甘肃省政府

1533 敦煌佛爷庙湾西晋画像砖墓

时　　间：1999-02-01

奖项名称：甘肃省第六届社会科学优秀成果奖

获奖等级：3

作　　者：戴春阳

成果形式：专著

颁奖部门：甘肃省委甘肃省政府

1534 我国个人所得税征管的现状和改革趋势

时　　间：1999-02-01

奖项名称：甘肃省第六届社会科学优秀成果奖

获奖等级：3

作　　者：徐德权

成果形式：论文

颁奖部门：甘肃省委甘肃省政府

1535 论秦与大地湾农业文化的关系

时　　间：1999-03-10

奖项名称：甘肃省第六届社会科学优秀成果奖

获奖等级：3

作　　者：徐日辉

成果形式：论文

颁奖部门：甘肃省委甘肃省政府

1536 科教兴市理论与实践——天水科教兴市软科学研究

时　　间：1999-03-10

奖项名称：甘肃省第六届社会科学优秀成果奖

获奖等级：3

作　　者：王庆元 雷升杰 李万泰

成果形式：编著

颁奖部门：甘肃省委甘肃省政府

1537 庆阳地区农业产业化经营的战略选择

时　　间：1997-06-06

奖项名称：甘肃省第六届社会科学优秀成果

获奖等级：3

作　　者：魏虎德

成果形式：论文

颁奖部门：甘肃省委甘肃省政府

1538 社会转型时期道德体系构建导向刍议

时　　间：1999-02-01

奖项名称：甘肃省第六届社会科学优秀成果奖

获奖等级：3

作　　者：范义

成果形式：论文

颁奖部门：甘肃省委甘肃省政府

1539 新形势下的档案信息资源开发与利用初探

时　　间：1999-02-01

奖项名称：甘肃省第六届社会科学优秀成果奖

获奖等级：3

作　　者：臧耀武

成果形式：论文

颁奖部门：甘肃省委甘肃省政府

1540 古汉语联绵字例释

时　　间：1999-02-01

奖项名称：甘肃省第六届社会科学优秀成果奖

获奖等级：3

作　　者：蒋彰明

成果形式：工具书

颁奖部门：甘肃省委甘肃省政府

1541 关于变文体裁的一点探索

时　　间：1999-02-01

奖项名称：甘肃省第六届社会科学优秀成果奖

获奖等级：3

作　　者：伏俊连

成果形式：论文

颁奖部门：甘肃省委甘肃省政府

1542 市场经济体制国际比较

时　　间：1999-02-01

奖项名称：甘肃省第六届社会科学优秀成果奖

获奖等级：3

作　　者：吴雨霖 李含琳

成果形式：编著

颁奖部门：甘肃省委甘肃省政府

1543 1998年甘肃省农村经济分析与预测

时　　间：1999-02-01

奖项名称：甘肃省第六届社会科学优秀成果奖

获奖等级：3

作　　者：李树基 火荣贵 曲玮

成果形式：研究报告

颁奖部门：甘肃省委甘肃省政府

1544 敦煌历史文化艺术

时　　间：1999-02-01

奖项名称：甘肃省第六届社会科学优秀成果奖

获奖等级：3

作　　者：聂锋 祁淑红

成果形式：专著

颁奖部门：甘肃省委甘肃省政府

1545 企业财务审计

时　　间：1999-02-01

奖项名称：甘肃省第六届社会科学优秀成果奖

获奖等级：3

作　　者：杨肃昌

成果形式：专著

颁奖部门：甘肃省委甘肃省政府

1546 对当前我国农户经济的若干思考

时　　间：1999-02-01

奖项名称：甘肃省第六届社会科学优秀成果奖

获奖等级：3

作　　者：宋圭武

成果形式：论文

颁奖部门：甘肃省委甘肃省政府

1547 西夏对我国书籍生产和印刷术的突出贡献

时　　间：1999-02-01

奖项名称：甘肃省第六届社会科学优秀成果奖

获奖等级：3

作　　者：王克孝

成果形式：论文

颁奖部门：甘肃省委甘肃省政府

1548　桑哥族属问题探讨

时　　间：1999-02-01

奖项名称：甘肃省第六届社会科学优秀成果奖

获奖等级：3

作　　者：尹伟先

成果形式：论文

颁奖部门：甘肃省委甘肃省政府

1549　河陇文化——连接古代中国与世界的走廊

时　　间：1999-02-01

奖项名称：甘肃省第六届社会科学优秀成果奖

获奖等级：3

作　　者：李永良 张德芳 钟侃 魏文彬

成果形式：编著

颁奖部门：甘肃省委甘肃省政府

1550　当代中国监督制度

时　　间：1999-02-01

奖项名称：甘肃省第六届社会科学优秀成果奖

获奖等级：3

作　　者：安晨光 明连成

成果形式：专著

颁奖部门：甘肃省委甘肃省政府

1551　工业成长与区域发展——庆阳地区经济发展战略决策研究

时　　间：1999-02-01

奖项名称：甘肃省第六届社会科学优秀成果奖

获奖等级：3

作　　者：安江林 王银定 曹光中

成果形式：编著

颁奖部门：甘肃省委甘肃省政府

1552　论秦与大地湾农业文化的关系

时　　间：1999-02-01

奖项名称：甘肃省第六届社会科学优秀成果奖

获奖等级：3

作　　者：徐日辉

成果形式：论文

颁奖部门：甘肃省委甘肃省政府

1553　西北不发达地区农业可持续发展战略研究

时　　间：2001-01-21

奖项名称：甘肃省第七届社会科学优秀成果奖

获奖等级：1

作　　者：聂华林 高新才 包国宪 马德山 张贡生 赵更吉 李自珍

成果形式：研究报告

颁奖部门：甘肃省委甘肃省政府

1554　个人主义集体主义论纲

时　　间：2001-01-21

奖项名称：甘肃省第七届社会科学优秀成果奖

获奖等级：1

作　　者：王继荣

成果形式：专著

颁奖部门：甘肃省委甘肃省政府

1555 财源探索与研究——甘肃财源养蓄与开发

时　　间：2001-01-21

奖项名称：甘肃省第七届社会科学优秀成果奖

获奖等级：1

作　　者：崔正华 萧绍良 司俊 胡孝宏

成果形式：编著

颁奖部门：甘肃省委甘肃省政府

1556 山村社会——西北黄土高原山村社会发展动力研究

时　　间：2001-01-21

奖项名称：甘肃省第七届社会科学优秀成果奖

获奖等级：1

作　　者：刘敏

成果形式：专著

颁奖部门：甘肃省委甘肃省政府

1557 敦煌岁时文化导论

时　　间：2001-01-21

奖项名称：甘肃省第七届社会科学优秀成果奖

获奖等级：1

作　　者：谭婵雪

成果形式：专著

颁奖部门：甘肃省委甘肃省政府

1558 电视重构论——转型期中国电视的文化选择

时　　间：2001-01-21

奖项名称：甘肃省第七届社会科学优秀成果奖

获奖等级：1

作　　者：刘炘

成果形式：专著

颁奖部门：甘肃省委甘肃省政府

1559 中国丝绸之路货币

时　　间：2001-01-21

奖项名称：甘肃省第七届社会科学优秀成果奖

获奖等级：1

作　　者：张忠山 葛凌青 李超英 任拴英 康柳硕

成果形式：编著

颁奖部门：甘肃省委甘肃省政府

1560 西方哲学思想

时　　间：2001-01-21

奖项名称：甘肃省第七届社会科学优秀成果奖

获奖等级：1

作　　者：李朝东

成果形式：专著

颁奖部门：甘肃省委甘肃省政府

1561 政府统计数据质量体系研究

时　　间：2001-01-21

奖项名称：甘肃省第七届社会科学优秀成果奖

获奖等级：1

作　　者：傅德印

成果形式：专著

颁奖部门：甘肃省委甘肃省政府

1562 新世纪贫困地区教育

时　　间：2001-01-21

奖项名称：甘肃省第七届社会科学优秀成果奖

获奖等级：1

作　　者：崔振邦

成果形式：专著

颁奖部门：甘肃省委甘肃省政府

1563 励志心理学

时　　间：2010-11-06

奖项名称：甘肃省第七届优秀科研成果评选

获奖等级：1

作　　者：吴登高

成果形式：专著

颁奖部门：甘肃省委党校系统

1564 周大夫家父《节南山》创作时世考

时　　间：2001-01-21

奖项名称：甘肃省第七届社会科学优秀成果奖

获奖等级：2

作　　者：邵炳军

成果形式：论文

颁奖部门：甘肃省委甘肃省政府

1565 中国化的马克思主义哲学——《实践论》《矛盾论》与当代中国实践

时　　间：2001-01-21

奖项名称：甘肃省第七届社会科学优秀成果奖

获奖等级：2

作　　者：王德存

成果形式：专著

颁奖部门：甘肃省委甘肃省政府

1566 中国西北地区现代化中的经济与文化的关系

时　　间：2001-01-21

奖项名称：甘肃省第七届社会科学优秀成果奖

获奖等级：2

作　　者：倪国良

成果形式：专著

颁奖部门：甘肃省委甘肃省政府

1567 行政法原理

时　　间：2001-01-21

奖项名称：甘肃省第七届社会科学优秀成果奖

获奖等级：2

作　　者：刘志坚

成果形式：教材

颁奖部门：甘肃省委甘肃省政府

1568 欠发达地区师范高等专科教育资源配置及效益研究

时　　间：2001-01-21

奖项名称：甘肃省第七届社会科学优秀成果奖

获奖等级：2

作　　者：张秦岭 李刊文

成果形式：研究报告

颁奖部门：甘肃省委甘肃省政府

1569 资金良性循环探析

时　　间：2001-01-21

奖项名称：甘肃省第七届社会科学优秀成果奖

获奖等级：2

作　　者：丁文翔 滑文献

成果形式：编著

颁奖部门：甘肃省委甘肃省政府

1570 大学素质教育论

时　　间：2001-01-21

奖项名称：甘肃省第七届社会科学优秀成果奖

获奖等级：2

作　　者：王智平 李建民 王瑞祥

成果形式：专著

颁奖部门：甘肃省委甘肃省政府

1571 诗经通诂

时　　间：2001-01-21

奖项名称：甘肃省第七届社会科学优秀成果奖

获奖等级：2

作　　者：雒江生

成果形式：编著

颁奖部门：甘肃省委甘肃省政府

1572 甘肃环境保护与可持续发展

时　　间：2001-01-21

奖项名称：甘肃省第七届社会科学优秀成果奖

获奖等级：2

作　　者：张平军

成果形式：专著

颁奖部门：甘肃省委甘肃省政府

1573 再铸丰碑——中国农村基层民主研究

时　　间：2001-01-21

奖项名称：甘肃省第七届社会科学优秀成果奖

获奖等级：2

作　　者：石仑山 朱智文 王宗礼

成果形式：专著

颁奖部门：甘肃省委甘肃省政府

1574 渐进式改革与利益格局调整

时　　间：2001-01-21

奖项名称：甘肃省第七届社会科学优秀成果奖

获奖等级：2

作　　者：曹子坚

成果形式：论文

颁奖部门：甘肃省委甘肃省政府

1575 会计信息失真问题研究

时　　间：2001-01-21

奖项名称：甘肃省第七届社会科学优秀成果奖

获奖等级：2

作　　者：李培根 李萍 高天宏 包强

成果形式：研究报告

颁奖部门：甘肃省委甘肃省政府

1576 关于宗教与社会主义社会相适应的思考

时　　间：2001-01-21

奖项名称：甘肃省第七届社会科学优秀成果奖

获奖等级：2

作　　者：杜颖 郭长乐 马虎城

成果形式：研究报告

颁奖部门：甘肃省委甘肃省政府

1577 解构语言观"生命运动"说质疑——从白艳霞对德里达理论的诠释谈起

时　　间：2001-01-21

奖项名称：甘肃省第七届社会科学优秀成果奖

获奖等级：2

作　　者：肖锦龙

成果形式：论文

颁奖部门：甘肃省委甘肃省政府

1578 生态风险评价与风险决策模型与应用——以河西走廊荒漠绿洲开发为例

时　　间：2001-01-21

奖项名称：甘肃省第七届社会科学优秀成果奖

获奖等级：2

作　　者：李自珍 何俊红

成果形式：论文

颁奖部门：甘肃省委甘肃省政府

1579 丝绸之路西段历史研究——兼论沿途民族迁徙及国家关系

时　　间：2001-01-21

奖项名称：甘肃省第七届社会科学优秀成果奖

获奖等级：2

作　　者：赵汝清 徐黎丽 张玉霞

成果形式：专著

颁奖部门：甘肃省委甘肃省政府

1580 管理学——理论与方法

时　　间：2001-01-21

奖项名称：甘肃省第七届社会科学优秀成果奖

获奖等级：2

作　　者：包国宪 钟占国 王军宏 吴敏 黄建奎 曾海波

成果形式：教材

颁奖部门：甘肃省委甘肃省政府

1581 甘肃农村市场的开拓与发展

时　　间：2001-01-21

奖项名称：甘肃省第七届社会科学优秀成果奖

获奖等级：2

作　　者：王延康 荣建民 郭立平 杨志云 王

惠玲

成果形式：编著

颁奖部门：甘肃省委甘肃省政府

1582 从甘肃二十年的改革开放看解放思想的先导作用

时　　间：2001-01-21

奖项名称：甘肃省第七届社会科学优秀成果奖

获奖等级：2

作　　者：李钧

成果形式：论文

颁奖部门：甘肃省委甘肃省政府

1583 甘肃城市可持续发展研究

时　　间：2001-01-21

奖项名称：甘肃省第七届社会科学优秀成果奖

获奖等级：2

作　　者：李志刚 刘裴 李胜芳 王录仓 欧向军 刘殿成 薛丽芳 杨红雄

成果形式：研究报告

颁奖部门：甘肃省委甘肃省政府

1584 甘肃长江流域森林资源和生态环境研究

时　　间：2001-01-21

奖项名称：甘肃省第七届社会科学优秀成果奖

获奖等级：2

作　　者：陈树杰 吕胜利 柴发喜 刘广毅 周治中 杜子彬 马少光

成果形式：研究报告

颁奖部门：甘肃省委甘肃省政府

1585 庆阳地区志

时　　间：2001-01-21

奖项名称：甘肃省第七届社会科学优秀成果奖

获奖等级：2

作　　者：庆阳地区志编纂委员会 中共庆阳地委秘书处

成果形式：编著

颁奖部门：甘肃省委甘肃省政府

1586 新技术革命与西北少数民族聚居区产业技术跨越问题研究

时　　间：2001-01-21

奖项名称：甘肃省第七届社会科学优秀成果奖

获奖等级：2

作　　者：王伯鲁 张克 让廉 李章 潘采伟 雷社平

成果形式：研究报告

颁奖部门：甘肃省委甘肃省政府

1587 中国伊斯兰教派与门宦制度史略

时　　间：2001-01-21

奖项名称：甘肃省第七届社会科学优秀成果奖

获奖等级：2

作　　者：马通

成果形式：专著

颁奖部门：甘肃省委甘肃省政府

1588 中国上古法史——魏晋以前书法文化哲学研究

时　　间：2001-01-21

奖项名称：甘肃省第七届社会科学优秀成果奖

获奖等级：2

作　　者：秋子（申晓君）

成果形式：专著

颁奖部门：甘肃省委甘肃省政府

1589 老舍个性气质论

时　　间：2001-01-21

奖项名称：甘肃省第七届社会科学优秀成果奖

获奖等级：2

作　　者：吴小美 古世仓

成果形式：论文

颁奖部门：甘肃省委甘肃省政府

1590 五代作家的人格与诗格

时　　间：2001-01-21

奖项名称：甘肃省第七届社会科学优秀成果奖

获奖等级：2

作　　者：张兴武

成果形式：专著

颁奖部门：甘肃省委甘肃省政府

1591 庆阳地区志

时　　间：1999-10-16

奖项名称：甘肃省第七届社会科学优秀成果

获奖等级：2

作　　者：庆阳地区志编纂委员会 中共庆阳地委秘书处

成果形式：编著

颁奖部门：甘肃省委甘肃省政府

1592 中国版权制度变迁研究

时　　间：2001-01-21

奖项名称：甘肃省第七届社会科学优秀成果奖

获奖等级：3

作　　者：姚怡昕

成果形式：专著

颁奖部门：甘肃省委甘肃省政府

1593 清费立税规范政府收入行为

时　　间：2001-01-21

奖项名称：甘肃省第七届社会科学优秀成果奖

获奖等级：3

作　　者：课题组

成果形式：研究报告

颁奖部门：甘肃省委甘肃省政府

1594 邓小平人口理论研究

时　　间：2001-01-21

奖项名称：甘肃省第七届社会科学优秀成果奖

获奖等级：3

作　　者：杨新科

成果形式：专著

颁奖部门：甘肃省委甘肃省政府

1595 金融犯罪的法律适用

时　　间：2001-01-21

奖项名称：甘肃省第七届社会科学优秀成果奖

获奖等级：3

作　　者：张国梁 叶孔亮 王昇贵 李桂英 谢兰军 刘兵

成果形式：编著

颁奖部门：甘肃省委甘肃省政府

1596 论改编权的行使

时　　间：2001-01-21

奖项名称：甘肃省第七届社会科学优秀成果奖

获奖等级：3

作　　者：张革新

成果形式：论文

颁奖部门：甘肃省委甘肃省政府

1597 真理标准讨论的经验与启示

时　　间：2001-01-21

奖项名称：甘肃省第七届社会科学优秀成果奖

获奖等级：3

作　　者：崔建伟

成果形式：论文

颁奖部门：甘肃省委甘肃省政府

1598 回鹘之佛教

时　　间：2001-01-21

奖项名称：甘肃省第七届社会科学优秀成果奖

获奖等级：3

作　　者：杨富学

成果形式：专著

颁奖部门：甘肃省委甘肃省政府

1599 落后地区发展市场经济中的若干矛盾与社会犯罪

时　　间：2001-01-21

奖项名称：甘肃省第七届社会科学优秀成果奖

获奖等级：3

作　　者：张谦元

成果形式：论文

颁奖部门：甘肃省委甘肃省政府

1600 旅游业的本质和特点

时　　间：2001-01-21

奖项名称：甘肃省第七届社会科学优秀成果奖

获奖等级：3

作　　者：郑本法 郑宇新

成果形式：论文

颁奖部门：甘肃省委甘肃省政府

1601 遗民与遗民诗之流变

时　　间：2001-01-21

奖项名称：甘肃省第七届社会科学优秀成果奖

获奖等级：3

作　　者：张兵

成果形式：论文

颁奖部门：甘肃省委甘肃省政府

1602 定西地区经济发展研究

时　　间：2001-01-21

奖项名称：甘肃省第七届社会科学优秀成果奖

获奖等级：3

作　　者：杨雪峰

成果形式：专著

颁奖部门：甘肃省委甘肃省政府

1603 深化对社会主义本质的理解

时　　间：2001-01-21

奖项名称：甘肃省第七届社会科学优秀成果奖

获奖等级：3

作　　者：武劼

成果形式：论文

颁奖部门：甘肃省委甘肃省政府

1604 商法原理

时　　间：2001-01-21

奖项名称：甘肃省第七届社会科学优秀成果奖

获奖等级：3

作　　者：李玉壁 张久相 杜睿哲

成果形式：教材

颁奖部门：甘肃省委甘肃省政府

1605 从资产经营看甘肃企业改革

时　　间：2001-01-21

奖项名称：甘肃省第七届社会科学优秀成果奖

获奖等级：3

作　　者：甘肃省国有资产管理局

成果形式：编著

颁奖部门：甘肃省委甘肃省政府

1606 对未来图书馆发展方向的演绎

时　　间：2001-01-21

奖项名称：甘肃省第七届社会科学优秀成果奖

获奖等级：3

作　　者：李金荣

成果形式：论文

颁奖部门：甘肃省委甘肃省政府

1607 企业经济效益评价与分析

时　　间：2001-01-21

奖项名称：甘肃省第七届社会科学优秀成果奖

获奖等级：3

作　　者：晁世元

成果形式：编著

颁奖部门：甘肃省委甘肃省政府

1608 中国投资银行业务创新

时　　间：2001-01-21

奖项名称：甘肃省第七届社会科学优秀成果奖

获奖等级：3

作　　者：李福祥 王天有

成果形式：专著

颁奖部门：甘肃省委甘肃省政府

1609 中国西北地区社会现代化的困惑与出路

时　　间：2001-01-21

奖项名称：甘肃省第七届社会科学优秀成果奖

获奖等级：3

作　　者：贾应生 王宗礼

成果形式：专著

颁奖部门：甘肃省委甘肃省政府

1610 敦煌西汉金山国史

时　　间：2001-01-21

奖项名称：甘肃省第七届社会科学优秀成果奖

获奖等级：3

作　　者：杨秀清

成果形式：专著

颁奖部门：甘肃省委甘肃省政府

1611 敦煌艺术哲学论要

时　　间：2001-01-21

奖项名称：甘肃省第七届社会科学优秀成果奖

获奖等级：3

作　　者：穆纪光 安文华

成果形式：论文

颁奖部门：甘肃省委甘肃省政府

1612 西部在开发准备好了吗

时　　间：2001-01-21

奖项名称：甘肃省第七届社会科学优秀成果奖

获奖等级：3

作　　者：邓志涛

成果形式：论文

颁奖部门：甘肃省委甘肃省政府

1613 二十世纪中国女作家论述

时　　间：2001-01-21

奖项名称：甘肃省第七届社会科学优秀成果奖

获奖等级：3

作　　者：马超 卢嘉鑫

成果形式：专著

颁奖部门：甘肃省委甘肃省政府

1614 房地产法

时　　间：2001-01-21

奖项名称：甘肃省第七届社会科学优秀成果奖

获奖等级：3

作　　者：贾登勋 曹志兴 刘光华

成果形式：编著

颁奖部门：甘肃省委甘肃省政府

1615 甘肃财政在实施西部大开发战略中的政策建议

时　　间：2001-01-21

奖项名称：甘肃省第七届社会科学优秀成果奖

获奖等级：3

作　　者：王萍 孔斌 刘小梅 金中

成果形式：论文

颁奖部门：甘肃省委甘肃省政府

1616 农产品加工经济与农村财源建设

时　　间：2001-01-21

奖项名称：甘肃省第七届社会科学优秀成果奖

获奖等级：3

作　　者：李树基 牛叔文 火荣贵

成果形式：编著

颁奖部门：甘肃省委甘肃省政府

1617 农村人口的社会保障权利研究

时　　间：2001-01-21

奖项名称：甘肃省第七届社会科学优秀成果奖

获奖等级：3

作　　者：李学春

成果形式：论文

颁奖部门：甘肃省委甘肃省政府

1618 元代西北历史与民族研究

时　　间：2001-01-21

奖项名称：甘肃省第七届社会科学优秀成果奖

获奖等级：3

作　　者：胡小鹏

成果形式：专著

颁奖部门：甘肃省委甘肃省政府

1619 文学理论简编

时　　间：2001-01-21

奖项名称：甘肃省第七届社会科学优秀成果奖

获奖等级：3

作　　者：道吉仁钦

成果形式：专著

颁奖部门：甘肃省委甘肃省政府

1620 甘肃调整农业产业结构、优化农业资源配置研究

时　　间：2001-01-21

奖项名称：甘肃省第七届社会科学优秀成果奖

获奖等级：3

作　　者：蔡伟民 彭玉兰 杨泾民 张哲 王生

林 黄高宝 张方明

成果形式：研究报告

颁奖部门：甘肃省委甘肃省政府

1621 现代财政学

时　　间：2001-01-21

奖项名称：甘肃省第七届社会科学优秀成果奖

获奖等级：3

作　　者：郭北辰 温来成

成果形式：编著

颁奖部门：甘肃省委甘肃省政府

1622 浅谈知识经济与邓小平理论的时代特征

时　　间：2001-01-21

奖项名称：甘肃省第七届社会科学优秀成果奖

获奖等级：3

作　　者：吉毅

成果形式：论文

颁奖部门：甘肃省委甘肃省政府

1623 美日农业技术进步的经验与我国农业发展模式的选择

时　　间：2001-01-21

奖项名称：甘肃省第七届社会科学优秀成果奖

获奖等级：3

作　　者：马翠玲

成果形式：论文

颁奖部门：甘肃省委甘肃省政府

1624 知识营销：知识经济时代的营销革命

时　　间：2001-01-21

奖项名称：甘肃省第七届社会科学优秀成果奖

获奖等级：3

作　　者：周建民 李隽

成果形式：论文

颁奖部门：甘肃省委甘肃省政府

1625 对我国现行运动训练体制及教练员、运动员人力资源现状与对策的研究

时　　间：2001-01-21

奖项名称：甘肃省第七届社会科学优秀成果奖

获奖等级：3

作　　者：张社平 胡田玉 陈玉霞 吴军伟 孙杰

成果形式：论文

颁奖部门：甘肃省委甘肃省政府

1626 代表人物

时　　间：2001-01-21

奖项名称：甘肃省第七届社会科学优秀成果奖

获奖等级：3

作　　者：蒲隆（李登科）

成果形式：译著

颁奖部门：甘肃省委甘肃省政府

1627 甘肃省煤炭工业技术进步、经济效益的有效性评估及预测研究

时　　间：2001-01-21

奖项名称：甘肃省第七届社会科学优秀成果奖

获奖等级：3

作　　者：课题组

成果形式：研究报告

颁奖部门：甘肃省委甘肃省政府

1628 甘青特有民族文化形态研究

时　　间：2001-01-21

奖项名称：甘肃省第七届社会科学优秀成果奖

获奖等级：3

作　　者：郝苏民 文化 贺卫光

成果形式：专著

颁奖部门：甘肃省委甘肃省政府

1629 中国逻辑思想散论

时　　间：2001-01-21

奖项名称：甘肃省第七届社会科学优秀成果奖

获奖等级：3

作　　者：颜华东

成果形式：专著

颁奖部门：甘肃省委甘肃省政府

1630 关于比较尺度的哲学思考

时　　间：2001-01-21

奖项名称：甘肃省第七届社会科学优秀成果奖

获奖等级：3

作　　者：刘开会

成果形式：论文

颁奖部门：甘肃省委甘肃省政府

1631 初中学生学业自我效能与学业成就关系研究

时　　间：2001-01-21

奖项名称：甘肃省第七届社会科学优秀成果奖

获奖等级：3

作　　者：王振宏

成果形式：论文

颁奖部门：甘肃省委甘肃省政府

1632 现代汉语语音专题

时　　间：2001-01-21

奖项名称：甘肃省第七届社会科学优秀成
果奖

获奖等级：3

作　　者：张淑敏

成果形式：教材

颁奖部门：甘肃省委甘肃省政府

1633 中小企业与中国经济的长期
增长

时　　间：2001-01-21

奖项名称：甘肃省第七届社会科学优秀成
果奖

获奖等级：3

作　　者：姜安印

成果形式：论文

颁奖部门：甘肃省委甘肃省政府

1634 沙漠历史地理学的几个理论问
题——以我国河西走廊历史上的沙漠
化研究为例

时　　间：2001-01-21

奖项名称：甘肃省第七届社会科学优秀成
果奖

获奖等级：3

作　　者：李并成

成果形式：论文

颁奖部门：甘肃省委甘肃省政府

1635 甘肃农业大学本科学生汉语、
文学、艺术、历史方面的知识能力水
平及其与整体素质关系的调查研究

时　　间：2001-01-21

奖项名称：甘肃省第七届社会科学优秀成
果奖

获奖等级：3

作　　者：尚振海 刘占让 邵炳军 张世珍 蒋
明云 刘养卉 王百玲 候庆丰

成果形式：研究报告

颁奖部门：甘肃省委甘肃省政府

1636 甘肃正宁县寿险业务的调查
报告

时　　间：2001-01-21

奖项名称：甘肃省第七届社会科学优秀成
果奖

获奖等级：3

作　　者：刘拴金 张希斌 刘元智

成果形式：论文

颁奖部门：甘肃省委甘肃省政府

1637 伊斯兰法文化与中国法文化的
比较研究

时　　间：2001-01-21

奖项名称：甘肃省第七届社会科学优秀成
果奖

获奖等级：3

作　　者：马玉祥

成果形式：论文

颁奖部门：甘肃省委甘肃省政府

1638 铁路运输市场营销的推进

时　　间：2001-01-21

奖项名称：甘肃省第七届社会科学优秀成
果奖

获奖等级：3

作　　者：孙映芳

成果形式：论文

颁奖部门：甘肃省委甘肃省政府

1639 庄浪县志

时　　间：2001-01-21

奖项名称：甘肃省第七届社会科学优秀成果奖

获奖等级：3

作　　者：编委会

成果形式：编著

颁奖部门：甘肃省委甘肃省政府

1640 我国西部地区战略产业发展问题研究

时　　间：2001-01-21

奖项名称：甘肃省第七届社会科学优秀成果奖

获奖等级：3

作　　者：曾春九 郭三化 韩海 波舒敏 陶宏 蒋兆龙

成果形式：研究报告

颁奖部门：甘肃省委甘肃省政府

1641 边钞与抗战时期甘宁边区的金融事业

时　　间：2001-01-21

奖项名称：甘肃省第七届社会科学优秀成果奖

获奖等级：3

作　　者：黄正林

成果形式：论文

颁奖部门：甘肃省委甘肃省政府

1642 怎样看待回族的形成

时　　间：2001-01-21

奖项名称：甘肃省第七届社会科学优秀成果奖

获奖等级：3

作　　者：金云峰

成果形式：论文

颁奖部门：甘肃省委甘肃省政府

1643 裕固族文学研究

时　　间：2001-01-21

奖项名称：甘肃省第七届社会科学优秀成果奖

获奖等级：3

作　　者：武文

成果形式：专著

颁奖部门：甘肃省委甘肃省政府

1644 甘肃城乡关系与经济发展的研究

时　　间：2001-01-21

奖项名称：甘肃省第七届社会科学优秀成果奖

获奖等级：3

作　　者：课题组

成果形式：研究报告

颁奖部门：甘肃省委甘肃省政府

1645 甘肃省农业畜牧业发展对策研究

时　　间：2001-01-21

奖项名称：甘肃省第七届社会科学优秀成果奖

获奖等级：3

作　　者：课题组

成果形式：研究报告

颁奖部门：甘肃省委甘肃省政府

1646 古本敦煌乡土志八种笺证

时　　间：2001-01-21

奖项名称：甘肃省第七届社会科学优秀成果奖

获奖等级：3

作　　者：李正宇

成果形式：专著

颁奖部门：甘肃省委甘肃省政府

1647 各民族共创中华——蒙古族的贡献

时　　间：2001-01-21

奖项名称：甘肃省第七届社会科学优秀成果奖

获奖等级：3

作　　者：杨建新

成果形式：专著

颁奖部门：甘肃省委甘肃省政府

1648 防范扩张性财政政策风险的十大举措

时　　间：2001-01-21

奖项名称：甘肃省第七届社会科学优秀成果奖

获奖等级：3

作　　者：张秀英

成果形式：论文

颁奖部门：甘肃省委甘肃省政府

1649 现值会计取代历史成本会计的历史必然性

时　　间：2001-01-21

奖项名称：甘肃省第七届社会科学优秀成果奖

获奖等级：3

作　　者：宋小明

成果形式：系列论文

颁奖部门：甘肃省委甘肃省政府

1650 转识成智——冯契对时代问题的哲学沉思

时　　间：2001-01-21

奖项名称：甘肃省第七届社会科学优秀成果奖

获奖等级：3

作　　者：陈晓龙

成果形式：论文

颁奖部门：甘肃省委甘肃省政府

1651 西部大开发与人才工程

时　　间：2001-01-21

奖项名称：甘肃省第七届社会科学优秀成果奖

获奖等级：3

作　　者：张志良 席群 曾艳阳

成果形式：论文

颁奖部门：甘肃省委甘肃省政府

1652 白银市经济发展战略思路的基本构想

时　　间：2001-01-21

奖项名称：甘肃省第七届社会科学优秀成果奖

获奖等级：3

作　　者：课题组

成果形式：研究报告

颁奖部门：甘肃省委甘肃省政府

1653 现代仲裁法论

时　　间：2001-01-21

奖项名称：甘肃省第七届社会科学优秀成果奖

获奖等级：3

作　　者：江合宁 王斐弘

成果形式：专著

颁奖部门：甘肃省委甘肃省政府

1654 河西小康文化建设概要

时　　间：2001-01-21

奖项名称：甘肃省第七届社会科学优秀成果奖

获奖等级：3

作　　者：杨国学 黄大祥 谢继忠

成果形式：编著

颁奖部门：甘肃省委甘肃省政府

1655 陇东黄土高原地区生物农业发展战略探讨

时　　间：2001-01-21

奖项名称：甘肃省第七届社会科学优秀成果奖

获奖等级：3

作　　者：李印峰

成果形式：论文

颁奖部门：甘肃省委甘肃省政府

1656 跨世纪的甘肃省城镇就业问题研究

时　　间：2001-01-21

奖项名称：甘肃省第七届社会科学优秀成果奖

获奖等级：3

作　　者：课题组

成果形式：研究报告

颁奖部门：甘肃省委甘肃省政府

1657 甘肃省白银市黄河四龙至龙湾段运建项目可行性研究

时　　间：2001-01-21

奖项名称：甘肃省第七届社会科学优秀成果奖

获奖等级：3

作　　者：课题组

成果形式：研究报告

颁奖部门：甘肃省委甘肃省政府

1658 夏河县志

时　　间：2001-01-21

奖项名称：甘肃省第七届社会科学优秀成果奖

获奖等级：3

作　　者：编纂委员会

成果形式：编著

颁奖部门：甘肃省委甘肃省政府

1659 证券市场学论纲

时　　间：2001-01-21

奖项名称：甘肃省第七届社会科学优秀成果奖

获奖等级：3

作　　者：马保平 张贡生

成果形式：编著

颁奖部门：甘肃省委甘肃省政府

1660 全球化背景下的国家利益的认证与维护

时　　间：2001-01-21

奖项名称：甘肃省第七届社会科学优秀成果奖

获奖等级：3

作　　者：丁志刚

成果形式：论文

颁奖部门：甘肃省委甘肃省政府

1661 敦煌边塞诗歌校注

时　　间：2001-01-21

奖项名称：甘肃省第七届社会科学优秀成果奖

获奖等级：3

作　　者：胡大浚 王志鹏

成果形式：校注

颁奖部门：甘肃省委甘肃省政府

1662 金融纵横观——风险创新发展

时　　间：2001-01-21

奖项名称：甘肃省第七届社会科学优秀成果奖

获奖等级：3

作　　者：张宗祥 陈加琨 高继农 张洪功 任小强

成果形式：编著

颁奖部门：甘肃省委甘肃省政府

1663 藏传佛教信仰与民俗

时　　间：2001-01-21

奖项名称：甘肃省第七届社会科学优秀成果奖

获奖等级：3

作　　者：才让

成果形式：专著

颁奖部门：甘肃省委甘肃省政府

1664 中国农村社区学习中心案例研究

时　　间：2001-01-21

奖项名称：甘肃省第七届社会科学优秀成果奖

获奖等级：3

作　　者：课题组

成果形式：研究报告

颁奖部门：甘肃省委甘肃省政府

1665 有线电视经营战略的确立及管理思想的变革

时　　间：2001-01-21

奖项名称：甘肃省第七届社会科学优秀成果奖

获奖等级：3

作　　者：张建平 姚成得

成果形式：论文

颁奖部门：甘肃省委甘肃省政府

1666 商业银行资产负债管理

时　　间：2001-01-21

奖项名称：甘肃省第七届社会科学优秀成果奖

获奖等级：3

作　　者：郭怀麟 孟钊兰

成果形式：编著

颁奖部门：甘肃省委甘肃省政府

1667 企业战略管理

时　　间：2001-01-21

奖项名称：甘肃省第七届社会科学优秀成果奖

获奖等级：3

作　　者：范庚发 孟士英

成果形式：编著

颁奖部门：甘肃省委甘肃省政府

1668 中国西部农业综合开发研究

时　　间：2001-01-21

奖项名称：甘肃省第七届社会科学优秀成果奖

获奖等级：3

作　　者：赵明智 谢宗礼 黄廷学

成果形式：编著

颁奖部门：甘肃省委甘肃省政府

1669 预算会计学

时　　间：2001-01-21

奖项名称：甘肃省第七届社会科学优秀成果奖

获奖等级：3

作　　者：梁红梅 宋小明

成果形式：教材

颁奖部门：甘肃省委甘肃省政府

1670 中国声乐只有超越民族的局限性才能走向世界

时　　间：2001-01-21

奖项名称：甘肃省第七届社会科学优秀成果奖

获奖等级：3

作　　者：王金宝

成果形式：论文

颁奖部门：甘肃省委甘肃省政府

1671 中国汉字硬笔书法学

时　　间：2001-01-21

奖项名称：甘肃省第七届社会科学优秀成果奖

获奖等级：3

作　　者：王希农

成果形式：专著

颁奖部门：甘肃省委甘肃省政府

1672 经营战略与管理思想

时　　间：2001-01-21

奖项名称：甘肃省第七届社会科学优秀成果奖

获奖等级：3

作　　者：来耀勤 陈新树 何翔舟 赵喜群

成果形式：教材

颁奖部门：甘肃省委甘肃省政府

1673 金融全球化条件下的金融风险管理

时　　间：2001-01-21

奖项名称：甘肃省第七届社会科学优秀成果奖

获奖等级：3

作　　者：李贵义

成果形式：论文

颁奖部门：甘肃省委甘肃省政府

1674 中国新闻传播学学科建设的3pc模式构想

时　　间：2001-01-21

奖项名称：甘肃省第七届社会科学优秀成果奖

获奖等级：3

作　　者：李本乾

成果形式：论文

颁奖部门：甘肃省委甘肃省政府

1675 关于甘肃省中青年宗教教职人员队伍建设情况的调查

时　　间：2001-01-21

奖项名称：甘肃省第七届社会科学优秀成果奖

获奖等级：3

作　　者：课题组

成果形式：调研报告

颁奖部门：甘肃省委甘肃省政府

1676 张家川回族自治县志

时　　间：2001-01-21

奖项名称：甘肃省第七届社会科学优秀成果奖

获奖等级：3

作　　者：编委会

成果形式：编著

颁奖部门：甘肃省委甘肃省政府

1677 文艺心理学通论

时　　间：2001-01-21

奖项名称：甘肃省第七届社会科学优秀成果奖

获奖等级：3

作　　者：陈进波 惠尚学

成果形式：专著

颁奖部门：甘肃省委甘肃省政府

1678 对建立寿险营销机制的思考

时　　间：2001-01-21

奖项名称：甘肃省第七届社会科学优秀成果奖

获奖等级：3

作　　者：崔仲谋

成果形式：论文

颁奖部门：甘肃省委甘肃省政府

1679 中国古代山水田园诗史

时　　间：2001-01-21

奖项名称：甘肃省第七届社会科学优秀成果奖

获奖等级：3

作　　者：曹志邦

成果形式：专著

颁奖部门：甘肃省委甘肃省政府

1680 关于甘肃省国有企业改革与金融风险防范化解的思考

时　　间：2001-01-21

奖项名称：甘肃省第七届社会科学优秀成果奖

获奖等级：3

作　　者：孟钊兰 马润平 高树棠 赵平

成果形式：论文

颁奖部门：甘肃省委甘肃省政府

1681 裕固民族尧熬尔千年史

时　　间：2001-01-21

奖项名称：甘肃省第七届社会科学优秀成果奖

获奖等级：3

作　　者：铁穆尔

成果形式：专著

颁奖部门：甘肃省委甘肃省政府

1682 对调整优化产业结构问题的认识

时　　间：2001-01-21

奖项名称：甘肃省第七届社会科学优秀成果奖

获奖等级：3

作　　者：王廷科 余学军

成果形式：论文

颁奖部门：甘肃省委甘肃省政府

1683 内敛态：程本《红楼梦》时间观念之表征

时　　间：2001-01-21

奖项名称：甘肃省第七届社会科学优秀成果奖

获奖等级：3

作　　者：蒲向明

成果形式：论文

颁奖部门：甘肃省委甘肃省政府

1684 科学技术经济学

时　　间：2001-01-21

奖项名称：甘肃省第七届社会科学优秀成果奖

获奖等级：3

作　　者：魏永昭 蔡伟民 姚凤桐

成果形式：专著

颁奖部门：甘肃省委甘肃省政府

1685 实践与探索

时　　间：2001-01-21

奖项名称：甘肃省第七届社会科学优秀成果奖

获奖等级：3

作　　者：孙杰

成果形式：编著

颁奖部门：甘肃省委甘肃省政府

1686 英语阅读策略

时　　间：2001-01-21

奖项名称：甘肃省第七届社会科学优秀成果奖

获奖等级：3

作　　者：李宗宏

成果形式：专著

颁奖部门：甘肃省委甘肃省政府

1687 西部开发与地方法制——甘肃地方经济法制建设研究

时　　间：2001-01-21

奖项名称：甘肃省第七届社会科学优秀成果奖

获奖等级：3

作　　者：苟军年 陈方林 江伟钰 周应军

成果形式：编著

颁奖部门：甘肃省委甘肃省政府

1688 甘肃省多层次社会保障体系的构建

时　　间：2001-01-21

奖项名称：甘肃省第七届社会科学优秀成果奖

获奖等级：3

作　　者：孙洁

成果形式：研究报告

颁奖部门：甘肃省委甘肃省政府

1689 走近阿拜

时　　间：2001-01-21

奖项名称：甘肃省第七届社会科学优秀成

果奖

获奖等级：3

作　　者：常文昌

成果形式：论文

颁奖部门：甘肃省委甘肃省政府

1690 甘肃非公有制经济发展的态势、特征及对策

时　　间：2001-01-21

奖项名称：甘肃省第七届社会科学优秀成果奖

获奖等级：3

作　　者：调查组

成果形式：调查报告

颁奖部门：甘肃省委甘肃省政府

1691 金张掖风俗

时　　间：2001-01-21

奖项名称：甘肃省第七届社会科学优秀成果奖

获奖等级：3

作　　者：王国华

成果形式：专著

颁奖部门：甘肃省委甘肃省政府

1692 制度安排与甘肃民族地区畜牧业经济增长

时　　间：2001-01-21

奖项名称：甘肃省第七届社会科学优秀成果奖

获奖等级：3

作　　者：张润君 李兴江 李玉宏

成果形式：论文

颁奖部门：甘肃省委甘肃省政府

1693 陇南地区经济发展轴与天水小城镇建设

时　　间：2001-01-21

奖项名称：甘肃省第七届社会科学优秀成果奖

获奖等级：3

作　　者：樊卫宾 卢嘉鑫

成果形式：论文

颁奖部门：甘肃省委甘肃省政府

1694 马尔库塞马克思主义来源学说批判

时　　间：2001-01-21

奖项名称：甘肃省第七届社会科学优秀成果奖

获奖等级：3

作　　者：张和平

成果形式：论文

颁奖部门：甘肃省委甘肃省政府

1695 甘肃考古概论

时　　间：2001-01-21

奖项名称：甘肃省第七届社会科学优秀成果奖

获奖等级：3

作　　者：李怀顺 黄兆宏

成果形式：专著

颁奖部门：甘肃省委甘肃省政府

1696 论藏传佛教对汉族的影响

时　　间：2001-01-21

奖项名称：甘肃省第七届社会科学优秀成果奖

获奖等级：3

作　　者：陶柯

成果形式：论文

颁奖部门：甘肃省委甘肃省政府

1697 蒙古族祝颂词的多层次文化内涵

时　　间：2001-01-21

奖项名称：甘肃省第七届社会科学优秀成果奖

获奖等级：3

作　　者：斯琴 孟和

成果形式：专著

颁奖部门：甘肃省委甘肃省政府

1698 经济欠发达地区县级行政机构改革的难点与对策

时　　间：2001-01-21

奖项名称：甘肃省第七届社会科学优秀成果奖

获奖等级：3

作　　者：史国珍

成果形式：论文

颁奖部门：甘肃省委甘肃省政府

1699 名牌发展战略理论与实践

时　　间：2001-01-21

奖项名称：甘肃省第七届社会科学优秀成果奖

获奖等级：3

作　　者：郭继强

成果形式：专著

颁奖部门：甘肃省委甘肃省政府

1700 赋的诗方两栖特点的成因

时　　间：2001-01-21

奖项名称：甘肃省第七届社会科学优秀成果奖

获奖等级：3

作　　者：韩高年

成果形式：论文

颁奖部门：甘肃省委甘肃省政府

1701 世界经济发展的新希望

时　　间：2001-01-21

奖项名称：甘肃省第七届社会科学优秀成果奖

获奖等级：3

作　　者：雷兴长 朱智文

成果形式：专著

颁奖部门：甘肃省委甘肃省政府

1702 中国西部地区发展模式及政策研究

时　　间：2001-01-21

奖项名称：甘肃省第七届社会科学优秀成果奖

获奖等级：3

作　　者：李宗植 魏立桥 毛生武

成果形式：专著

颁奖部门：甘肃省委甘肃省政府

1703 财政经济运行论——兼议甘肃财政的改革与发展

时　　间：2001-01-21

奖项名称：甘肃省第七届社会科学优秀成果奖

获奖等级：3

作　　者：赵春 谢德 郭玉安 罗刚

成果形式：编著

颁奖部门：甘肃省委甘肃省政府

1704 中国西北民族地区政治稳定研究

时　　间：2001-01-21

奖项名称：甘肃省第七届社会科学优秀成果奖

获奖等级：3

作　　者：王宗礼 谈振好 刘建兰

成果形式：专著

颁奖部门：甘肃省委甘肃省政府

1705 货币供求经济增长通货膨胀——理论与实证

时　　间：2001-01-21

奖项名称：甘肃省第七届社会科学优秀成果奖

获奖等级：3

作　　者：倪克湖

成果形式：专著

颁奖部门：甘肃省委甘肃省政府

1706 中国少数民族文献检索与要籍举介

时　　间：2001-01-21

奖项名称：甘肃省第七届社会科学优秀成果奖

获奖等级：3

作　　者：黄佳

成果形式：编著

颁奖部门：甘肃省委甘肃省政府

1707 加强教育科学研究为欠发达地区教育发展服务

时　　间：2001-01-21

奖项名称：甘肃省第七届社会科学优秀成果奖

获奖等级：3

作　　者：王嘉毅

成果形式：论文

颁奖部门：甘肃省委甘肃省政府

1708 西部地区水资源问题的跨世纪战略思考

时　　间：2001-01-21

奖项名称：甘肃省第七届社会科学优秀成果奖

获奖等级：3

作　　者：成广仁

成果形式：论文

颁奖部门：甘肃省委甘肃省政府

1709　生产力促进运行机制研究

时　　间：2001-01-21

奖项名称：甘肃省第七届社会科学优秀成果奖

获奖等级：3

作　　者：王波 赵建利 马成才 牛铮超

成果形式：研究报告

颁奖部门：甘肃省委甘肃省政府

1710　各民族共创中华——维吾尔族、哈萨克族、塔吉克族、俄罗斯族、乌孜别克族、柯尔克孜族、塔塔尔族的贡献

时　　间：2001-01-21

奖项名称：甘肃省第七届社会科学优秀成果奖

获奖等级：3

作　　者：高永久

成果形式：专著

颁奖部门：甘肃省委甘肃省政府

1711　金昌市产业结构调整研究

时　　间：2001-01-21

奖项名称：甘肃省第七届社会科学优秀成果奖

获奖等级：3

作　　者：课题组

成果形式：研究报告

颁奖部门：甘肃省委甘肃省政府

1712　论高等学校重点学科建设

时　　间：2001-01-21

奖项名称：甘肃省第七届社会科学优秀成果奖

获奖等级：3

作　　者：赵怀让

成果形式：论文

颁奖部门：甘肃省委甘肃省政府

1713　紧密联系当代中国实际　完整准确地掌握社会主义建设理论

时　　间：2001-01-21

奖项名称：甘肃省第七届社会科学优秀成果奖

获奖等级：3

作　　者：王凤显

成果形式：论文

颁奖部门：甘肃省委甘肃省政府

1714　新编高中部复习优化设计·数学指导·地理

时　　间：2001-01-21

奖项名称：甘肃省第七届社会科学优秀成果奖

获奖等级：3

作　　者：王文浩 吴昭洪 赵常德

成果形式：教材

颁奖部门：甘肃省委甘肃省政府

1715　基础会计学

时　　间：2001-01-21

奖项名称：甘肃省第七届社会科学优秀成果奖

获奖等级：3

作　　者：崔柳

成果形式：教材

颁奖部门：甘肃省委甘肃省政府

1716 中国西部地区发展的根本制约与对策

时　　间：2001-01-21

奖项名称：甘肃省第七届社会科学优秀成果奖

获奖等级：3

作　　者：田秋生

成果形式：论文

颁奖部门：甘肃省委甘肃省政府

1717 英语词汇的意趣

时　　间：2001-01-21

奖项名称：甘肃省第七届社会科学优秀成果奖

获奖等级：3

作　　者：梁晓鹏

成果形式：编著

颁奖部门：甘肃省委甘肃省政府

1718 我国连锁商业的竞争模式选择与竞争秩序构建

时　　间：2001-01-21

奖项名称：甘肃省第七届社会科学优秀成果奖

获奖等级：3

作　　者：王学军

成果形式：论文

颁奖部门：甘肃省委甘肃省政府

1719 非税收入改革问题研究

时　　间：2001-01-21

奖项名称：甘肃省第七届社会科学优秀成果奖

获奖等级：3

作　　者：罗刚

成果形式：编著

颁奖部门：甘肃省委甘肃省政府

1720 贫困地区经济增长论

时　　间：2001-01-21

奖项名称：甘肃省第七届社会科学优秀成果奖

获奖等级：3

作　　者：牛兴民 李兴江 聂元贞 马建明

成果形式：编著

颁奖部门：甘肃省委甘肃省政府

1721 县（市）级财政收入的要素贡献分析

时　　间：2001-01-21

奖项名称：甘肃省第七届社会科学优秀成果奖

获奖等级：3

作　　者：刘文哲 杨东生 何翔舟 楚风华 魏建国

成果形式：论文

颁奖部门：甘肃省委甘肃省政府

1722 县域经济研究

时　　间：2001-01-21

奖项名称：甘肃省第七届社会科学优秀成果奖

获奖等级：3

作　　者：师守祥 王成平

成果形式：系列论文

颁奖部门：甘肃省委甘肃省政府

1723 法律的成本效益分析

时　　间：2001-01-21

奖项名称：甘肃省第七届社会科学优秀成果奖

获奖等级：3

作　　者：冯玉军

成果形式：专著

颁奖部门：甘肃省委甘肃省政府

1724 中国新时期农村的变革·甘肃卷

时　　间：2001-01-21

奖项名称：甘肃省第七届社会科学优秀成果奖

获奖等级：3

作　　者：省委政策研究室

成果形式：编著

颁奖部门：甘肃省委甘肃省政府

1725 女性主义批评与文学诠释

时　　间：2001-01-21

奖项名称：甘肃省第七届社会科学优秀成果奖

获奖等级：3

作　　者：陈晓兰

成果形式：专著

颁奖部门：甘肃省委甘肃省政府

1726 黑水国古城

时　　间：2001-01-21

奖项名称：甘肃省第七届社会科学优秀成果奖

获奖等级：3

作　　者：张掖市博物馆

成果形式：专著

颁奖部门：甘肃省委甘肃省政府

1727 平凉农业产业化问题

时　　间：2001-01-21

奖项名称：甘肃省第七届社会科学优秀成果奖

获奖等级：3

作　　者：甘成福 王鸿浩 朱克贤 李国玺 李兴业

成果形式：编著

颁奖部门：甘肃省委甘肃省政府

1728 食品卫生监督指导

时　　间：2001-01-21

奖项名称：甘肃省第七届社会科学优秀成果奖

获奖等级：3

作　　者：李崇善

成果形式：编著

颁奖部门：甘肃省委甘肃省政府

1729 论劣势区域开放远程高等教育的基本模式

时　　间：2001-01-21

奖项名称：甘肃省第七届社会科学优秀成果奖

获奖等级：3

作　　者：纪平

成果形式：论文

颁奖部门：甘肃省委甘肃省政府

1730 国债投资理论与实务

时　　间：2001-01-21

奖项名称：甘肃省第七届社会科学优秀成果奖

获奖等级：3

作　　者：付发理 李军 雷卫武

成果形式：编著

颁奖部门：甘肃省委甘肃省政府

1731 宦官

时　　间：2001-01-21

奖项名称：甘肃省第七届社会科学优秀成果奖

获奖等级：3

作　　者：田澍

成果形式：专著

颁奖部门：甘肃省委甘肃省政府

1732 创新精神与社会主义的振兴

时　　间：2001-01-21

奖项名称：甘肃省第七届社会科学优秀成果奖

获奖等级：3

作　　者：王晓平 赵荣

成果形式：论文

颁奖部门：甘肃省委甘肃省政府

1733 选举制度发生论

时　　间：2001-01-21

奖项名称：甘肃省第七届社会科学优秀成果奖

获奖等级：3

作　　者：雷紫翰

成果形式：论文

颁奖部门：甘肃省委甘肃省政府

1734 庄禅美学

时　　间：2001-01-21

奖项名称：甘肃省第七届社会科学优秀成果奖

获奖等级：3

作　　者：王建疆

成果形式：专著

颁奖部门：甘肃省委甘肃省政府

1735 谈谈财产保险的风险与防范

时　　间：2001-01-21

奖项名称：甘肃省第七届社会科学优秀成果奖

获奖等级：3

作　　者：张金城

成果形式：论文

颁奖部门：甘肃省委甘肃省政府

1736 上市公司信息披露问题及规范化设想

时　　间：2001-01-21

奖项名称：甘肃省第七届社会科学优秀成果奖

获奖等级：3

作　　者：刘志军

成果形式：论文

颁奖部门：甘肃省委甘肃省政府

1737 论甘州回鹘与中原王朝的贡使关系

时　　间：2001-01-21

奖项名称：甘肃省第七届社会科学优秀成果奖

获奖等级：3

作　　者：陆庆夫

成果形式：论文

颁奖部门：甘肃省委甘肃省政府

1738 兰州工业结构调整与优化研究报告

时　　间：2001-01-21

奖项名称：甘肃省第七届社会科学优秀成果奖

获奖等级：3

作　　者：吴文军 王宏 魏国真

成果形式：研究报告

颁奖部门：甘肃省委甘肃省政府

1739 西部大开发与甘肃资本市场

时　　间：2001-01-21

奖项名称：甘肃省第七届社会科学优秀成果奖

获奖等级：3

作　　者：王富华 李福祥

成果形式：专著

颁奖部门：甘肃省委甘肃省政府

1740 《共产党宣言》与迈向二十一世纪的中国共产党

时　　间：2001-01-21

奖项名称：甘肃省第七届社会科学优秀成果奖

获奖等级：3

作　　者：陈纪常 刘永哲

成果形式：论文

颁奖部门：甘肃省委甘肃省政府

1741 人物志研究

时　　间：2001-01-21

奖项名称：甘肃省第七届社会科学优秀成果奖

获奖等级：3

作　　者：伏俊琏

成果形式：古籍校注

颁奖部门：甘肃省委甘肃省政府

1742 高等学校《形势与政策》课的改革措施与思考

时　　间：2001-01-21

奖项名称：甘肃省第七届社会科学优秀成果奖

获奖等级：3

作　　者：王学俭 李炳彦 叶进 胡继红 张旭晨 尹辉

成果形式：研究报告

颁奖部门：甘肃省委甘肃省政府

1743 21世纪谁来养活陇中人——陇中可持续发展的财经政策探讨

时　　间：2001-01-21

奖项名称：甘肃省第七届社会科学优秀成果奖

获奖等级：3

作　　者：定西地区财政处

成果形式：论文

颁奖部门：甘肃省委甘肃省政府

1744 "全盘西化"、"充分世界化"与"现代化"——胡适"全盘西化"之真义

时　　间：2001-01-21

奖项名称：甘肃省第七届社会科学优秀成果奖

获奖等级：3

作　　者：刘亚桥

成果形式：论文

颁奖部门：甘肃省委甘肃省政府

1745 面向21世纪西北少数民族地区学校体育发展对策研究

时　　间：2001-01-21

奖项名称：甘肃省第七届社会科学优秀成果奖

获奖等级：3

作　　者：芦平生 魏争光 熊振强 李玉民 袁明煜 李宝生 米艳

成果形式：研究报告

颁奖部门：甘肃省委甘肃省政府

1746 论马克思晚年转向人类学研究的原因和目的

时　　间：2001-01-21

奖项名称：甘肃省第七届社会科学优秀成果奖

获奖等级：3

作　　者：周世兴

成果形式：论文

颁奖部门：甘肃省委甘肃省政府

1747 《史记》八书与中国文化研究

时　　间：2001-01-21

奖项名称：甘肃省第七届社会科学优秀成果奖

获奖等级：3

作　　者：徐日辉

成果形式：专著

颁奖部门：甘肃省委甘肃省政府

1748 简论列夫·托尔斯泰宗教思想与文学创作的关系

时　　间：2001-01-21

奖项名称：甘肃省第七届社会科学优秀成果奖

获奖等级：3

作　　者：李晓卫

成果形式：论文

颁奖部门：甘肃省委甘肃省政府

1749 甘肃裕固族人口发展研究

时　　间：2001-01-21

奖项名称：甘肃省第七届社会科学优秀成果奖

获奖等级：3

作　　者：杨小通

成果形式：论文

颁奖部门：甘肃省委甘肃省政府

1750 对农业银行法人授权中的几个问题的探讨

时　　间：2001-01-21

奖项名称：甘肃省第七届社会科学优秀成果奖

获奖等级：3

作　　者：甘肃省农村金融学会课题组

成果形式：论文

颁奖部门：甘肃省委甘肃省政府

1751 比较文化视野的表成与近代小说的勃兴

时　　间：2001-01-21

奖项名称：甘肃省第七届社会科学优秀成果奖

获奖等级：3

作　　者：兰州大学

成果形式：专著

颁奖部门：甘肃省委甘肃省政府

1752 按要素分配理论及我国生产要素与分配试析

时　　间：2001-01-21

奖项名称：甘肃省第七届社会科学优秀成果奖

获奖等级：3

作　　者：张希君

成果形式：论文

颁奖部门：甘肃省委甘肃省政府

1753 进一步改革个人所得税制刍议

时　　间：2001-01-21

奖项名称：甘肃省第七届社会科学优秀成果奖

获奖等级：3

作　　者：郝发忠

成果形式：论文

颁奖部门：甘肃省委甘肃省政府

1754 论汉代的邮督

时　　间：2001-01-21

奖项名称：甘肃省第七届社会科学优秀成果奖

获奖等级：3

作　　者：高荣

成果形式：论文

颁奖部门：甘肃省委甘肃省政府

1755 甘肃省世行贷款项目可持续发展研究

时　　间：2001-01-21

奖项名称：甘肃省第七届社会科学优秀成果奖

获奖等级：3

作　　者：课题组

成果形式：研究报告

颁奖部门：甘肃省委甘肃省政府

1756 中国大学 1895—1995 一个文化冲突的世纪

时　　间：2001-01-21

奖项名称：甘肃省第七届社会科学优秀成果奖

获奖等级：3

作　　者：许洁英 王嘉毅 陆永玲

成果形式：译著

颁奖部门：甘肃省委甘肃省政府

1757 对农村税费与农民负担情况的调查分析及改革建议

时　　间：2001-01-21

奖项名称：甘肃省第七届社会科学优秀成果奖

获奖等级：3

作　　者：郭玉安 刘小梅 哈明辉 焦岩

成果形式：论文

颁奖部门：甘肃省委甘肃省政府

1758 论我国纠纷解决制度中的资源配置效率

时　　间：2001-01-21

奖项名称：甘肃省第七届社会科学优秀成果奖

获奖等级：3

作　　者：王肃元

成果形式：论文

颁奖部门：甘肃省委甘肃省政府

1759 《中国社会科学》1994—1998 年作者引文的统计分析与评价

时　　间：2001-01-21

奖项名称：甘肃省第七届社会科学优秀成果奖

获奖等级：3

作　　者：崔旺来

成果形式：论文

颁奖部门：甘肃省委甘肃省政府

1760 富强与梦想现代化的追求与探索

时　　间：2001-01-21

奖项名称：甘肃省第七届社会科学优秀成果奖

获奖等级：3

作　　者：汪受宽 孙功达 欧阳正宇 江峰

成果形式：编著

颁奖部门：甘肃省委甘肃省政府

1761 新编税收管理

时　　间：2001-01-21

奖项名称：甘肃省第七届社会科学优秀成果奖

获奖等级：3

作　　者：省地税局

成果形式：编著

颁奖部门：甘肃省委甘肃省政府

1762 中医心理学

时　　间：2001-01-21

奖项名称：甘肃省第七届社会科学优秀成果奖

获奖等级：3

作　　者：杨敬宇 张巨斌 侯洪澜

成果形式：教材

颁奖部门：甘肃省委甘肃省政府

1763 诗经通诂

时　　间：2001-01-10

奖项名称：甘肃省第七届社会科学优秀成果奖

获奖等级：3

作　　者：雒江生

成果形式：编著

颁奖部门：甘肃省委甘肃省政府

1764 陇东南地区经济发展轴与天水小城镇建设

时　　间：2001-01-10

奖项名称：甘肃省第七届社会科学优秀成果奖

获奖等级：3

作　　者：樊卫宾

成果形式：论文

颁奖部门：甘肃省委甘肃省政府

1765 《史记》八书与中国文化研究

时　　间：2001-01-10

奖项名称：甘肃省第七届社会科学优秀成果奖

获奖等级：3

作　　者：徐日辉

成果形式：专著

颁奖部门：甘肃省委甘肃省政府

1766 张家川回族自治县县志

时　　间：2001-01-10

奖项名称：甘肃省第七届社会科学优秀成果奖

获奖等级：3

作　　者：张家川回族自治县县志编委会

成果形式：史志

颁奖部门：甘肃省委甘肃省政府

1767 中国农民的负担问题

时　　间：2001-01-21

奖项名称：甘肃省第七届社会科学优秀成果奖

获奖等级：3

作　　者：宋圭武

成果形式：论文

颁奖部门：甘肃省委甘肃省政府

1768 唐代铨选与文学

时　　间：2003-01-10

奖项名称：甘肃省第八届社会科学优秀成果奖

获奖等级：1

作　　者：王勋成

成果形式：专著

颁奖部门：甘肃省委甘肃省政府

1769 西部开发与我国地缘经济安全研究

时　　间：2003-01-10

奖项名称：甘肃省第八届社会科学优秀成果奖

获奖等级：1

作　　者：丁志刚 王宗礼

成果形式：专著

颁奖部门：甘肃省委甘肃省政府

1770 区域经济与区域发展——对甘肃区域经济的实证研究

时　　间：2003-01-10

奖项名称：甘肃省第八届社会科学优秀成

果奖

获奖等级：1

作　　者：高新才

成果形式：编著

颁奖部门：甘肃省委甘肃省政府

1771 敦煌文化

时　　间：2003-01-10

奖项名称：甘肃省第八届社会科学优秀成果奖

获奖等级：1

作　　者：颜廷亮

成果形式：专著

颁奖部门：甘肃省委甘肃省政府

1772 《丰碑》（甘肃卷）

时　　间：2003-01-10

奖项名称：甘肃省第八届社会科学优秀成果奖

获奖等级：1

作　　者：秦生 黄健江

成果形式：编著

颁奖部门：甘肃省委甘肃省政府

1773 西部大开发中的甘肃

时　　间：2003-01-10

奖项名称：甘肃省第八届社会科学优秀成果奖

获奖等级：1

作　　者：李沛文

成果形式：编著

颁奖部门：甘肃省委甘肃省政府

1774 格萨尔文库第二卷（蒙古族《格萨尔》第一、二册）

时　　间：2003-01-10

奖项名称：甘肃省第八届社会科学优秀成果奖

获奖等级：1

作　　者：省《格萨尔》工作领导小组西北民院《格萨尔》研究所编纂

成果形式：编著

颁奖部门：甘肃省委甘肃省政府

1775 二十一世纪西北地区信息产业

时　　间：2003-01-10

奖项名称：甘肃省第八届社会科学优秀成果奖

获奖等级：1

作　　者：张恒昌 马廷旭 吕胜利 索忠礼

成果形式：编著

颁奖部门：甘肃省委甘肃省政府

1776 我国西部地区投融资环境问题研究

时　　间：2003-01-10

奖项名称：甘肃省第八届社会科学优秀成果奖

获奖等级：1

作　　者：张宗祥

成果形式：调研报告

颁奖部门：甘肃省委甘肃省政府

1777 治国方略的重大决策：以德治国

时　　间：2003-01-10

奖项名称：甘肃省第八届社会科学优秀成果奖

获奖等级：2

作　　者：王学俭

成果形式：论文

颁奖部门：甘肃省委甘肃省政府

1778 学校体育教学论

时　　间：2003-01-10

奖项名称：甘肃省第八届社会科学优秀成果奖

获奖等级：2

作　　者：张学忠

成果形式：专著

颁奖部门：甘肃省委甘肃省政府

1779 西部大开发资本支持系统研究

时　　间：2003-01-10

奖项名称：甘肃省第八届社会科学优秀成果奖

获奖等级：2

作　　者：徐创风

成果形式：调研报告

颁奖部门：甘肃省委甘肃省政府

1780 小流域可持续发展论——兼论洮河流域资源开发与可持续发展

时　　间：2003-01-10

奖项名称：甘肃省第八届社会科学优秀成果奖

获奖等级：2

作　　者：师守祥 张智全 李旺

成果形式：专著

颁奖部门：甘肃省委甘肃省政府

1781 中国古代文学理论专题研究气势论

时　　间：2003-01-10

奖项名称：甘肃省第八届社会科学优秀成果奖

获奖等级：2

作　　者：第环宁

成果形式：专著

颁奖部门：甘肃省委甘肃省政府

1782 甘肃省生态建设与大农业可持续发展研究

时　　间：2003-01-10

奖项名称：甘肃省第八届社会科学优秀成果奖

获奖等级：2

作　　者：张志强 孙成权 王学定

成果形式：编著

颁奖部门：甘肃省委甘肃省政府

1783 计算机会计信息系统

时　　间：2003-01-10

奖项名称：甘肃省第八届社会科学优秀成果奖

获奖等级：2

作　　者：刘中华 李希富 雷凯锋

成果形式：编著

颁奖部门：甘肃省委甘肃省政府

1784 旅游社会学

时　　间：2003-01-10

奖项名称：甘肃省第八届社会科学优秀成果奖

获奖等级：2

作　　者：郑本法 曾敏

成果形式：专著

颁奖部门：甘肃省委甘肃省政府

1785 项目融资与风险管理

时　　间：2003-01-10

奖项名称：甘肃省第八届社会科学优秀成果奖

获奖等级：2

作　　者：陈有安 王学军 尉维斌 肖焕雄

成果形式：专著

颁奖部门：甘肃省委甘肃省政府

1786 汉简确证：汉代轩城与罗马战俘无关

时　　间：2003-01-10

奖项名称：甘肃省第八届社会科学优秀成果奖

获奖等级：2

作　　者：张德芳

成果形式：论文

颁奖部门：甘肃省委甘肃省政府

1787 国际化进程与中国高等教育

时　　间：2003-01-10

奖项名称：甘肃省第八届社会科学优秀成果奖

获奖等级：2

作　　者：王秋梅

成果形式：专著

颁奖部门：甘肃省委甘肃省政府

1788 康德哲学研究

时　　间：2003-01-10

奖项名称：甘肃省第八届社会科学优秀成果奖

获奖等级：2

作　　者：刘学义

成果形式：专著

颁奖部门：甘肃省委甘肃省政府

1789 甘肃省工业企业技术吸纳能力研究

时　　间：2003-01-10

奖项名称：甘肃省第八届社会科学优秀成果奖

获奖等级：2

作　　者：王伯鲁

成果形式：调研报告

颁奖部门：甘肃省委甘肃省政府

1790 互联网与社会学

时　　间：2003-01-10

奖项名称：甘肃省第八届社会科学优秀成果奖

获奖等级：2

作　　者：陈文江 黄少华

成果形式：编著

颁奖部门：甘肃省委甘肃省政府

1791 敦煌莫高窟北区石窟（第一卷）

时　　间：2003-01-10

奖项名称：甘肃省第八届社会科学优秀成果奖

获奖等级：2

作　　者：彭金章 王建军

成果形式：专著

颁奖部门：甘肃省委甘肃省政府

1792 赛仓·罗桑华丹文集

时　　间：2003-01-10

奖项名称：甘肃省第八届社会科学优秀成果奖

获奖等级：2

作　　者：赛仓·罗桑华丹

成果形式：论著

颁奖部门：甘肃省委甘肃省政府

1793 中国反倾销法理论与实践

时　　间：2003-01-10

奖项名称：甘肃省第八届社会科学优秀成果奖

获奖等级：2

作　　者：胡晓红

成果形式：专著

颁奖部门：甘肃省委甘肃省政府

1794 教学论研究二十年

时　　间：2003-01-10

奖项名称：甘肃省第八届社会科学优秀成果奖

获奖等级：2

作　　者：李定仁 徐继存

成果形式：编著

颁奖部门：甘肃省委甘肃省政府

1795 中国新诗艺术论

时　　间：2003-01-10

奖项名称：甘肃省第八届社会科学优秀成果奖

获奖等级：2

作　　者：彭金山

成果形式：专著

颁奖部门：甘肃省委甘肃省政府

1796 超越"生命美学"和"生命美学史"

时　　间：2003-01-10

奖项名称：甘肃省第八届社会科学优秀成果奖

获奖等级：2

作　　者：王建疆

成果形式：论文

颁奖部门：甘肃省委甘肃省政府

1797 南朝赋的诗化倾向的文体学思考

时　　间：2003-01-10

奖项名称：甘肃省第八届社会科学优秀成果奖

获奖等级：2

作　　者：韩高年

成果形式：论文

颁奖部门：甘肃省委甘肃省政府

1798 西部地区培育新的经济增长点与面向 21 世纪产业升级问题的研究

时　　间：2003-01-10

奖项名称：甘肃省第八届社会科学优秀成果奖

获奖等级：2

作　　者：叶进

成果形式：调研报告

颁奖部门：甘肃省委甘肃省政府

1799 我国他物权制度之检讨及完善——一种经济分析思路的确立

时　　间：2003-01-10

奖项名称：甘肃省第八届社会科学优秀成果奖

获奖等级：2

作　　者：王肃元 任尔昕

成果形式：论文

颁奖部门：甘肃省委甘肃省政府

1800 甘肃省经济周期波动规律与宏观调控对策研究

时　　间：2003-01-10

奖项名称：甘肃省第八届社会科学优秀成果奖

获奖等级：2

作　　者：魏立桥

成果形式：调研报告

颁奖部门：甘肃省委甘肃省政府

1801 中国西北边疆发展史研究

时　　间：2003-01-10

奖项名称：甘肃省第八届社会科学优秀成果奖

获奖等级：2

作　　者：马曼丽

成果形式：编著

颁奖部门：甘肃省委甘肃省政府

1802 化理论为方法——冯契对中国近代逻辑思想革命的总结和超越

时　　间：2003-01-10

奖项名称：甘肃省第八届社会科学优秀成果奖

获奖等级：3

作　　者：李朝东

成果形式：论文

颁奖部门：甘肃省委甘肃省政府

1803 社会主义初级阶段论

时　　间：2003-01-10

奖项名称：甘肃省第八届社会科学优秀成果奖

获奖等级：3

作　　者：齐彦斌

成果形式：专著

颁奖部门：甘肃省委甘肃省政府

1804 大文化观念与西部大开发中的文化发展目标选择

时　　间：2003-01-10

奖项名称：甘肃省第八届社会科学优秀成果奖

获奖等级：3

作　　者：肖安鹿

成果形式：论文

颁奖部门：甘肃省委甘肃省政府

1805 关于适应西部大开发需要适当调整有关税收政策的思考

时　　间：2003-01-10

奖项名称：甘肃省第八届社会科学优秀成果奖

获奖等级：3

作　　者：咬建国

成果形式：论文

颁奖部门：甘肃省委甘肃省政府

1806 比较商法导论

时　　间：2003-01-10

奖项名称：甘肃省第八届社会科学优秀成果奖

获奖等级：3

作　　者：任先行 周林彬

成果形式：专著

颁奖部门：甘肃省委甘肃省政府

1807 用"七一"讲话精神审视甘肃民族地区农牧区党的基层组织建设的基本经验

时　　间：2003-01-10

奖项名称：甘肃省第八届社会科学优秀成果奖

获奖等级：3

作　　者：周学军 刘永哲

成果形式：论文

颁奖部门：甘肃省委甘肃省政府

1808 甘肃开发能力报告

时　　间：2003-01-10

奖项名称：甘肃省第八届社会科学优秀成果奖

获奖等级：3

作　　者：张绪胜 杨言勇

成果形式：调研报告

颁奖部门：甘肃省委甘肃省政府

1809　唐人咏侠诗刍论

时　　间：2003-01-10

奖项名称：甘肃省第八届社会科学优秀成果奖

获奖等级：3

作　　者：汪聚应

成果形式：论文

颁奖部门：甘肃省委甘肃省政府

1810　中国西部经济结构调整研究

时　　间：2003-01-10

奖项名称：甘肃省第八届社会科学优秀成果奖

获奖等级：3

作　　者：赵明智

成果形式：编著

颁奖部门：甘肃省委甘肃省政府

1811　甘肃省农村电信事业发展的问题与对策研究

时　　间：2003-01-10

奖项名称：甘肃省第八届社会科学优秀成果奖

获奖等级：3

作　　者：庞智强

成果形式：调研报告

颁奖部门：甘肃省委甘肃省政府

1812　苏联解体后阿富汗在中亚地缘政治转变中的影响

时　　间：2003-01-10

奖项名称：甘肃省第八届社会科学优秀成

果奖

获奖等级：3

作　　者：汪金国

成果形式：论文

颁奖部门：甘肃省委甘肃省政府

1813　中国文物分析鉴别与科学保护

时　　间：2003-01-10

奖项名称：甘肃省第八届社会科学优秀成果奖

获奖等级：3

作　　者：马清林 苏伯民 胡之德 李最雄

成果形式：专著

颁奖部门：甘肃省委甘肃省政府

1814　论法治社会中的司法公正

时　　间：2003-01-10

奖项名称：甘肃省第八届社会科学优秀成果奖

获奖等级：3

作　　者：李玉璧 李刈

成果形式：论文

颁奖部门：甘肃省委甘肃省政府

1815　加强和改进西部贫困地区农村基层党组织建设的对策建议

时　　间：2003-01-10

奖项名称：甘肃省第八届社会科学优秀成果奖

获奖等级：3

作　　者：刘永哲 黄明

成果形式：论文

颁奖部门：甘肃省委甘肃省政府

1816　图书馆管理工作

时　　间：2003-01-10

奖项名称：甘肃省第八届社会科学优秀成

果奖

获奖等级：3

作　　者：潘寅生

成果形式：教材

颁奖部门：甘肃省委甘肃省政府

1817 中国共产党与当代中国政党制度

时　　间：2003-01-10

奖项名称：甘肃省第八届社会科学优秀成
果奖

获奖等级：3

作　　者：康民

成果形式：论文

颁奖部门：甘肃省委甘肃省政府

1818 现代伪科学产生的社会原因及其防范

时　　间：2003-01-10

奖项名称：甘肃省第八届社会科学优秀成
果奖

获奖等级：3

作　　者：宋学功 张言

成果形式：论文

颁奖部门：甘肃省委甘肃省政府

1819 论传统师范大学的现代转型

时　　间：2003-01-10

奖项名称：甘肃省第八届社会科学优秀成
果奖

获奖等级：3

作　　者：赵金宝 张俊宗

成果形式：论文

颁奖部门：甘肃省委甘肃省政府

1820 不媚俗的前卫与不落伍的古典——论王安忆的独特性及"不要独特性"之文学观

时　　间：2003-01-10

奖项名称：甘肃省第八届社会科学优秀成
果奖

获奖等级：3

作　　者：白彩霞 马丁

成果形式：论文

颁奖部门：甘肃省委甘肃省政府

1821 马克思主义民族理论与政策50年研究回顾

时　　间：2003-01-10

奖项名称：甘肃省第八届社会科学优秀成
果奖

获奖等级：3

作　　者：贾东海

成果形式：编著

颁奖部门：甘肃省委甘肃省政府

1822 教学理论反思与建设

时　　间：2003-01-10

奖项名称：甘肃省第八届社会科学优秀成
果奖

获奖等级：3

作　　者：徐继存

成果形式：专著

颁奖部门：甘肃省委甘肃省政府

1823 甘肃农业资源环境与农业经济协调发展

时　　间：2003-01-10

奖项名称：甘肃省第八届社会科学优秀成
果奖

获奖等级：3

作　　者：蔡伟民

成果形式：论文

颁奖部门：甘肃省委甘肃省政府

1824 清代西北边疆史地学兴起的历史背景

时　　间：2003-01-10

奖项名称：甘肃省第八届社会科学优秀成果奖

获奖等级：3

作　　者：牛海桢

成果形式：论文

颁奖部门：甘肃省委甘肃省政府

1825 贫困地区教育改革与发展

时　　间：2003-01-10

奖项名称：甘肃省第八届社会科学优秀成果奖

获奖等级：3

作　　者：马培芳 景民

成果形式：编著

颁奖部门：甘肃省委甘肃省政府

1826 永昌西岗柴湾港沙井文化墓葬发掘报告

时　　间：2003-01-10

奖项名称：甘肃省第八届社会科学优秀成果奖

获奖等级：3

作　　者：省考古所

成果形式：专著

颁奖部门：甘肃省委甘肃省政府

1827 陇东老区经济可持续发展研究

时　　间：2003-01-10

奖项名称：甘肃省第八届社会科学优秀成

果奖

获奖等级：3

作　　者：贾劝宝 曲涛

成果形式：专著

颁奖部门：甘肃省委甘肃省政府

1828 西北生态启示录

时　　间：2003-01-10

奖项名称：甘肃省第八届社会科学优秀成果奖

获奖等级：3

作　　者：吴晓军 董汉河

成果形式：专著

颁奖部门：甘肃省委甘肃省政府

1829 学习动机理论社会认知的观点

时　　间：2003-01-10

奖项名称：甘肃省第八届社会科学优秀成果奖

获奖等级：3

作　　者：王振宏

成果形式：专著

颁奖部门：甘肃省委甘肃省政府

1830 刻板印象的理论与研究

时　　间：2003-01-10

奖项名称：甘肃省第八届社会科学优秀成果奖

获奖等级：3

作　　者：王沛

成果形式：专著

颁奖部门：甘肃省委甘肃省政府

1831 九十年代外语二语学习动机研究述略

时　　间：2003-01-10

奖项名称：甘肃省第八届社会科学优秀成

果奖

获奖等级：3

作　者：武和平

成果形式：论文

颁奖部门：甘肃省委甘肃省政府

1832 西北民族地区生态安全与水资源制度创新研究

时　间：2011-01-13

奖项名称：甘肃省第十二届社会科学优秀成果奖

获奖等级：3

作　者：陈永胜 朱发昇 王晓天

成果形式：编著

颁奖部门：甘肃省委甘肃省政府

1833 韩非对君主专制绝对确定性的追求

时　间：2003-01-10

奖项名称：甘肃省第八届社会科学优秀成果奖

获奖等级：3

作　者：乔健

成果形式：论文

颁奖部门：甘肃省委甘肃省政府

1834 西北少数民族地区脱贫奔小康的制度协调与可持续发展对策研究

时　间：2003-01-10

奖项名称：甘肃省第八届社会科学优秀成果奖

获奖等级：3

作　者：李兴江

成果形式：调研报告

颁奖部门：甘肃省委甘肃省政府

1835 试论白银外流与鸦片战争的银贵钱贱问题

时　间：2003-01-10

奖项名称：甘肃省第八届社会科学优秀成果奖

获奖等级：3

作　者：王德泰

成果形式：论文

颁奖部门：甘肃省委甘肃省政府

1836 东乡族经济社会发展研究

时　间：2003-01-10

奖项名称：甘肃省第八届社会科学优秀成果奖

获奖等级：3

作　者：妥进荣

成果形式：编著

颁奖部门：甘肃省委甘肃省政府

1837 马克思的"通过卡夫丁峡谷"用典引读

时　间：2003-01-10

奖项名称：甘肃省第八届社会科学优秀成果奖

获奖等级：3

作　者：杨木

成果形式：论文

颁奖部门：甘肃省委甘肃省政府

1838 西部人文环境优化研究

时　间：2003-01-10

奖项名称：甘肃省第八届社会科学优秀成果奖

获奖等级：3

作　者：谢俊春 马克林

成果形式：专著

颁奖部门：甘肃省委甘肃省政府

1839 民族教育学

时　　间：2003-01-10

奖项名称：甘肃省第八届社会科学优秀成果奖

获奖等级：3

作　　者：王鉴

成果形式：专著

颁奖部门：甘肃省委甘肃省政府

1840 小说叙述艺术论

时　　间：2003-01-10

奖项名称：甘肃省第八届社会科学优秀成果奖

获奖等级：3

作　　者：吴效刚

成果形式：专著

颁奖部门：甘肃省委甘肃省政府

1841 保险人应加强维护自身利益

时　　间：2003-01-10

奖项名称：甘肃省第八届社会科学优秀成果奖

获奖等级：3

作　　者：毕寒松 李小勇

成果形式：论文

颁奖部门：甘肃省委甘肃省政府

1842 神似翻译学

时　　间：2003-01-10

奖项名称：甘肃省第八届社会科学优秀成果奖

获奖等级：3

作　　者：冯建文

成果形式：专著

颁奖部门：甘肃省委甘肃省政府

1843 论路遥小说创作的心理机制

时　　间：2003-01-10

奖项名称：甘肃省第八届社会科学优秀成果奖

获奖等级：3

作　　者：陈占彪

成果形式：论文

颁奖部门：甘肃省委甘肃省政府

1844 关于积极防范甘肃财政外债风险问题的研究

时　　间：2003-01-10

奖项名称：甘肃省第八届社会科学优秀成果奖

获奖等级：3

作　　者：苏志希

成果形式：调研报告

颁奖部门：甘肃省委甘肃省政府

1845 财政收支问题实证研究

时　　间：2003-01-10

奖项名称：甘肃省第八届社会科学优秀成果奖

获奖等级：3

作　　者：刘文哲 何翔舟 楚风华 郭玉安 魏建国

成果形式：编著

颁奖部门：甘肃省委甘肃省政府

1846 促进经济特区与西部地区共同发展

时　　间：2003-01-10

奖项名称：甘肃省第八届社会科学优秀成

果奖

获奖等级：3

作　　者：宋圭武

成果形式：论文

颁奖部门：甘肃省委甘肃省政府

1847 建立独立董事制度完善公司治理结构

时　　间：2003-01-10

奖项名称：甘肃省第八届社会科学优秀成果奖

获奖等级：3

作　　者：包国宪 王永纲

成果形式：论文

颁奖部门：甘肃省委甘肃省政府

1848 甘肃庆祝中国共产党成立80周年纪念册

时　　间：2003-01-10

奖项名称：甘肃省第八届社会科学优秀成果奖

获奖等级：4

作　　者：《纪念册》编辑委员会

成果形式：编著

颁奖部门：甘肃省委甘肃省政府

1849 蒙古族古代文学研究

时　　间：2003-01-10

奖项名称：甘肃省第八届社会科学优秀成果奖

获奖等级：3

作　　者：玛·乌尼乌兰

成果形式：专著

颁奖部门：甘肃省委甘肃省政府

1850 X、Y、Z理论模式与我国企业经营研究

时　　间：2003-01-10

奖项名称：甘肃省第八届社会科学优秀成果奖

获奖等级：3

作　　者：课题组

成果形式：论文

颁奖部门：甘肃省委甘肃省政府

1851 甘肃农村经济资源开发和环境保护与农业增长协调发展的对策研究

时　　间：2003-01-10

奖项名称：甘肃省第八届社会科学优秀成果奖

获奖等级：3

作　　者：韩建民

成果形式：调研报告

颁奖部门：甘肃省委甘肃省政府

1852 商法的语义、性质及功能

时　　间：2003-01-10

奖项名称：甘肃省第八届社会科学优秀成果奖

获奖等级：3

作　　者：任尔昕

成果形式：论文

颁奖部门：甘肃省委甘肃省政府

1853 少数民族学生心理发展与教育研究

时　　间：2003-01-10

奖项名称：甘肃省第八届社会科学优秀成果奖

获奖等级：3

作　　者：万明钢

成果形式：编著

颁奖部门：甘肃省委甘肃省政府

1854 《钱注杜诗》与诗史互证法

时　　间：2003-01-10

奖项名称：甘肃省第八届社会科学优秀成果奖

获奖等级：3

作　　者：郝润华

成果形式：专著

颁奖部门：甘肃省委甘肃省政府

1855 春秋诗学经典命题释证

时　　间：2003-01-10

奖项名称：甘肃省第八届社会科学优秀成果奖

获奖等级：3

作　　者：俞志慧

成果形式：论文

颁奖部门：甘肃省委甘肃省政府

1856 殷代神灵信仰的动因与实质述论——写在甲骨文发现一百周年之际

时　　间：2003-01-10

奖项名称：甘肃省第八届社会科学优秀成果奖

获奖等级：3

作　　者：雷紫翰

成果形式：论文

颁奖部门：甘肃省委甘肃省政府

1857 晚唐五代敦煌贸易市场的外来商品辑考

时　　间：2003-01-10

奖项名称：甘肃省第八届社会科学优秀成

果奖

获奖等级：3

作　　者：郑炳林

成果形式：论文

颁奖部门：甘肃省委甘肃省政府

1858 俄罗斯体制转轨的经济学分析

时　　间：2003-01-10

奖项名称：甘肃省第八届社会科学优秀成果奖

获奖等级：3

作　　者：张养志

成果形式：专著

颁奖部门：甘肃省委甘肃省政府

1859 农村学校的使命：促进社区发展

时　　间：2003-01-10

奖项名称：甘肃省第八届社会科学优秀成果奖

获奖等级：3

作　　者：齐志勇

成果形式：调研报告

颁奖部门：甘肃省委甘肃省政府

1860 高等理科教育改革与发展概论

时　　间：2003-01-10

奖项名称：甘肃省第八届社会科学优秀成果奖

获奖等级：3

作　　者：王根顺 李发伸

成果形式：专著

颁奖部门：甘肃省委甘肃省政府

1861 运用现代教育技术促进民族教育的发展

时　　间：2003-01-10

奖项名称：甘肃省第八届社会科学优秀成

果奖

获奖等级：3

作　　者：杨改学

成果形式：论文

颁奖部门：甘肃省委甘肃省政府

1862 时代课题与理论创新：邓小平理论科学体系论纲

时　　间：2003-01-10

奖项名称：甘肃省第八届社会科学优秀成果奖

获奖等级：3

作　　者：谢继忠 翟同宪

成果形式：编著

颁奖部门：甘肃省委甘肃省政府

1863 加入 WTO 对中国人寿保险业的影响及对策

时　　间：2003-01-10

奖项名称：甘肃省第八届社会科学优秀成果奖

获奖等级：3

作　　者：魏徐生

成果形式：论文

颁奖部门：甘肃省委甘肃省政府

1864 德里达的文学本质观——从《双重部分》的第一部分谈起

时　　间：2003-01-10

奖项名称：甘肃省第八届社会科学优秀成果奖

获奖等级：3

作　　者：肖锦龙

成果形式：论文

颁奖部门：甘肃省委甘肃省政府

1865 我国房地产立法的缺陷及其完善

时　　间：2003-01-10

奖项名称：甘肃省第八届社会科学优秀成果奖

获奖等级：3

作　　者：胡兰玲

成果形式：论文

颁奖部门：甘肃省委甘肃省政府

1866 秦汉邮书管理制度初探

时　　间：2003-01-10

奖项名称：甘肃省第八届社会科学优秀成果奖

获奖等级：3

作　　者：高荣

成果形式：论文

颁奖部门：甘肃省委甘肃省政府

1867 敦煌吐鲁番法制文书研究

时　　间：2003-01-10

奖项名称：甘肃省第八届社会科学优秀成果奖

获奖等级：3

作　　者：陈永胜

成果形式：专著

颁奖部门：甘肃省委甘肃省政府

1868 天水历史文化丛书

时　　间：2003-01-10

奖项名称：甘肃省第八届社会科学优秀成果奖

获奖等级：3

作　　者：张津梁

成果形式：丛书

颁奖部门：甘肃省委甘肃省政府

1869 贫困地区农村经济发展与农业产业化研究

时　　间：2003-01-10

奖项名称：甘肃省第八届社会科学优秀成果奖

获奖等级：3

作　　者：杨军

成果形式：专著

颁奖部门：甘肃省委甘肃省政府

1870 制度变迁与东西部农村发展比较研究

时　　间：2003-01-10

奖项名称：甘肃省第八届社会科学优秀成果奖

获奖等级：3

作　　者：把多勋 平惠敏

成果形式：编著

颁奖部门：甘肃省委甘肃省政府

1871 新日语语法时、态、语气

时　　间：2003-01-10

奖项名称：甘肃省第八届社会科学优秀成果奖

获奖等级：3

作　　者：王忻

成果形式：专著

颁奖部门：甘肃省委甘肃省政府

1872 退耕还林与西部省区粮食供需动态平衡问题

时　　间：2003-01-10

奖项名称：甘肃省第八届社会科学优秀成果奖

获奖等级：3

作　　者：吕晓英 吕胜利 周述实

成果形式：论文

颁奖部门：甘肃省委甘肃省政府

1873 改善金融环境是强化西部开发中金融支持的基础

时　　间：2003-01-10

奖项名称：甘肃省第八届社会科学优秀成果奖

获奖等级：3

作　　者：马润平 汪泽

成果形式：论文

颁奖部门：甘肃省委甘肃省政府

1874 现代家庭经济管理

时　　间：2003-01-10

奖项名称：甘肃省第八届社会科学优秀成果奖

获奖等级：3

作　　者：于金凤

成果形式：编著

颁奖部门：甘肃省委甘肃省政府

1875 优化税制环境与防止税收流失研究

时　　间：2003-01-10

奖项名称：甘肃省第八届社会科学优秀成果奖

获奖等级：3

作　　者：郭北辰

成果形式：调研报告

颁奖部门：甘肃省委甘肃省政府

1876 商业银行经营管理导论

时　　间：2003-01-10

奖项名称：甘肃省第八届社会科学优秀成果奖

获奖等级：3

作　　者：张文轩

成果形式：编著

颁奖部门：甘肃省委甘肃省政府

1877 会计舞弊的产生机制及其治理

时　　间：2003-01-10

奖项名称：甘肃省第八届社会科学优秀成果奖

获奖等级：3

作　　者：苏孜

成果形式：论文

颁奖部门：甘肃省委甘肃省政府

1878 西域古代伊斯兰教综论

时　　间：2003-01-10

奖项名称：甘肃省第八届社会科学优秀成果奖

获奖等级：3

作　　者：高永久

成果形式：专著

颁奖部门：甘肃省委甘肃省政府

1879 回族习俗与回族地区法制建设

时　　间：2003-01-10

奖项名称：甘肃省第八届社会科学优秀成果奖

获奖等级：3

作　　者：王宏璎 郑家奎

成果形式：论文

颁奖部门：甘肃省委甘肃省政府

1880 在现实与选择之间——执政条件下党同人民关系思考

时　　间：2003-01-10

奖项名称：甘肃省第八届社会科学优秀成果奖

获奖等级：3

作　　者：胡炳成

成果形式：论文

颁奖部门：甘肃省委甘肃省政府

1881 西部大开发与民族关系

时　　间：2003-01-10

奖项名称：甘肃省第八届社会科学优秀成果奖

获奖等级：3

作　　者：马虎成 马志英

成果形式：论文

颁奖部门：甘肃省委甘肃省政府

1882 甘肃伊斯兰教问题调查报告

时　　间：2003-01-10

奖项名称：甘肃省第八届社会科学优秀成果奖

获奖等级：4

作　　者：杜颖

成果形式：调研报告

颁奖部门：甘肃省委甘肃省政府

1883 甘肃省零售业市场结构问题研究

时　　间：2003-01-10

奖项名称：甘肃省第八届社会科学优秀成果奖

获奖等级：3

作　　者：王学军

成果形式：论文

颁奖部门：甘肃省委甘肃省政府

1884 西北开发决策思想史（古代卷）

时　　间：2003-01-10

奖项名称：甘肃省第八届社会科学优秀成果奖

获奖等级：3

作　　者：王三北 魏明孔 李华瑞 杨秀清

成果形式：编著

颁奖部门：甘肃省委甘肃省政府

1885 河西走廊绿洲复合生态经济系统及其可持续发展对策

时　　间：2003-01-10

奖项名称：甘肃省第八届社会科学优秀成果奖

获奖等级：3

作　　者：金自学

成果形式：论文

颁奖部门：甘肃省委甘肃省政府

1886 明代藏族史研究

时　　间：2003-01-10

奖项名称：甘肃省第八届社会科学优秀成果奖

获奖等级：3

作　　者：尹伟先

成果形式：专著

颁奖部门：甘肃省委甘肃省政府

1887 资产观念变革与资产的重新定义（上、下）

时　　间：2003-01-10

奖项名称：甘肃省第八届社会科学优秀成果奖

获奖等级：3

作　　者：宋小明

成果形式：论文

颁奖部门：甘肃省委甘肃省政府

1888 地方多科性大学办学模式研究

时　　间：2003-01-10

奖项名称：甘肃省第八届社会科学优秀成果奖

获奖等级：3

作　　者：石玉亭 李硕豪 雒进才

成果形式：编著

颁奖部门：甘肃省委甘肃省政府

1889 BOT 基础协议的法律性质分析

时　　间：2003-01-10

奖项名称：甘肃省第八届社会科学优秀成果奖

获奖等级：3

作　　者：胡晓红

成果形式：论文

颁奖部门：甘肃省委甘肃省政府

1890 西部地区资本形成制度创新

时　　间：2003-01-10

奖项名称：甘肃省第八届社会科学优秀成果奖

获奖等级：3

作　　者：孙晓娟

成果形式：论文

颁奖部门：甘肃省委甘肃省政府

1891 女性就业问题三议

时　　间：2003-01-10

奖项名称：甘肃省第八届社会科学优秀成果奖

获奖等级：3

作　　者：金昭熙

成果形式：论文

颁奖部门：甘肃省委甘肃省政府

1892 中国西部开发与金融支持研究

时　　间：2003-01-10

奖项名称：甘肃省第八届社会科学优秀成果奖

获奖等级：3

作　　者：赵彭涛

成果形式：编著

颁奖部门：甘肃省委甘肃省政府

1893 中国古代游牧民族经济社会文化研究

时　　间：2003-01-10

奖项名称：甘肃省第八届社会科学优秀成果奖

获奖等级：3

作　　者：贺卫光

成果形式：专著

颁奖部门：甘肃省委甘肃省政府

1894 敦煌遗书总目索引新编

时　　间：2003-01-10

奖项名称：甘肃省第八届社会科学优秀成果奖

获奖等级：3

作　　者：敦煌研究院编

成果形式：工具书

颁奖部门：甘肃省委甘肃省政府

1895 本版书的困境及其对策——入世前我国图书面临的挑战、机遇和应对办法

时　　间：2003-01-10

奖项名称：甘肃省第八届社会科学优秀成果奖

获奖等级：3

作　　者：胡福生

成果形式：论文

颁奖部门：甘肃省委甘肃省政府

1896 区域经济发展与银企关系构建

时　　间：2003-01-10

奖项名称：甘肃省第八届社会科学优秀成果奖

获奖等级：3

作　　者：陈来福

成果形式：专著

颁奖部门：甘肃省委甘肃省政府

1897 宋前戏剧形成史

时　　间：2003-01-10

奖项名称：甘肃省第八届社会科学优秀成果奖

获奖等级：3

作　　者：李占彪

成果形式：专著

颁奖部门：甘肃省委甘肃省政府

1898 西部开发中的国家宏观政策法律调控

时　　间：2003-01-10

奖项名称：甘肃省第八届社会科学优秀成果奖

获奖等级：3

作　　者：张谦元

成果形式：论文

颁奖部门：甘肃省委甘肃省政府

1899 甘肃省高效科技成果产业化研究

时　　间：2003-01-10

奖项名称：甘肃省第八届社会科学优秀成果奖

获奖等级：3

作　　者：孙光远

成果形式：调研报告

颁奖部门：甘肃省委甘肃省政府

1900 敦煌壁画与中国画色彩

时　间：2003-01-10

奖项名称：甘肃省第八届社会科学优秀成果奖

获奖等级：3

作　者：周大正

成果形式：专著

颁奖部门：甘肃省委甘肃省政府

1901 现代信息学

时　间：2003-01-10

奖项名称：甘肃省第八届社会科学优秀成果奖

获奖等级：3

作　者：张有录 王玉明 李华

成果形式：教材

颁奖部门：甘肃省委甘肃省政府

1902 我国连锁业实现规模化经营的途径探析

时　间：2003-01-10

奖项名称：甘肃省第八届社会科学优秀成果奖

获奖等级：3

作　者：秦陇一 管新帅

成果形式：论文

颁奖部门：甘肃省委甘肃省政府

1903 后发优势：中国西部地区经济发展的动因分析

时　间：2003-01-10

奖项名称：甘肃省第八届社会科学优秀成果奖

获奖等级：3

作　者：王必达 田淑萍

成果形式：论文

颁奖部门：甘肃省委甘肃省政府

1904 中国油画的困惑与发展

时　间：2003-01-10

奖项名称：甘肃省第八届社会科学优秀成果奖

获奖等级：3

作　者：余义虎

成果形式：论文

颁奖部门：甘肃省委甘肃省政府

1905 思辨集

时　间：2003-01-10

奖项名称：甘肃省第八届社会科学优秀成果奖

获奖等级：4

作　者：卢克俭

成果形式：论文集

颁奖部门：甘肃省委甘肃省政府

1906 洪武祖制与嘉靖前期革新

时　间：2003-01-10

奖项名称：甘肃省第八届社会科学优秀成果奖

获奖等级：3

作　者：田澍

成果形式：论文

颁奖部门：甘肃省委甘肃省政府

1907 新历史主义文艺思潮的悖论性处境

时　间：2003-01-10

奖项名称：甘肃省第八届社会科学优秀成

果奖

获奖等级：3

作　　者：张进

成果形式：论文

颁奖部门：甘肃省委甘肃省政府

1908 国债风险的认识与规避

时　　间：2003-01-10

奖项名称：甘肃省第八届社会科学优秀成果奖

获奖等级：3

作　　者：崔治文

成果形式：论文

颁奖部门：甘肃省委甘肃省政府

1909 对白银市中小企业贷款难问题的专题调查

时　　间：2003-01-10

奖项名称：甘肃省第八届社会科学优秀成果奖

获奖等级：3

作　　者：刘青

成果形式：调研报告

颁奖部门：甘肃省委甘肃省政府

1910 炳灵寺石窟的唐蕃关系史料

时　　间：2003-01-10

奖项名称：甘肃省第八届社会科学优秀成果奖

获奖等级：3

作　　者：魏文斌 吴荭

成果形式：论文

颁奖部门：甘肃省委甘肃省政府

1911 工贡麻部落历史变迁与习俗研究

时　　间：2003-01-10

奖项名称：甘肃省第八届社会科学优秀成果奖

获奖等级：3

作　　者：兰却加

成果形式：专著

颁奖部门：甘肃省委甘肃省政府

1912 西部开发中的土地资源的法律配置

时　　间：2003-01-10

奖项名称：甘肃省第八届社会科学优秀成果奖

获奖等级：3

作　　者：苟军年

成果形式：论文

颁奖部门：甘肃省委甘肃省政府

1913 关闭潘多拉魔盒的尝试——评当代西方新理性主义的几种观点

时　　间：2003-01-10

奖项名称：甘肃省第八届社会科学优秀成果奖

获奖等级：3

作　　者：刘开会

成果形式：论文

颁奖部门：甘肃省委甘肃省政府

1914 农业银行企业集团信贷战略研究

时　　间：2003-01-10

奖项名称：甘肃省第八届社会科学优秀成果奖

获奖等级：3

作　　者：王玮

成果形式：调研报告

颁奖部门：甘肃省委甘肃省政府

1915 甘肃开发的一个重要突破口

时　　间：2003-01-10

奖项名称：甘肃省第八届社会科学优秀成果奖

获奖等级：3

作　　者：周普生 陈崇贵

成果形式：论文

颁奖部门：甘肃省委甘肃省政府

1916 调整当前国有企业劳动关系的理论政策探讨

时　　间：2003-01-10

奖项名称：甘肃省第八届社会科学优秀成果奖

获奖等级：3

作　　者：孙洁

成果形式：论文

颁奖部门：甘肃省委甘肃省政府

1917 道通天地——冯友兰

时　　间：2003-01-10

奖项名称：甘肃省第八届社会科学优秀成果奖

获奖等级：3

作　　者：范鹏

成果形式：编著

颁奖部门：甘肃省委甘肃省政府

1918 课堂管理

时　　间：2003-01-10

奖项名称：甘肃省第八届社会科学优秀成

果奖

获奖等级：3

作　　者：孙冬梅 徐漓 丛爱玲 马海文 齐卫权

成果形式：教材

颁奖部门：甘肃省委甘肃省政府

1919 西夏时期河西走廊的农牧业开发

时　　间：2003-01-10

奖项名称：甘肃省第八届社会科学优秀成果奖

获奖等级：3

作　　者：李并成

成果形式：论文

颁奖部门：甘肃省委甘肃省政府

1920 论个人社会化标准和目标

时　　间：2003-01-10

奖项名称：甘肃省第八届社会科学优秀成果奖

获奖等级：3

作　　者：岳天明

成果形式：论文

颁奖部门：甘肃省委甘肃省政府

1921 两汉前羌族迁徙论

时　　间：2003-01-10

奖项名称：甘肃省第八届社会科学优秀成果奖

获奖等级：3

作　　者：刘夏蓓

成果形式：论文

颁奖部门：甘肃省委甘肃省政府

1922 新时期甘肃人口与计划生育工作对策研究

时　　间：2003-01-10

奖项名称：甘肃省第八届社会科学优秀成果奖

获奖等级：3

作　　者：王素银

成果形式：调研报告

颁奖部门：甘肃省委甘肃省政府

1923 陕甘宁边区经济史研究

时　　间：2003-01-10

奖项名称：甘肃省第八届社会科学优秀成果奖

获奖等级：3

作　　者：闫庆生 黄正林

成果形式：专著

颁奖部门：甘肃省委甘肃省政府

1924 甘肃价格改革二十年

时　　间：2003-01-10

奖项名称：甘肃省第八届社会科学优秀成果奖

获奖等级：3

作　　者：高鹏程

成果形式：编著

颁奖部门：甘肃省委甘肃省政府

1925 中国西部大开发丛书

时　　间：2003-01-10

奖项名称：甘肃省第八届社会科学优秀成果奖

获奖等级：3

作　　者：吕发成 马洪滨

成果形式：丛书

颁奖部门：甘肃省委甘肃省政府

1926 中国境内出土发现的拜占庭金币述

时　　间：2003-01-10

奖项名称：甘肃省第八届社会科学优秀成果奖

获奖等级：3

作　　者：康柳硕

成果形式：论文

颁奖部门：甘肃省委甘肃省政府

1927 网络发展给高校思想政治工作带来的机遇和挑战及采取的应对措施

时　　间：2003-01-10

奖项名称：甘肃省第八届社会科学优秀成果奖

获奖等级：3

作　　者：李炳毅

成果形式：论文

颁奖部门：甘肃省委甘肃省政府

1928 地方事业单位财政支出范围与支出效益问题研究——以甘肃为例

时　　间：2003-01-10

奖项名称：甘肃省第八届社会科学优秀成果奖

获奖等级：3

作　　者：省财政厅、省社会科学院课题组组长 陆代森

成果形式：调研报告

颁奖部门：甘肃省委甘肃省政府

1929 毒品依赖心理成瘾与心理戒断研究

时　　间：2003-01-10

奖项名称：甘肃省第八届社会科学优秀成果奖

获奖等级：3

作　　者：杨玲
成果形式：调研报告
颁奖部门：甘肃省委甘肃省政府

1930 刑罚社会执行的不足与完善

时　　间：2003-01-10
奖项名称：甘肃省第八届社会科学优秀成果奖
获奖等级：3
作　　者：武小凤 周万毅
成果形式：论文
颁奖部门：甘肃省委甘肃省政府

1931 区域经济学导论

时　　间：2003-01-10
奖项名称：甘肃省第八届社会科学优秀成果奖
获奖等级：3
作　　者：王成勇 吴解生
成果形式：专著
颁奖部门：甘肃省委甘肃省政府

1932 论马克思未能完成《资本论》的原因

时　　间：2003-01-10
奖项名称：甘肃省第八届社会科学优秀成果奖
获奖等级：3
作　　者：周世兴
成果形式：论文
颁奖部门：甘肃省委甘肃省政府

1933 律赋论稿

时　　间：2003-01-10
奖项名称：甘肃省第八届社会科学优秀成果奖
获奖等级：3

作　　者：尹占华
成果形式：专著
颁奖部门：甘肃省委甘肃省政府

1934 西北开发的模式选择

时　　间：2003-01-10
奖项名称：甘肃省第八届社会科学优秀成果奖
获奖等级：3
作　　者：刘进军
成果形式：编著
颁奖部门：甘肃省委甘肃省政府

1935 认真贯彻"三个代表"的重要思想　切实加强民族地区党的建设

时　　间：2003-01-10
奖项名称：甘肃省第八届社会科学优秀成果奖
获奖等级：3
作　　者：马正业
成果形式：论文
颁奖部门：甘肃省委甘肃省政府

1936 转轨时期财政运行机制研究

时　　间：2003-01-10
奖项名称：甘肃省第八届社会科学优秀成果奖
获奖等级：3
作　　者：周多明 司俊 萧绍良
成果形式：专著
颁奖部门：甘肃省委甘肃省政府

1937 应在西部制造无人区

时　　间：2003-01-10
奖项名称：甘肃省第八届社会科学优秀成果奖
获奖等级：3

作　　者：完颜生男（邓志涛）

成果形式：论文

颁奖部门：甘肃省委甘肃省政府

1938 毛泽东对辩证法规律的创新

时　　间：2003-01-10

奖项名称：甘肃省第八届社会科学优秀成
果奖

获奖等级：3

作　　者：王德存

成果形式：论文

颁奖部门：甘肃省委甘肃省政府

1939 甘肃银元研究

时　　间：2003-01-10

奖项名称：甘肃省第八届社会科学优秀成
果奖

获奖等级：3

作　　者：于廷明

成果形式：论文

颁奖部门：甘肃省委甘肃省政府

1940 《淮南子》易学思想简论

时　　间：2003-01-10

奖项名称：甘肃省第八届社会科学优秀成
果奖

获奖等级：3

作　　者：高新民

成果形式：论文

颁奖部门：甘肃省委甘肃省政府

1941 光荣的雅典

时　　间：2003-01-10

奖项名称：甘肃省第八届社会科学优秀成
果奖

获奖等级：3

作　　者：靳艳

成果形式：编著

颁奖部门：甘肃省委甘肃省政府

1942 保安族文化形态与古籍文存

时　　间：2003-01-10

奖项名称：甘肃省第八届社会科学优秀成
果奖

获奖等级：3

作　　者：马少青

成果形式：编著

颁奖部门：甘肃省委甘肃省政府

1943 古汉语常用实词辨析例译

时　　间：2003-01-10

奖项名称：甘肃省第八届社会科学优秀成
果奖

获奖等级：3

作　　者：向叙典

成果形式：工具书

颁奖部门：甘肃省委甘肃省政府

1944 文艺想象论

时　　间：2003-01-10

奖项名称：甘肃省第八届社会科学优秀成
果奖

获奖等级：3

作　　者：朱广贤

成果形式：专著

颁奖部门：甘肃省委甘肃省政府

1945 肃北蒙古族宗教志

时　　间：2003-01-10

奖项名称：甘肃省第八届社会科学优秀成
果奖

获奖等级：3

作　　者：克那木格

成果形式：编著

颁奖部门：甘肃省委甘肃省政府

1946 我国法人民事责任制度之检讨

时　　间：2003-01-10

奖项名称：甘肃省第八届社会科学优秀成果奖

获奖等级：3

作　　者：任尔昕 王肃元

成果形式：论文

颁奖部门：甘肃省委甘肃省政府

1947 中国西北地区资源与环境问题研究

时　　间：2003-01-10

奖项名称：甘肃省第八届社会科学优秀成果奖

获奖等级：3

作　　者：孙成权 冯筠

成果形式：编著

颁奖部门：甘肃省委甘肃省政府

1948 新世纪高校领导干部的素质及其修养

时　　间：2003-01-10

奖项名称：甘肃省第八届社会科学优秀成果奖

获奖等级：3

作　　者：俞建宁 蔡中宏

成果形式：论文

颁奖部门：甘肃省委甘肃省政府

1949 恢复生态学——生态恢复的原理与方法

时　　间：2003-01-10

奖项名称：甘肃省第八届社会科学优秀成果奖

获奖等级：3

作　　者：赵晓英 陈怀顺 孙成权

成果形式：编著

颁奖部门：甘肃省委甘肃省政府

1950 甘肃省商业企业集团组建与成长研究

时　　间：2003-01-10

奖项名称：甘肃省第八届社会科学优秀成果奖

获奖等级：3

作　　者：李学工

成果形式：调研报告

颁奖部门：甘肃省委甘肃省政府

1951 抗日战争中的回族

时　　间：2003-01-10

奖项名称：甘肃省第八届社会科学优秀成果奖

获奖等级：3

作　　者：李伟 雍际春 王三义

成果形式：专著

颁奖部门：甘肃省委甘肃省政府

1952 经济增长质量的统计研究

时　　间：2003-01-10

奖项名称：甘肃省第八届社会科学优秀成果奖

获奖等级：3

作　　者：袁杰

成果形式：调研报告

颁奖部门：甘肃省委甘肃省政府

1953 蒙古族英雄史诗与古代草原文明

时　　间：2003-01-10

奖项名称：甘肃省第八届社会科学优秀成果奖

获奖等级：3

作　　者：唐吉思

成果形式：专著

颁奖部门：甘肃省委甘肃省政府

1954 旅游资源与开发

时　　间：2003-01-10

奖项名称：甘肃省第八届社会科学优秀成果奖

获奖等级：3

作　　者：肖星 严江平

成果形式：编著

颁奖部门：甘肃省委甘肃省政府

1955 试论加入 WTO 后中国金融业消费信贷发展途径

时　　间：2003-01-10

奖项名称：甘肃省第八届社会科学优秀成果奖

获奖等级：3

作　　者：卢昕

成果形式：论文

颁奖部门：甘肃省委甘肃省政府

1956 塔影河声兰州碑林纪事

时　　间：2003-01-10

奖项名称：甘肃省第八届社会科学优秀成果奖

获奖等级：4

作　　者：流萤

成果形式：编著

颁奖部门：甘肃省委甘肃省政府

1957 西部大开发中的财政政策研究

时　　间：2003-01-10

奖项名称：甘肃省第八届社会科学优秀成果奖

获奖等级：3

作　　者：刘小梅

成果形式：论文

颁奖部门：甘肃省委甘肃省政府

1958 教师素养新论

时　　间：2003-01-10

奖项名称：甘肃省第八届社会科学优秀成果奖

获奖等级：3

作　　者：于光远 陈保平

成果形式：专著

颁奖部门：甘肃省委甘肃省政府

1959 甘宁青地区民族关系发展趋势

时　　间：2003-01-10

奖项名称：甘肃省第八届社会科学优秀成果奖

获奖等级：3

作　　者：徐黎丽

成果形式：专著

颁奖部门：甘肃省委甘肃省政府

1960 知识经济条件下企业考核指标体系的思考

时　　间：2003-01-10

奖项名称：甘肃省第八届社会科学优秀成果奖

获奖等级：3

作　　者：刘晓梅

成果形式：论文

颁奖部门：甘肃省委甘肃省政府

1961 现代课堂教学论

时　　间：2003-01-10

奖项名称：甘肃省第八届社会科学优秀成果奖

获奖等级：3

作　　者：负守勤

成果形式：编著

颁奖部门：甘肃省委甘肃省政府

1962 经济法的语境论研究进路

时　　间：2003-01-10

奖项名称：甘肃省第八届社会科学优秀成果奖

获奖等级：3

作　　者：刘光华

成果形式：论文

颁奖部门：甘肃省委甘肃省政府

1963 文化学论纲——社会文化人类学的解读

时　　间：2003-01-10

奖项名称：甘肃省第八届社会科学优秀成果奖

获奖等级：3

作　　者：武文

成果形式：专著

颁奖部门：甘肃省委甘肃省政府

1964 远古神韵——中国彩陶艺术论纲

时　　间：2003-01-10

奖项名称：甘肃省第八届社会科学优秀成果奖

获奖等级：3

作　　者：程金城

成果形式：专著

颁奖部门：甘肃省委甘肃省政府

1965 敦煌曹氏族属与曹氏归义军政权

时　　间：2003-01-10

奖项名称：甘肃省第八届社会科学优秀成果奖

获奖等级：3

作　　者：冯培红

成果形式：论文

颁奖部门：甘肃省委甘肃省政府

1966 草畜：一个极具潜力的产业——张掖地区草畜产业发展的潜力分析

时　　间：2003-01-10

奖项名称：甘肃省第八届社会科学优秀成果奖

获奖等级：3

作　　者：徐万福 张大勋

成果形式：论文

颁奖部门：甘肃省委甘肃省政府

1967 中国西部文化发展战略研究

时　　间：2005-04-25

奖项名称：甘肃省第九届社会科学优秀成果奖

获奖等级：1

作　　者：彭岚嘉 陈占彪

成果形式：专著

颁奖部门：甘肃省委甘肃省政府

1968 西部开发中的"三农"问题研究

时　　间：2005-04-25

奖项名称：甘肃省第九届社会科学优秀成果奖

获奖等级：1

作　　者：朱智文 雷兴长

成果形式：专著

颁奖部门：甘肃省委甘肃省政府

1969 环境经济学范式研究

时　　间：2005-04-25

奖项名称：甘肃省第九届社会科学优秀成果奖

获奖等级：1

作　　者：窦学诚

成果形式：专著

颁奖部门：甘肃省委甘肃省政府

1970 《格萨尔》学史稿

时　　间：2005-04-25

奖项名称：甘肃省第九届社会科学优秀成果奖

获奖等级：1

作　　者：扎西东珠 王光先

成果形式：专著

颁奖部门：甘肃省委甘肃省政府

1971 《两都赋》的创作背景、体例及影响

时　　间：2005-04-25

奖项名称：甘肃省第九届社会科学优秀成果奖

获奖等级：1

作　　者：赵逵夫

成果形式：论文

颁奖部门：甘肃省委甘肃省政府

1972 老舍与中国革命论纲

时　　间：2005-04-25

奖项名称：甘肃省第九届社会科学优秀成果奖

获奖等级：1

作　　者：吴小美 古世仓

成果形式：论文

颁奖部门：甘肃省委甘肃省政府

1973 中国国家审计：问题与改革

时　　间：2005-04-25

奖项名称：甘肃省第九届社会科学优秀成果奖

获奖等级：1

作　　者：杨肃昌

成果形式：专著

颁奖部门：甘肃省委甘肃省政府

1974 回鹘文献与回鹘文化

时　　间：2005-04-25

奖项名称：甘肃省第九届社会科学优秀成果奖

获奖等级：1

作　　者：杨富学

成果形式：专著

颁奖部门：甘肃省委甘肃省政府

1975 民族社会学

时　　间：2005-04-25

奖项名称：甘肃省第九届社会科学优秀成果奖

获奖等级：1

作　　者：赵利生

成果形式：专著

颁奖部门：甘肃省委甘肃省政府

1976 甘肃省退耕还草工程不同类型区决策模式研究

时　　间：2005-04-25

奖项名称：甘肃省第九届社会科学优秀成果奖

获奖等级：1

作　　者：骆进仁

成果形式：研究报告

颁奖部门：甘肃省委甘肃省政府

1977 2000 年甘肃省国民体质现状

时　　间：2005-04-25

奖项名称：甘肃省第九届社会科学优秀成果奖

获奖等级：2

作　　者：甘肃省体育局　甘肃省国民体质监测中心

成果形式：编著

颁奖部门：甘肃省委甘肃省政府

1978 发挥农村党组织和党员先进性的探索与思考

时　　间：2005-04-25

奖项名称：甘肃省第九届社会科学优秀成果奖

获奖等级：2

作　　者：石晶

成果形式：论文

颁奖部门：甘肃省委甘肃省政府

1979 新闻道德与法规

时　　间：2005-04-25

奖项名称：甘肃省第九届社会科学优秀成果奖

获奖等级：2

作　　者：王天定

成果形式：教材

颁奖部门：甘肃省委甘肃省政府

1980 天水地方志丛书

时　　间：2005-04-25

奖项名称：甘肃省第九届社会科学优秀成果奖

获奖等级：2

作　　者：天水市地方志办公室

成果形式：编著

颁奖部门：甘肃省委甘肃省政府

1981 现代公司的控制权矛盾与会计控制目标实现

时　　间：2005-04-25

奖项名称：甘肃省第九届社会科学优秀成果奖

获奖等级：2

作　　者：胡凯 赵息

成果形式：论文

颁奖部门：甘肃省委甘肃省政府

1982 体育文化论纲

时　　间：2005-04-25

奖项名称：甘肃省第九届社会科学优秀成果奖

获奖等级：2

作　　者：任莲香

成果形式：论文

颁奖部门：甘肃省委甘肃省政府

1983 藏文词汇频度统计及其应用研究

时　　间：2005-04-25

奖项名称：甘肃省第九届社会科学优秀成果奖

获奖等级：2

作　　者：卢亚军

成果形式：研究报告

颁奖部门：甘肃省委甘肃省政府

1984 修养境界审美：儒道释修养美学解读

时　　间：2005-04-25

奖项名称：甘肃省第九届社会科学优秀成果奖

获奖等级：2

作　　者：王建疆

成果形式：专著

颁奖部门：甘肃省委甘肃省政府

1985 嘉靖革新研究

时　　间：2005-04-25

奖项名称：甘肃省第九届社会科学优秀成果奖

获奖等级：2

作　　者：田澍

成果形式：专著

颁奖部门：甘肃省委甘肃省政府

1986 中国禁毒史

时　　间：2005-04-25

奖项名称：甘肃省第九届社会科学优秀成果奖

获奖等级：2

作　　者：齐磊 胡金野

成果形式：专著

颁奖部门：甘肃省委甘肃省政府

1987 西北地区经济结构调整的战略分析与实证研究

时　　间：2005-04-25

奖项名称：甘肃省第九届社会科学优秀成果奖

获奖等级：2

作　　者：包国宪

成果形式：研究报告

颁奖部门：甘肃省委甘肃省政府

1988 河西走廊历史时期沙漠化研究

时　　间：2005-04-25

奖项名称：甘肃省第九届社会科学优秀成

果奖

获奖等级：2

作　　者：李并成

成果形式：专著

颁奖部门：甘肃省委甘肃省政府

1989 西北干旱地区水土治理与高效生态农业模式的区域分异研究

时　　间：2005-04-25

奖项名称：甘肃省第九届社会科学优秀成果奖

获奖等级：2

作　　者：汪慧玲 宋华

成果形式：研究报告

颁奖部门：甘肃省委甘肃省政府

1990 中国共产党甘南史（1921.7—2003.7）

时　　间：2005-04-25

奖项名称：甘肃省第九届社会科学优秀成果奖

获奖等级：2

作　　者：甘南州党史研究室

成果形式：编著

颁奖部门：甘肃省委甘肃省政府

1991 放大镜下看《读者》

时　　间：2005-04-25

奖项名称：甘肃省第九届社会科学优秀成果奖

获奖等级：2

作　　者：齐文健

成果形式：论文

颁奖部门：甘肃省委甘肃省政府

1992 企业人力资本与管理

时　　间：2005-04-25

奖项名称：甘肃省第九届社会科学优秀成果奖

获奖等级：2

作　　者：安应民

成果形式：编著

颁奖部门：甘肃省委甘肃省政府

1993 "积极差别待遇"与"教育优先区"的理论构想

时　　间：2005-04-25

奖项名称：甘肃省第九届社会科学优秀成果奖

获奖等级：2

作　　者：万明钢

成果形式：论文

颁奖部门：甘肃省委甘肃省政府

1994 企业无形资产管理

时　　间：2005-04-25

奖项名称：甘肃省第九届社会科学优秀成果奖

获奖等级：2

作　　者：王维平 赵斌

成果形式：编著

颁奖部门：甘肃省委甘肃省政府

1995 新民主主义中国的模型——陕甘宁边区研究

时　　间：2005-04-25

奖项名称：甘肃省第九届社会科学优秀成果奖

获奖等级：2

作　　者：王晋林

成果形式：专著

颁奖部门：甘肃省委甘肃省政府

1996 从绝对理性到相对理性——民法法典化的思路

时　　间：2005-04-25

奖项名称：甘肃省第九届社会科学优秀成果奖

获奖等级：2

作　　者：冯乐昆

成果形式：论文

颁奖部门：甘肃省委甘肃省政府

1997 马克思主义哲学中国化进程的若干思考

时　　间：2005-04-25

奖项名称：甘肃省第九届社会科学优秀成果奖

获奖等级：2

作　　者：阎晓勇

成果形式：论文

颁奖部门：甘肃省委甘肃省政府

1998 西北少数民族地区信息化建设对经济增长的作用研究方法初探

时　　间：2005-04-25

奖项名称：甘肃省第九届社会科学优秀成果奖

获奖等级：2

作　　者：马全生 张忠辅 曹颖轶

成果形式：论文

颁奖部门：甘肃省委甘肃省政府

1999 试论马克思恩格斯政治文明思想

时　　间：2005-04-25

奖项名称：甘肃省第九届社会科学优秀成果奖

获奖等级：2

作　　者：谢俊春

成果形式：论文

颁奖部门：甘肃省委甘肃省政府

2000 白居易评传

时　　间：2005-04-25

奖项名称：甘肃省第九届社会科学优秀成果奖

获奖等级：2

作　　者：蹇长春

成果形式：专著

颁奖部门：甘肃省委甘肃省政府

2001 中国西部财政供养人口适度比例研究——经验模型及实证应用

时　　间：2005-04-25

奖项名称：甘肃省第九届社会科学优秀成果奖

获奖等级：2

作　　者：李含琳 魏奋子 李印峰

成果形式：专著

颁奖部门：甘肃省委甘肃省政府

2002 改革开放以来甘肃省影响民族关系重大事件的案例分析

时　　间：2005-04-25

奖项名称：甘肃省第九届社会科学优秀成果奖

获奖等级：2

作　　者：省民委课题组

成果形式：研究报告

颁奖部门：甘肃省委甘肃省政府

2003 西部地区毒品犯罪对全国禁毒工作的影响研究之一

时　　间：2005-04-25

奖项名称：甘肃省第九届社会科学优秀成果奖

获奖等级：2

作　　者：李波阳 王肃元 刘忠 石恩林 魏克强 李重阳

成果形式：系列论文

颁奖部门：甘肃省委甘肃省政府

2004 基础薄弱初中的建设与发展研究

时　　间：2005-04-25

奖项名称：甘肃省第九届社会科学优秀成果奖

获奖等级：2

作　　者：张德文

成果形式：编著

颁奖部门：甘肃省委甘肃省政府

2005 我国合伙法律制度的现状及检讨

时　　间：2005-04-25

奖项名称：甘肃省第九届社会科学优秀成果奖

获奖等级：2

作　　者：王肃元 任尔昕

成果形式：论文

颁奖部门：甘肃省委甘肃省政府

2006 少数民族教育政策研究

时　　间：2005-04-25

奖项名称：甘肃省第九届社会科学优秀成果奖

获奖等级：2

作　　者：金东海

成果形式：编著

颁奖部门：甘肃省委甘肃省政府

2007 天水地方志丛书 8 卷

时　　间：2005-04-10

奖项名称：甘肃省第九届社会科学优秀成果奖

获奖等级：2

作　　者：天水市地方志办公室

成果形式：编著

颁奖部门：甘肃省委甘肃省政府

2008 西部开发与地方政府管理创新

时　　间：2005-04-25

奖项名称：甘肃省第九届社会科学优秀成果奖

获奖等级：3

作　　者：张勤

成果形式：专著

颁奖部门：甘肃省委甘肃省政府

2009 党的第三代中央领导集体理论创新之路

时　　间：2005-04-25

奖项名称：甘肃省第九届社会科学优秀成果奖

获奖等级：3

作　　者：省委宣传部理论协作组（执笔：康民）

成果形式：论文

颁奖部门：甘肃省委甘肃省政府

2010 信息产业的统计指标体系构建方法探讨

时　　间：2005-04-25

奖项名称：甘肃省第九届社会科学优秀成

果奖

获奖等级：3

作　　者：刘晓梅

成果形式：论文

颁奖部门：甘肃省委甘肃省政府

2011 唐宋之际历日发展考论

时　　间：2005-04-25

奖项名称：甘肃省第九届社会科学优秀成果奖

获奖等级：3

作　　者：刘永明

成果形式：论文

颁奖部门：甘肃省委甘肃省政府

2012 财税改革前沿问题研究

时　　间：2005-04-25

奖项名称：甘肃省第九届社会科学优秀成果奖

获奖等级：3

作　　者：尚可文 孟丽

成果形式：专著

颁奖部门：甘肃省委甘肃省政府

2013 虚拟水、虚拟水贸易与水资源安全新战略

时　　间：2005-04-25

奖项名称：甘肃省第九届社会科学优秀成果奖

获奖等级：3

作　　者：张志强 程国栋

成果形式：论文

颁奖部门：甘肃省委甘肃省政府

2014 创造与超越——四论体育运动的美学特征

时　　间：2005-04-25

奖项名称：甘肃省第九届社会科学优秀成果奖

获奖等级：3

作　　者：裴益民

成果形式：论文

颁奖部门：甘肃省委甘肃省政府

2015 "绘事后素"意义指向及其在文论中的表现

时　　间：2005-04-25

奖项名称：甘肃省第九届社会科学优秀成果奖

获奖等级：3

作　　者：雷恩海

成果形式：论文

颁奖部门：甘肃省委甘肃省政府

2016 陕甘宁接壤地区发展模式与对策——资源型欠发达地域发展战略案例研究

时　　间：2005-04-25

奖项名称：甘肃省第九届社会科学优秀成果奖

获奖等级：3

作　　者：李志刚

成果形式：研究报告

颁奖部门：甘肃省委甘肃省政府

2017 甘肃省工矿型城市生态环境问题及治理对策

时　　间：2005-04-25

奖项名称：甘肃省第九届社会科学优秀成果奖

获奖等级：3

作　　者：巩英洲 巩刚军 翟琦

成果形式：论文

颁奖部门：甘肃省委甘肃省政府

2018 黑河流域建立节水型社会的调查与对策研究

时　　间：2005-04-25

奖项名称：甘肃省第九届社会科学优秀成果奖

获奖等级：3

作　　者：谢继忠

成果形式：研究报告

颁奖部门：甘肃省委甘肃省政府

2019 文化民族主义与近代中心

时　　间：2005-04-25

奖项名称：甘肃省第九届社会科学优秀成果奖

获奖等级：3

作　　者：杨思信

成果形式：专著

颁奖部门：甘肃省委甘肃省政府

2020 组织行为学

时　　间：2005-04-25

奖项名称：甘肃省第九届社会科学优秀成果奖

获奖等级：3

作　　者：宋超英

成果形式：教材

颁奖部门：甘肃省委甘肃省政府

2021 投资银行学

时　　间：2005-04-25

奖项名称：甘肃省第九届社会科学优秀成

果奖

获奖等级：3

作　者：狄瑞鸿 任洁 孟钊兰

成果形式：教材

颁奖部门：甘肃省委甘肃省政府

2022 信息技术教育与学科课程整合

时　间：2005-04-25

奖项名称：甘肃省第九届社会科学优秀成果奖

获奖等级：3

作　者：郭绍青

成果形式：编著

颁奖部门：甘肃省委甘肃省政府

2023 关于中亚社会"俄罗斯化"概念的理论探讨

时　间：2005-04-25

奖项名称：甘肃省第九届社会科学优秀成果奖

获奖等级：3

作　者：汪金国

成果形式：论文

颁奖部门：甘肃省委甘肃省政府

2024 甘肃水土资源与社会经济可持续发展研究

时　间：2005-04-25

奖项名称：甘肃省第九届社会科学优秀成果奖

获奖等级：3

作　者：陈兴鹏 蔡根泉

成果形式：专著

颁奖部门：甘肃省委甘肃省政府

2025 牛僧孺研究

时　间：2005-04-25

奖项名称：甘肃省第九届社会科学优秀成果奖

获奖等级：3

作　者：李润强

成果形式：专著

颁奖部门：甘肃省委甘肃省政府

2026 从敦煌文献看归义军时代的土谷浑人

时　间：2005-04-25

奖项名称：甘肃省第九届社会科学优秀成果奖

获奖等级：3

作　者：冯培红

成果形式：论文

颁奖部门：甘肃省委甘肃省政府

2027 生态经济学理论方法与应用

时　间：2005-04-25

奖项名称：甘肃省第九届社会科学优秀成果奖

获奖等级：3

作　者：徐中民 张志强 程国栋

成果形式：专著

颁奖部门：甘肃省委甘肃省政府

2028 中国藏传佛教

时　间：2005-04-25

奖项名称：甘肃省第九届社会科学优秀成果奖

获奖等级：3

作　者：尕藏才旦

成果形式：专著

颁奖部门：甘肃省委甘肃省政府

2029 试论企业环境业绩与财务业绩指标的结合

时　　间：2005-04-25

奖项名称：甘肃省第九届社会科学优秀成果奖

获奖等级：3

作　　者：周一虹

成果形式：论文

颁奖部门：甘肃省委甘肃省政府

2030 文件制成时间检验技术概述

时　　间：2005-04-25

奖项名称：甘肃省第九届社会科学优秀成果奖

获奖等级：3

作　　者：沙万中

成果形式：论文

颁奖部门：甘肃省委甘肃省政府

2031 藏学研究甘露

时　　间：2005-04-25

奖项名称：甘肃省第九届社会科学优秀成果奖

获奖等级：3

作　　者：多识仁波切

成果形式：编著

颁奖部门：甘肃省委甘肃省政府

2032 行政法学与行政诉讼法学

时　　间：2005-04-25

奖项名称：甘肃省第九届社会科学优秀成果奖

获奖等级：3

作　　者：刘志坚 程雁雷

成果形式：教材

颁奖部门：甘肃省委甘肃省政府

2033 左翼文学精神与20世纪中国文学的现代化论纲

时　　间：2005-04-25

奖项名称：甘肃省第九届社会科学优秀成果奖

获奖等级：3

作　　者：赵学勇 李明

成果形式：论文

颁奖部门：甘肃省委甘肃省政府

2034 中学创新教育探究与实践

时　　间：2005-04-25

奖项名称：甘肃省第九届社会科学优秀成果奖

获奖等级：3

作　　者：靳建设

成果形式：编著

颁奖部门：甘肃省委甘肃省政府

2035 教育公平论

时　　间：2005-04-25

奖项名称：甘肃省第九届社会科学优秀成果奖

获奖等级：3

作　　者：李介

成果形式：专著

颁奖部门：甘肃省委甘肃省政府

2036 西北地区信息产业与人力资源

时　　间：2005-04-25

奖项名称：甘肃省第九届社会科学优秀成果奖

获奖等级：3

作　　者：刘珙 张晋平 宋雪飞

成果形式：编著

颁奖部门：甘肃省委甘肃省政府

2037 我国公安民警因公伤亡原因调查研究

时　　间：2005-04-25

奖项名称：甘肃省第九届社会科学优秀成果奖

获奖等级：3

作　　者：王平 严文萍

成果形式：论文

颁奖部门：甘肃省委甘肃省政府

2038 支持制造业发展与金融服务问题研究

时　　间：2005-04-25

奖项名称：甘肃省第九届社会科学优秀成果奖

获奖等级：3

作　　者：陶君道

成果形式：论文

颁奖部门：甘肃省委甘肃省政府

2039 公共财政审计研究

时　　间：2005-04-25

奖项名称：甘肃省第九届社会科学优秀成果奖

获奖等级：3

作　　者：甘肃省审计厅（执笔：史维）

成果形式：论文

颁奖部门：甘肃省委甘肃省政府

2040 国有企业内外部关系改革研究

时　　间：2005-04-25

奖项名称：甘肃省第九届社会科学优秀成果奖

获奖等级：3

作　　者：张存刚

成果形式：专著

颁奖部门：甘肃省委甘肃省政府

2041 民营企业内部审计问题研究

时　　间：2005-04-25

奖项名称：甘肃省第九届社会科学优秀成果奖

获奖等级：3

作　　者：王学龙

成果形式：论文

颁奖部门：甘肃省委甘肃省政府

2042 产权理论与俄罗斯微观基础改造

时　　间：2005-04-25

奖项名称：甘肃省第九届社会科学优秀成果奖

获奖等级：3

作　　者：张养志

成果形式：论文

颁奖部门：甘肃省委甘肃省政府

2043 甘肃收费公路定价政策研究

时　　间：2005-04-25

奖项名称：甘肃省第九届社会科学优秀成果奖

获奖等级：3

作　　者：高鹏程 姚栋新 韩国杰

成果形式：研究报告

颁奖部门：甘肃省委甘肃省政府

2044 西方法律思想发展简史

时　　间：2005-04-25

奖项名称：甘肃省第九届社会科学优秀成果奖

获奖等级：3

作　　者：苏一星

成果形式：专著

颁奖部门：甘肃省委甘肃省政府

2045 敦煌莫高窟第 7276 窟前殿堂遗址发掘报告

时　　间：2005-04-25

奖项名称：甘肃省第九届社会科学优秀成果奖

获奖等级：3

作　　者：沙武田

成果形式：论文

颁奖部门：甘肃省委甘肃省政府

2046 绿洲生态环境建设与可持续发展

时　　间：2005-04-25

奖项名称：甘肃省第九届社会科学优秀成果奖

获奖等级：3

作　　者：刘普幸 赵雪雁

成果形式：编著

颁奖部门：甘肃省委甘肃省政府

2047 甘肃省志·民族志

时　　间：2005-04-25

奖项名称：甘肃省第九届社会科学优秀成果奖

获奖等级：3

作　　者：王梓杞 马通

成果形式：编著

颁奖部门：甘肃省委甘肃省政府

2048 五台山文殊信仰及其在敦煌的流传

时　　间：2005-04-25

奖项名称：甘肃省第九届社会科学优秀成果奖

获奖等级：3

作　　者：党燕妮

成果形式：论文

颁奖部门：甘肃省委甘肃省政府

2049 中国社会转型的特殊性分析

时　　间：2005-04-25

奖项名称：甘肃省第九届社会科学优秀成果奖

获奖等级：3

作　　者：杨森

成果形式：论文

颁奖部门：甘肃省委甘肃省政府

2050 诗词曲格律学

时　　间：2005-04-25

奖项名称：甘肃省第九届社会科学优秀成果奖

获奖等级：3

作　　者：尹占华

成果形式：专著

颁奖部门：甘肃省委甘肃省政府

2051 文学翻译中的审美过程：格式塔意像再造

时　　间：2005-04-25

奖项名称：甘肃省第九届社会科学优秀成果奖

获奖等级：3

作　　者：姜秋霞

成果形式：专著

颁奖部门：甘肃省委甘肃省政府

2052 甘南生态经济建设支撑体系研究

时　　间：2005-04-25

奖项名称：甘肃省第九届社会科学优秀成果奖

获奖等级：3

作　　者：赵雪雁

成果形式：系列论文

颁奖部门：甘肃省委甘肃省政府

2053 21世纪我国银行面临的挑战与对策

时　间：2005-04-25

奖项名称：甘肃省第九届社会科学优秀成果奖

获奖等级：3

作　者：王霞

成果形式：论文

颁奖部门：甘肃省委甘肃省政府

2054 中国西部资源型城市工业发展研究

时　间：2005-04-25

奖项名称：甘肃省第九届社会科学优秀成果奖

获奖等级：3

作　者：陆武成

成果形式：专著

颁奖部门：甘肃省委甘肃省政府

2055 西北回族教育史

时　间：2005-04-25

奖项名称：甘肃省第九届社会科学优秀成果奖

获奖等级：3

作　者：张学强

成果形式：专著

颁奖部门：甘肃省委甘肃省政府

2056 拉卜楞寺的社会政教关系

时　间：2005-04-25

奖项名称：甘肃省第九届社会科学优秀成果奖

获奖等级：3

作　者：扎扎

成果形式：专著

颁奖部门：甘肃省委甘肃省政府

2057 论高等函授教育的创新

时　间：2005-04-25

奖项名称：甘肃省第九届社会科学优秀成果奖

获奖等级：3

作　者：白兴礼

成果形式：论文

颁奖部门：甘肃省委甘肃省政府

2058 甘肃教育史

时　间：2005-04-25

奖项名称：甘肃省第九届社会科学优秀成果奖

获奖等级：3

作　者：傅九大 王锐 韩嘉穗

成果形式：编著

颁奖部门：甘肃省委甘肃省政府

2059 关于推进西部流通产业发展的思考

时　间：2005-04-25

奖项名称：甘肃省第九届社会科学优秀成果奖

获奖等级：3

作　者：王学军

成果形式：论文

颁奖部门：甘肃省委甘肃省政府

2060 著腔子唱好诗——宋人歌诗方法分析

时　间：2005-04-25

奖项名称：甘肃省第九届社会科学优秀成果奖

获奖等级：3

作　　者：杨晓霭

成果形式：论文

颁奖部门：甘肃省委甘肃省政府

2061 西方崇高美学

时　　间：2005-04-25

奖项名称：甘肃省第九届社会科学优秀成果奖

获奖等级：3

作　　者：姚君喜

成果形式：专著

颁奖部门：甘肃省委甘肃省政府

2062 欠发达地区农村党员队伍中存在的突出问题及对策研究

时　　间：2005-04-25

奖项名称：甘肃省第九届社会科学优秀成果奖

获奖等级：3

作　　者：王渊

成果形式：论文

颁奖部门：甘肃省委甘肃省政府

2063 论西部大开发中的民族法制建设

时　　间：2005-04-25

奖项名称：甘肃省第九届社会科学优秀成果奖

获奖等级：3

作　　者：虎有泽

成果形式：论文

颁奖部门：甘肃省委甘肃省政府

2064 审美形态学

时　　间：2005-04-25

奖项名称：甘肃省第九届社会科学优秀成果奖

获奖等级：3

作　　者：郭昭第

成果形式：教材

颁奖部门：甘肃省委甘肃省政府

2065 关于加快甘肃省国民经济和社会信息化建设步伐的几点建议

时　　间：2005-04-25

奖项名称：甘肃省第九届社会科学优秀成果奖

获奖等级：3

作　　者：唐致兴 任艳红 高春明

成果形式：论文

颁奖部门：甘肃省委甘肃省政府

2066 农民利益的合法化流失研究

时　　间：2005-04-25

奖项名称：甘肃省第九届社会科学优秀成果奖

获奖等级：3

作　　者：王瑶

成果形式：论文

颁奖部门：甘肃省委甘肃省政府

2067 西部出版业发展纵论

时　　间：2005-04-25

奖项名称：甘肃省第九届社会科学优秀成果奖

获奖等级：3

作　　者：黄强

成果形式：论文

颁奖部门：甘肃省委甘肃省政府

2068 吐蕃统治敦煌基层兵制新考

时　　间：2005-04-25

奖项名称：甘肃省第九届社会科学优秀成果奖

获奖等级：3

作　　者：陆离

成果形式：论文

颁奖部门：甘肃省委甘肃省政府

2069 新历史主义与解释学

时　　间：2005-04-25

奖项名称：甘肃省第九届社会科学优秀成果奖

获奖等级：3

作　　者：张进 高红霞

成果形式：论文

颁奖部门：甘肃省委甘肃省政府

2070 原创文化视野下的中国哲学史研究

时　　间：2005-04-25

奖项名称：甘肃省第九届社会科学优秀成果奖

获奖等级：3

作　　者：王晓兴

成果形式：论文

颁奖部门：甘肃省委甘肃省政府

2071 地区投入产出表编制方法改革之我见

时　　间：2005-04-25

奖项名称：甘肃省第九届社会科学优秀成果奖

获奖等级：3

作　　者：马忠

成果形式：论文

颁奖部门：甘肃省委甘肃省政府

2072 边缘化与边际性乡村社会

时　　间：2005-04-25

奖项名称：甘肃省第九届社会科学优秀成果奖

获奖等级：3

作　　者：包晓霞 岳子存

成果形式：专著

颁奖部门：甘肃省委甘肃省政府

2073 《四库全书》编辑与中国古文献之劫难

时　　间：2005-04-25

奖项名称：甘肃省第九届社会科学优秀成果奖

获奖等级：3

作　　者：郭向东

成果形式：论文

颁奖部门：甘肃省委甘肃省政府

2074 西部大开发与河西走廊经济发展研究

时　　间：2005-04-25

奖项名称：甘肃省第九届社会科学优秀成果奖

获奖等级：3

作　　者：王丁宏

成果形式：专著

颁奖部门：甘肃省委甘肃省政府

2075 现代教育观念的知识学反思

时　　间：2005-04-25

奖项名称：甘肃省第九届社会科学优秀成果奖

获奖等级：3

作　　者：李朝东

成果形式：论文

颁奖部门：甘肃省委甘肃省政府

2076 甘肃省羊毛（绒）产业发展战略研究

时　　间：2005-04-25

奖项名称：甘肃省第九届社会科学优秀成果奖

获奖等级：3

作　　者：叶得明

成果形式：研究报告

颁奖部门：甘肃省委甘肃省政府

2077 雅斯尔·十娃子与汉诗

时　　间：2005-04-25

奖项名称：甘肃省第九届社会科学优秀成果奖

获奖等级：3

作　　者：常文昌

成果形式：专著

颁奖部门：甘肃省委甘肃省政府

2078 吐蕃统治敦煌时期的落番官初探

时　　间：2005-04-25

奖项名称：甘肃省第九届社会科学优秀成果奖

获奖等级：3

作　　者：赵晓星

成果形式：论文

颁奖部门：甘肃省委甘肃省政府

2079 《汉书·艺文志》"杂赋"臆说

时　　间：2005-04-25

奖项名称：甘肃省第九届社会科学优秀成果奖

获奖等级：3

作　　者：伏俊琏

成果形式：论文

颁奖部门：甘肃省委甘肃省政府

2080 新闻评论学

时　　间：2005-04-25

奖项名称：甘肃省第九届社会科学优秀成果奖

获奖等级：3

作　　者：王新兰

成果形式：专著

颁奖部门：甘肃省委甘肃省政府

2081 论马克思恩格斯的学术品格

时　　间：2005-04-25

奖项名称：甘肃省第九届社会科学优秀成果奖

获奖等级：3

作　　者：周世兴

成果形式：论文

颁奖部门：甘肃省委甘肃省政府

2082 20 世纪西方课程实验的历史经验及其启示

时　　间：2005-04-25

奖项名称：甘肃省第九届社会科学优秀成果奖

获奖等级：3

作　　者：李定仁 胡斌武

成果形式：论文

颁奖部门：甘肃省委甘肃省政府

2083 甘肃省中小学信息化环境建设评估指标

时　　间：2005-04-25

奖项名称：甘肃省第九届社会科学优秀成果奖

获奖等级：3

作　　者：郭绍青

成果形式：研究报告

颁奖部门：甘肃省委甘肃省政府

2084 岑参入仕年月及生年考

时　　间：2005-04-25

奖项名称：甘肃省第九届社会科学优秀成果奖

获奖等级：3

作　　者：王勋成

成果形式：论文

颁奖部门：甘肃省委甘肃省政府

2085 甘肃武威市白塔寺遗址 1999 年的发掘

时　　间：2005-04-25

奖项名称：甘肃省第九届社会科学优秀成果奖

获奖等级：3

作　　者：魏文斌 李明华 王辉 李裕群 刘瑞

成果形式：论文

颁奖部门：甘肃省委甘肃省政府

2086 走出"东方社会道路"的理论误区

时　　间：2005-04-25

奖项名称：甘肃省第九届社会科学优秀成果奖

获奖等级：3

作　　者：王继荣

成果形式：论文

颁奖部门：甘肃省委甘肃省政府

2087 对我国统计监督理论和实践的反思及创新

时　　间：2005-04-25

奖项名称：甘肃省第九届社会科学优秀成果奖

获奖等级：3

作　　者：杨立勋

成果形式：论文

颁奖部门：甘肃省委甘肃省政府

2088 当代大学生人生观

时　　间：2005-04-25

奖项名称：甘肃省第九届社会科学优秀成果奖

获奖等级：3

作　　者：叶进

成果形式：专著

颁奖部门：甘肃省委甘肃省政府

2089 遥望星宿甘肃考古文化丛书

时　　间：2005-04-25

奖项名称：甘肃省第九届社会科学优秀成果奖

获奖等级：3

作　　者：陈炳应 刘兰生

成果形式：丛书

颁奖部门：甘肃省委甘肃省政府

2090 对民营企业信用与融资问题的思考

时　　间：2005-04-25

奖项名称：甘肃省第九届社会科学优秀成果奖

获奖等级：3

作　　者：林军

成果形式：论文

颁奖部门：甘肃省委甘肃省政府

2091 论信用短缺时代的我国公司资本制度

时　　间：2005-04-25

奖项名称：甘肃省第九届社会科学优秀成果奖

获奖等级：3

作　　者：任尔昕 史玉成

成果形式：论文

颁奖部门：甘肃省委甘肃省政府

2092 西部人文资源开发研究

时　　间：2005-04-25

奖项名称：甘肃省第九届社会科学优秀成果奖

获奖等级：3

作　　者：赵惠强 洪增林

成果形式：编著

颁奖部门：甘肃省委甘肃省政府

2093 哈贝马斯的"公共领域"及其现代启示

时　　间：2005-04-25

奖项名称：甘肃省第九届社会科学优秀成果奖

获奖等级：3

作　　者：李怀

成果形式：论文

颁奖部门：甘肃省委甘肃省政府

2094 对地、县、乡地方政权机构改革的思考与建议

时　　间：2005-04-25

奖项名称：甘肃省第九届社会科学优秀成果奖

获奖等级：3

作　　者：刘新生

成果形式：论文

颁奖部门：甘肃省委甘肃省政府

2095 仰模神影仿佛真容——云冈鹿野苑石窟造像揭秘

时　　间：2005-04-25

奖项名称：甘肃省第九届社会科学优秀成果奖

获奖等级：3

作　　者：梅林

成果形式：论文

颁奖部门：甘肃省委甘肃省政府

2096 新技术革命与我国新型工业化道路

时　　间：2005-04-25

奖项名称：甘肃省第九届社会科学优秀成果奖

获奖等级：3

作　　者：张永丽

成果形式：论文

颁奖部门：甘肃省委甘肃省政府

2097 全球变化与人文社会科学问题

时　　间：2005-04-25

奖项名称：甘肃省第九届社会科学优秀成果奖

获奖等级：3

作　　者：孙成全 林海 曲建升

成果形式：编著

颁奖部门：甘肃省委甘肃省政府

2098 资本市场与上市公司发展研究

时　　间：2005-04-25

奖项名称：甘肃省第九届社会科学优秀成果奖

获奖等级：3

作　　者：张希君

成果形式：专著

颁奖部门：甘肃省委甘肃省政府

2099 统筹城乡是解决"三农"问题的关键

时　　间：2005-04-25

奖项名称：甘肃省第九届社会科学优秀成

果奖

获奖等级：3

作　　者：戈银庆

成果形式：论文

颁奖部门：甘肃省委甘肃省政府

2100 吸毒与戒毒

时　　间：2005-04-25

奖项名称：甘肃省第九届社会科学优秀成果奖

获奖等级：3

作　　者：刘基　杨玲

成果形式：编著

颁奖部门：甘肃省委甘肃省政府

2101 中国西部地区人口转变若干问题解析

时　　间：2005-04-25

奖项名称：甘肃省第九届社会科学优秀成果奖

获奖等级：3

作　　者：王必达

成果形式：论文

颁奖部门：甘肃省委甘肃省政府

2102 甘肃省国有企业的公司治理结构及其会计控制

时　　间：2005-04-25

奖项名称：甘肃省第九届社会科学优秀成果奖

获奖等级：3

作　　者：李培根

成果形式：研究报告

颁奖部门：甘肃省委甘肃省政府

2103 欠发达区域农灌水费制度变迁的一种走向分析

时　　间：2005-04-25

奖项名称：甘肃省第九届社会科学优秀成果奖

获奖等级：3

作　　者：刘澈元 尚脆芬

成果形式：论文

颁奖部门：甘肃省委甘肃省政府

2104 社会主义政治文明与治国方略的历史共生与现实契合

时　　间：2005-04-25

奖项名称：甘肃省第九届社会科学优秀成果奖

获奖等级：3

作　　者：张有亮

成果形式：论文

颁奖部门：甘肃省委甘肃省政府

2105 消费文化——从现代到后现代

时　　间：2005-04-25

奖项名称：甘肃省第九届社会科学优秀成果奖

获奖等级：3

作　　者：杨魁 董雅丽

成果形式：专著

颁奖部门：甘肃省委甘肃省政府

2106 当代国际贸易理论创新的若干特征

时　　间：2005-04-25

奖项名称：甘肃省第九届社会科学优秀成果奖

获奖等级：3

作　　者：朱廷珺

成果形式：论文

颁奖部门：甘肃省委甘肃省政府

2107 关于西夏钱币、辽朝钱币研究的几个问题

时　　间：2005-04-25

奖项名称：甘肃省第九届社会科学优秀成果奖

获奖等级：3

作　　者：康柳硕

成果形式：论文

颁奖部门：甘肃省委甘肃省政府

2108 当前比较文学的危机与出路

时　　间：2005-04-25

奖项名称：甘肃省第九届社会科学优秀成果奖

获奖等级：3

作　　者：肖锦龙

成果形式：论文

颁奖部门：甘肃省委甘肃省政府

2109 山水审美的历史转折——以《永州八记》为中心

时　　间：2005-04-25

奖项名称：甘肃省第九届社会科学优秀成果奖

获奖等级：3

作　　者：邵宁宁

成果形式：论文

颁奖部门：甘肃省委甘肃省政府

2110 对金融机构反洗钱工作开展情况的调查与思考

时　　间：2005-04-25

奖项名称：甘肃省第九届社会科学优秀成

果奖

获奖等级：3

作　　者：人行兰州中心支行课题组组长范三成

成果形式：论文

颁奖部门：甘肃省委甘肃省政府

2111 成吉思汗、忽必烈评传

时　　间：2005-04-25

奖项名称：甘肃省第九届社会科学优秀成果奖

获奖等级：3

作　　者：杨建新　马曼丽

成果形式：专著

颁奖部门：甘肃省委甘肃省政府

2112 裕固族文化形态与古籍文存

时　　间：2005-04-25

奖项名称：甘肃省第九届社会科学优秀成果奖

获奖等级：3

作　　者：贺卫光

成果形式：专著

颁奖部门：甘肃省委甘肃省政府

2113 异中有同的"通俗化"追求

时　　间：2005-04-25

奖项名称：甘肃省第九届社会科学优秀成果奖

获奖等级：3

作　　者：王源

成果形式：论文

颁奖部门：甘肃省委甘肃省政府

2114 "三农"问题研究综述

时　　间：2005-04-25

奖项名称：甘肃省第九届社会科学优秀成果奖

获奖等级：3

作　　者：李树基 朱智文

成果形式：论文

颁奖部门：甘肃省委甘肃省政府

2115 少数民族贫困地区女童教育行为研究

时　　间：2005-04-25

奖项名称：甘肃省第九届社会科学优秀成果奖

获奖等级：3

作　　者：景民 马金玲 邓湘萍

成果形式：编著

颁奖部门：甘肃省委甘肃省政府

2116 毛泽东思想概论

时　　间：2005-04-25

奖项名称：甘肃省第九届社会科学优秀成果奖

获奖等级：3

作　　者：张永利 芦小兵

成果形式：编著

颁奖部门：甘肃省委甘肃省政府

2117 人力资源开发及其对社会经济发展的作用

时　　间：2005-04-25

奖项名称：甘肃省第九届社会科学优秀成果奖

获奖等级：3

作　　者：周克全 李秉文

成果形式：研究报告

颁奖部门：甘肃省委甘肃省政府

2118 西部生态环境建设的法律思考简论我国环境立法的完善

时　　间：2005-04-25

奖项名称：甘肃省第九届社会科学优秀成果奖

获奖等级：3

作　　者：史玉成

成果形式：论文

颁奖部门：甘肃省委甘肃省政府

2119 秦、西汉时期匈奴单于位继承制度考辨

时　　间：2005-04-25

奖项名称：甘肃省第九届社会科学优秀成果奖

获奖等级：3

作　　者：武沐 王希隆

成果形式：论文

颁奖部门：甘肃省委甘肃省政府

2120 华池县志

时　　间：2005-04-25

奖项名称：甘肃省第九届社会科学优秀成果奖

获奖等级：3

作　　者：王来才 郭含殿

成果形式：编著

颁奖部门：甘肃省委甘肃省政府

2121 汉语儿童语语音特征内隐与外显学习的比较研究

时　　间：2005-04-25

奖项名称：甘肃省第九届社会科学优秀成果奖

获奖等级：3

作　者：周爱保 张开铭 张长英 陶沙
樊赤军
成果形式：论文
颁奖部门：甘肃省委甘肃省政府

2122 现代视觉媒体美术

时　间：2005-04-25
奖项名称：甘肃省第九届社会科学优秀成果奖
获奖等级：3
作　者：杨改学
成果形式：教材
颁奖部门：甘肃省委甘肃省政府

2123 积极财政政策归位与国债政策取向

时　间：2005-04-25
奖项名称：甘肃省第九届社会科学优秀成果奖
获奖等级：3
作　者：崔治文 柳俊涛
成果形式：论文
颁奖部门：甘肃省委甘肃省政府

2124 网络空间的人际交往

时　间：2005-04-25
奖项名称：甘肃省第九届社会科学优秀成果奖
获奖等级：3
作　者：黄少华 陈文江
成果形式：编著
颁奖部门：甘肃省委甘肃省政府

2125 体育心理学新论

时　间：2005-04-25
奖项名称：甘肃省第九届社会科学优秀成

果奖
获奖等级：3
作　者：陈玉霞
成果形式：专著
颁奖部门：甘肃省委甘肃省政府

2126 中国古代生态文化：为了复兴的反思

时　间：2005-04-25
奖项名称：甘肃省第九届社会科学优秀成果奖
获奖等级：3
作　者：吴晓军
成果形式：论文
颁奖部门：甘肃省委甘肃省政府

2127 语文课程研究

时　间：2005-04-25
奖项名称：甘肃省第九届社会科学优秀成果奖
获奖等级：3
作　者：靳健
成果形式：专著
颁奖部门：甘肃省委甘肃省政府

2128 我国教育研究中的四种范式及其批判

时　间：2005-04-25
奖项名称：甘肃省第九届社会科学优秀成果奖
获奖等级：3
作　者：王兆璟
成果形式：论文
颁奖部门：甘肃省委甘肃省政府

2129 文字装饰五千年

时　　间：2005-04-25

奖项名称：甘肃省第九届社会科学优秀成果奖

获奖等级：3

作　　者：余义虎

成果形式：论文

颁奖部门：甘肃省委甘肃省政府

2130 小学教育学

时　　间：2005-04-25

奖项名称：甘肃省第九届社会科学优秀成果奖

获奖等级：3

作　　者：贡巴扎西

成果形式：编著

颁奖部门：甘肃省委甘肃省政府

2131 新审计学

时　　间：2005-04-25

奖项名称：甘肃省第九届社会科学优秀成果奖

获奖等级：3

作　　者：王致萍 吴鑫 姚金国

成果形式：教材

颁奖部门：甘肃省委甘肃省政府

2132 社会公平本质解析

时　　间：2005-04-25

奖项名称：甘肃省第九届社会科学优秀成果奖

获奖等级：3

作　　者：陈维荣

成果形式：论文

颁奖部门：甘肃省委甘肃省政府

2133 中国西部地区的迟发展效应、后发优势及创新对策研究

时　　间：2005-04-25

奖项名称：甘肃省第九届社会科学优秀成果奖

获奖等级：3

作　　者：课题组

成果形式：研究报告

颁奖部门：甘肃省委甘肃省政府

2134 教学的困境与出路

时　　间：2005-04-25

奖项名称：甘肃省第九届社会科学优秀成果奖

获奖等级：3

作　　者：魏新民 蔡宝来

成果形式：论文

颁奖部门：甘肃省委甘肃省政府

2135 《九歌》楚颂说

时　　间：2005-04-25

奖项名称：甘肃省第九届社会科学优秀成果奖

获奖等级：3

作　　者：韩高年

成果形式：论文

颁奖部门：甘肃省委甘肃省政府

2136 政府审计的发展趋势研究

时　　间：2005-04-25

奖项名称：甘肃省第九届社会科学优秀成果奖

获奖等级：3

作　　者：高存弟 史维

成果形式：论文

颁奖部门：甘肃省委甘肃省政府

2137 实践教学论

时　　间：2005-04-25

奖项名称：甘肃省第九届社会科学优秀成果奖

获奖等级：3

作　　者：王鉴

成果形式：专著

颁奖部门：甘肃省委甘肃省政府

2138 体育法规范体系的理论视角

时　　间：2005-04-25

奖项名称：甘肃省第九届社会科学优秀成果奖

获奖等级：3

作　　者：杨薇 王鹏 陈农

成果形式：论文

颁奖部门：甘肃省委甘肃省政府

2139 毛泽东邓小平民族理论比较研究

时　　间：2005-04-25

奖项名称：甘肃省第九届社会科学优秀成果奖

获奖等级：3

作　　者：贾东海 张小莹 马奇志

成果形式：编著

颁奖部门：甘肃省委甘肃省政府

2140 193例戒毒者人格类型及其自尊、社会支持和应对策略的关系

时　　间：2005-04-25

奖项名称：甘肃省第九届社会科学优秀成果奖

获奖等级：3

作　　者：杨玲 崔诣陈

成果形式：论文

颁奖部门：甘肃省委甘肃省政府

2141 上古时称大采、小采命名之义初探

时　　间：2005-04-25

奖项名称：甘肃省第九届社会科学优秀成果奖

获奖等级：3

作　　者：雷紫翰

成果形式：论文

颁奖部门：甘肃省委甘肃省政府

2142 邓小平理论的全球化视野

时　　间：2005-04-25

奖项名称：甘肃省第九届社会科学优秀成果奖

获奖等级：3

作　　者：李新一

成果形式：论文

颁奖部门：甘肃省委甘肃省政府

2143 现代远程教育：发展西北少数民族地区教育的重要手段

时　　间：2005-04-25

奖项名称：甘肃省第九届社会科学优秀成果奖

获奖等级：3

作　　者：黎军

成果形式：论文

颁奖部门：甘肃省委甘肃省政府

2144 自然的信仰

时　　间：2005-04-25

奖项名称：甘肃省第九届社会科学优秀成果奖

获奖等级：3

作　　者：郭吉军

成果形式：专著

颁奖部门：甘肃省委甘肃省政府

2145 国家法和民间法的现实互动与历史变迁

时　　间：2005-04-25

奖项名称：甘肃省第九届社会科学优秀成果奖

获奖等级：3

作　　者：王勇

成果形式：论文

颁奖部门：甘肃省委甘肃省政府

2146 加入世贸组织后甘肃省各级政府转变管理职能问题研究

时　　间：2005-04-25

奖项名称：甘肃省第九届社会科学优秀成果奖

获奖等级：3

作　　者：张桂芝

成果形式：研究报告

颁奖部门：甘肃省委甘肃省政府

2147 社会主义政治文明建设与中国政治发展

时　　间：2005-04-25

奖项名称：甘肃省第九届社会科学优秀成果奖

获奖等级：3

作　　者：丁志刚 王宗礼

成果形式：论文

颁奖部门：甘肃省委甘肃省政府

2148 甘肃省村民自治现状调查报告

时　　间：2005-04-25

奖项名称：甘肃省第九届社会科学优秀成果奖

获奖等级：3

作　　者：曲玮 王瑾 王晓芳

成果形式：调查报告

颁奖部门：甘肃省委甘肃省政府

2149 民间文学艺术作品的法律保护

时　　间：2005-04-25

奖项名称：甘肃省第九届社会科学优秀成果奖

获奖等级：3

作　　者：赵蓉 刘晓霞

成果形式：论文

颁奖部门：甘肃省委甘肃省政府

2150 丝绸之路原始体育考析

时　　间：2005-04-25

奖项名称：甘肃省第九届社会科学优秀成果奖

获奖等级：3

作　　者：李重申 李金梅

成果形式：论文

颁奖部门：甘肃省委甘肃省政府

2151 西部非国有企业管理运作与效率研究

时　　间：2005-04-25

奖项名称：甘肃省第九届社会科学优秀成果奖

获奖等级：3

作　　者：黄怡

成果形式：研究报告

颁奖部门：甘肃省委甘肃省政府

2152 西蒙古文化变迁

时　　间：2005-04-25

奖项名称：甘肃省第九届社会科学优秀成果奖

获奖等级：3

作　　者：文化
成果形式：专著
颁奖部门：甘肃省委甘肃省政府

2153 高新科技发展与税收激励政策

时　　间：2005-04-25
奖项名称：甘肃省第九届社会科学优秀成果奖
获奖等级：3
作　　者：文培东
成果形式：专著
颁奖部门：甘肃省委甘肃省政府

2154 试析民族地区人力资源开发的现状及对策

时　　间：2005-04-25
奖项名称：甘肃省第九届社会科学优秀成果奖
获奖等级：3
作　　者：马玉香
成果形式：论文
颁奖部门：甘肃省委甘肃省政府

2155 卫生经济学

时　　间：2005-04-25
奖项名称：甘肃省第九届社会科学优秀成果奖
获奖等级：3
作　　者：杨敬宇 李岳峰 齐明 张书全 张涓
成果形式：编著
颁奖部门：甘肃省委甘肃省政府

2156 西部开发与财政政策

时　　间：2005-04-25
奖项名称：甘肃省第九届社会科学优秀成果奖
获奖等级：3

作　　者：苏志希
成果形式：编著
颁奖部门：甘肃省委甘肃省政府

2157 社会学解释策略的历史考察

时　　间：2005-04-25
奖项名称：甘肃省第九届社会科学优秀成果奖
获奖等级：3
作　　者：岳天明
成果形式：论文
颁奖部门：甘肃省委甘肃省政府

2158 现代健康教育学

时　　间：2005-04-25
奖项名称：甘肃省第九届社会科学优秀成果奖
获奖等级：3
作　　者：杨占明 李润梅
成果形式：编著
颁奖部门：甘肃省委甘肃省政府

2159 生命过程的解释与对付困境的努力

时　　间：2005-04-25
奖项名称：甘肃省第九届社会科学优秀成果奖
获奖等级：3
作　　者：程金城
成果形式：论文
颁奖部门：甘肃省委甘肃省政府

2160 甘肃省农产品市场竞争力调查分析

时　　间：2005-04-25
奖项名称：甘肃省第九届社会科学优秀成果奖

获奖等级：3

作　　者：韩建民 杨林娟

成果形式：专著

颁奖部门：甘肃省委甘肃省政府

2161 新诗自觉：晚清"新学诗"的诗史意义

时　　间：2005-04-25

奖项名称：甘肃省第九届社会科学优秀成果奖

获奖等级：3

作　　者：龚喜平

成果形式：论文

颁奖部门：甘肃省委甘肃省政府

2162 论良法的恶性循环

时　　间：2005-04-25

奖项名称：甘肃省第九届社会科学优秀成果奖

获奖等级：3

作　　者：王斐弘

成果形式：论文

颁奖部门：甘肃省委甘肃省政府

2163 大学艺术素质教程

时　　间：2005-04-25

奖项名称：甘肃省第九届社会科学优秀成果奖

获奖等级：3

作　　者：马国俊 金立新 吴晓玲

成果形式：教材

颁奖部门：甘肃省委甘肃省政府

2164 关于民族心理学研究的几个问题

时　　间：2005-04-25

奖项名称：甘肃省第九届社会科学优秀成果奖

获奖等级：3

作　　者：徐黎丽

成果形式：论文

颁奖部门：甘肃省委甘肃省政府

2165 敦煌石窟全集（26卷）

时　　间：2007-03-22

奖项名称：甘肃省第十届社会科学优秀成果奖

获奖等级：1

作　　者：段文杰 樊锦诗

成果形式：丛书

颁奖部门：甘肃省委甘肃省政府

2166 自然的玄化、情化、空灵化与中国诗歌意境的生成

时　　间：2007-03-22

奖项名称：甘肃省第十届社会科学优秀成果奖

获奖等级：1

作　　者：王建疆

成果形式：论文

颁奖部门：甘肃省委甘肃省政府

2167 甘肃藏族通史

时　　间：2007-03-22

奖项名称：甘肃省第十届社会科学优秀成果奖

获奖等级：1

作　　者：洲塔乔 高才让

成果形式：专著

颁奖部门：甘肃省委甘肃省政府

2168 后发优势与区域发展

时　　间：2007-03-22

奖项名称：甘肃省第十届社会科学优秀成果奖

获奖等级：1

作　　者：王必达

成果形式：专著

颁奖部门：甘肃省委甘肃省政府

2169 中国特色社会主义理论及其在西部的实践

时　　间：2007-03-22

奖项名称：甘肃省第十届社会科学优秀成果奖

获奖等级：1

作　　者：范鹏 王晓平

成果形式：专著

颁奖部门：甘肃省委甘肃省政府

2170 中国西夏文献（20卷）

时　　间：2007-03-22

奖项名称：甘肃省第十届社会科学优秀成果奖

获奖等级：1

作　　者：甘肃五凉古籍文献整理中心 宁夏大学国家图书馆

成果形式：古籍整理

颁奖部门：甘肃省委甘肃省政府

2171 现代大学制度——高等教育改革与发展的时代回应

时　　间：2007-03-22

奖项名称：甘肃省第十届社会科学优秀成果奖

获奖等级：1

作　　者：张俊宗

成果形式：专著

颁奖部门：甘肃省委甘肃省政府

2172 重新审视"渐进式"改革

时　　间：2007-03-22

奖项名称：甘肃省第十届社会科学优秀成果奖

获奖等级：1

作　　者：曹子坚

成果形式：论文

颁奖部门：甘肃省委甘肃省政府

2173 生态电视论

时　　间：2007-03-22

奖项名称：甘肃省第十届社会科学优秀成果奖

获奖等级：1

作　　者：刘炘

成果形式：专著

颁奖部门：甘肃省委甘肃省政府

2174 西夏法律制度研究

时　　间：2007-03-22

奖项名称：甘肃省第十届社会科学优秀成果奖

获奖等级：1

作　　者：陈永胜

成果形式：专著

颁奖部门：甘肃省委甘肃省政府

2175 《逸周书》的语言特点及其文献学价值

时　　间：2007-03-22

奖项名称：甘肃省第十届社会科学优秀成果奖

获奖等级：2

作　　者：周玉秀

成果形式：专著

颁奖部门：甘肃省委甘肃省政府

2176 县乡人大代表直接选举的监督研究

时　　间：2007-03-22

奖项名称：甘肃省第十届社会科学优秀成果奖

获奖等级：2

作　　者：张谦元 谢蒲定 王勇

成果形式：编著

颁奖部门：甘肃省委甘肃省政府

2177 外国直接投资的贸易效应研究

时　　间：2007-03-22

奖项名称：甘肃省第十届社会科学优秀成果奖

获奖等级：2

作　　者：朱廷珺

成果形式：专著

颁奖部门：甘肃省委甘肃省政府

2178 哲学学：学科定位及其体系建构

时　　间：2007-03-22

奖项名称：甘肃省第十届社会科学优秀成果奖

获奖等级：2

作　　者：李君才

成果形式：论文

颁奖部门：甘肃省委甘肃省政府

2179 促进解决"三农"问题的财政政策研究

时　　间：2007-03-22

奖项名称：甘肃省第十届社会科学优秀成果奖

获奖等级：2

作　　者：王国荣 刘家庆 焦岩

成果形式：研究报告

颁奖部门：甘肃省委甘肃省政府

2180 从当代中国哲学的处境看未来中国哲学的研究

时　　间：2007-03-22

奖项名称：甘肃省第十届社会科学优秀成果奖

获奖等级：2

作　　者：成澈（成兆文）

成果形式：论文

颁奖部门：甘肃省委甘肃省政府

2181 合作与不合作的政治经济学分析——欠发达地区市场化进程中的农民经济组织发展研究

时　　间：2007-03-22

奖项名称：甘肃省第十届社会科学优秀成果奖

获奖等级：2

作　　者：张永丽

成果形式：专著

颁奖部门：甘肃省委甘肃省政府

2182 甘南藏族自治州经济社会发展研究

时　　间：2007-03-22

奖项名称：甘肃省第十届社会科学优秀成果奖

获奖等级：2

作　　者：李景铭

成果形式：专著

颁奖部门：甘肃省委甘肃省政府

2183 甘肃省退牧还草 退耕还林的现状调查与对策研究

时　　间：2007-03-22

奖项名称：甘肃省第十届社会科学优秀成果奖

获奖等级：2

作　　者：苏孜
成果形式：研究报告
颁奖部门：甘肃省委甘肃省政府

2184 城市流动人口的婚姻与家庭

时　　间：2007-03-22

奖项名称：甘肃省第十届社会科学优秀成果奖

获奖等级：2

作　　者：陈文江 张咏梅

成果形式：专著

颁奖部门：甘肃省委甘肃省政府

2185 中国西部地区形象设计与塑造的应用研究

时　　间：2007-03-22

奖项名称：甘肃省第十届社会科学优秀成果奖

获奖等级：2

作　　者：王学军

成果形式：专著

颁奖部门：甘肃省委甘肃省政府

2186 生态环境影响：解读西北历史变迁的新视野

时　　间：2007-03-22

奖项名称：甘肃省第十届社会科学优秀成果奖

获奖等级：2

作　　者：吴晓军

成果形式：论文

颁奖部门：甘肃省委甘肃省政府

2187 教学改革中的文化冲击与文化适应问题

时　　间：2007-03-22

奖项名称：甘肃省第十届社会科学优秀成

果奖

获奖等级：2

作　　者：万明刚 王平

成果形式：论文

颁奖部门：甘肃省委甘肃省政府

2188 白龙江流域方言语法研究

时　　间：2007-03-22

奖项名称：甘肃省第十届社会科学优秀成果奖

获奖等级：2

作　　者：莫超

成果形式：专著

颁奖部门：甘肃省委甘肃省政府

2189 西北通史

时　　间：2007-03-22

奖项名称：甘肃省第十届社会科学优秀成果奖

获奖等级：2

作　　者：刘光华 尹伟先 齐陈俊 郭厚安

成果形式：丛书

颁奖部门：甘肃省委甘肃省政府

2190 甘肃省民间资本投资发展研究

时　　间：2007-03-22

奖项名称：甘肃省第十届社会科学优秀成果奖

获奖等级：2

作　　者：马润平

成果形式：研究报告

颁奖部门：甘肃省委甘肃省政府

2191 构建高校产学研合作机制的制度范式分析

时　　间：2007-03-22

奖项名称：甘肃省第十届社会科学优秀成

果奖

获奖等级：2

作　者：祖廷勋 罗光宏 陈天仁 刘澈元 杨生辉

成果形式：论文

颁奖部门：甘肃省委甘肃省政府

2192 甘肃省银行业支持项目建设的思考

时　间：2007-03-22

奖项名称：甘肃省第十届社会科学优秀成果奖

获奖等级：2

作　者：杨明基

成果形式：论文

颁奖部门：甘肃省委甘肃省政府

2193 民族精神研究专论

时　间：2007-03-22

奖项名称：甘肃省第十届社会科学优秀成果奖

获奖等级：2

作　者：贾东海

成果形式：编著

颁奖部门：甘肃省委甘肃省政府

2194 藏语喻词分类及运用研究

时　间：2007-03-22

奖项名称：甘肃省第十届社会科学优秀成果奖

获奖等级：2

作　者：桑吉克

成果形式：专著

颁奖部门：甘肃省委甘肃省政府

2195 困境与出路：西部地区非公有制经济融资环境研究

时　间：2007-03-22

奖项名称：甘肃省第十届社会科学优秀成果奖

获奖等级：2

作　者：成学真

成果形式：专著

颁奖部门：甘肃省委甘肃省政府

2196 网络思想政治教育概论

时　间：2007-03-22

奖项名称：甘肃省第十届社会科学优秀成果奖

获奖等级：2

作　者：李炳毅

成果形式：专著

颁奖部门：甘肃省委甘肃省政府

2197 当代中国的马克思主义观

时　间：2007-03-22

奖项名称：甘肃省第十届社会科学优秀成果奖

获奖等级：2

作　者：曹富雄

成果形式：专著

颁奖部门：甘肃省委甘肃省政府

2198 老舍与中国革命

时　间：2007-03-22

奖项名称：甘肃省第十届社会科学优秀成果奖

获奖等级：2

作　者：古世仓 吴小美

成果形式：专著

颁奖部门：甘肃省委甘肃省政府

2199 山水诗词论稿

时　　间：2007-03-22

奖项名称：甘肃省第十届社会科学优秀成果奖

获奖等级：2

作　　者：高人雄

成果形式：专著

颁奖部门：甘肃省委甘肃省政府

2200 天水市志

时　　间：2007-03-22

奖项名称：甘肃省第十届社会科学优秀成果奖

获奖等级：2

作　　者：刘玛莉

成果形式：编著

颁奖部门：甘肃省委甘肃省政府

2201 行政职业能力测验

时　　间：2007-03-22

奖项名称：甘肃省第十届社会科学优秀成果奖

获奖等级：2

作　　者：徐宏勋 田荣 商辉 骆廷文 段维功 颜军

成果形式：教材

颁奖部门：甘肃省委甘肃省政府

2202 "卡夫丁峡谷"理论与东方社会道路问题再研究——兼论当代社会主义的历史命运与中国特色社会主义

时　　间：2007-03-22

奖项名称：甘肃省第十届社会科学优秀成果奖

获奖等级：2

作　　者：王继荣

成果形式：专著

颁奖部门：甘肃省委甘肃省政府

2203 为每个学生提供良好的教育

时　　间：2007-03-22

奖项名称：甘肃省第十届社会科学优秀成果奖

获奖等级：2

作　　者：张德文

成果形式：专著

颁奖部门：甘肃省委甘肃省政府

2204 课堂管理技巧

时　　间：2007-03-22

奖项名称：甘肃省第十届社会科学优秀成果奖

获奖等级：2

作　　者：孙冬梅

成果形式：教材

颁奖部门：甘肃省委甘肃省政府

2205 社会科学课程中的公民教育研究

时　　间：2007-03-22

奖项名称：甘肃省第十届社会科学优秀成果奖

获奖等级：3

作　　者：王文岚

成果形式：专著

颁奖部门：甘肃省委甘肃省政府

2206 民族悲剧意识与个体艺术表现

时　　间：2007-03-22

奖项名称：甘肃省第十届社会科学优秀成果奖

获奖等级：3

作　　者：马晖

成果形式：专著

颁奖部门：甘肃省委甘肃省政府

2207 中国西部民族地区恐怖犯罪问题研究

时　　间：2007-03-22

奖项名称：甘肃省第十届社会科学优秀成果奖

获奖等级：3

作　　者：王肃元 魏克强 沙万中

成果形式：专著

颁奖部门：甘肃省委甘肃省政府

2208 特色农业与甘肃农业产业化研究

时　　间：2007-03-22

奖项名称：甘肃省第十届社会科学优秀成果奖

获奖等级：3

作　　者：杨建国

成果形式：研究报告

颁奖部门：甘肃省委甘肃省政府

2209 甘肃银行业改革发展问题研究

时　　间：2007-03-22

奖项名称：甘肃省第十届社会科学优秀成果奖

获奖等级：3

作　　者：张宏 张宗武

成果形式：论文

颁奖部门：甘肃省委甘肃省政府

2210 观相念佛：盛唐至北宋一度流行的净土教行仪——敦煌写本《佛说相好经》新探

时　　间：2007-03-22

奖项名称：甘肃省第十届社会科学优秀成果奖

获奖等级：3

作　　者：张先堂

成果形式：论文

颁奖部门：甘肃省委甘肃省政府

2211 集体写作与解放区的文学大众化思潮

时　　间：2007-03-22

奖项名称：甘肃省第十届社会科学优秀成果奖

获奖等级：3

作　　者：郭国昌

成果形式：论文

颁奖部门：甘肃省委甘肃省政府

2212 开发香包民俗文化产业大有可为

时　　间：2007-03-22

奖项名称：甘肃省第十届社会科学优秀成果奖

获奖等级：3

作　　者：黄选平 王义

成果形式：论文

颁奖部门：甘肃省委甘肃省政府

2213 中国共产党的阶级基础和群众基础研究

时　　间：2007-03-22

奖项名称：甘肃省第十届社会科学优秀成果奖

获奖等级：3

作　　者：谢俊春

成果形式：专著

颁奖部门：甘肃省委甘肃省政府

2214 管理学视野中的生态和谐人假设及其实现

时　　间：2007-03-22

奖项名称：甘肃省第十届社会科学优秀成

果奖

获奖等级：3

作　　者：孙健

成果形式：论文

颁奖部门：甘肃省委甘肃省政府

2215 证券监管与投资者保护

时　　间：2007-03-22

奖项名称：甘肃省第十届社会科学优秀成果奖

获奖等级：3

作　　者：李鸿渐

成果形式：专著

颁奖部门：甘肃省委甘肃省政府

2216 敦煌壁画风景研究

时　　间：2007-03-22

奖项名称：甘肃省第十届社会科学优秀成果奖

获奖等级：3

作　　者：赵声良

成果形式：专著

颁奖部门：甘肃省委甘肃省政府

2217 体育文化论

时　　间：2007-03-22

奖项名称：甘肃省第十届社会科学优秀成果奖

获奖等级：3

作　　者：牛亚莉

成果形式：专著

颁奖部门：甘肃省委甘肃省政府

2218 定西扶贫开发研究

时　　间：2007-03-22

奖项名称：甘肃省第十届社会科学优秀成果奖

获奖等级：3

作　　者：曹殊

成果形式：专著

颁奖部门：甘肃省委甘肃省政府

2219 甘肃县域经济发展实证研究

时　　间：2007-03-22

奖项名称：甘肃省第十届社会科学优秀成果奖

获奖等级：3

作　　者：潘锋 周强

成果形式：编著

颁奖部门：甘肃省委甘肃省政府

2220 注册税务师制度及其变迁的经济学分析

时　　间：2007-03-22

奖项名称：甘肃省第十届社会科学优秀成果奖

获奖等级：3

作　　者：苏强

成果形式：论文

颁奖部门：甘肃省委甘肃省政府

2221 投资基金监管体制的国际比较及借鉴

时　　间：2007-03-22

奖项名称：甘肃省第十届社会科学优秀成果奖

获奖等级：3

作　　者：刘志军

成果形式：论文

颁奖部门：甘肃省委甘肃省政府

2222 地方财政热点问题研究

时　　间：2007-03-22

奖项名称：甘肃省第十届社会科学优秀成

果奖

获奖等级：3

作　　者：刘小梅

成果形式：专著

颁奖部门：甘肃省委甘肃省政府

2223 六朝史籍与史学

时　　间：2007-03-22

奖项名称：甘肃省第十届社会科学优秀成果奖

获奖等级：3

作　　者：郝润华

成果形式：专著

颁奖部门：甘肃省委甘肃省政府

2224 国际科学发展态势与中国科学的影响力

时　　间：2007-03-22

奖项名称：甘肃省第十届社会科学优秀成果奖

获奖等级：3

作　　者：孙成权 肖仙桃

成果形式：编著

颁奖部门：甘肃省委甘肃省政府

2225 负所得税：我国最低生活保障制度改革的方向

时　　间：2007-03-22

奖项名称：甘肃省第十届社会科学优秀成果奖

获奖等级：3

作　　者：聂佃忠

成果形式：论文

颁奖部门：甘肃省委甘肃省政府

2226 甘肃民族地区社会失衡的因子考量及实证分析

时　　间：2007-03-22

奖项名称：甘肃省第十届社会科学优秀成果奖

获奖等级：3

作　　者：马东平

成果形式：论文

颁奖部门：甘肃省委甘肃省政府

2227 城市拆迁的利益冲突：一个社会学解析

时　　间：2007-03-22

奖项名称：甘肃省第十届社会科学优秀成果奖

获奖等级：3

作　　者：李怀

成果形式：论文

颁奖部门：甘肃省委甘肃省政府

2228 马克思主义中国化问题研究

时　　间：2007-03-22

奖项名称：甘肃省第十届社会科学优秀成果奖

获奖等级：3

作　　者：何继龄

成果形式：专著

颁奖部门：甘肃省委甘肃省政府

2229 论兰州城市公共交通的政府管制行为

时　　间：2007-03-22

奖项名称：甘肃省第十届社会科学优秀成果奖

获奖等级：3

作　　者：魏军

成果形式：论文

颁奖部门：甘肃省委甘肃省政府

2230 会计信息失真与会计信用体系的法律构建

时　　间：2007-03-22

奖项名称：甘肃省第十届社会科学优秀成果奖

获奖等级：3

作　　者：江合宁

成果形式：研究报告

颁奖部门：甘肃省委甘肃省政府

2231 家族企业研究及其对欠发达地区民营经济发展的启示

时　　间：2007-03-22

奖项名称：甘肃省第十届社会科学优秀成果奖

获奖等级：3

作　　者：王晓芳 王军锋

成果形式：论文

颁奖部门：甘肃省委甘肃省政府

2232 论加强党的执政能力建设 不断提高领导方式和执政水平

时　　间：2007-03-22

奖项名称：甘肃省第十届社会科学优秀成果奖

获奖等级：3

作　　者：王文顺

成果形式：论文

颁奖部门：甘肃省委甘肃省政府

2233 金融支持甘肃农民增收的策略研究

时　　间：2007-03-22

奖项名称：甘肃省第十届社会科学优秀成果奖

获奖等级：3

作　　者：徐媛媛

成果形式：研究报告

颁奖部门：甘肃省委甘肃省政府

2234 中国简牍集成·二编（8卷）

时　　间：2007-03-22

奖项名称：甘肃省第十届社会科学优秀成果奖

获奖等级：3

作　　者：初师宾

成果形式：古籍整理

颁奖部门：甘肃省委甘肃省政府

2235 甘肃省水资源优化配置与经济社会可持续发展问题研究

时　　间：2007-03-22

奖项名称：甘肃省第十届社会科学优秀成果奖

获奖等级：3

作　　者：魏邦龙

成果形式：研究报告

颁奖部门：甘肃省委甘肃省政府

2236 行政处罚法学与行政许可法学

时　　间：2007-03-22

奖项名称：甘肃省第十届社会科学优秀成果奖

获奖等级：3

作　　者：张朝霞

成果形式：专著

颁奖部门：甘肃省委甘肃省政府

2237 节水型社会理论及其在西北地区的实践与对策

时　　间：2007-03-22

奖项名称：甘肃省第十届社会科学优秀成

果奖

获奖等级：3

作　　者：张爱胜 李锋瑞 康玲芬

成果形式：论文

颁奖部门：甘肃省委甘肃省政府

2238 唐五代敦煌饮食文化研究

时　　间：2007-03-22

奖项名称：甘肃省第十届社会科学优秀成
果奖

获奖等级：3

作　　者：高启安

成果形式：专著

颁奖部门：甘肃省委甘肃省政府

2239 哈萨克跨国民族社会文化比较研究

时　　间：2007-03-22

奖项名称：甘肃省第十届社会科学优秀成
果奖

获奖等级：3

作　　者：王希隆 汪金国

成果形式：专著

颁奖部门：甘肃省委甘肃省政府

2240 黄河中上游地区生态环境建设与可持续发展立法问题

时　　间：2007-03-22

奖项名称：甘肃省第十届社会科学优秀成
果奖

获奖等级：3

作　　者：俞树毅 何文杰 杨小平

成果形式：专著

颁奖部门：甘肃省委甘肃省政府

2241 新闻侵权论

时　　间：2007-03-22

奖项名称：甘肃省第十届社会科学优秀成
果奖

获奖等级：3

作　　者：牛丽红

成果形式：专著

颁奖部门：甘肃省委甘肃省政府

2242 中国非刑罚化改革的否证性分析

时　　间：2007-03-22

奖项名称：甘肃省第十届社会科学优秀成
果奖

获奖等级：3

作　　者：衣家奇

成果形式：论文

颁奖部门：甘肃省委甘肃省政府

2243 善意取得制度的缺陷及其补正

时　　间：2007-03-22

奖项名称：甘肃省第十届社会科学优秀成
果奖

获奖等级：3

作　　者：吴国喆

成果形式：论文

颁奖部门：甘肃省委甘肃省政府

2244 清代西北边疆地区民族政策研究

时　　间：2007-03-22

奖项名称：甘肃省第十届社会科学优秀成
果奖

获奖等级：3

作　　者：牛海桢

成果形式：专著

颁奖部门：甘肃省委甘肃省政府

2245 21世纪干部学习力培训教程

时　　间：2007-03-22

奖项名称：甘肃省第十届社会科学优秀成果奖

获奖等级：3

作　　者：王晋

成果形式：教材

颁奖部门：甘肃省委甘肃省政府

2246 甘肃省农业和农村经济结构调整的金融支持研究

时　　间：2007-03-22

奖项名称：甘肃省第十届社会科学优秀成果奖

获奖等级：3

作　　者：杨林娟

成果形式：研究报告

颁奖部门：甘肃省委甘肃省政府

2247 库存物流管理

时　　间：2007-03-22

奖项名称：甘肃省第十届社会科学优秀成果奖

获奖等级：3

作　　者：李志远 金梅 李焱

成果形式：专著

颁奖部门：甘肃省委甘肃省政府

2248 藏语组词法研究

时　　间：2007-03-22

奖项名称：甘肃省第十届社会科学优秀成果奖

获奖等级：3

作　　者：切排

成果形式：专著

颁奖部门：甘肃省委甘肃省政府

2249 促进甘肃非公有制经济健康发展的战略研究

时　　间：2007-03-22

奖项名称：甘肃省第十届社会科学优秀成果奖

获奖等级：3

作　　者：董原

成果形式：研究报告

颁奖部门：甘肃省委甘肃省政府

2250 甘肃新民主主义革命研究

时　　间：2007-03-22

奖项名称：甘肃省第十届社会科学优秀成果奖

获奖等级：3

作　　者：王晋林 秦生

成果形式：专著

颁奖部门：甘肃省委甘肃省政府

2251 清初遗民诗群研究

时　　间：2007-03-22

奖项名称：甘肃省第十届社会科学优秀成果奖

获奖等级：3

作　　者：张兵

成果形式：研究报告

颁奖部门：甘肃省委甘肃省政府

2252 从朱熹到王阳明：理性自觉原则向意志自愿原则的转换

时　　间：2007-03-22

奖项名称：甘肃省第十届社会科学优秀成果奖

获奖等级：3

作　　者：任万明

成果形式：论文

颁奖部门：甘肃省委甘肃省政府

2253 产业化经营：做大平凉旅游业

时　　间：2007-03-22

奖项名称：甘肃省第十届社会科学优秀成果奖

获奖等级：3

作　　者：丁贵平 朱克贤

成果形式：编著

颁奖部门：甘肃省委甘肃省政府

2254 信息伦理学

时　　间：2007-03-22

奖项名称：甘肃省第十届社会科学优秀成果奖

获奖等级：3

作　　者：沙勇忠

成果形式：专著

颁奖部门：甘肃省委甘肃省政府

2255 陇货精品的现状及发展模式研究

时　　间：2007-03-22

奖项名称：甘肃省第十届社会科学优秀成果奖

获奖等级：3

作　　者：蔺全录

成果形式：研究报告

颁奖部门：甘肃省委甘肃省政府

2256 甘肃省旅游业发展战略模式研究

时　　间：2007-03-22

奖项名称：甘肃省第十届社会科学优秀成果奖

获奖等级：3

作　　者：南宇

成果形式：研究报告

颁奖部门：甘肃省委甘肃省政府

2257 回收物流管理

时　　间：2007-03-22

奖项名称：甘肃省第十届社会科学优秀成果奖

获奖等级：3

作　　者：孙明贵

成果形式：编著

颁奖部门：甘肃省委甘肃省政府

2258 论书法品评视角的审美定位及其延伸

时　　间：2007-03-22

奖项名称：甘肃省第十届社会科学优秀成果奖

获奖等级：3

作　　者：马国俊

成果形式：论文

颁奖部门：甘肃省委甘肃省政府

2259 中小企业法律制度研究

时　　间：2007-03-22

奖项名称：甘肃省第十届社会科学优秀成果奖

获奖等级：3

作　　者：陶清德

成果形式：专著

颁奖部门：甘肃省委甘肃省政府

2260 中国农村扶贫开发的伟大实践与创新

时　　间：2007-03-22

奖项名称：甘肃省第十届社会科学优秀成果奖

获奖等级：3

作　　者：李兴江

成果形式：专著

颁奖部门：甘肃省委甘肃省政府

2261 黑格尔哲学思想诠释

时　　间：2007-03-22

奖项名称：甘肃省第十届社会科学优秀成果奖

获奖等级：3

作　　者：吴琼 刘学义

成果形式：专著

颁奖部门：甘肃省委甘肃省政府

2262 报刊发行学

时　　间：2007-03-22

奖项名称：甘肃省第十届社会科学优秀成果奖

获奖等级：3

作　　者：章玉兴

成果形式：专著

颁奖部门：甘肃省委甘肃省政府

2263 中国西部现代文学史

时　　间：2007-03-22

奖项名称：甘肃省第十届社会科学优秀成果奖

获奖等级：3

作　　者：丁帆 马永强 管卫中

成果形式：编著

颁奖部门：甘肃省委甘肃省政府

2264 加大投入　明确责任　切实提高农村义务教育经费保障

时　　间：2007-03-22

奖项名称：甘肃省第十届社会科学优秀成果奖

获奖等级：3

作　　者：吴仰东

成果形式：论文

颁奖部门：甘肃省委甘肃省政府

2265 甘肃省生态环境保护与农业资源配置优化机制的研究报告

时　　间：2007-03-22

奖项名称：甘肃省第十届社会科学优秀成果奖

获奖等级：3

作　　者：尚振海 刘养卉

成果形式：研究报告

颁奖部门：甘肃省委甘肃省政府

2266 儿童学习指导

时　　间：2007-03-22

奖项名称：甘肃省第十届社会科学优秀成果奖

获奖等级：3

作　　者：姬秉新

成果形式：教材

颁奖部门：甘肃省委甘肃省政府

2267 近二十年基督教文化关联中的鲁迅研究综观

时　　间：2007-03-22

奖项名称：甘肃省第十届社会科学优秀成果奖

获奖等级：3

作　　者：刘青汉

成果形式：论文

颁奖部门：甘肃省委甘肃省政府

2268 最后一公里——经济欠发达地区建设农业信息服务网络实用指南

时　　间：2007-03-22

奖项名称：甘肃省第十届社会科学优秀成果奖

获奖等级：3

作　　者：沈俊涛

成果形式：专著

颁奖部门：甘肃省委甘肃省政府

2269 区域创新体系建设与发展研究——以兰州为例

时　　间：2007-03-22

奖项名称：甘肃省第十届社会科学优秀成果奖

获奖等级：3

作　　者：王学定 姬贵林 张志强 候光文 周锦彪

成果形式：专著

颁奖部门：甘肃省委甘肃省政府

2270 河西地区农业发展战略重构——论河西"阳光绿色高效农业基地"建设

时　　间：2007-03-22

奖项名称：甘肃省第十届社会科学优秀成果奖

获奖等级：3

作　　者：张志强 姬贵林 李延梅

成果形式：论文

颁奖部门：甘肃省委甘肃省政府

2271 甘肃省城乡发展差距的统计监测：体系与方法研究

时　　间：2007-03-22

奖项名称：甘肃省第十届社会科学优秀成果奖

获奖等级：3

作　　者：庞智强

成果形式：研究报告

颁奖部门：甘肃省委甘肃省政府

2272 坚持监督与管理并重，加强财政资金的效绩评价研究

时　　间：2007-03-22

奖项名称：甘肃省第十届社会科学优秀成果奖

获奖等级：3

作　　者：祁建邦 刘建青 何宏

成果形式：研究报告

颁奖部门：甘肃省委甘肃省政府

2273 翻译文学与社会文化的关系——二十世纪初与二十世纪末我国翻译文学主题和来源的调查与分析

时　　间：2007-03-22

奖项名称：甘肃省第十届社会科学优秀成果奖

获奖等级：3

作　　者：姜秋霞

成果形式：论文

颁奖部门：甘肃省委甘肃省政府

2274 甘肃省中介组织的现状与发展

时　　间：2007-03-22

奖项名称：甘肃省第十届社会科学优秀成果奖

获奖等级：3

作　　者：王瑾

成果形式：论文

颁奖部门：甘肃省委甘肃省政府

2275 甘川青交接区域民族经济发展研究

时　　间：2007-03-22

奖项名称：甘肃省第十届社会科学优秀成果奖

获奖等级：3

作　　者：石培基 王录仓

成果形式：专著

颁奖部门：甘肃省委甘肃省政府

2276 农业全球化与甘肃农业发展

时　　间：2007-03-22

奖项名称：甘肃省第十届社会科学优秀成果奖

获奖等级：3

作　　者：王蒂 闫述乾

成果形式：专著

颁奖部门：甘肃省委甘肃省政府

2277 西北民族体育文化

时　　间：2007-03-22

奖项名称：甘肃省第十届社会科学优秀成果奖

获奖等级：3

作　　者：陈青

成果形式：专著

颁奖部门：甘肃省委甘肃省政府

2278 甘肃省民族地区人才资源开发研究

时　　间：2007-03-22

奖项名称：甘肃省第十届社会科学优秀成果奖

获奖等级：3

作　　者：李盛刚

成果形式：研究报告

颁奖部门：甘肃省委甘肃省政府

2279 区域旅游产业发展战略研究论纲

时　　间：2007-03-22

奖项名称：甘肃省第十届社会科学优秀成果奖

获奖等级：3

作　　者：把多勋

成果形式：论文

颁奖部门：甘肃省委甘肃省政府

2280 公共财政支出与西部新农村建设

时　　间：2007-03-22

奖项名称：甘肃省第十届社会科学优秀成果奖

获奖等级：3

作　　者：王雁

成果形式：论文

颁奖部门：甘肃省委甘肃省政府

2281 中国政府统计改革与创新研究

时　　间：2007-03-22

奖项名称：甘肃省第十届社会科学优秀成果奖

获奖等级：3

作　　者：杨立勋 樊元

成果形式：专著

颁奖部门：甘肃省委甘肃省政府

2282 中国手工业经济通史·宋元卷

时　　间：2007-03-22

奖项名称：甘肃省第十届社会科学优秀成果奖

获奖等级：3

作　　者：胡小鹏

成果形式：专著

颁奖部门：甘肃省委甘肃省政府

2283 排污权交易会计要素的确认和计量

时　　间：2007-03-22

奖项名称：甘肃省第十届社会科学优秀成果奖

获奖等级：3

作　　者：周一虹

成果形式：论文

颁奖部门：甘肃省委甘肃省政府

2284 甘肃省民族地区基础教育发展问题的财政对策研究

时　　间：2007-03-22

奖项名称：甘肃省第十届社会科学优秀成果奖

获奖等级：3

作　　者：甘肃省财政厅课题组（执笔：孙得才 哈明晖）

成果形式：研究报告

颁奖部门：甘肃省委甘肃省政府

2285 中国工业化与"三农"问题研究

时　　间：2007-03-22

奖项名称：甘肃省第十届社会科学优秀成果奖

获奖等级：3

作　　者：张彩丽

成果形式：专著

颁奖部门：甘肃省委甘肃省政府

2286 贫困温饱小康——新中国西北经济发展史

时　　间：2007-03-22

奖项名称：甘肃省第十届社会科学优秀成果奖

获奖等级：3

作　　者：秦生 张嘉选 康民 马雅伦 高化 王晋林 王永康 陈学恭

成果形式：丛书

颁奖部门：甘肃省委甘肃省政府

2287 中国西部地区乡镇负债问题研究

时　　间：2007-03-22

奖项名称：甘肃省第十届社会科学优秀成果奖

获奖等级：3

作　　者：张秀英 刘金玲

成果形式：专著

颁奖部门：甘肃省委甘肃省政府

2288 丝绸之路体育文化论集

时　　间：2007-03-22

奖项名称：甘肃省第十届社会科学优秀成果奖

获奖等级：3

作　　者：李重申 李金梅

成果形式：编著

颁奖部门：甘肃省委甘肃省政府

2289 建立西部区域资本市场可行性及对策研究

时　　间：2007-03-22

奖项名称：甘肃省第十届社会科学优秀成果奖

获奖等级：3

作　　者：任洁

成果形式：研究报告

颁奖部门：甘肃省委甘肃省政府

2290 西北少数民族地区的制度协调与可持续发展

时　　间：2007-03-22

奖项名称：甘肃省第十届社会科学优秀成果奖

获奖等级：3

作　　者：张文礼

成果形式：研究报告

颁奖部门：甘肃省委甘肃省政府

2291 高等职业技术教育概论

时　　间：2007-03-22

奖项名称：甘肃省第十届社会科学优秀成

果奖

获奖等级：3

作　　者：王根顺 王成涛

成果形式：专著

颁奖部门：甘肃省委甘肃省政府

2292 德里达的解构理论思想性质

时　　间：2007-03-22

奖项名称：甘肃省第十届社会科学优秀成果奖

获奖等级：3

作　　者：肖锦龙

成果形式：专著

颁奖部门：甘肃省委甘肃省政府

2293 西北民族地区城市发展研究

时　　间：2007-03-22

奖项名称：甘肃省第十届社会科学优秀成果奖

获奖等级：3

作　　者：王雅红

成果形式：专著

颁奖部门：甘肃省委甘肃省政府

2294 论 20 世纪中国文学价值与真理的冲突

时　　间：2007-03-22

奖项名称：甘肃省第十届社会科学优秀成果奖

获奖等级：3

作　　者：程金城 冯欣

成果形式：论文

颁奖部门：甘肃省委甘肃省政府

2295 现代英美侦探小说起源及演变研究

时　　间：2007-03-22

奖项名称：甘肃省第十届社会科学优秀成果奖

获奖等级：3

作　　者：袁洪庚

成果形式：论文

颁奖部门：甘肃省委甘肃省政府

2296 甘肃河西内陆河流域社会化水资源稀缺评价

时　　间：2007-03-22

奖项名称：甘肃省第十届社会科学优秀成果奖

获奖等级：3

作　　者：李新文

成果形式：论文

颁奖部门：甘肃省委甘肃省政府

2297 中国重点大学与学科建设

时　　间：2007-03-22

奖项名称：甘肃省第十届社会科学优秀成果奖

获奖等级：3

作　　者：罗云

成果形式：专著

颁奖部门：甘肃省委甘肃省政府

2298 写作学概论

时　　间：2007-03-22

奖项名称：甘肃省第十届社会科学优秀成果奖

获奖等级：3

作　　者：朱广贤

成果形式：专著

颁奖部门：甘肃省委甘肃省政府

2299 价值链会计时空观

时　　间：2007-03-22

奖项名称：甘肃省第十届社会科学优秀成果奖

获奖等级：3

作　　者：赵雪梅　慕宇

成果形式：论文

颁奖部门：甘肃省委甘肃省政府

2300 论作为社会历史剧中人物和剧作者的人的历史辩证法

时　　间：2007-03-22

奖项名称：甘肃省第十届社会科学优秀成果奖

获奖等级：3

作　　者：周世兴

成果形式：论文

颁奖部门：甘肃省委甘肃省政府

2301 甘肃省非公有制经济的发展现状与对策研究

时　　间：2007-03-22

奖项名称：甘肃省第十届社会科学优秀成果奖

获奖等级：3

作　　者：王翠琳

成果形式：研究报告

颁奖部门：甘肃省委甘肃省政府

2302 FDI的区位选择与中国区域经济发展——兼论中国西部地区的对策选择

时　　间：2007-03-22

奖项名称：甘肃省第十届社会科学优秀成果奖

获奖等级：3

作　　者：李具恒

成果形式：论文

颁奖部门：甘肃省委甘肃省政府

2303 语文课程与教学优化研究

时　　间：2007-03-22

奖项名称：甘肃省第十届社会科学优秀成果奖

获奖等级：3

作　　者：陈新民

成果形式：专著

颁奖部门：甘肃省委甘肃省政府

2304 高校科技产业发展的制度选择研究

时　　间：2007-03-22

奖项名称：甘肃省第十届社会科学优秀成果奖

获奖等级：3

作　　者：郝远

成果形式：研究报告

颁奖部门：甘肃省委甘肃省政府

2305 从敦煌写本类书《励忠节钞》看唐代的知识、道德与政治秩序

时　　间：2007-03-22

奖项名称：甘肃省第十届社会科学优秀成果奖

获奖等级：3

作　　者：屈直敏

成果形式：论文

颁奖部门：甘肃省委甘肃省政府

2306 陇右文化：中国地域文化之奇葩

时　　间：2007-03-22

奖项名称：甘肃省第十届社会科学优秀成果奖

获奖等级：3

作　　者：陇右文化研究中心
成果形式：论文
颁奖部门：甘肃省委甘肃省政府

2307 和谐社会的政府行为构建

时　　间：2007-03-22
奖项名称：甘肃省第十届社会科学优秀成果奖
获奖等级：3
作　　者：柴友兰
成果形式：论文
颁奖部门：甘肃省委甘肃省政府

2308 全面建设小康社会进程中欠发达地区农村体育发展研究

时　　间：2007-03-22
奖项名称：甘肃省第十届社会科学优秀成果奖
获奖等级：3
作　　者：陈仁伟
成果形式：研究报告
颁奖部门：甘肃省委甘肃省政府

2309 中国机关事业单位现行工资制度利弊分析及对策

时　　间：2007-03-22
奖项名称：甘肃省第十届社会科学优秀成果奖
获奖等级：3
作　　者：陈耀发
成果形式：论文
颁奖部门：甘肃省委甘肃省政府

2310 文化传播中的中国音乐电视

时　　间：2007-03-22
奖项名称：甘肃省第十届社会科学优秀成果奖

获奖等级：3
作　　者：杨晓峰
成果形式：专著
颁奖部门：甘肃省委甘肃省政府

2311 治道变革与法精神转型

时　　间：2007-03-22
奖项名称：甘肃省第十届社会科学优秀成果奖
获奖等级：3
作　　者：王存河
成果形式：专著
颁奖部门：甘肃省委甘肃省政府

2312 现代领导科学艺术

时　　间：2007-03-22
奖项名称：甘肃省第十届社会科学优秀成果奖
获奖等级：3
作　　者：王渊
成果形式：专著
颁奖部门：甘肃省委甘肃省政府

2313 土族《格萨尔》语言研究

时　　间：2007-03-22
奖项名称：甘肃省第十届社会科学优秀成果奖
获奖等级：3
作　　者：王国明
成果形式：专著
颁奖部门：甘肃省委甘肃省政府

2314 西部地区毒品犯罪对全国禁毒工作的影响研究

时　　间：2007-03-22
奖项名称：甘肃省第十届社会科学优秀成果奖

获奖等级：3

作　　者：李波阳

成果形式：研究报告

颁奖部门：甘肃省委甘肃省政府

2315 中国发展之魂（理论篇）

时　　间：2007-03-22

奖项名称：甘肃省第十届社会科学优秀成果奖

获奖等级：3

作　　者：杨新科

成果形式：编著

颁奖部门：甘肃省委甘肃省政府

2316 财经媒体深度报道案例

时　　间：2007-03-22

奖项名称：甘肃省第十届社会科学优秀成果奖

获奖等级：3

作　　者：刘俭云

成果形式：专著

颁奖部门：甘肃省委甘肃省政府

2317 市场体制完善主题下中国政府的治理成本走向 ——一种"制度范式"分析

时　　间：2007-03-22

奖项名称：甘肃省第十届社会科学优秀成果奖

获奖等级：3

作　　者：刘澈元

成果形式：论文

颁奖部门：甘肃省委甘肃省政府

2318 西部地区全面建设小康社会的难点及对策

时　　间：2007-03-22

奖项名称：甘肃省第十届社会科学优秀成果奖

获奖等级：3

作　　者：丁寿亭 陈学平

成果形式：论文

颁奖部门：甘肃省委甘肃省政府

2319 甘肃省优秀运动队运动员选材标准

时　　间：2007-03-22

奖项名称：甘肃省第十届社会科学优秀成果奖

获奖等级：3

作　　者：董庆勇 陈耕 杨新平

成果形式：研究报告

颁奖部门：甘肃省委甘肃省政府

2320 中国经济法与行政法的"混同"：现实图景及原因背景分析

时　　间：2007-03-22

奖项名称：甘肃省第十届社会科学优秀成果奖

获奖等级：3

作　　者：刘光华

成果形式：论文

颁奖部门：甘肃省委甘肃省政府

2321 甘肃省民营经济制度创新与发展研究

时　　间：2007-03-22

奖项名称：甘肃省第十届社会科学优秀成果奖

获奖等级：3

作　　者：吕萍

成果形式：研究报告
颁奖部门：甘肃省委甘肃省政府

2322 以文化产业推动我省经济发展的思考

时　　间：2007-03-22

奖项名称：甘肃省第十届社会科学优秀成果奖

获奖等级：3

作　　者：夏凯旋

成果形式：论文

颁奖部门：甘肃省委甘肃省政府

2323 唐诗题材类论

时　　间：2007-03-22

奖项名称：甘肃省第十届社会科学优秀成果奖

获奖等级：3

作　　者：刘洁

成果形式：专著

颁奖部门：甘肃省委甘肃省政府

2324 民族自治地方立法权问题研究

时　　间：2007-03-22

奖项名称：甘肃省第十届社会科学优秀成果奖

获奖等级：3

作　　者：康耀坤

成果形式：论文

颁奖部门：甘肃省委甘肃省政府

2325 新历史主义与历史诗学

时　　间：2007-03-22

奖项名称：甘肃省第十届社会科学优秀成果奖

获奖等级：3

作　　者：张进

成果形式：专著
颁奖部门：甘肃省委甘肃省政府

2326 商法的理论探索与制度创新

时　　间：2007-03-22

奖项名称：甘肃省第十届社会科学优秀成果奖

获奖等级：3

作　　者：任尔昕 石旭雯

成果形式：专著

颁奖部门：甘肃省委甘肃省政府

2327 欠发达板块的经济学大纲

时　　间：2007-03-22

奖项名称：甘肃省第十届社会科学优秀成果奖

获奖等级：3

作　　者：王杰

成果形式：专著

颁奖部门：甘肃省委甘肃省政府

2328 转型成长中的甘肃经济问题研究

时　　间：2007-03-22

奖项名称：甘肃省第十届社会科学优秀成果奖

获奖等级：3

作　　者：周述实 姜安印 何苑

成果形式：专著

颁奖部门：甘肃省委甘肃省政府

2329 区域工业化与城市化的水资源保障研究

时　　间：2007-03-22

奖项名称：甘肃省第十届社会科学优秀成果奖

获奖等级：3

作　　者：白永平

成果形式：专著

颁奖部门：甘肃省委甘肃省政府

2330 甘肃省县级体育现代化发展程序分析与评价

时　　间：2007-03-22

奖项名称：甘肃省第十届社会科学优秀成果奖

获奖等级：3

作　　者：范宏伟

成果形式：研究报告

颁奖部门：甘肃省委甘肃省政府

2331 统计体制非改不可

时　　间：2007-03-22

奖项名称：甘肃省第十届社会科学优秀成果奖

获奖等级：3

作　　者：张继良

成果形式：论文

颁奖部门：甘肃省委甘肃省政府

2332 启迪智慧的钥匙

时　　间：2007-03-22

奖项名称：甘肃省第十届社会科学优秀成果奖

获奖等级：3

作　　者：戴春勤

成果形式：专著

颁奖部门：甘肃省委甘肃省政府

2333 世纪之交的中国人口（甘肃卷）

时　　间：2007-03-22

奖项名称：甘肃省第十届社会科学优秀成果奖

获奖等级：3

作　　者：甘肃省人口普查办公室

成果形式：专著

颁奖部门：甘肃省委甘肃省政府

2334 甘肃历史文化资源的四大特点及不可替代性

时　　间：2007-03-22

奖项名称：甘肃省第十届社会科学优秀成果奖

获奖等级：3

作　　者：张克非

成果形式：论文

颁奖部门：甘肃省委甘肃省政府

2335 我国公共财政决策民主化研究

时　　间：2007-03-22

奖项名称：甘肃省第十届社会科学优秀成果奖

获奖等级：3

作　　者：尚可文

成果形式：论文

颁奖部门：甘肃省委甘肃省政府

2336 科举的利弊及清朝废除科举的教训

时　　间：2007-03-22

奖项名称：甘肃省第十届社会科学优秀成果奖

获奖等级：3

作　　者：田澍

成果形式：论文

颁奖部门：甘肃省委甘肃省政府

2337 回归生活的教学论：重心位移和主题预设

时　　间：2007-03-22

奖项名称：甘肃省第十届社会科学优秀成果奖

获奖等级：3

作　　者：蔡宝来 王立国

成果形式：论文

颁奖部门：甘肃省委甘肃省政府

2338 2003甘肃科技发展报告蓝皮书

时　　间：2007-03-22

奖项名称：甘肃省第十届社会科学优秀成
果奖

获奖等级：3

作　　者：张天理 陈继 曹方

成果形式：编著

颁奖部门：甘肃省委甘肃省政府

2339 城市土地置换开发及经济分析

时　　间：2007-03-22

奖项名称：甘肃省第十届社会科学优秀成
果奖

获奖等级：3

作　　者：赵延龙 莫俊文

成果形式：专著

颁奖部门：甘肃省委甘肃省政府

2340 马克思主义经济学研究

时　　间：2007-03-22

奖项名称：甘肃省第十届社会科学优秀成
果奖

获奖等级：3

作　　者：张建君

成果形式：专著

颁奖部门：甘肃省委甘肃省政府

2341 甘肃少数民族人口

时　　间：2007-03-22

奖项名称：甘肃省第十届社会科学优秀成
果奖

获奖等级：3

作　　者：马正亮

成果形式：专著

颁奖部门：甘肃省委甘肃省政府

2342 通货膨胀与通货紧缩的比较研究

时　　间：2007-03-22

奖项名称：甘肃省第十届社会科学优秀成
果奖

获奖等级：3

作　　者：刘进军 王永力

成果形式：专著

颁奖部门：甘肃省委甘肃省政府

2343 现当代西北民族地区旅游经济开发研究

时　　间：2007-03-22

奖项名称：甘肃省第十届社会科学优秀成
果奖

获奖等级：3

作　　者：李春芳

成果形式：专著

颁奖部门：甘肃省委甘肃省政府

2344 构建校内教学质量保障评价体系的研究

时　　间：2007-03-22

奖项名称：甘肃省第十届社会科学优秀成
果奖

获奖等级：3

作　　者：蔡中宏 王永斌 杨宗仁

成果形式：系列论文

颁奖部门：甘肃省委甘肃省政府

2345 甘肃省突发事件管理预应急机制研究

时　　间：2007-03-22

奖项名称：甘肃省第十届社会科学优秀成

果奖

获奖等级：3

作　　者：王俊莲

成果形式：研究报告

颁奖部门：甘肃省委甘肃省政府

2346 论先秦时代的讲史、故事和小说

时　　间：2007-03-22

奖项名称：甘肃省第十届社会科学优秀成果奖

获奖等级：3

作　　者：赵逵夫

成果形式：论文

颁奖部门：甘肃省委甘肃省政府

2347 逝去的宗教硝烟

时　　间：2007-03-22

奖项名称：甘肃省第十届社会科学优秀成果奖

获奖等级：3

作　　者：杨文

成果形式：专著

颁奖部门：甘肃省委甘肃省政府

2348 秦安大地湾新石器时代遗址发掘报告

时　　间：2007-03-22

奖项名称：甘肃省第十届社会科学优秀成果奖

获奖等级：3

作　　者：甘肃省文物考古研究所

成果形式：专著

颁奖部门：甘肃省委甘肃省政府

2349 左宗棠在甘肃

时　　间：2007-03-22

奖项名称：甘肃省第十届社会科学优秀成

果奖

获奖等级：3

作　　者：马啸

成果形式：专著

颁奖部门：甘肃省委甘肃省政府

2350 教学理论问题的知识学研究

时　　间：2007-03-22

奖项名称：甘肃省第十届社会科学优秀成果奖

获奖等级：3

作　　者：王兆璟

成果形式：专著

颁奖部门：甘肃省委甘肃省政府

2351 甘肃省农业可持续发展法律保障问题研究报告

时　　间：2007-03-22

奖项名称：甘肃省第十届社会科学优秀成果奖

获奖等级：3

作　　者：李小兰

成果形式：研究报告

颁奖部门：甘肃省委甘肃省政府

2352 体育法学

时　　间：2007-03-22

奖项名称：甘肃省第十届社会科学优秀成果奖

获奖等级：3

作　　者：刘举科 张社平

成果形式：教材

颁奖部门：甘肃省委甘肃省政府

2353 青少年学生心理素质现状分析及健康教育对策研究

时　　间：2007-03-22

奖项名称：甘肃省第十届社会科学优秀成果奖

获奖等级：3

作　　者：戴新忠

成果形式：研究报告

颁奖部门：甘肃省委甘肃省政府

2354 新课程观下的中学物理教学目标设计原则

时　　间：2007-03-22

奖项名称：甘肃省第十届社会科学优秀成果奖

获奖等级：3

作　　者：靳建设

成果形式：系列论文

颁奖部门：甘肃省委甘肃省政府

2355 中国现代化诗歌理论批评史

时　　间：2007-03-22

奖项名称：甘肃省第十届社会科学优秀成果奖

获奖等级：3

作　　者：常文昌

成果形式：专著

颁奖部门：甘肃省委甘肃省政府

2356 西部文学论稿

时　　间：2007-03-22

奖项名称：甘肃省第十届社会科学优秀成果奖

获奖等级：3

作　　者：杨光祖

成果形式：专著

颁奖部门：甘肃省委甘肃省政府

2357 构建和谐社会过程中社区体育的基础效应分析

时　　间：2007-03-22

奖项名称：甘肃省第十届社会科学优秀成果奖

获奖等级：3

作　　者：范海荣 黄淑萍

成果形式：论文

颁奖部门：甘肃省委甘肃省政府

2358 运动训练学基础

时　　间：2007-03-22

奖项名称：甘肃省第十届社会科学优秀成果奖

获奖等级：3

作　　者：马冬梅

成果形式：编著

颁奖部门：甘肃省委甘肃省政府

2359 西部开发法治保障研究

时　　间：2007-03-22

奖项名称：甘肃省第十届社会科学优秀成果奖

获奖等级：3

作　　者：李玉璧 王勇

成果形式：专著

颁奖部门：甘肃省委甘肃省政府

2360 甘肃文化产业发展纵论

时　　间：2007-03-22

奖项名称：甘肃省第十届社会科学优秀成果奖

获奖等级：3

作　　者：李俊霞

成果形式：专著

颁奖部门：甘肃省委甘肃省政府

2361 人的生存质量说（一、三、四）

时　　间：2007-03-22

奖项名称：甘肃省第十届社会科学优秀成果奖

获奖等级：3

作　　者：吴卫东

成果形式：系列论文

颁奖部门：甘肃省委甘肃省政府

2362 中国伊斯兰教门宦问题的历史与现状研究

时　　间：2007-03-22

奖项名称：甘肃省第十届社会科学优秀成果奖

获奖等级：3

作　　者：马虎成

成果形式：研究报告

颁奖部门：甘肃省委甘肃省政府

2363 甘肃省非公有制企业评价政府绩效方案

时　　间：2007-03-22

奖项名称：甘肃省第十届社会科学优秀成果奖

获奖等级：3

作　　者：包国宪

成果形式：研究报告

颁奖部门：甘肃省委甘肃省政府

2364 电视节目制作系统

时　　间：2007-03-22

奖项名称：甘肃省第十届社会科学优秀成果奖

获奖等级：3

作　　者：杨晓宏 刘毓敏

成果形式：教材

颁奖部门：甘肃省委甘肃省政府

2365 大佛寺史探

时　　间：2007-03-22

奖项名称：甘肃省第十届社会科学优秀成果奖

获奖等级：3

作　　者：吴正科

成果形式：专著

颁奖部门：甘肃省委甘肃省政府

2366 大学创新述论——知识经济对高等教育的呼唤

时　　间：2007-03-22

奖项名称：甘肃省第十届社会科学优秀成果奖

获奖等级：3

作　　者：傅建芳

成果形式：专著

颁奖部门：甘肃省委甘肃省政府

2367 敦煌画稿研究

时　　间：2009-05-06

奖项名称：甘肃省第十一届社会科学优秀成果奖

获奖等级：1

作　　者：沙武田

成果形式：专著

颁奖部门：甘肃省委甘肃省政府

2368 中国共产党人执政资源研究

时　　间：2009-05-06

奖项名称：甘肃省第十一届社会科学优秀成果奖

获奖等级：1

作　　者：刘先春

成果形式：专著

颁奖部门：甘肃省委甘肃省政府

2369 西部地区生态建设补偿机制、配套政策和评价体系研究

时　　间：2009-05-06

奖项名称：甘肃省第十一届社会科学优秀成果奖

获奖等级：1

作　　者：石培基

成果形式：研究报告

颁奖部门：甘肃省委甘肃省政府

2370 澹然无极——老庄人生境界的审美生成

时　　间：2009-05-06

奖项名称：甘肃省第十一届社会科学优秀成果奖

获奖等级：1

作　　者：王建疆

成果形式：专著

颁奖部门：甘肃省委甘肃省政府

2371 才旦夏茸文集（13 册）

时　　间：2009-05-06

奖项名称：甘肃省第十一届社会科学优秀成果奖

获奖等级：1

作　　者：西北民族大学

成果形式：丛书

颁奖部门：甘肃省委甘肃省政府

2372 2006—2007 年甘肃省舆情分析与预测

时　　间：2009-05-06

奖项名称：甘肃省第十一届社会科学优秀成果奖

获奖等级：1

作　　者：范鹏 魏胜文 魏琦 穆纪光 张谦元 郝树声 刘珙

成果形式：编著

颁奖部门：甘肃省委甘肃省政府

2373 敦煌艺术哲学

时　　间：2009-05-06

奖项名称：甘肃省第十一届社会科学优秀成果奖

获奖等级：1

作　　者：穆纪光

成果形式：专著

颁奖部门：甘肃省委甘肃省政府

2374 转型成长中区域突破现象的制度解释

时　　间：2009-05-06

奖项名称：甘肃省第十一届社会科学优秀成果奖

获奖等级：1

作　　者：姜安印

成果形式：专著

颁奖部门：甘肃省委甘肃省政府

2375 多元文化视野：价值观与民族认同研究

时　　间：2009-05-06

奖项名称：甘肃省第十一届社会科学优秀成果奖

获奖等级：1

作　　者：万明钢

成果形式：专著

颁奖部门：甘肃省委甘肃省政府

2376 中国西部旅游资源

时　　间：2009-05-06

奖项名称：甘肃省第十一届社会科学优秀成果奖

获奖等级：2

作　　者：南宇 李兰军
成果形式：教材
颁奖部门：甘肃省委甘肃省政府

2377 卫星远程教育的理论与实践

时　　间：2009-05-06
奖项名称：甘肃省第十一届社会科学优秀成果奖
获奖等级：2
作　　者：董向东
成果形式：专著
颁奖部门：甘肃省委甘肃省政府

2378 信息技术环境下的外语教学研究

时　　间：2009-05-06
奖项名称：甘肃省第十一届社会科学优秀成果奖
获奖等级：2
作　　者：王琦
成果形式：专著
颁奖部门：甘肃省委甘肃省政府

2379 宋代声诗研究

时　　间：2009-05-06
奖项名称：甘肃省第十一届社会科学优秀成果奖
获奖等级：2
作　　者：杨晓霭
成果形式：专著
颁奖部门：甘肃省委甘肃省政府

2380 中国西北文献丛书·二编

时　　间：2009-05-06
奖项名称：甘肃省第十一届社会科学优秀成果奖
获奖等级：2
作　　者：苗普生 高人雄 刘国防

成果形式：古籍整理
颁奖部门：甘肃省委甘肃省政府

2381 虚拟企业的战略结构研究

时　　间：2009-05-06
奖项名称：甘肃省第十一届社会科学优秀成果奖
获奖等级：2
作　　者：贾旭东
成果形式：论文
颁奖部门：甘肃省委甘肃省政府

2382 "消亡论"余波下的报业市场培育研究——以甘肃报业为个案

时　　间：2009-05-06
奖项名称：甘肃省第十一届社会科学优秀成果奖
获奖等级：2
作　　者：樊亚平
成果形式：专著
颁奖部门：甘肃省委甘肃省政府

2383 甘肃省志——社会科学志

时　　间：2009-05-06
奖项名称：甘肃省第十一届社会科学优秀成果奖
获奖等级：2
作　　者：（上卷）支克坚 张恒昌 马廷旭 郝树声 （下卷）魏胜文 马廷旭
成果形式：编著
颁奖部门：甘肃省委甘肃省政府

2384 金融生态环境对金融资源配置影响的实证分析

时　　间：2009-05-06
奖项名称：甘肃省第十一届社会科学优秀成果奖

获奖等级：2

作　　者：杨明基

成果形式：论文

颁奖部门：甘肃省委甘肃省政府

2385 中国国家审计体制问题：实证调查与理论辨析

时　　间：2009-05-06

奖项名称：甘肃省第十一届社会科学优秀成果奖

获奖等级：2

作　　者：杨肃昌 肖泽忠

成果形式：专著

颁奖部门：甘肃省委甘肃省政府

2386 敦煌志

时　　间：2009-05-06

奖项名称：甘肃省第十一届社会科学优秀成果奖

获奖等级：2

作　　者：姜德治

成果形式：编著

颁奖部门：甘肃省委甘肃省政府

2387 互动、调适与重构——西北城市回族社区及其文化变迁研究

时　　间：2009-05-06

奖项名称：甘肃省第十一届社会科学优秀成果奖

获奖等级：2

作　　者：杨文炯

成果形式：专著

颁奖部门：甘肃省委甘肃省政府

2388 农村中小学校实施素质教育的困难与对策

时　　间：2009-05-06

奖项名称：甘肃省第十一届社会科学优秀成果奖

获奖等级：2

作　　者：王嘉毅

成果形式：论文

颁奖部门：甘肃省委甘肃省政府

2389 近三十年来中国影视人类学的发展与研究

时　　间：2009-05-06

奖项名称：甘肃省第十一届社会科学优秀成果奖

获奖等级：2

作　　者：王海飞

成果形式：论文

颁奖部门：甘肃省委甘肃省政府

2390 皇甫谧遗著集

时　　间：2009-05-06

奖项名称：甘肃省第十一届社会科学优秀成果奖

获奖等级：2

作　　者：史星海

成果形式：译著

颁奖部门：甘肃省委甘肃省政府

2391 甘肃省地方政府治理成本研究——以市、县两级政府为例

时　　间：2009-05-06

奖项名称：甘肃省第十一届社会科学优秀成果奖

获奖等级：2

作　　者：刘澍元

成果形式：研究报告

颁奖部门：甘肃省委甘肃省政府

2392 二十世纪中国通史编纂研究

时　　间：2009-05-06

奖项名称：甘肃省第十一届社会科学优秀成果奖

获奖等级：2

作　　者：赵春梅

成果形式：专著

颁奖部门：甘肃省委甘肃省政府

2393 印度宗教文化与回鹘民间文学

时　　间：2009-05-06

奖项名称：甘肃省第十一届社会科学优秀成果奖

获奖等级：2

作　　者：杨富学

成果形式：专著

颁奖部门：甘肃省委甘肃省政府

2394 关于扩大甘肃省对内对外开放程度对策研究

时　　间：2009-05-06

奖项名称：甘肃省第十一届社会科学优秀成果奖

获奖等级：2

作　　者：傅德印

成果形式：研究报告

颁奖部门：甘肃省委甘肃省政府

2395 图书馆和谐要素探析

时　　间：2009-05-06

奖项名称：甘肃省第十一届社会科学优秀成果奖

获奖等级：2

作　　者：郭向东 陈军

成果形式：论文

颁奖部门：甘肃省委甘肃省政府

2396 中国发生期儿童文学理论本土化进程研究

时　　间：2009-05-06

奖项名称：甘肃省第十一届社会科学优秀成果奖

获奖等级：2

作　　者：李利芳

成果形式：专著

颁奖部门：甘肃省委甘肃省政府

2397 市场经济三大理论范式比较研究

时　　间：2009-05-06

奖项名称：甘肃省第十一届社会科学优秀成果奖

获奖等级：2

作　　者：张建君

成果形式：论文

颁奖部门：甘肃省委甘肃省政府

2398 权利表象及其私法处置规则

时　　间：2009-05-06

奖项名称：甘肃省第十一届社会科学优秀成果奖

获奖等级：2

作　　者：吴国喆

成果形式：专著

颁奖部门：甘肃省委甘肃省政府

2399 民族心理学教程

时　　间：2009-05-06

奖项名称：甘肃省第十一届社会科学优秀成果奖

获奖等级：2

作　　者：李静

成果形式：教材

颁奖部门：甘肃省委甘肃省政府

2400 工业化与中国经济

时　　间：2009-05-06

奖项名称：甘肃省第十一届社会科学优秀成果奖

获奖等级：2

作　　者：陶君道

成果形式：专著

颁奖部门：甘肃省委甘肃省政府

2401 西部大开发与行政法制现代化研究

时　　间：2009-05-06

奖项名称：甘肃省第十一届社会科学优秀成果奖

获奖等级：2

作　　者：刘志坚

成果形式：专著

颁奖部门：甘肃省委甘肃省政府

2402 甘肃省有色金属老工业基地改造中的集群化及路径选择问题研究

时　　间：2009-05-06

奖项名称：甘肃省第十一届社会科学优秀成果奖

获奖等级：3

作　　者：李春梅

成果形式：研究报告

颁奖部门：甘肃省委甘肃省政府

2403 自然保护区综合效益评估理论与方法——甘肃白水江国家级自然保护区案例研究

时　　间：2009-05-06

奖项名称：甘肃省第十一届社会科学优秀成果奖

获奖等级：3

作　　者：韦惠兰　张可荣

成果形式：编著

颁奖部门：甘肃省委甘肃省政府

2404 对教育与生活关系的思考

时　　间：2009-05-06

奖项名称：甘肃省第十一届社会科学优秀成果奖

获奖等级：3

作　　者：刘旭东

成果形式：论文

颁奖部门：甘肃省委甘肃省政府

2405 侯显传

时　　间：2009-05-06

奖项名称：甘肃省第十一届社会科学优秀成果奖

获奖等级：3

作　　者：杨士钰

成果形式：专著

颁奖部门：甘肃省委甘肃省政府

2406 当代中国教育价值观研究

时　　间：2009-05-06

奖项名称：甘肃省第十一届社会科学优秀成果奖

获奖等级：3

作　　者：蔡中宏

成果形式：研究报告

颁奖部门：甘肃省委甘肃省政府

2407 城市建设征地和拆迁中的利益冲突及其调整问题研究

时　　间：2009-05-06

奖项名称：甘肃省第十一届社会科学优秀成果奖

获奖等级：3

作　　者：郑天峰

成果形式：研究报告

颁奖部门：甘肃省委甘肃省政府

2408 公共财政覆盖城乡的制度建设

时　　间：2009-05-06

奖项名称：甘肃省第十一届社会科学优秀成果奖

获奖等级：3

作　　者：周多明 李珊 张智军 李兴文 萧绍良 司俊

成果形式：编著

颁奖部门：甘肃省委甘肃省政府

2409 清代进士群体与学术文化

时　　间：2009-05-06

奖项名称：甘肃省第十一届社会科学优秀成果奖

获奖等级：3

作　　者：李润强

成果形式：专著

颁奖部门：甘肃省委甘肃省政府

2410 敦煌写本类书《励忠节钞》研究

时　　间：2009-05-06

奖项名称：甘肃省第十一届社会科学优秀成果奖

获奖等级：3

作　　者：屈直敏

成果形式：专著

颁奖部门：甘肃省委甘肃省政府

2411 社会意识形态与外国文学译介转换策略——以狄更斯的《大卫·考坡菲》的三个译本为例

时　　间：2009-05-06

奖项名称：甘肃省第十一届社会科学优秀成果奖

获奖等级：3

作　　者：姜秋霞 郭来福 金萍

成果形式：论文

颁奖部门：甘肃省委甘肃省政府

2412 论鲁迅的"非暴力"呐喊

时　　间：2009-05-06

奖项名称：甘肃省第十一届社会科学优秀成果奖

获奖等级：3

作　　者：刘青汉

成果形式：论文

颁奖部门：甘肃省委甘肃省政府

2413 社科研究专业图书馆学科化服务的探讨

时　　间：2009-05-06

奖项名称：甘肃省第十一届社会科学优秀成果奖

获奖等级：3

作　　者：袁懿

成果形式：论文

颁奖部门：甘肃省委甘肃省政府

2414 酒泉市志

时　　间：2009-05-06

奖项名称：甘肃省第十一届社会科学优秀成果奖

获奖等级：3

作　　者：孙占鳌 杨永生 陈学军

成果形式：编著

颁奖部门：甘肃省委甘肃省政府

2415 基于信息权利的网络信息伦理

时　　间：2009-05-06

奖项名称：甘肃省第十一届社会科学优秀成果奖

获奖等级：3

作　　者：沙勇忠

成果形式：论文

颁奖部门：甘肃省委甘肃省政府

2416 裕固家园

时　　间：2009-05-06

奖项名称：甘肃省第十一届社会科学优秀成果奖

获奖等级：3

作　　者：安维武

成果形式：教材

颁奖部门：甘肃省委甘肃省政府

2417 中国农民贫困的政治因素分析

时　　间：2009-05-06

奖项名称：甘肃省第十一届社会科学优秀成果奖

获奖等级：3

作　　者：王璠

成果形式：论文

颁奖部门：甘肃省委甘肃省政府

2418 中西方审计文化的比较研究

时　　间：2009-05-06

奖项名称：甘肃省第十一届社会科学优秀成果奖

获奖等级：3

作　　者：王学龙

成果形式：论文

颁奖部门：甘肃省委甘肃省政府

2419 遥远的绝响——赵充国传

时　　间：2009-05-06

奖项名称：甘肃省第十一届社会科学优秀成果奖

获奖等级：3

作　　者：陆兆源

成果形式：专著

颁奖部门：甘肃省委甘肃省政府

2420 提升企业员工自主创新能力的四个途径

时　　间：2009-05-06

奖项名称：甘肃省第十一届社会科学优秀成果奖

获奖等级：3

作　　者：石燕蓉 黄怡

成果形式：论文

颁奖部门：甘肃省委甘肃省政府

2421 三产化——强国富民的必由之路

时　　间：2009-05-06

奖项名称：甘肃省第十一届社会科学优秀成果奖

获奖等级：3

作　　者：贺有利

成果形式：专著

颁奖部门：甘肃省委甘肃省政府

2422 全球化对我国政治价值的挑战与对策研究

时　　间：2009-05-06

奖项名称：甘肃省第十一届社会科学优秀成果奖

获奖等级：3

作　　者：丁志刚

成果形式：专著

颁奖部门：甘肃省委甘肃省政府

2423 金融工程（Ｂ＆Ｅ金融学系列）

时　　间：2009-05-06

奖项名称：甘肃省第十一届社会科学优秀

成果奖

获奖等级：3

作　　者：周复之

成果形式：教材

颁奖部门：甘肃省委甘肃省政府

2424 全球化背景下的文化渗透与冲突——媒介"软权力"制成的"全球传播"问题探讨

时　　间：2009-05-06

奖项名称：甘肃省第十一届社会科学优秀成果奖

获奖等级：3

作　　者：李曦枕 王晓刚

成果形式：论文

颁奖部门：甘肃省委甘肃省政府

2425 "丝绸之路"甘肃段体育旅游资源的开发与利用研究

时　　间：2009-05-06

奖项名称：甘肃省第十一届社会科学优秀成果奖

获奖等级：3

作　　者：孟峰年

成果形式：研究报告

颁奖部门：甘肃省委甘肃省政府

2426 大历诗略笺释辑评

时　　间：2009-05-06

奖项名称：甘肃省第十一届社会科学优秀成果奖

获奖等级：3

作　　者：雷恩 海笺注

成果形式：校注

颁奖部门：甘肃省委甘肃省政府

2427 西方原型美学问题研究

时　　间：2009-05-06

奖项名称：甘肃省第十一届社会科学优秀成果奖

获奖等级：3

作　　者：程金城

成果形式：专著

颁奖部门：甘肃省委甘肃省政府

2428 边远农牧区校本培训的现状及对策

时　　间：2009-05-06

奖项名称：甘肃省第十一届社会科学优秀成果奖

获奖等级：3

作　　者：虎技能

成果形式：论文

颁奖部门：甘肃省委甘肃省政府

2429 对完善我国环境保护公众参与法律制度的思考

时　　间：2009-05-06

奖项名称：甘肃省第十一届社会科学优秀成果奖

获奖等级：3

作　　者：史玉成

成果形式：系列论文

颁奖部门：甘肃省委甘肃省政府

2430 普九之路

时　　间：2009-05-06

奖项名称：甘肃省第十一届社会科学优秀成果奖

获奖等级：3

作　　者：白继忠 高维新 李春芮 李舜钰

成果形式：编著

颁奖部门：甘肃省委甘肃省政府

2431 甘肃民族地区构建和谐社会的法制保障——以东乡族自治县为例

时　　间：2009-05-06

奖项名称：甘肃省第十一届社会科学优秀成果奖

获奖等级：3

作　　者：曹建民

成果形式：研究报告

颁奖部门：甘肃省委甘肃省政府

2432 西北内陆干旱区流域综合治理方略的模拟研究

时　　间：2009-05-06

奖项名称：甘肃省第十一届社会科学优秀成果奖

获奖等级：3

作　　者：吕胜利

成果形式：研究报告

颁奖部门：甘肃省委甘肃省政府

2433 供应商选择中的动态博弈与激励机制

时　　间：2009-05-06

奖项名称：甘肃省第十一届社会科学优秀成果奖

获奖等级：3

作　　者：蔡文浩 赵三英

成果形式：论文

颁奖部门：甘肃省委甘肃省政府

2434 吐蕃史稿

时　　间：2009-05-06

奖项名称：甘肃省第十一届社会科学优秀成果奖

获奖等级：3

作　　者：才让

成果形式：专著

颁奖部门：甘肃省委甘肃省政府

2435 教育理论与实践关系研究的知识向度

时　　间：2009-05-06

奖项名称：甘肃省第十一届社会科学优秀成果奖

获奖等级：3

作　　者：王兆璟

成果形式：论文

颁奖部门：甘肃省委甘肃省政府

2436 卓尼土司历史文化

时　　间：2009-05-06

奖项名称：甘肃省第十一届社会科学优秀成果奖

获奖等级：3

作　　者：杨士宏

成果形式：专著

颁奖部门：甘肃省委甘肃省政府

2437 商法总论

时　　间：2009-05-06

奖项名称：甘肃省第十一届社会科学优秀成果奖

获奖等级：3

作　　者：任先行 江合宁 史正保 任尔昕 李玉璧

成果形式：教材

颁奖部门：甘肃省委甘肃省政府

2438 新诗：行进中的寻找和失落

时　　间：2009-05-06

奖项名称：甘肃省第十一届社会科学优秀成果奖

获奖等级：3

作　　者：彭金山

成果形式：论文

颁奖部门：甘肃省委甘肃省政府

2439 大学生运动员与运动员大学生辨析

时　　间：2009-05-06

奖项名称：甘肃省第十一届社会科学优秀成果奖

获奖等级：3

作　　者：陈玉霞

成果形式：论文

颁奖部门：甘肃省委甘肃省政府

2440 会计信息产权论纲

时　　间：2009-05-06

奖项名称：甘肃省第十一届社会科学优秀成果奖

获奖等级：3

作　　者：苏强

成果形式：专著

颁奖部门：甘肃省委甘肃省政府

2441 建设社会主义和谐社会背景下的广播电视

时　　间：2009-05-06

奖项名称：甘肃省第十一届社会科学优秀成果奖

获奖等级：3

作　　者：王发耀

成果形式：论文

颁奖部门：甘肃省委甘肃省政府

2442 广播对农节目弱化的分析与对策

时　　间：2009-05-06

奖项名称：甘肃省第十一届社会科学优秀成果奖

获奖等级：3

作　　者：贾挺明

成果形式：论文

颁奖部门：甘肃省委甘肃省政府

2443 论法门门宦两份阿拉伯文苏菲传教凭证的文献价值及信息

时　　间：2009-05-06

奖项名称：甘肃省第十一届社会科学优秀成果奖

获奖等级：3

作　　者：马效佩

成果形式：论文

颁奖部门：甘肃省委甘肃省政府

2444 吴晗先生和他的朱元璋传记

时　　间：2009-05-06

奖项名称：甘肃省第十一届社会科学优秀成果奖

获奖等级：3

作　　者：田澍 刘宝石

成果形式：论文

颁奖部门：甘肃省委甘肃省政府

2445 网络社会学：学科定位与议题

时　　间：2009-05-06

奖项名称：甘肃省第十一届社会科学优秀成果奖

获奖等级：3

作　　者：黄少华 翟本瑞

成果形式：专著

颁奖部门：甘肃省委甘肃省政府

2446 丝绸之路体育图录

时　　间：2009-05-06

奖项名称：甘肃省第十一届社会科学优秀成果奖

获奖等级：3

作　　者：李金梅 李重申
成果形式：专著
颁奖部门：甘肃省委甘肃省政府

作　　者：李波 林松年 王宗信
成果形式：研究报告
颁奖部门：甘肃省委甘肃省政府

2447 唐代侠风与文学

时　　间：2009-05-06
奖项名称：甘肃省第十一届社会科学优秀成果奖
获奖等级：3
作　　者：汪聚应
成果形式：专著
颁奖部门：甘肃省委甘肃省政府

2451 甘肃省中小企业产业结构分析

时　　间：2009-05-06
奖项名称：甘肃省第十一届社会科学优秀成果奖
获奖等级：3
作　　者：孟钊兰 孟令余
成果形式：论文
颁奖部门：甘肃省委甘肃省政府

2448 产学研合作发展研究

时　　间：2009-05-06
奖项名称：甘肃省第十一届社会科学优秀成果奖
获奖等级：3
作　　者：祖廷勋
成果形式：专著
颁奖部门：甘肃省委甘肃省政府

2452 心理学视角的职业规划与实务

时　　间：2009-05-06
奖项名称：甘肃省第十一届社会科学优秀成果奖
获奖等级：3
作　　者：刘燕华 吴红骏
成果形式：编著
颁奖部门：甘肃省委甘肃省政府

2449 突厥人变迁史研究

时　　间：2009-05-06
奖项名称：甘肃省第十一届社会科学优秀成果奖
获奖等级：3
作　　者：徐黎丽
成果形式：编著
颁奖部门：甘肃省委甘肃省政府

2453 英诗及诗学文选

时　　间：2009-05-06
奖项名称：甘肃省第十一届社会科学优秀成果奖
获奖等级：3
作　　者：袁宏庚 卢雨菁 杜丽丽
成果形式：教材
颁奖部门：甘肃省委甘肃省政府

2450 （2006—2007）甘肃教育发展研究报告

时　　间：2009-05-06
奖项名称：甘肃省第十一届社会科学优秀成果奖
获奖等级：3

2454 洪迈《野处类稿》辨伪

时　　间：2009-05-06
奖项名称：甘肃省第十一届社会科学优秀成果奖
获奖等级：3
作　　者：曾维刚 铁爱华

成果形式：论文

颁奖部门：甘肃省委甘肃省政府

2455 政府职能论

时　　间：2009-05-06

奖项名称：甘肃省第十一届社会科学优秀成果奖

获奖等级：3

作　　者：曹闻民

成果形式：专著

颁奖部门：甘肃省委甘肃省政府

2456 20 世纪中国文学的大众化之争

时　　间：2009-05-06

奖项名称：甘肃省第十一届社会科学优秀成果奖

获奖等级：3

作　　者：郭国昌

成果形式：专著

颁奖部门：甘肃省委甘肃省政府

2457 敦煌艺术十讲

时　　间：2009-05-06

奖项名称：甘肃省第十一届社会科学优秀成果奖

获奖等级：3

作　　者：赵声良

成果形式：专著

颁奖部门：甘肃省委甘肃省政府

2458 现代大学内部管理制度体系研究

时　　间：2009-05-06

奖项名称：甘肃省第十一届社会科学优秀成果奖

获奖等级：3

作　　者：王智平

成果形式：研究报告

颁奖部门：甘肃省委甘肃省政府

2459 电视节目摄制与编导

时　　间：2009-05-06

奖项名称：甘肃省第十一届社会科学优秀成果奖

获奖等级：3

作　　者：王蕊 李燕临

成果形式：教材

颁奖部门：甘肃省委甘肃省政府

2460 从需求的角度看西部欠发达地区农村金融

时　　间：2009-05-06

奖项名称：甘肃省第十一届社会科学优秀成果奖

获奖等级：3

作　　者：张志峰

成果形式：论文

颁奖部门：甘肃省委甘肃省政府

2461 适应性管理

时　　间：2009-05-06

奖项名称：甘肃省第十一届社会科学优秀成果奖

获奖等级：3

作　　者：孙健

成果形式：专著

颁奖部门：甘肃省委甘肃省政府

2462 《西北美术研究》文丛

时　　间：2009-05-06

奖项名称：甘肃省第十一届社会科学优秀成果奖

获奖等级：3

作　　者：田卫戈

成果形式：丛书

颁奖部门：甘肃省委甘肃省政府

2463 推进基本公共服务均等化的财政政策研究

时　　间：2009-05-06

奖项名称：甘肃省第十一届社会科学优秀成果奖

获奖等级：3

作　　者：李玵 李兴文 刘家庆

成果形式：论文

颁奖部门：甘肃省委甘肃省政府

2464 论 20 世纪 20 年代苏联的外交政策

时　　间：2009-05-06

奖项名称：甘肃省第十一届社会科学优秀成果奖

获奖等级：3

作　　者：李玉君

成果形式：论文

颁奖部门：甘肃省委甘肃省政府

2465 补充辅酶 Q10 及递增负荷跑台运动训练对大鼠心肌和脑线粒体电子传递链复合体活性的影响

时　　间：2009-05-06

奖项名称：甘肃省第十一届社会科学优秀成果奖

获奖等级：3

作　　者：李洁 王玉侠 张耀斌 邢良美

成果形式：论文

颁奖部门：甘肃省委甘肃省政府

2466 德育学原理

时　　间：2009-05-06

奖项名称：甘肃省第十一届社会科学优秀成果奖

获奖等级：3

作　　者：高岩

成果形式：专著

颁奖部门：甘肃省委甘肃省政府

2467 上市公司会计信息披露的困境及其破解途径——基于不同利益相关者博弈的视角

时　　间：2009-05-06

奖项名称：甘肃省第十一届社会科学优秀成果奖

获奖等级：3

作　　者：田淑萍 吕晓刚

成果形式：论文

颁奖部门：甘肃省委甘肃省政府

2468 可持续发展视野下的中国人口控制目标

时　　间：2009-05-06

奖项名称：甘肃省第十一届社会科学优秀成果奖

获奖等级：3

作　　者：王克钧

成果形式：论文

颁奖部门：甘肃省委甘肃省政府

2469 各地区省域经济综合开放程度的测定

时　　间：2009-05-06

奖项名称：甘肃省第十一届社会科学优秀成果奖

获奖等级：3

作　　者：庞智强

成果形式：论文

颁奖部门：甘肃省委甘肃省政府

2470 礼俗仪式与先秦诗歌演变

时　　间：2009-05-06

奖项名称：甘肃省第十一届社会科学优秀成果奖

获奖等级：3

作　　者：韩高年

成果形式：专著

颁奖部门：甘肃省委甘肃省政府

2471 考古学通论

时　　间：2009-05-06

奖项名称：甘肃省第十一届社会科学优秀成果奖

获奖等级：3

作　　者：段小强 杜斗城

成果形式：教材

颁奖部门：甘肃省委甘肃省政府

2472 甘肃循环经济发展对策研究

时　　间：2009-05-06

奖项名称：甘肃省第十一届社会科学优秀成果奖

获奖等级：3

作　　者：马军

成果形式：研究报告

颁奖部门：甘肃省委甘肃省政府

2473 鼓励企业技术创新的税收政策研究

时　　间：2009-05-06

奖项名称：甘肃省第十一届社会科学优秀成果奖

获奖等级：3

作　　者：刘金良

成果形式：论文

颁奖部门：甘肃省委甘肃省政府

2474 十年来红军长征研究综述（上、下）

时　　间：2009-05-06

奖项名称：甘肃省第十一届社会科学优秀成果奖

获奖等级：3

作　　者：吴晓军 董汉河

成果形式：论文

颁奖部门：甘肃省委甘肃省政府

2475 敦煌壁画艺术与疑伪经

时　　间：2009-05-06

奖项名称：甘肃省第十一届社会科学优秀成果奖

获奖等级：3

作　　者：殷光明

成果形式：专著

颁奖部门：甘肃省委甘肃省政府

2476 陇影纪略

时　　间：2009-05-06

奖项名称：甘肃省第十一届社会科学优秀成果奖

获奖等级：3

作　　者：赵建新

成果形式：专著

颁奖部门：甘肃省委甘肃省政府

2477 中国西部农村文化建设概论

时　　间：2009-05-06

奖项名称：甘肃省第十一届社会科学优秀成果奖

获奖等级：3

作　　者：聂华林 李莹华

成果形式：编著

颁奖部门：甘肃省委甘肃省政府

2478 新闻报道中的西北民族问题

时　　间：2009-05-06

奖项名称：甘肃省第十一届社会科学优秀成果奖

获奖等级：3

作　　者：牛丽红

成果形式：专著

颁奖部门：甘肃省委甘肃省政府

2479 外国直接投资、加工贸易利益分配：U型价值链模型

时　　间：2009-05-06

奖项名称：甘肃省第十一届社会科学优秀成果奖

获奖等级：3

作　　者：朱廷珺

成果形式：论文

颁奖部门：甘肃省委甘肃省政府

2480 一般对象与种类的观念统一的现象学分析

时　　间：2009-05-06

奖项名称：甘肃省第十一届社会科学优秀成果奖

获奖等级：3

作　　者：李朝东

成果形式：论文

颁奖部门：甘肃省委甘肃省政府

2481 中共三代领导核心与马克思主义中国化

时　　间：2009-05-06

奖项名称：甘肃省第十一届社会科学优秀成果奖

获奖等级：3

作　　者：孙继虎

成果形式：专著

颁奖部门：甘肃省委甘肃省政府

2482 自由的认识与实践——马克思主义自由观及其当代意义

时　　间：2009-05-06

奖项名称：甘肃省第十一届社会科学优秀成果奖

获奖等级：3

作　　者：杨建毅

成果形式：专著

颁奖部门：甘肃省委甘肃省政府

2483 传统农业县的变迁

时　　间：2009-05-06

奖项名称：甘肃省第十一届社会科学优秀成果奖

获奖等级：3

作　　者：魏胜文 穆纪光 李树基

成果形式：专著

颁奖部门：甘肃省委甘肃省政府

2484 甘肃省燃气汽车产业发展路径选择及其相关产业空间布局

时　　间：2009-05-06

奖项名称：甘肃省第十一届社会科学优秀成果奖

获奖等级：3

作　　者：高红霞

成果形式：研究报告

颁奖部门：甘肃省委甘肃省政府

2485 立法听证的宪政之维

时　　间：2009-05-06

奖项名称：甘肃省第十一届社会科学优秀成果奖

获奖等级：3

作　　者：李玉璧 唐榕

成果形式：论文

颁奖部门：甘肃省委甘肃省政府

2486 西北新民主主义革命丛书(六册)

时　　间：2009-05-06

奖项名称：甘肃省第十一届社会科学优秀成果奖

获奖等级：3

作　　者：秦生 康民 王晋林 陈永恭

成果形式：丛书

颁奖部门：甘肃省委甘肃省政府

2487 晚唐五代宋初敦煌佛教信仰特点初探

时　　间：2009-05-06

奖项名称：甘肃省第十一届社会科学优秀成果奖

获奖等级：3

作　　者：党燕妮

成果形式：论文

颁奖部门：甘肃省委甘肃省政府

2488 高寒牧区生态移民、牧民定居的调查与思考等——以甘南牧区为例

时　　间：2009-05-06

奖项名称：甘肃省第十一届社会科学优秀成果奖

获奖等级：3

作　　者：赵雪雁 张锐 赵海莉 严江平

成果形式：系列论文

颁奖部门：甘肃省委甘肃省政府

2489 中国20世纪翻译文论史纲

时　　间：2009-05-06

奖项名称：甘肃省第十一届社会科学优秀成果奖

获奖等级：3

作　　者：张进

成果形式：专著

颁奖部门：甘肃省委甘肃省政府

2490 中国西部地区贸易模式转型与产业结构升级——以甘肃省为例

时　　间：2009-05-06

奖项名称：甘肃省第十一届社会科学优秀成果奖

获奖等级：3

作　　者：聂元贞 孟燕红

成果形式：论文

颁奖部门：甘肃省委甘肃省政府

2491 西部生态恢复与保护的法律问题研究

时　　间：2009-05-06

奖项名称：甘肃省第十一届社会科学优秀成果奖

获奖等级：3

作　　者：叶进 常丽霞 吕志祥 贾军 史玉成 段兴利

成果形式：编著

颁奖部门：甘肃省委甘肃省政府

2492 新时期党群关系的理论与实践

时　　间：2009-05-06

奖项名称：甘肃省第十一届社会科学优秀成果奖

获奖等级：3

作　　者：曹殊

成果形式：专著

颁奖部门：甘肃省委甘肃省政府

2493 和谐兰州评价指标体系研究

时　　间：2009-05-06

奖项名称：甘肃省第十一届社会科学优秀

成果奖

获奖等级：3

作　　者：李培生 邓海弟

成果形式：编著

颁奖部门：甘肃省委甘肃省政府

2494 中国银行转型与银行监管问题研究

时　　间：2009-05-06

奖项名称：甘肃省第十一届社会科学优秀成果奖

获奖等级：3

作　　者：郭冬梅

成果形式：论文

颁奖部门：甘肃省委甘肃省政府

2495 统计数据质量问题的成因：基于博弈的分析

时　　间：2009-05-06

奖项名称：甘肃省第十一届社会科学优秀成果奖

获奖等级：3

作　　者：林勇 董梅

成果形式：论文

颁奖部门：甘肃省委甘肃省政府

2496 高等教育研究中的"问题"与"主义"

时　　间：2009-05-06

奖项名称：甘肃省第十一届社会科学优秀成果奖

获奖等级：3

作　　者：王永斌

成果形式：论文

颁奖部门：甘肃省委甘肃省政府

2497 贫困地区农业科技成果转化及产业化问题研究

时　　间：2009-05-06

奖项名称：甘肃省第十一届社会科学优秀成果奖

获奖等级：3

作　　者：王生林

成果形式：研究报告

颁奖部门：甘肃省委甘肃省政府

2498 玉堂闲话评注

时　　间：2009-05-06

奖项名称：甘肃省第十一届社会科学优秀成果奖

获奖等级：3

作　　者：蒲向明

成果形式：校注

颁奖部门：甘肃省委甘肃省政府

2499 甘肃省高等教育专业结构现状与专业布局调整研究报告

时　　间：2009-05-06

奖项名称：甘肃省第十一届社会科学优秀成果奖

获奖等级：3

作　　者：李硕豪

成果形式：研究报告

颁奖部门：甘肃省委甘肃省政府

2500 兰州地区上市资源培育与战略性布局研究报告

时　　间：2009-05-06

奖项名称：甘肃省第十一届社会科学优秀成果奖

获奖等级：3

作　　者：张存刚

成果形式：研究报告

颁奖部门：甘肃省委甘肃省政府

2501 张耒及其诗歌创作研究

时　　间：2009-05-06

奖项名称：甘肃省第十一届社会科学优秀成果奖

获奖等级：3

作　　者：韩文奇

成果形式：专著

颁奖部门：甘肃省委甘肃省政府

2502 西峰油田品牌文化建设研究

时　　间：2009-05-06

奖项名称：甘肃省第十一届社会科学优秀成果奖

获奖等级：3

作　　者：高静乐

成果形式：研究报告

颁奖部门：甘肃省委甘肃省政府

2503 河西教育史

时　　间：2009-05-06

奖项名称：甘肃省第十一届社会科学优秀成果奖

获奖等级：3

作　　者：丁玲

成果形式：专著

颁奖部门：甘肃省委甘肃省政府

2504 部门法理论革新论

时　　间：2009-05-06

奖项名称：甘肃省第十一届社会科学优秀成果奖

获奖等级：3

作　　者：何文杰

成果形式：论文

颁奖部门：甘肃省委甘肃省政府

2505 课堂研究概论

时　　间：2009-05-06

奖项名称：甘肃省第十一届社会科学优秀成果奖

获奖等级：3

作　　者：王鉴

成果形式：教材

颁奖部门：甘肃省委甘肃省政府

2506 黄河流域甘肃段水污染防治立法对策研究

时　　间：2009-05-06

奖项名称：甘肃省第十一届社会科学优秀成果奖

获奖等级：3

作　　者：徐辉

成果形式：研究报告

颁奖部门：甘肃省委甘肃省政府

2507 甜瓜供应链管理研究

时　　间：2009-05-06

奖项名称：甘肃省第十一届社会科学优秀成果奖

获奖等级：3

作　　者：张艳荣

成果形式：研究报告

颁奖部门：甘肃省委甘肃省政府

2508 党校系统图书馆协调发展若干问题研究

时　　间：2009-05-06

奖项名称：甘肃省第十一届社会科学优秀成果奖

获奖等级：3

作　　者：鲜鹏

成果形式：论文

颁奖部门：甘肃省委甘肃省政府

2509 宣传理论热点问题研究

时　间：2009-05-06

奖项名称：甘肃省第十一届社会科学优秀成果奖

获奖等级：3

作　者：徐永成

成果形式：编著

颁奖部门：甘肃省委甘肃省政府

2510 人力资源开发与就业

时　间：2009-05-06

奖项名称：甘肃省第十一届社会科学优秀成果奖

获奖等级：3

作　者：张希君

成果形式：专著

颁奖部门：甘肃省委甘肃省政府

2511 社会生活的常识、经验与规则及其思想史意义

时　间：2009-05-06

奖项名称：甘肃省第十一届社会科学优秀成果奖

获奖等级：3

作　者：杨秀清

成果形式：论文

颁奖部门：甘肃省委甘肃省政府

2512 在推动社会历史进步中体现党的先进性

时　间：2009-05-06

奖项名称：甘肃省第十一届社会科学优秀成果奖

获奖等级：3

作　者：范义

成果形式：论文

颁奖部门：甘肃省委甘肃省政府

2513 多种文化力量作用下的现代中亚社会

时　间：2009-05-06

奖项名称：甘肃省第十一届社会科学优秀成果奖

获奖等级：3

作　者：汪金国

成果形式：专著

颁奖部门：甘肃省委甘肃省政府

2514 泾州志

时　间：2009-05-06

奖项名称：甘肃省第十一届社会科学优秀成果奖

获奖等级：3

作　者：姜子英

成果形式：校注

颁奖部门：甘肃省委甘肃省政府

2515 环境乐观主义：一种对环境悲观论的回应

时　间：2009-05-06

奖项名称：甘肃省第十一届社会科学优秀成果奖

获奖等级：3

作　者：巩英洲

成果形式：论文

颁奖部门：甘肃省委甘肃省政府

2516 公共财政体制下"三农"问题研究

时　间：2009-05-06

奖项名称：甘肃省第十一届社会科学优秀成果奖

获奖等级：3

作　者：陆代森 魏晓阳 孙得才 高凤敏 哈明辉

成果形式：论文

颁奖部门：甘肃省委甘肃省政府

2517 对"后评估近阶段"本科教学工作的思考

时　　间：2009-05-06

奖项名称：甘肃省第十一届社会科学优秀成果奖

获奖等级：3

作　　者：董志峰 武晓红

成果形式：论文

颁奖部门：甘肃省委甘肃省政府

2518 经济法的分析实证基础

时　　间：2009-05-06

奖项名称：甘肃省第十一届社会科学优秀成果奖

获奖等级：3

作　　者：刘光华

成果形式：专著

颁奖部门：甘肃省委甘肃省政府

2519 甘肃省生态旅游可持续发展战略研究

时　　间：2009-05-06

奖项名称：甘肃省第十一届社会科学优秀成果奖

获奖等级：3

作　　者：杨阿莉

成果形式：研究报告

颁奖部门：甘肃省委甘肃省政府

2520 保安语常用词汉英词典

时　　间：2009-05-06

奖项名称：甘肃省第十一届社会科学优秀成果奖

获奖等级：3

作　　者：莫超 张建军

成果形式：工具书

颁奖部门：甘肃省委甘肃省政府

2521 甘肃民营科技企业合作创新风险管理与防范体系研究

时　　间：2009-05-06

奖项名称：甘肃省第十一届社会科学优秀成果奖

获奖等级：3

作　　者：张清辉

成果形式：研究报告

颁奖部门：甘肃省委甘肃省政府

2522 甘肃软环境建设问题研究

时　　间：2009-05-06

奖项名称：甘肃省第十一届社会科学优秀成果奖

获奖等级：3

作　　者：郭爱兰

成果形式：研究报告

颁奖部门：甘肃省委甘肃省政府

2523 关系文化与关系营销

时　　间：2009-05-06

奖项名称：甘肃省第十一届社会科学优秀成果奖

获奖等级：3

作　　者：董雅丽 杨魁

成果形式：编著

颁奖部门：甘肃省委甘肃省政府

2524 农民对惠农政策落实情况的反映——甘肃省的调查分析

时　　间：2009-05-06

奖项名称：甘肃省第十一届社会科学优秀成果奖

获奖等级：3

作　　者：王晓芳 王军锋

成果形式：论文

颁奖部门：甘肃省委甘肃省政府

2525 甘肃省循环经济发展模式研究

时　　间：2009-05-06

奖项名称：甘肃省第十一届社会科学优秀成果奖

获奖等级：3

作　　者：陈兴鹏

成果形式：研究报告

颁奖部门：甘肃省委甘肃省政府

2526 守候文学之门——当代文学批判

时　　间：2009-05-06

奖项名称：甘肃省第十一届社会科学优秀成果奖

获奖等级：3

作　　者：杨光祖

成果形式：专著

颁奖部门：甘肃省委甘肃省政府

2527 论伟大文学的标准

时　　间：2009-05-06

奖项名称：甘肃省第十一届社会科学优秀成果奖

获奖等级：3

作　　者：徐兆寿

成果形式：论文

颁奖部门：甘肃省委甘肃省政府

2528 党管人才的理论与实践

时　　间：2009-05-06

奖项名称：甘肃省第十一届社会科学优秀成果奖

获奖等级：3

作　　者：胡秉俊 秦生

成果形式：专著

颁奖部门：甘肃省委甘肃省政府

2529 民生问题与学术期刊的社会责任

时　　间：2009-05-06

奖项名称：甘肃省第十一届社会科学优秀成果奖

获奖等级：3

作　　者：王旭东

成果形式：论文

颁奖部门：甘肃省委甘肃省政府

2530 社会网视域下的农民工求职研究

时　　间：2009-05-06

奖项名称：甘肃省第十一届社会科学优秀成果奖

获奖等级：3

作　　者：李怀

成果形式：论文

颁奖部门：甘肃省委甘肃省政府

2531 刑事检察理论与实务

时　　间：2009-05-06

奖项名称：甘肃省第十一届社会科学优秀成果奖

获奖等级：3

作　　者：马虎银 王安正 郑晓兰

成果形式：编著

颁奖部门：甘肃省委甘肃省政府

2532 藏族习惯法：传统与转型

时　　间：2009-05-06

奖项名称：甘肃省第十一届社会科学优秀

成果奖

获奖等级：3

作　　者：吕志祥

成果形式：专著

颁奖部门：甘肃省委甘肃省政府

2533 《骆驼祥子》：一个农民进城的故事

时　　间：2009-05-06

奖项名称：甘肃省第十一届社会科学优秀成果奖

获奖等级：3

作　　者：邵宁宁

成果形式：论文

颁奖部门：甘肃省委甘肃省政府

2534 论都市边缘群体——农民工社会保障主体地位的确立及权利制度构建

时　　间：2009-05-06

奖项名称：甘肃省第十一届社会科学优秀成果奖

获奖等级：3

作　　者：游明 赵蓉

成果形式：论文

颁奖部门：甘肃省委甘肃省政府

2535 兰州现代服务业发展思路

时　　间：2009-05-06

奖项名称：甘肃省第十一届社会科学优秀成果奖

获奖等级：3

作　　者：金梅

成果形式：研究报告

颁奖部门：甘肃省委甘肃省政府

2536 公众参与方式与社会转型中的"逆转型"现象——以Y市政府搬迁中的公众参与为例

时　　间：2009-05-06

奖项名称：甘肃省第十一届社会科学优秀成果奖

获奖等级：3

作　　者：陈文江 周亚平

成果形式：论文

颁奖部门：甘肃省委甘肃省政府

2537 中和与绝对的抗衡：先秦法家思想比较研究

时　　间：2009-05-06

奖项名称：甘肃省第十一届社会科学优秀成果奖

获奖等级：3

作　　者：杨玲

成果形式：专著

颁奖部门：甘肃省委甘肃省政府

2538 新会计准则下资产减值核算研究

时　　间：2009-05-06

奖项名称：甘肃省第十一届社会科学优秀成果奖

获奖等级：3

作　　者：纪金莲

成果形式：论文

颁奖部门：甘肃省委甘肃省政府

2539 论我国少数民族非物质文化遗产保护的法源问题

时　　间：2009-05-06

奖项名称：甘肃省第十一届社会科学优秀成果奖

获奖等级：3

作　　者：黎明
成果形式：论文
颁奖部门：甘肃省委甘肃省政府

2540　2005年甘肃省国民体质研究报告

时　　间：2009-05-06
奖项名称：甘肃省第十一届社会科学优秀成果奖
获奖等级：3
作　　者：杨树滨 陈耕 杨新平
成果形式：编著
颁奖部门：甘肃省委甘肃省政府

2541　王天下——殷周之际对中国文化的奠基意义

时　　间：2009-05-06
奖项名称：甘肃省第十一届社会科学优秀成果奖
获奖等级：3
作　　者：王晓兴 易志刚
成果形式：论文
颁奖部门：甘肃省委甘肃省政府

2542　股权分制改革后新股发行抑价率的变化及原因分析

时　　间：2009-05-06
奖项名称：甘肃省第十一届社会科学优秀成果奖
获奖等级：3
作　　者：刘志军
成果形式：论文
颁奖部门：甘肃省委甘肃省政府

2543　水文研究的现代视野

时　　间：2009-05-06
奖项名称：甘肃省第十一届社会科学优秀

成果奖
获奖等级：3
作　　者：周小华
成果形式：论文
颁奖部门：甘肃省委甘肃省政府

2544　叔孙豹的辞令、诗学活动与美学精神——兼论春秋时代行人在先秦文学发展中的作用

时　　间：2009-05-06
奖项名称：甘肃省第十一届社会科学优秀成果奖
获奖等级：3
作　　者：赵逵夫
成果形式：论文
颁奖部门：甘肃省委甘肃省政府

2545　简论陇东皮影戏的艺术发展

时　　间：2009-05-06
奖项名称：甘肃省第十一届社会科学优秀成果奖
获奖等级：3
作　　者：闫宏伟
成果形式：论文
颁奖部门：甘肃省委甘肃省政府

2546　对我国社会养老保险基金缺口问题的探讨

时　　间：2009-05-06
奖项名称：甘肃省第十一届社会科学优秀成果奖
获奖等级：3
作　　者：祁恒珺
成果形式：论文
颁奖部门：甘肃省委甘肃省政府

2547 从"物"、"实"之别看公孙龙名学的价值——以荀况为参照

时　　间：2009-05-06

奖项名称：甘肃省第十一届社会科学优秀成果奖

获奖等级：3

作　　者：陈声柏 李巍

成果形式：论文

颁奖部门：甘肃省委甘肃省政府

2548 甘肃经济增长与失业问题研究

时　　间：2009-05-06

奖项名称：甘肃省第十一届社会科学优秀成果奖

获奖等级：3

作　　者：袁杰

成果形式：研究报告

颁奖部门：甘肃省委甘肃省政府

2549 合同双方联合角度的 R & D 项目激励机制优化研究

时　　间：2009-05-06

奖项名称：甘肃省第十一届社会科学优秀成果奖

获奖等级：3

作　　者：柴国荣 徐渝 雷亮

成果形式：论文

颁奖部门：甘肃省委甘肃省政府

2550 甘肃省县域经济实力、竞争力分析与评价问题研究

时　　间：2009-05-06

奖项名称：甘肃省第十一届社会科学优秀成果奖

获奖等级：3

作　　者：罗哲

成果形式：研究报告

颁奖部门：甘肃省委甘肃省政府

2551 明清多元文化教育研究

时　　间：2009-05-06

奖项名称：甘肃省第十一届社会科学优秀成果奖

获奖等级：3

作　　者：张学强

成果形式：编著

颁奖部门：甘肃省委甘肃省政府

2552 藏传佛教与蒙古族文化

时　　间：2009-05-06

奖项名称：甘肃省第十一届社会科学优秀成果奖

获奖等级：3

作　　者：唐吉思

成果形式：专著

颁奖部门：甘肃省委甘肃省政府

2553 晚唐政府对河西东部地区的经营

时　　间：2009-05-06

奖项名称：甘肃省第十一届社会科学优秀成果奖

获奖等级：3

作　　者：李军

成果形式：论文

颁奖部门：甘肃省委甘肃省政府

2554 公司战略管理理论与实务

时　　间：2009-05-06

奖项名称：甘肃省第十一届社会科学优秀成果奖

获奖等级：3

作　　者：廉志端 石燕荣 王廷丽

成果形式：教材

颁奖部门：甘肃省委甘肃省政府

2555 红西路军血沃张掖

时　　间：2009-05-06

奖项名称：甘肃省第十一届社会科学优秀成果奖

获奖等级：3

作　　者：安永香 李生安

成果形式：专著

颁奖部门：甘肃省委甘肃省政府

2556 大学新生入学适应研究

时　　间：2009-05-06

奖项名称：甘肃省第十一届社会科学优秀成果奖

获奖等级：3

作　　者：段兴利 权丽华 洪涛

成果形式：专著

颁奖部门：甘肃省委甘肃省政府

2557 地缘政治视野下的中亚民族关系

时　　间：2009-05-06

奖项名称：甘肃省第十一届社会科学优秀成果奖

获奖等级：3

作　　者：张新平

成果形式：专著

颁奖部门：甘肃省委甘肃省政府

2558 中国工农红军西路军七十周年祭——西路军形成、失败及其价值和意义

时　　间：2009-05-06

奖项名称：甘肃省第十一届社会科学优秀成果奖

获奖等级：3

作　　者：董汉河

成果形式：论文

颁奖部门：甘肃省委甘肃省政府

2559 农村中小学现代远程教育成本效益分析

时　　间：2009-05-06

奖项名称：甘肃省第十一届社会科学优秀成果奖

获奖等级：3

作　　者：杨晓宏

成果形式：编著

颁奖部门：甘肃省委甘肃省政府

2560 文学元素：文学理论的超学科视域

时　　间：2009-05-06

奖项名称：甘肃省第十一届社会科学优秀成果奖

获奖等级：3

作　　者：郭昭第

成果形式：专著

颁奖部门：甘肃省委甘肃省政府

2561 甘肃乡镇政府与村民自治关系研究

时　　间：2009-05-06

奖项名称：甘肃省第十一届社会科学优秀成果奖

获奖等级：3

作　　者：张小华

成果形式：研究报告

颁奖部门：甘肃省委甘肃省政府

2562 关于乡镇体制改革的审视和反思

时　　间：2009-05-06

奖项名称：甘肃省第十一届社会科学优秀成果奖

获奖等级：3

作　　者：刘新生

成果形式：论文

颁奖部门：甘肃省委甘肃省政府

2563 我国当前政府预算制度改革问题研究

时　　间：2009-05-06

奖项名称：甘肃省第十一届社会科学优秀成果奖

获奖等级：3

作　　者：刘小梅

成果形式：论文

颁奖部门：甘肃省委甘肃省政府

2564 刑事侦查心理学

时　　间：2009-05-06

奖项名称：甘肃省第十一届社会科学优秀成果奖

获奖等级：3

作　　者：范刚

成果形式：专著

颁奖部门：甘肃省委甘肃省政府

2565 中国区域经济差距与协调发展：理论、实证与政策

时　　间：2011-01-13

奖项名称：甘肃省第十二届社会科学优秀成果奖

获奖等级：1

作　　者：李兴江 陈开军 张学鹏

成果形式：专著

颁奖部门：甘肃省委甘肃省政府

2566 温室气体排放科学评价与减排政策

时　　间：2011-01-13

奖项名称：甘肃省第十二届社会科学优秀成果奖

获奖等级：1

作　　者：张志强 曲建升 曾静静

成果形式：专著

颁奖部门：甘肃省委甘肃省政府

2567 反贫困之路

时　　间：2011-01-13

奖项名称：甘肃省第十二届社会科学优秀成果奖

获奖等级：1

作　　者：魏胜文 穆纪光 安文华

成果形式：专著

颁奖部门：甘肃省委甘肃省政府

2568 中国特色社会主义道路的形成发展和科学内涵

时　　间：2011-01-13

奖项名称：甘肃省第十二届社会科学优秀成果奖

获奖等级：1

作　　者：王渊

成果形式：论文

颁奖部门：甘肃省委甘肃省政府

2569 自然——社会环境与贫困危机研究

时　　间：2011-01-13

奖项名称：甘肃省第十二届社会科学优秀成果奖

获奖等级：1

作　　者：丁文广 陈发虎 南忠仁

成果形式：专著

颁奖部门：甘肃省委甘肃省政府

2570 中国西北少数民族通史

时　　间：2011-01-13

奖项名称：甘肃省第十二届社会科学优秀成果奖

获奖等级：1

作　　者：杨建新

成果形式：丛书

颁奖部门：甘肃省委甘肃省政府

2571 我们缺少一个什么样的审美

时　　间：2011-01-13

奖项名称：甘肃省第十二届社会科学优秀成果奖

获奖等级：1

作　　者：王建疆

成果形式：论文

颁奖部门：甘肃省委甘肃省政府

2572 中国共产党人的马克思主义观研究

时　　间：2011-01-13

奖项名称：甘肃省第十二届社会科学优秀成果奖

获奖等级：1

作　　者：曹富雄

成果形式：研究报告

颁奖部门：甘肃省委甘肃省政府

2573 甘肃通史

时　　间：2011-01-13

奖项名称：甘肃省第十二届社会科学优秀成果奖

获奖等级：1

作　　者：刘光华

成果形式：丛书

颁奖部门：甘肃省委甘肃省政府

2574 论都市边缘群体——农民工的社会保障主体地位及权利制度构建研究

时　　间：2011-01-13

奖项名称：甘肃省第十二届社会科学优秀成果奖

获奖等级：1

作　　者：赵蓉

成果形式：研究报告

颁奖部门：甘肃省委甘肃省政府

2575 西北地区农村基础教育课程改革研究

时　　间：2011-01-13

奖项名称：甘肃省第十二届社会科学优秀成果奖

获奖等级：2

作　　者：王嘉毅 常宝宁 王慧

成果形式：专著

颁奖部门：甘肃省委甘肃省政府

2576 甘肃省农业特色优势产业区发展

时　　间：2011-01-13

奖项名称：甘肃省第十二届社会科学优秀成果奖

获奖等级：2

作　　者：王生林

成果形式：研究报告

颁奖部门：甘肃省委甘肃省政府

2577 西北少数民族传统体育文化的特征及发展趋势

时　　间：2011-01-13

奖项名称：甘肃省第十二届社会科学优秀成果奖

获奖等级：2

作　　者：任莲香 钟全宏 袁音 王安平

成果形式：论文

颁奖部门：甘肃省委甘肃省政府

2578 负所得税的国外借鉴及中国低保的重构

时　　间：2011-01-13

奖项名称：甘肃省第十二届社会科学优秀成果奖

获奖等级：2

作　　者：聂佃忠 李庆梅

成果形式：专著

颁奖部门：甘肃省委甘肃省政府

2579 区际贸易与区域发展

时　　间：2011-01-13

奖项名称：甘肃省第十二届社会科学优秀成果奖

获奖等级：2

作　　者：王必达

成果形式：专著

颁奖部门：甘肃省委甘肃省政府

2580 制度、非正式制度与产业集群发展

时　　间：2011-01-13

奖项名称：甘肃省第十二届社会科学优秀成果奖

获奖等级：2

作　　者：方晓彤 史力鹏

成果形式：专著

颁奖部门：甘肃省委甘肃省政府

2581 审美智慧论

时　　间：2011-01-13

奖项名称：甘肃省第十二届社会科学优秀成果奖

获奖等级：2

作　　者：郭昭第

成果形式：专著

颁奖部门：甘肃省委甘肃省政府

2582 中国西北乡村政治与公民参与研究

时　　间：2011-01-13

奖项名称：甘肃省第十二届社会科学优秀成果奖

获奖等级：2

作　　者：杨平

成果形式：研究报告

颁奖部门：甘肃省委甘肃省政府

2583 积极推进"民办公助"投入机制加快发展农村小型水利事业

时　　间：2011-01-13

奖项名称：甘肃省第十二届社会科学优秀成果奖

获奖等级：2

作　　者：甘肃省农村财政研究会甘肃省财政科学研究所课题组

成果形式：研究报告

颁奖部门：甘肃省委甘肃省政府

2584 西部干旱半干旱地区流域生态环境法律制度创新研究

时　　间：2011-01-13

奖项名称：甘肃省第十二届社会科学优秀成果奖

获奖等级：2

作　　者：俞树毅

成果形式：研究报告

颁奖部门：甘肃省委甘肃省政府

2585 中国藏黑水城汉文文献

时　　间：2011-01-13

奖项名称：甘肃省第十二届社会科学优秀成果奖

获奖等级：2

作　　者：塔拉 杜建录 高国祥

成果形式：古籍整理

颁奖部门：甘肃省委甘肃省政府

2586 二语习得中的"注意"机制研究

时　　间：2011-01-13

奖项名称：甘肃省第十二届社会科学优秀成果奖

获奖等级：2

作　　者：王琦 杨雯琴

成果形式：论文

颁奖部门：甘肃省委甘肃省政府

2587 中国西部经济金融发展与央行建设问题研究

时　　间：2011-01-13

奖项名称：甘肃省第十二届社会科学优秀成果奖

获奖等级：2

作　　者：杨明基

成果形式：专著

颁奖部门：甘肃省委甘肃省政府

2588 大型格萨尔文化数字资源库建设及其应用研究

时　　间：2011-01-13

奖项名称：甘肃省第十二届社会科学优秀成果奖

获奖等级：2

作　　者：兰却加

成果形式：专著

颁奖部门：甘肃省委甘肃省政府

2589 民族体育跨文化融合研究

时　　间：2011-01-13

奖项名称：甘肃省第十二届社会科学优秀成果奖

获奖等级：2

作　　者：陈青

成果形式：研究报告

颁奖部门：甘肃省委甘肃省政府

2590 "三农谈"丛书

时　　间：2011-01-13

奖项名称：甘肃省第十二届社会科学优秀成果奖

获奖等级：2

作　　者：朱智文

成果形式：丛书

颁奖部门：甘肃省委甘肃省政府

2591 甘肃主体功能区配套公共财政政策研究

时　　间：2011-01-13

奖项名称：甘肃省第十二届社会科学优秀成果奖

获奖等级：2

作　　者：周多明 孟春

成果形式：专著

颁奖部门：甘肃省委甘肃省政府

2592 先秦文学编年史

时　　间：2011-01-13

奖项名称：甘肃省第十二届社会科学优秀成果奖

获奖等级：2

作　　者：赵逵夫

成果形式：专著

颁奖部门：甘肃省委甘肃省政府

2593 环境法的理念更新与制度重构

时　　间：2011-01-13

奖项名称：甘肃省第十二届社会科学优秀成果奖

获奖等级：2

作　　者：史玉成 郭武

成果形式：编著

颁奖部门：甘肃省委甘肃省政府

2594 高校应建设学习型党组织

时　　间：2011-01-13

奖项名称：甘肃省第十二届社会科学优秀成果奖

获奖等级：2

作　　者：梁亚民

成果形式：论文

颁奖部门：甘肃省委甘肃省政府

2595 党政领导干部淘汰机制研究

时　　间：2011-01-13

奖项名称：甘肃省第十二届社会科学优秀成果奖

获奖等级：2

作　　者：郭智强

成果形式：专著

颁奖部门：甘肃省委甘肃省政府

2596 公共新闻研究：理论、实践与批评

时　　间：2011-01-13

奖项名称：甘肃省第十二届社会科学优秀成果奖

获奖等级：2

作　　者：曹进

成果形式：译著

颁奖部门：甘肃省委甘肃省政府

2597 交往与流动话语中的村落社会变迁

时　　间：2011-01-13

奖项名称：甘肃省第十二届社会科学优秀成果奖

获奖等级：2

作　　者：李静 杨须爱

成果形式：专著

颁奖部门：甘肃省委甘肃省政府

2598 现象学的哲学观

时　　间：2011-01-13

奖项名称：甘肃省第十二届社会科学优秀成果奖

获奖等级：2

作　　者：李朝东 王金元

成果形式：论文

颁奖部门：甘肃省委甘肃省政府

2599 西部文化资源产业可持续发展研究

时　　间：2011-01-13

奖项名称：甘肃省第十二届社会科学优秀成果奖

获奖等级：2

作　　者：雷兴长 李俊霞 刘新田

成果形式：编著

颁奖部门：甘肃省委甘肃省政府

2600 从文溯阁本《四库全书》的编修管窥清代考据学特色

时　　间：2011-01-13

奖项名称：甘肃省第十二届社会科学优秀成果奖

获奖等级：2

作　　者：郭向东

成果形式：论文

颁奖部门：甘肃省委甘肃省政府

2601　公共服务战略管理

时　　间：2011-01-13

奖项名称：甘肃省第十二届社会科学优秀成果奖

获奖等级：2

作　　者：张文礼

成果形式：译著

颁奖部门：甘肃省委甘肃省政府

2602　西部大开发的历史反思

时　　间：2011-01-13

奖项名称：甘肃省第十二届社会科学优秀成果奖

获奖等级：2

作　　者：汪受宽

成果形式：专著

颁奖部门：甘肃省委甘肃省政府

2603　中国藏传佛教寺院历史与现状研究·甘肃卷

时　　间：2011-01-13

奖项名称：甘肃省第十二届社会科学优秀成果奖

获奖等级：2

作　　者：道周旺杰 苏得华 青增

成果形式：编著

颁奖部门：甘肃省委甘肃省政府

2604　身体素质训练强化与指导

时　　间：2011-01-13

奖项名称：甘肃省第十二届社会科学优秀成果奖

获奖等级：3

作　　者：焦玉娥 薛峰 王琳

成果形式：专著

颁奖部门：甘肃省委甘肃省政府

2605　重修肃州新志校注

时　　间：2011-01-13

奖项名称：甘肃省第十二届社会科学优秀成果奖

获奖等级：3

作　　者：吴生贵 王世雄

成果形式：校注

颁奖部门：甘肃省委甘肃省政府

2606　卫星远程教学应用研究

时　　间：2011-01-13

奖项名称：甘肃省第十二届社会科学优秀成果奖

获奖等级：3

作　　者：董向东

成果形式：论文

颁奖部门：甘肃省委甘肃省政府

2607　牦牛特色文献检索平台建设

时　　间：2011-01-13

奖项名称：甘肃省第十二届社会科学优秀成果奖

获奖等级：3

作　　者：刘喜

成果形式：研究报告

颁奖部门：甘肃省委甘肃省政府

2608　农村贫困学生就学资助制度研究

时　　间：2011-01-13

奖项名称：甘肃省第十二届社会科学优秀

成果奖

获奖等级：3

作　　者：金东海

成果形式：研究报告

颁奖部门：甘肃省委甘肃省政府

2609 浅谈中国音乐之"南北"

时　　间：2011-01-13

奖项名称：甘肃省第十二届社会科学优秀成果奖

获奖等级：3

作　　者：李岚华

成果形式：论文

颁奖部门：甘肃省委甘肃省政府

2610 甘州府志校注

时　　间：2011-01-13

奖项名称：甘肃省第十二届社会科学优秀成果奖

获奖等级：3

作　　者：张志纯 郭兴圣 何成才

成果形式：校注

颁奖部门：甘肃省委甘肃省政府

2611 西北地区地方级自然保护区可持续经营模式研究

时　　间：2011-01-13

奖项名称：甘肃省第十二届社会科学优秀成果奖

获奖等级：3

作　　者：赵慧

成果形式：论文

颁奖部门：甘肃省委甘肃省政府

2612 重建中国当代文学批评的价值体系

时　　间：2011-01-13

奖项名称：甘肃省第十二届社会科学优秀成果奖

获奖等级：3

作　　者：韩伟

成果形式：论文

颁奖部门：甘肃省委甘肃省政府

2613 甘肃农产品物流发展的实证分析与对策研究

时　　间：2011-01-13

奖项名称：甘肃省第十二届社会科学优秀成果奖

获奖等级：3

作　　者：陈秉谱

成果形式：研究报告

颁奖部门：甘肃省委甘肃省政府

2614 都市媒体电视新闻失实的应对及制度管理探索

时　　间：2011-01-13

奖项名称：甘肃省第十二届社会科学优秀成果奖

获奖等级：3

作　　者：杨志平

成果形式：论文

颁奖部门：甘肃省委甘肃省政府

2615 西北边疆社会研究

时　　间：2011-01-13

奖项名称：甘肃省第十二届社会科学优秀成果奖

获奖等级：3

作　　者：田澍 何玉红

成果形式：编著

颁奖部门：甘肃省委甘肃省政府

2616 爱祖国爱人民爱家乡——天水市爱国主义教育通俗读本

时　　间：2011-01-13

奖项名称：甘肃省第十二届社会科学优秀成果奖

获奖等级：3

作　　者：王光庆 李淳 宋进喜

成果形式：科普读物

颁奖部门：甘肃省委甘肃省政府

2617 多元统计方法检验体系的构建

时　　间：2011-01-13

奖项名称：甘肃省第十二届社会科学优秀成果奖

获奖等级：3

作　　者：傅德印

成果形式：论文

颁奖部门：甘肃省委甘肃省政府

2618 哈萨克民俗文化——暨哈萨克族研究资料索引（1879—2005）

时　　间：2011-01-13

奖项名称：甘肃省第十二届社会科学优秀成果奖

获奖等级：3

作　　者：帕提曼

成果形式：专著

颁奖部门：甘肃省委甘肃省政府

2619 城乡一体化发展论

时　　间：2011-01-13

奖项名称：甘肃省第十二届社会科学优秀成果奖

获奖等级：3

作　　者：李秉文

成果形式：专著

颁奖部门：甘肃省委甘肃省政府

2620 解放思想与科学发展——马克思主义哲学认识论的新境界

时　　间：2011-01-13

奖项名称：甘肃省第十二届社会科学优秀成果奖

获奖等级：3

作　　者：杨建毅 李具恒

成果形式：论文

颁奖部门：甘肃省委甘肃省政府

2621 论中国经济转型模式

时　　间：2011-01-13

奖项名称：甘肃省第十二届社会科学优秀成果奖

获奖等级：3

作　　者：张建军

成果形式：专著

颁奖部门：甘肃省委甘肃省政府

2622 《水浒传》诠释史论

时　　间：2011-01-13

奖项名称：甘肃省第十二届社会科学优秀成果奖

获奖等级：3

作　　者：张同胜

成果形式：专著

颁奖部门：甘肃省委甘肃省政府

2623 1949—2000中国诗歌研究（上、中、下）

时　　间：2011-01-13

奖项名称：甘肃省第十二届社会科学优秀成果奖

获奖等级：3

作　　者：彭金山 郭国昌 季成家 张明廉

成果形式：工具书

颁奖部门：甘肃省委甘肃省政府

2624 试论我国基层民主政治建设的进程及实现途径

时　　间：2011-01-13

奖项名称：甘肃省第十二届社会科学优秀成果奖

获奖等级：3

作　　者：张小华

成果形式：论文

颁奖部门：甘肃省委甘肃省政府

2625 挖掘传统文化瑰宝　更好地为老龄化社会服务

时　　间：2011-01-13

奖项名称：甘肃省第十二届社会科学优秀成果奖

获奖等级：3

作　　者：唐晓文 黄长玲

成果形式：论文

颁奖部门：甘肃省委甘肃省政府

2626 兰州大学校史·上编

时　　间：2011-01-13

奖项名称：甘肃省第十二届社会科学优秀成果奖

获奖等级：3

作　　者：张克非

成果形式：专著

颁奖部门：甘肃省委甘肃省政府

2627 政治学视野中的中国农民问题

时　　间：2011-01-13

奖项名称：甘肃省第十二届社会科学优秀成果奖

获奖等级：3

作　　者：姚万禄 苟颖萍 赵菁

成果形式：专著

颁奖部门：甘肃省委甘肃省政府

2628 甘肃省自主创新中的金融工程及金融创新对策研究

时　　间：2011-01-13

奖项名称：甘肃省第十二届社会科学优秀成果奖

获奖等级：3

作　　者：周复之

成果形式：研究报告

颁奖部门：甘肃省委甘肃省政府

2629 基于公关理论纵横延伸下甘肃品牌形象塑造方略研究

时　　间：2011-01-13

奖项名称：甘肃省第十二届社会科学优秀成果奖

获奖等级：3

作　　者：董原

成果形式：研究报告

颁奖部门：甘肃省委甘肃省政府

2630 中国共产党甘肃历史（第一卷）

时　　间：2011-01-13

奖项名称：甘肃省第十二届社会科学优秀成果奖

获奖等级：3

作　　者：中共甘肃省委党史研究室

成果形式：编著

颁奖部门：甘肃省委甘肃省政府

2631 30 年地方人大法制建设和制度创新的历程及启示

时　　间：2011-01-13

奖项名称：甘肃省第十二届社会科学优秀成果奖

获奖等级：3

作　　者：谢蒲定

成果形式：论文

颁奖部门：甘肃省委甘肃省政府

2632 中国转型时期城市贫困问题研究

时　　间：2011-01-13

奖项名称：甘肃省第十二届社会科学优秀成果奖

获奖等级：3

作　　者：高云虹

成果形式：专著

颁奖部门：甘肃省委甘肃省政府

2633 甘青地区特有少数民族数字资源系统研究与开发

时　　间：2011-01-13

奖项名称：甘肃省第十二届社会科学优秀成果奖

获奖等级：3

作　　者：马建霞

成果形式：研究报告

颁奖部门：甘肃省委甘肃省政府

2634 民国时期西北地区少数民族迁徙之研究

时　　间：2011-01-13

奖项名称：甘肃省第十二届社会科学优秀成果奖

获奖等级：3

作　　者：闫丽娟 李红坦

成果形式：论文

颁奖部门：甘肃省委甘肃省政府

2635 敦煌写本相书研究

时　　间：2011-01-13

奖项名称：甘肃省第十二届社会科学优秀成果奖

获奖等级：3

作　　者：王晶波

成果形式：专著

颁奖部门：甘肃省委甘肃省政府

2636 文化民生的当代解读——农家书屋工程研究

时　　间：2011-01-13

奖项名称：甘肃省第十二届社会科学优秀成果奖

获奖等级：3

作　　者：朱立芸 王旭东

成果形式：专著

颁奖部门：甘肃省委甘肃省政府

2637 建设丝绸之路世界遗产，加速西北文化旅游产业健康可持续发展

时　　间：2011-01-13

奖项名称：甘肃省第十二届社会科学优秀成果奖

获奖等级：3

作　　者：邓华陵

成果形式：研究报告

颁奖部门：甘肃省委甘肃省政府

2638 甘肃实现基本公共服务均等化问题研究

时　　间：2011-01-13

奖项名称：甘肃省第十二届社会科学优秀成果奖

获奖等级：3

作　　者：陈晓龙

成果形式：研究报告

颁奖部门：甘肃省委甘肃省政府

2639 先秦两汉文学流变研究

时　　间：2011-01-13

奖项名称：甘肃省第十二届社会科学优秀

成果奖

获奖等级：3

作　　者：郭令原

成果形式：专著

颁奖部门：甘肃省委甘肃省政府

2640 甘肃省农村金融发展与农村经济增长问题研究

时　　间：2011-01-13

奖项名称：甘肃省第十二届社会科学优秀成果奖

获奖等级：3

作　　者：杨林娟

成果形式：研究报告

颁奖部门：甘肃省委甘肃省政府

2641 课程论热点问题研究

时　　间：2011-01-13

奖项名称：甘肃省第十二届社会科学优秀成果奖

获奖等级：3

作　　者：王鉴

成果形式：编著

颁奖部门：甘肃省委甘肃省政府

2642 三秦诗派及其文化品格

时　　间：2011-01-13

奖项名称：甘肃省第十二届社会科学优秀成果奖

获奖等级：3

作　　者：冉耀斌

成果形式：论文

颁奖部门：甘肃省委甘肃省政府

2643 西北少数民族传统体育研究

时　　间：2011-01-13

奖项名称：甘肃省第十二届社会科学优秀成果奖

获奖等级：3

作　　者：芦平生 熊振强

成果形式：专著

颁奖部门：甘肃省委甘肃省政府

2644 转型时期人民调解机制社会化运作

时　　间：2011-01-13

奖项名称：甘肃省第十二届社会科学优秀成果奖

获奖等级：3

作　　者：陆春萍

成果形式：专著

颁奖部门：甘肃省委甘肃省政府

2645 提升陇人品格　树立社会主义荣辱观问题研究

时　　间：2011-01-13

奖项名称：甘肃省第十二届社会科学优秀成果奖

获奖等级：3

作　　者：邓慧君

成果形式：研究报告

颁奖部门：甘肃省委甘肃省政府

2646 完善农民工社会保障体系问题

时　　间：2011-01-13

奖项名称：甘肃省第十二届社会科学优秀成果奖

获奖等级：3

作　　者：岳世忠

成果形式：研究报告

颁奖部门：甘肃省委甘肃省政府

2647 甘肃新农村建设中的金融体系发展研究

时　　间：2011-01-13

奖项名称：甘肃省第十二届社会科学优秀成果奖

获奖等级：3

作　　者：马润平

成果形式：研究报告

颁奖部门：甘肃省委甘肃省政府

2648 共产国际对西路军的重大影响——兼论共产国际对西路军失败的态度和意见

时　　间：2011-01-13

奖项名称：甘肃省第十二届社会科学优秀成果奖

获奖等级：3

作　　者：董汉河

成果形式：论文

颁奖部门：甘肃省委甘肃省政府

2649 火灾防控与应急救援心理探究

时　　间：2011-01-13

奖项名称：甘肃省第十二届社会科学优秀成果奖

获奖等级：3

作　　者：陶华

成果形式：论文

颁奖部门：甘肃省委甘肃省政府

2650 柔性资源约束下的大型项目奖惩结构优化

时　　间：2011-01-13

奖项名称：甘肃省第十二届社会科学优秀成果奖

获奖等级：3

作　　者：柴国荣 洪兆富 何正文

成果形式：论文

颁奖部门：甘肃省委甘肃省政府

2651 人地关系与生态文明研究

时　　间：2011-01-13

奖项名称：甘肃省第十二届社会科学优秀成果奖

获奖等级：3

作　　者：雍际春 张敬花 于志远 尤晓妮 晏波

成果形式：专著

颁奖部门：甘肃省委甘肃省政府

2652 城乡统筹发展下的甘肃新农村建设问题研究

时　　间：2011-01-13

奖项名称：甘肃省第十二届社会科学优秀成果奖

获奖等级：3

作　　者：汪晓文

成果形式：研究报告

颁奖部门：甘肃省委甘肃省政府

2653 基于生活环境和生活方式的地域性设计　西北农村家电产品需求研究

时　　间：2011-01-13

奖项名称：甘肃省第十二届社会科学优秀成果奖

获奖等级：3

作　　者：赵得成

成果形式：研究报告

颁奖部门：甘肃省委甘肃省政府

2654 劳务输出：甘肃省农村剩余劳动力转移的市场前景分析

时　　间：2011-01-13

奖项名称：甘肃省第十二届社会科学优秀成果奖

获奖等级：3

作　　者：刘养卉

成果形式：研究报告

颁奖部门：甘肃省委甘肃省政府

2655　牛郎织女传说情节的丰富变异性——《天牛郎配夫妻》与南方少数民族有关传说的比较

时　　间：2011-01-13

奖项名称：甘肃省第十二届社会科学优秀成果奖

获奖等级：3

作　　者：隆滟

成果形式：论文

颁奖部门：甘肃省委甘肃省政府

2656　基于农村文化公共产品供需的农家书屋模式解读——以甘肃、黑龙江、湖北、江苏四省为例

时　　间：2011-01-13

奖项名称：甘肃省第十二届社会科学优秀成果奖

获奖等级：3

作　　者：朱立芸 王旭东

成果形式：论文

颁奖部门：甘肃省委甘肃省政府

2657　社会主义理论和实践的新探索——列宁晚年社会主义思想对当代社会主义实践的启示

时　　间：2011-01-13

奖项名称：甘肃省第十二届社会科学优秀成果奖

获奖等级：3

作　　者：刘亚军

成果形式：论文

颁奖部门：甘肃省委甘肃省政府

2658　甘肃省现代服务业发展现状与存在的问题

时　　间：2011-01-13

奖项名称：甘肃省第十二届社会科学优秀成果奖

获奖等级：3

作　　者：金梅

成果形式：研究报告

颁奖部门：甘肃省委甘肃省政府

2659　陇东革命根据地史

时　　间：2011-01-13

奖项名称：甘肃省第十二届社会科学优秀成果奖

获奖等级：3

作　　者：王晋林 陈永恭 张曼

成果形式：专著

颁奖部门：甘肃省委甘肃省政府

2660　试论民族院校的英语口译教材建设

时　　间：2011-01-13

奖项名称：甘肃省第十二届社会科学优秀成果奖

获奖等级：3

作　　者：王谋清

成果形式：论文

颁奖部门：甘肃省委甘肃省政府

2661　城市社会空间的扩展：北京奥运会的城市社会学分析

时　　间：2011-01-13

奖项名称：甘肃省第十二届社会科学优秀成果奖

获奖等级：3

作　者：焦若水 胡浩

成果形式：论文

颁奖部门：甘肃省委甘肃省政府

2662 理工科高校人文教育与科学教育相融合的人才培养模式研究

时　间：2011-01-13

奖项名称：甘肃省第十二届社会科学优秀成果奖

获奖等级：3

作　者：蔡中宏

成果形式：研究报告

颁奖部门：甘肃省委甘肃省政府

2663 试论元代边疆民族政策

时　间：2011-01-13

奖项名称：甘肃省第十二届社会科学优秀成果奖

获奖等级：3

作　者：胡小鹏

成果形式：论文

颁奖部门：甘肃省委甘肃省政府

2664 村民自治立法之批判

时　间：2011-01-13

奖项名称：甘肃省第十二届社会科学优秀成果奖

获奖等级：3

作　者：冯乐坤

成果形式：论文

颁奖部门：甘肃省委甘肃省政府

2665 《商君书》的成书与思想研究

时　间：2011-01-13

奖项名称：甘肃省第十二届社会科学优秀成果奖

获奖等级：3

作　者：张林祥

成果形式：专著

颁奖部门：甘肃省委甘肃省政府

2666 甘肃省促进教育公平的阶段性目标及政策措施研究

时　间：2011-01-13

奖项名称：甘肃省第十二届社会科学优秀成果奖

获奖等级：3

作　者：白继忠

成果形式：研究报告

颁奖部门：甘肃省委甘肃省政府

2667 教学反思与教师专业发展——新课程改革中的案例研究

时　间：2011-01-13

奖项名称：甘肃省第十二届社会科学优秀成果奖

获奖等级：3

作　者：赵明仁

成果形式：专著

颁奖部门：甘肃省委甘肃省政府

2668 世俗化与中国文学的演进

时　间：2011-01-13

奖项名称：甘肃省第十二届社会科学优秀成果奖

获奖等级：3

作　者：朱忠元 刘朝霞

成果形式：专著

颁奖部门：甘肃省委甘肃省政府

2669 藏传佛教五明词义诠释

时　间：2011-01-13

奖项名称：甘肃省第十二届社会科学优秀

成果奖

获奖等级：3

作　　者：兰却加拉赞

成果形式：工具书

颁奖部门：甘肃省委甘肃省政府

2670 对统计调查质量特性的探讨

时　　间：2011-01-13

奖项名称：甘肃省第十二届社会科学优秀成果奖

获奖等级：3

作　　者：黄恒军 傅德印

成果形式：论文

颁奖部门：甘肃省委甘肃省政府

2671 中国西北民族地区经济与社会协调发展研究

时　　间：2011-01-13

奖项名称：甘肃省第十二届社会科学优秀成果奖

获奖等级：3

作　　者：岳天明

成果形式：编著

颁奖部门：甘肃省委甘肃省政府

2672 政府行政成本与绩效研究

时　　间：2011-01-13

奖项名称：甘肃省第十二届社会科学优秀成果奖

获奖等级：3

作　　者：赵爱英 李晓宏

成果形式：专著

颁奖部门：甘肃省委甘肃省政府

2673 那种人格类型的人容易过度自信——来自心理学的证据

时　　间：2011-01-13

奖项名称：甘肃省第十二届社会科学优秀成果奖

获奖等级：3

作　　者：周爱保 赵鑫

成果形式：论文

颁奖部门：甘肃省委甘肃省政府

2674 敦煌莫高窟北区出土蒙古文文献研究

时　　间：2011-01-13

奖项名称：甘肃省第十二届社会科学优秀成果奖

获奖等级：3

作　　者：敖特根

成果形式：专著

颁奖部门：甘肃省委甘肃省政府

2675 甘肃省艾滋病防治立法研究

时　　间：2011-01-13

奖项名称：甘肃省第十二届社会科学优秀成果奖

获奖等级：3

作　　者：巩海平

成果形式：研究报告

颁奖部门：甘肃省委甘肃省政府

2676 社会救助：理论界定与中国的实践展开

时　　间：2011-01-13

奖项名称：甘肃省第十二届社会科学优秀成果奖

获奖等级：3

作　　者：刘光华

成果形式：论文

颁奖部门：甘肃省委甘肃省政府

2677 历代书籍装帧艺术

时　　间：2011-01-13

奖项名称：甘肃省第十二届社会科学优秀成果奖

获奖等级：3

作　　者：李明君

成果形式：专著

颁奖部门：甘肃省委甘肃省政府

2678 综合类学刊何以承担重要的社会责任

时　　间：2011-01-13

奖项名称：甘肃省第十二届社会科学优秀成果奖

获奖等级：3

作　　者：胡政平

成果形式：论文

颁奖部门：甘肃省委甘肃省政府

2679 我国非物质文化遗产的法律保护研究

时　　间：2011-01-13

奖项名称：甘肃省第十二届社会科学优秀成果奖

获奖等级：3

作　　者：赵方

成果形式：专著

颁奖部门：甘肃省委甘肃省政府

2680 当代中国生存问题的哲学研究

时　　间：2011-01-13

奖项名称：甘肃省第十二届社会科学优秀成果奖

获奖等级：3

作　　者：吴卫东

成果形式：研究报告

颁奖部门：甘肃省委甘肃省政府

2681 中国传统家庭形态及家庭教育——以隋唐五代家庭为中心

时　　间：2011-01-13

奖项名称：甘肃省第十二届社会科学优秀成果奖

获奖等级：3

作　　者：李润强

成果形式：专著

颁奖部门：甘肃省委甘肃省政府

2682 试论本科教育的基础性

时　　间：2011-01-13

奖项名称：甘肃省第十二届社会科学优秀成果奖

获奖等级：3

作　　者：李硕豪

成果形式：论文

颁奖部门：甘肃省委甘肃省政府

2683 犯罪的人性解读

时　　间：2011-01-13

奖项名称：甘肃省第十二届社会科学优秀成果奖

获奖等级：3

作　　者：刘延寿

成果形式：专著

颁奖部门：甘肃省委甘肃省政府

2684 中国特色社会主义经济理论大聚焦

时　　间：2011-01-13

奖项名称：甘肃省第十二届社会科学优秀成果奖

获奖等级：3

作　　者：韦晓宏 段根林

成果形式：专著

颁奖部门：甘肃省委甘肃省政府

2685 刑事和解制度研究

时　　间：2011-01-13

奖项名称：甘肃省第十二届社会科学优秀成果奖

获奖等级：3

作　　者：王宏璎

成果形式：研究报告

颁奖部门：甘肃省委甘肃省政府

2686 甘肃省工业特色优势产业的定量选择

时　　间：2011-01-13

奖项名称：甘肃省第十二届社会科学优秀成果奖

获奖等级：3

作　　者：王学军 胡炜童

成果形式：论文

颁奖部门：甘肃省委甘肃省政府

2687 吐蕃时期西域（新疆）文化考察

时　　间：2011-01-13

奖项名称：甘肃省第十二届社会科学优秀成果奖

获奖等级：3

作　　者：扎西才让

成果形式：系列论文

颁奖部门：甘肃省委甘肃省政府

2688 甘肃省图书馆藏敦煌梵夹装藏文写经考录

时　　间：2011-01-13

奖项名称：甘肃省第十二届社会科学优秀成果奖

获奖等级：3

作　　者：曾雪梅 张延清

成果形式：论文

颁奖部门：甘肃省委甘肃省政府

2689 农村中小学现代远程教育的应用效益及效益评价指标体系研究

时　　间：2011-01-13

奖项名称：甘肃省第十二届社会科学优秀成果奖

获奖等级：3

作　　者：杨晓宏 黄兰芳

成果形式：论文

颁奖部门：甘肃省委甘肃省政府

2690 拉卜楞历史档案编目与拉卜楞研究论著目录索引

时　　间：2011-01-13

奖项名称：甘肃省第十二届社会科学优秀成果奖

获奖等级：3

作　　者：丹曲 祁晓萍

成果形式：工具书

颁奖部门：甘肃省委甘肃省政府

2691 广播影视产业转制对策

时　　间：2011-01-13

奖项名称：甘肃省第十二届社会科学优秀成果奖

获奖等级：3

作　　者：魏文楷

成果形式：论文

颁奖部门：甘肃省委甘肃省政府

2692 弘扬传统文化　拓宽育人途径

时　　间：2011-01-13

奖项名称：甘肃省第十二届社会科学优秀成果奖

获奖等级：3

作　　者：王国林

成果形式：研究报告

颁奖部门：甘肃省委甘肃省政府

2693 甘肃省公共体育场馆现状调查分析及对策研究

时　　间：2011-01-13

奖项名称：甘肃省第十二届社会科学优秀成果奖

获奖等级：3

作　　者：石生泰

成果形式：专著

颁奖部门：甘肃省委甘肃省政府

2694 蒙古游牧文明与伊斯兰文明的交汇

时　　间：2011-01-13

奖项名称：甘肃省第十二届社会科学优秀成果奖

获奖等级：3

作　　者：敏贤麟

成果形式：专著

颁奖部门：甘肃省委甘肃省政府

2695 高寒牧区生态环境与区域发展研究——以甘南牧区为例

时　　间：2011-01-13

奖项名称：甘肃省第十二届社会科学优秀成果奖

获奖等级：3

作　　者：赵雪雁 赵海莉 严江平 巴建军 张锐

成果形式：系列论文

颁奖部门：甘肃省委甘肃省政府

2696 跨文化鲁迅研究论略

时　　间：2011-01-13

奖项名称：甘肃省第十二届社会科学优秀

成果奖

获奖等级：3

作　　者：刘青汉

成果形式：专著

颁奖部门：甘肃省委甘肃省政府

2697 甘肃省外向型经济发展战略研究

时　　间：2011-01-13

奖项名称：甘肃省第十二届社会科学优秀成果奖

获奖等级：3

作　　者：朱廷珺

成果形式：研究报告

颁奖部门：甘肃省委甘肃省政府

2698 习仲勋在陕甘宁边区

时　　间：2011-01-13

奖项名称：甘肃省第十二届社会科学优秀成果奖

获奖等级：3

作　　者：曲涛 卢造钧

成果形式：编著

颁奖部门：甘肃省委甘肃省政府

2699 中国文学原型论

时　　间：2011-01-13

奖项名称：甘肃省第十二届社会科学优秀成果奖

获奖等级：3

作　　者：程金城

成果形式：专著

颁奖部门：甘肃省委甘肃省政府

2700 案外人异议之诉相关程序问题浅议

时　　间：2011-01-13

奖项名称：甘肃省第十二届社会科学优秀成果奖

获奖等级：3

作　　者：刘文基

成果形式：论文

颁奖部门：甘肃省委甘肃省政府

2701 教育与文化的关系研究

时　　间：2011-01-13

奖项名称：甘肃省第十二届社会科学优秀成果奖

获奖等级：3

作　　者：麻艳香 蔡中宏

成果形式：系列论文

颁奖部门：甘肃省委甘肃省政府

2702 甘肃古代文学的发展与流变

时　　间：2011-01-13

奖项名称：甘肃省第十二届社会科学优秀成果奖

获奖等级：3

作　　者：漆子扬

成果形式：研究报告

颁奖部门：甘肃省委甘肃省政府

2703 农村劳动力流动对流出土地的影响及相关政策研究

时　　间：2011-01-13

奖项名称：甘肃省第十二届社会科学优秀成果奖

获奖等级：3

作　　者：张永丽

成果形式：研究报告

颁奖部门：甘肃省委甘肃省政府

2704 新华书店与解放区文学出版体制的形成

时　　间：2011-01-13

奖项名称：甘肃省第十二届社会科学优秀成果奖

获奖等级：3

作　　者：郭国昌

成果形式：论文

颁奖部门：甘肃省委甘肃省政府

2705 测度中国改革开放 30 年来的教育平等——基于教育基尼系数的实证分析

时　　间：2011-01-13

奖项名称：甘肃省第十二届社会科学优秀成果奖

获奖等级：3

作　　者：孙百才

成果形式：论文

颁奖部门：甘肃省委甘肃省政府

2706 甘肃构建工业循环经济体系的对策研究

时　　间：2011-01-13

奖项名称：甘肃省第十二届社会科学优秀成果奖

获奖等级：3

作　　者：马军

成果形式：研究报告

颁奖部门：甘肃省委甘肃省政府

2707 全球文化力量消长与中亚政局变化研究

时　　间：2011-01-13

奖项名称：甘肃省第十二届社会科学优秀成果奖

获奖等级：3

作　　者：汪金国

成果形式：研究报告

颁奖部门：甘肃省委甘肃省政府

2708 试论人民民主的理论和实践

时　　间：2011-01-13

奖项名称：甘肃省第十二届社会科学优秀成果奖

获奖等级：3

作　　者：王宗礼

成果形式：论文

颁奖部门：甘肃省委甘肃省政府

2709 网络空间的社会行为

时　　间：2011-01-13

奖项名称：甘肃省第十二届社会科学优秀成果奖

获奖等级：3

作　　者：黄少华

成果形式：专著

颁奖部门：甘肃省委甘肃省政府

2710 俗赋研究

时　　间：2011-01-13

奖项名称：甘肃省第十二届社会科学优秀成果奖

获奖等级：3

作　　者：伏俊琏

成果形式：专著

颁奖部门：甘肃省委甘肃省政府

2711 手工基础教程

时　　间：2011-01-13

奖项名称：甘肃省第十二届社会科学优秀成果奖

获奖等级：3

作　　者：沈建洲 彭晓玲

成果形式：教材

颁奖部门：甘肃省委甘肃省政府

2712 国家惠农政策背景下西部欠发达地区农村经济发展问题研究——以甘肃省为例

时　　间：2011-01-13

奖项名称：甘肃省第十二届社会科学优秀成果奖

获奖等级：3

作　　者：尚明瑞

成果形式：研究报告

颁奖部门：甘肃省委甘肃省政府

2713 省直管县财政体制对贫困地方市级财政的影响及对策建议——以甘肃省定西市为例

时　　间：2011-01-13

奖项名称：甘肃省第十二届社会科学优秀成果奖

获奖等级：3

作　　者：赵鹤频

成果形式：论文

颁奖部门：甘肃省委甘肃省政府

2714 甘肃出土魏晋唐墓壁画

时　　间：2011-01-13

奖项名称：甘肃省第十二届社会科学优秀成果奖

获奖等级：3

作　　者：俄军 郑炳林 高国祥

成果形式：古籍整理

颁奖部门：甘肃省委甘肃省政府

2715 新媒体技术在高校思想政治理论教学实践中的应用与创新（一）

时　　间：2011-01-13

奖项名称：甘肃省第十二届社会科学优秀成果奖

获奖等级：3

作　　者：郎全发

成果形式：教材

颁奖部门：甘肃省委甘肃省政府

2716 西部地区税收竞争的特征及政策取向

时　　间：2011-01-13

奖项名称：甘肃省第十二届社会科学优秀成果奖

获奖等级：3

作　　者：梁红梅 杨莉

成果形式：论文

颁奖部门：甘肃省委甘肃省政府

2717 研究生教育成本分担与资助

时　　间：2011-01-13

奖项名称：甘肃省第十二届社会科学优秀成果奖

获奖等级：3

作　　者：符得团 马建欣

成果形式：专著

颁奖部门：甘肃省委甘肃省政府

2718 基础教育改革与发展研究——西部普通高中教育发展战略研究

时　　间：2011-01-13

奖项名称：甘肃省第十二届社会科学优秀成果奖

获奖等级：3

作　　者：靳建设 王志亮

成果形式：专著

颁奖部门：甘肃省委甘肃省政府

2719 政府会计改革问题研究

时　　间：2011-01-13

奖项名称：甘肃省第十二届社会科学优秀成果奖

获奖等级：3

作　　者：郭恒泰

成果形式：研究报告

颁奖部门：甘肃省委甘肃省政府

2720 我国区域生态建设的财政政策研究

时　　间：2011-01-13

奖项名称：甘肃省第十二届社会科学优秀成果奖

获奖等级：3

作　　者：李兴文 刘家庆 张效功

成果形式：论文

颁奖部门：甘肃省委甘肃省政府

2721 藏传佛教密宗与曼荼罗艺术

时　　间：2011-01-13

奖项名称：甘肃省第十二届社会科学优秀成果奖

获奖等级：3

作　　者：昂巴

成果形式：专著

颁奖部门：甘肃省委甘肃省政府

2722 人性人格人生——现当代心理学视野的理论探索

时　　间：2011-01-13

奖项名称：甘肃省第十二届社会科学优秀成果奖

获奖等级：3

作　　者：张海钟 舒跃育 雒焕国

成果形式：编著

颁奖部门：甘肃省委甘肃省政府

2723 单位空间环境与职工集体维权行动的建构

时　　间：2011-01-13

奖项名称：甘肃省第十二届社会科学优秀成果奖

获奖等级：3

作　　者：李怀

成果形式：论文

颁奖部门：甘肃省委甘肃省政府

2724 复活的记忆——却西德哇传统村运会的应用人类学研究

时　　间：2011-01-13

奖项名称：甘肃省第十二届社会科学优秀成果奖

获奖等级：3

作　　者：宗喀·漾正冈布 刘铁程

成果形式：论文

颁奖部门：甘肃省委甘肃省政府

2725 胡门门宦的宗教思想及其礼仪特点

时　　间：2011-01-13

奖项名称：甘肃省第十二届社会科学优秀成果奖

获奖等级：3

作　　者：马桂芬

成果形式：论文

颁奖部门：甘肃省委甘肃省政府

2726 网络社会学词典

时　　间：2011-01-13

奖项名称：甘肃省第十二届社会科学优秀成果奖

获奖等级：3

作　　者：段兴利 李达

成果形式：编著

颁奖部门：甘肃省委甘肃省政府

2727 论有意义的教育研究

时　　间：2011-01-13

奖项名称：甘肃省第十二届社会科学优秀成果奖

获奖等级：3

作　　者：王兆璟

成果形式：论文

颁奖部门：甘肃省委甘肃省政府

2728 西部地区退牧换草生态工程绩效评价与对策研究

时　　间：2011-01-13

奖项名称：甘肃省第十二届社会科学优秀成果奖

获奖等级：3

作　　者：赵成章

成果形式：研究报告

颁奖部门：甘肃省委甘肃省政府

2729 从绘画到设计——早期抽象主义画家对包豪斯的影响

时　　间：2011-01-13

奖项名称：甘肃省第十二届社会科学优秀成果奖

获奖等级：3

作　　者：张学忠

成果形式：专著

颁奖部门：甘肃省委甘肃省政府

2730 国际货物运输与保险

时　　间：2011-01-13

奖项名称：甘肃省第十二届社会科学优秀成果奖

获奖等级：3

作　　者：那颖

成果形式：教材

颁奖部门：甘肃省委甘肃省政府

2731 基于产业集群的甘肃生态文明建设研究

时　　间：2011-01-13

奖项名称：甘肃省第十二届社会科学优秀成果奖

获奖等级：3

作　　者：姚丽娟

成果形式：研究报告

颁奖部门：甘肃省委甘肃省政府

2732 新农村建设的评价指标及应用研究

时　　间：2011-01-13

奖项名称：甘肃省第十二届社会科学优秀成果奖

获奖等级：3

作　　者：韦晓宏 段根林

成果形式：论文

颁奖部门：甘肃省委甘肃省政府

2733 甘肃政府信息化建设的相关问题研究

时　　间：2011-01-13

奖项名称：甘肃省第十二届社会科学优秀成果奖

获奖等级：3

作　　者：王玉珍

成果形式：研究报告

颁奖部门：甘肃省委甘肃省政府

2734 国债制度运行独立性实证研究

时　　间：2011-01-13

奖项名称：甘肃省第十二届社会科学优秀成果奖

获奖等级：3

作　　者：崔治文 袁野

成果形式：论文

颁奖部门：甘肃省委甘肃省政府

2735 现代思想政治教育前沿问题研究

时　　间：2011-01-13

奖项名称：甘肃省第十二届社会科学优秀成果奖

获奖等级：3

作　　者：王学俭

成果形式：编著

颁奖部门：甘肃省委甘肃省政府

2736 民族地区中小企业融资研究

时　　间：2011-01-13

奖项名称：甘肃省第十二届社会科学优秀成果奖

获奖等级：3

作　　者：陈永奎

成果形式：专著

颁奖部门：甘肃省委甘肃省政府

2737 农村文化建设的内涵和视域

时　　间：2011-01-13

奖项名称：甘肃省第十二届社会科学优秀成果奖

获奖等级：3

作　　者：马永强 王正茂

成果形式：论文

颁奖部门：甘肃省委甘肃省政府

2738 悬泉汉简研究

时　　间：2011-01-13

奖项名称：甘肃省第十二届社会科学优秀成果奖

获奖等级：3

作　　者：郝树声 张德芳

成果形式：专著

颁奖部门：甘肃省委甘肃省政府

2739 维吾尔族妇女"恰依"初探——以新疆喀什市、疏勒县维吾尔族妇女"恰依"为例

时　　间：2011-01-13

奖项名称：甘肃省第十二届社会科学优秀成果奖

获奖等级：3

作　　者：徐黎丽 李智环 [英] 玛丽亚·雅绍克

成果形式：论文

颁奖部门：甘肃省委甘肃省政府

2740 西北少数民族地区政府行为文明研究

时　　间：2011-01-13

奖项名称：甘肃省第十二届社会科学优秀成果奖

获奖等级：3

作　　者：王肃元

成果形式：研究报告

颁奖部门：甘肃省委甘肃省政府

2741 自然科学与社会科学的融合是中国科学体系健康发展的必然

时　　间：2011-01-13

奖项名称：甘肃省第十二届社会科学优秀成果奖

获奖等级：3

作　　者：安文华

成果形式：论文

颁奖部门：甘肃省委甘肃省政府

2742 中国农村社会保障制度研究——以西北贫困地区为例

时　　间：2011-01-13

奖项名称：甘肃省第十二届社会科学优秀成果奖

获奖等级：3

作　　者：曹建民 龙章月 牛剑平

成果形式：专著

颁奖部门：甘肃省委甘肃省政府

2743 张镒年谱

时　　间：2011-01-13

奖项名称：甘肃省第十二届社会科学优秀成果奖

获奖等级：3

作　　者：曾维刚

成果形式：专著

颁奖部门：甘肃省委甘肃省政府

2744 西北传统音乐研究

时　　间：2011-01-13

奖项名称：甘肃省第十二届社会科学优秀成果奖

获奖等级：3

作　　者：张君仁

成果形式：编著

颁奖部门：甘肃省委甘肃省政府

2745 黑水城出土夏金榷声贸易文书研究

时　　间：2011-01-13

奖项名称：甘肃省第十二届社会科学优秀成果奖

获奖等级：3

作　　者：杨富学 陈爱峰

成果形式：论文

颁奖部门：甘肃省委甘肃省政府

2746 区域环境治理与生态农业发展

时　　间：2011-01-13

奖项名称：甘肃省第十二届社会科学优秀成果奖

获奖等级：3

作　　者：汪慧玲

成果形式：专著

颁奖部门：甘肃省委甘肃省政府

2747 教育启蒙与公民人格建构

时　　间：2011-01-13

奖项名称：甘肃省第十二届社会科学优秀成果奖

获奖等级：3

作　　者：李朝东 王金元

成果形式：专著

颁奖部门：甘肃省委甘肃省政府

2748 西部生态补偿制度缺失及重构

时　　间：2011-01-13

奖项名称：甘肃省第十二届社会科学优秀成果奖

获奖等级：3

作　　者：吕志祥 刘嘉尧

成果形式：论文

颁奖部门：甘肃省委甘肃省政府

2749 高职高专院校大学生网络思想政治教育平台的探索与实践

时　　间：2011-01-13

奖项名称：甘肃省第十二届社会科学优秀成果奖

获奖等级：3

作　　者：江铃

成果形式：研究报告

颁奖部门：甘肃省委甘肃省政府

2750 20世纪上半叶中国初等几何教科书的演变及其启示

时　　间：2011-01-13

奖项名称：甘肃省第十二届社会科学优秀成果奖

获奖等级：3

作　　者：陈婷

成果形式：论文

颁奖部门：甘肃省委甘肃省政府

2751 加快白银棚户区改造的调研报告

时　　间：2011-01-13

奖项名称：甘肃省第十二届社会科学优秀成果奖

获奖等级：3

作　　者：郭爱兰 岳晓莉

成果形式：论文

颁奖部门：甘肃省委甘肃省政府

2752 论春秋辞令中的散文文体

时　　间：2011-01-13

奖项名称：甘肃省第十二届社会科学优秀成果奖

获奖等级：3

作　　者：董芬芬

成果形式：研究报告

颁奖部门：甘肃省委甘肃省政府

2753 我国西部省区发展状况综合评价指标体系的设计

时　　间：2011-01-13

奖项名称：甘肃省第十二届社会科学优秀成果奖

获奖等级：3

作　　者：郭海明

成果形式：论文

颁奖部门：甘肃省委甘肃省政府

2754 农民土地权益保障的法律分析

时　　间：2011-01-13

奖项名称：甘肃省第十二届社会科学优秀成果奖

获奖等级：3

作　　者：黄梅兰

成果形式：论文

颁奖部门：甘肃省委甘肃省政府

2755 兰州方言词典

时　　间：2011-01-13

奖项名称：甘肃省第十二届社会科学优秀成果奖

获奖等级：3

作　　者：张文轩 莫超

成果形式：工具书

颁奖部门：甘肃省委甘肃省政府

2756 期刊网络采编系统研发及系统功能分析

时　　间：2011-01-13

奖项名称：甘肃省第十二届社会科学优秀成果奖

获奖等级：3

作　　者：张科

成果形式：论文

颁奖部门：甘肃省委甘肃省政府

2757 甘南城镇化的时空过程、功能分异与组织优化研究

时　　间：2011-01-13

奖项名称：甘肃省第十二届社会科学优秀成果奖

获奖等级：3

作　　者：李巍

成果形式：研究报告

颁奖部门：甘肃省委甘肃省政府

2758 货币政策研究

时　　间：2011-01-13

奖项名称：甘肃省第十二届社会科学优秀成果奖

获奖等级：3

作　　者：魏长徵

成果形式：专著

颁奖部门：甘肃省委甘肃省政府

2759 伏羲文化精神的现代意义

时　　间：2013-03-22

奖项名称：甘肃省第十三届哲学社会科学优秀成果奖

获奖等级：1

作　　者：胡政平 谢增虎

成果形式：论文

颁奖部门：甘肃省委甘肃省政府

2760 甘肃书法史

时　　间：2013-03-22

奖项名称：甘肃省第十三届哲学社会科学优秀成果奖

获奖等级：1

作　　者：张永基 刘云鹏

成果形式：专著

颁奖部门：甘肃省委甘肃省政府

2761 西北少数民族地区政府行为文明与公民权保障研究

时　　间：2013-03-22

奖项名称：甘肃省第十三届哲学社会科学优秀成果奖

获奖等级：1

作　　者：王肃元

成果形式：编著

颁奖部门：甘肃省委甘肃省政府

2762 大知闲闲：中国生命智慧论要

时　　间：2013-03-22

奖项名称：甘肃省第十三届哲学社会科学优秀成果奖

获奖等级：1

作　　者：郭昭第

成果形式：专著

颁奖部门：甘肃省委甘肃省政府

2763 民国时期西北少数民族社会变迁及其问题研究

时　　间：2013-03-22

奖项名称：甘肃省第十三届哲学社会科学优秀成果奖

获奖等级：1

作　　者：闫丽娟

成果形式：专著

颁奖部门：甘肃省委甘肃省政府

2764 兰州新区建设发展中的水资源保障力研究

时　　间：2013-03-22

奖项名称：甘肃省第十三届哲学社会科学优秀成果奖

获奖等级：1

作　　者：周兴福

成果形式：研究报告

颁奖部门：甘肃省委甘肃省政府

2765 西北边疆管理模式演变与社会控制研究

时　　间：2013-03-22

奖项名称：甘肃省第十三届哲学社会科学优秀成果奖

获奖等级：1

作　　者：田澍 何玉红 马啸

成果形式：编著

颁奖部门：甘肃省委甘肃省政府

2766 弘扬灾后重建精神　推动陇南跨越发展

时　　间：2013-03-22

奖项名称：甘肃省第十三届哲学社会科学优秀成果奖

获奖等级：1

作　　者：王玺玉

成果形式：论文

颁奖部门：甘肃省委甘肃省政府

2767 建构主义视野中教师学习解析

时　　间：2013-03-22

奖项名称：甘肃省第十三届哲学社会科学优秀成果奖

获奖等级：1

作　　者：赵明仁 黄显华

成果形式：论文

颁奖部门：甘肃省委甘肃省政府

2768 中国西部农村公共产品供给问题研究

时　　间：2013-03-22

奖项名称：甘肃省第十三届哲学社会科学优秀成果奖

获奖等级：1

作　　者：张平军

成果形式：专著

颁奖部门：甘肃省委甘肃省政府

2769 民族社会学概论

时　　间：2013-03-22

奖项名称：甘肃省第十三届哲学社会科学

优秀成果奖

获奖等级：1

作　　者：高永久

成果形式：教材

颁奖部门：甘肃省委甘肃省政府

2770 社会保障财务与会计专题研究

时　　间：2013-03-22

奖项名称：甘肃省第十三届哲学社会科学优秀成果奖

获奖等级：1

作　　者：邓小军 丁玉芳

成果形式：专著

颁奖部门：甘肃省委甘肃省政府

2771 西北地区乡村农牧民政治参与特征研究

时　　间：2013-03-22

奖项名称：甘肃省第十三届哲学社会科学优秀成果奖

获奖等级：1

作　　者：杨平

成果形式：论文

颁奖部门：甘肃省委甘肃省政府

2772 西部农村贫困与反贫困路径选择

时　　间：2013-03-22

奖项名称：甘肃省第十三届哲学社会科学优秀成果奖

获奖等级：1

作　　者：韩建民 韩旭峰 朱院利

成果形式：编著

颁奖部门：甘肃省委甘肃省政府

2773 敦煌石窟全集（第一卷）莫高窟第 266 ~ 275 窟考古报告

时　　间：2013-03-22

奖项名称：甘肃省第十三届哲学社会科学优秀成果奖

获奖等级：1

作　　者：樊锦诗 蔡伟堂 黄文昆

成果形式：编著

颁奖部门：甘肃省委甘肃省政府

2774 藏族盟誓研究

时　　间：2013-03-22

奖项名称：甘肃省第十三届哲学社会科学优秀成果奖

获奖等级：1

作　　者：牛绿花

成果形式：专著

颁奖部门：甘肃省委甘肃省政府

2775 庄廷鑨《明史》案与清初江浙文学生态

时　　间：2013-03-22

奖项名称：甘肃省第十三届哲学社会科学优秀成果奖

获奖等级：1

作　　者：张兵 张毓洲

成果形式：论文

颁奖部门：甘肃省委甘肃省政府

2776 以公共价值为基础的政府绩效治理——源起、架构与研究问题

时　　间：2013-03-22

奖项名称：甘肃省第十三届哲学社会科学优秀成果奖

获奖等级：1

作　　者：包国宪 王学军

成果形式：论文

颁奖部门：甘肃省委甘肃省政府

2777 兰州新区空间布局规划研究

时　　间：2013-03-22

奖项名称：甘肃省第十三届哲学社会科学优秀成果奖

获奖等级：1

作　　者：石培基

成果形式：研究报告

颁奖部门：甘肃省委甘肃省政府

2778 文溯阁本《四库全书》研究

时　　间：2013-03-22

奖项名称：甘肃省第十三届哲学社会科学优秀成果奖

获奖等级：1

作　　者：郭向东

成果形式：论文

颁奖部门：甘肃省委甘肃省政府

2779 甘肃流通体系研究

时　　间：2013-03-22

奖项名称：甘肃省第十三届哲学社会科学优秀成果奖

获奖等级：2

作　　者：蔡文浩

成果形式：研究报告

颁奖部门：甘肃省委甘肃省政府

2780 甘肃红色旅游资源开发与红色旅游研究

时　　间：2013-03-22

奖项名称：甘肃省第十三届哲学社会科学优秀成果奖

获奖等级：2

作　　者：李春芳

成果形式：研究报告

颁奖部门：甘肃省委甘肃省政府

2781 项目管理技术在国家审计项目管理中的应用

时　　间：2013-03-22

奖项名称：甘肃省第十三届哲学社会科学优秀成果奖

获奖等级：2

作　　者：赵爱玲

成果形式：论文

颁奖部门：甘肃省委甘肃省政府

2782 当代中国发展语境中的正义共识研究

时　　间：2013-03-22

奖项名称：甘肃省第十三届哲学社会科学优秀成果奖

获奖等级：2

作　　者：王文东

成果形式：专著

颁奖部门：甘肃省委甘肃省政府

2783 西部地区中小学现代远程教育资源研究

时　　间：2013-03-22

奖项名称：甘肃省第十三届哲学社会科学优秀成果奖

获奖等级：2

作　　者：俞树煜

成果形式：专著

颁奖部门：甘肃省委甘肃省政府

2784 密切党群干群关系的障碍与途径

时　　间：2013-03-22

奖项名称：甘肃省第十三届哲学社会科学优秀成果奖

获奖等级：2

作　　者：曹殊

成果形式：论文

颁奖部门：甘肃省委甘肃省政府

2785 甘肃省抢抓发展循环经济机遇的对策研究

时　　间：2013-03-22

奖项名称：甘肃省第十三届哲学社会科学优秀成果奖

获奖等级：2

作　　者：岳立

成果形式：研究报告

颁奖部门：甘肃省委甘肃省政府

2786 配偶权的时效取得

时　　间：2013-03-22

奖项名称：甘肃省第十三届哲学社会科学优秀成果奖

获奖等级：2

作　　者：冯乐坤

成果形式：论文

颁奖部门：甘肃省委甘肃省政府

2787 毒品吸戒问题研究——来自心理学的探索

时　　间：2013-03-22

奖项名称：甘肃省第十三届哲学社会科学优秀成果奖

获奖等级：2

作　　者：杨玲 李明军

成果形式：专著

颁奖部门：甘肃省委甘肃省政府

2788 中国少数民族教育政策体系研究

时　　间：2013-03-22

奖项名称：甘肃省第十三届哲学社会科学优秀成果奖

获奖等级：2

作　　者：王鉴

成果形式：编著

颁奖部门：甘肃省委甘肃省政府

2789 甘肃省建设资源节约型、环境友好型社会的法律保障机制研究

时　　间：2013-03-22

奖项名称：甘肃省第十三届哲学社会科学优秀成果奖

获奖等级：2

作　　者：尚明瑞

成果形式：研究报告

颁奖部门：甘肃省委甘肃省政府

2790 地方立法质量跟踪评估制度研究

时　　间：2013-03-22

奖项名称：甘肃省第十三届哲学社会科学优秀成果奖

获奖等级：2

作　　者：任尔昕

成果形式：编著

颁奖部门：甘肃省委甘肃省政府

2791 奖励和竞争机制下的公共服务提升——对中国城市"创卫"的研究

时　　间：2013-03-22

奖项名称：甘肃省第十三届哲学社会科学优秀成果奖

获奖等级：2

作　　者：张永梅 李秉勤

成果形式：论文

颁奖部门：甘肃省委甘肃省政府

2792 鲁迅的写作与民俗文化

时　　间：2013-03-22

奖项名称：甘肃省第十三届哲学社会科学优秀成果奖

获奖等级：2

作　　者：王元忠

成果形式：专著

颁奖部门：甘肃省委甘肃省政府

2793 图书馆知识整合与知识服务研究——以西部社会科学院图书馆为例

时　　间：2013-03-22

奖项名称：甘肃省第十三届哲学社会科学优秀成果奖

获奖等级：2

作　　者：袁懿 吴新年

成果形式：编著

颁奖部门：甘肃省委甘肃省政府

2794 民意对刑事司法的影响考量

时　　间：2013-03-22

奖项名称：甘肃省第十三届哲学社会科学优秀成果奖

获奖等级：2

作　　者：郜占川

成果形式：系列论文

颁奖部门：甘肃省委甘肃省政府

2795 甘肃非物质文化遗产挖掘与保护

时　　间：2013-03-22

奖项名称：甘肃省第十三届哲学社会科学优秀成果奖

获奖等级：2

作　　者：李俊霞

成果形式：编著

颁奖部门：甘肃省委甘肃省政府

2796 贯休歌诗系年笺注

时　　间：2013-03-22

奖项名称：甘肃省第十三届哲学社会科学优秀成果奖

获奖等级：2

作　　者：胡大浚

成果形式：校注

颁奖部门：甘肃省委甘肃省政府

2797 兰州市产业布局与园区建设研究

时　　间：2013-03-22

奖项名称：甘肃省第十三届哲学社会科学优秀成果奖

获奖等级：2

作　　者：蔺全录

成果形式：研究报告

颁奖部门：甘肃省委甘肃省政府

2798 网络舆论监督及其规范

时　　间：2013-03-22

奖项名称：甘肃省第十三届哲学社会科学优秀成果奖

获奖等级：2

作　　者：孙健 徐祖迎

成果形式：论文

颁奖部门：甘肃省委甘肃省政府

2799 甘肃省领军人才考核指标体系研究

时　　间：2013-03-22

奖项名称：甘肃省第十三届哲学社会科学优秀成果奖

获奖等级：2

作　　者：郝树声 李杰

成果形式：研究报告

颁奖部门：甘肃省委甘肃省政府

2800 自然地理环境的贫困效应检验——自然地理条件对农村贫困影响的实证分析

时　　间：2013-03-22

奖项名称：甘肃省第十三届哲学社会科学

优秀成果奖

获奖等级：2

作　　者：曲玮 涂勤 牛叔文 胡苗

成果形式：论文

颁奖部门：甘肃省委甘肃省政府

2801　知识的语言表述和逻辑表述

时　　间：2013-03-22

奖项名称：甘肃省第十三届哲学社会科学优秀成果奖

获奖等级：2

作　　者：李朝东 何涛

成果形式：论文

颁奖部门：甘肃省委甘肃省政府

2802　全面建设小康社会与少数民族地区群众性多元化体育服务体系的构建

时　　间：2013-03-22

奖项名称：甘肃省第十三届哲学社会科学优秀成果奖

获奖等级：2

作　　者：芦平生

成果形式：研究报告

颁奖部门：甘肃省委甘肃省政府

2803　虚拟世界中的道德实践——以大学生网民为例

时　　间：2013-03-22

奖项名称：甘肃省第十三届哲学社会科学优秀成果奖

获奖等级：2

作　　者：黄少华

成果形式：专著

颁奖部门：甘肃省委甘肃省政府

2804　基于产业集群的区域经济发展战略

时　　间：2013-03-22

奖项名称：甘肃省第十三届哲学社会科学优秀成果奖

获奖等级：2

作　　者：王成勇

成果形式：专著

颁奖部门：甘肃省委甘肃省政府

2805　唐律"斗杀"考

时　　间：2013-03-22

奖项名称：甘肃省第十三届哲学社会科学优秀成果奖

获奖等级：2

作　　者：刘晓林

成果形式：论文

颁奖部门：甘肃省委甘肃省政府

2806　甘肃省城乡收入差距对经济增长的影响——基于面板数据的实证研究

时　　间：2013-03-22

奖项名称：甘肃省第十三届哲学社会科学优秀成果奖

获奖等级：2

作　　者：梁亚民 臧海明 朱晓静

成果形式：论文

颁奖部门：甘肃省委甘肃省政府

2807　河西通史

时　　间：2013-03-22

奖项名称：甘肃省第十三届哲学社会科学优秀成果奖

获奖等级：2

作　　者：高荣

成果形式：编著

颁奖部门：甘肃省委甘肃省政府

2808 宋代士人阶层女性研究

时　　间：2013-03-22

奖项名称：甘肃省第十三届哲学社会科学优秀成果奖

获奖等级：2

作　　者：铁爱花

成果形式：专著

颁奖部门：甘肃省委甘肃省政府

2809 西北地区资源型产业发展研究

时　　间：2013-03-22

奖项名称：甘肃省第十三届哲学社会科学优秀成果奖

获奖等级：2

作　　者：何苑

成果形式：专著

颁奖部门：甘肃省委甘肃省政府

2810 中国华北文献丛书

时　　间：2013-03-22

奖项名称：甘肃省第十三届哲学社会科学优秀成果奖

获奖等级：2

作　　者：甘肃省古籍文献整理编译中心

成果形式：古籍整理

颁奖部门：甘肃省委甘肃省政府

2811 汉藏金融词典

时　　间：2013-03-22

奖项名称：甘肃省第十三届哲学社会科学优秀成果奖

获奖等级：2

作　　者：詹中宏

成果形式：工具书

颁奖部门：甘肃省委甘肃省政府

2812 北朝民族文学绪论

时　　间：2013-03-22

奖项名称：甘肃省第十三届哲学社会科学优秀成果奖

获奖等级：2

作　　者：高人雄

成果形式：专著

颁奖部门：甘肃省委甘肃省政府

2813 基于调水工程的区域可持续发展研究——以"引洮供水工程"为例

时　　间：2013-03-22

奖项名称：甘肃省第十三届哲学社会科学优秀成果奖

获奖等级：2

作　　者：骆进仁

成果形式：研究报告

颁奖部门：甘肃省委甘肃省政府

2814 庆阳通史

时　　间：2013-03-22

奖项名称：甘肃省第十三届哲学社会科学优秀成果奖

获奖等级：2

作　　者：张文先 卢造钧

成果形式：编著

颁奖部门：甘肃省委甘肃省政府

2815 "打通国际路线"方针对党和红军的重大影响

时　　间：2013-03-22

奖项名称：甘肃省第十三届社会科学优秀成果奖

获奖等级：2

作　　者：吴晓军

成果形式：论文

颁奖部门：甘肃省委甘肃省政府

2816 当代中国发展语境中的正义共识研究

时　间：2012-12-24

奖项名称：甘肃省第十三届哲学社会科学优秀成果

获奖等级：2

作　者：王文东

成果形式：专著

颁奖部门：甘肃省委甘肃省政府

2817 灾后重建中通过感恩教育弘扬社会主义核心价值体系的实践与思考

时　间：2013-03-22

奖项名称：甘肃省第十三届哲学社会科学优秀成果奖

获奖等级：2

作　者：张昉

成果形式：论文

颁奖部门：甘肃省委甘肃省政府

2818 中国古代家训与个体品德培育问题研究

时　间：2013-03-22

奖项名称：甘肃省第十三届哲学社会科学优秀成果奖

获奖等级：2

作　者：陈晓龙 赵兴虎 符得团 马建欣 陈新专

成果形式：论文

颁奖部门：甘肃省委甘肃省政府

2819 企业文化

时　间：2013-03-22

奖项名称：甘肃省第十三届哲学社会科学

优秀成果奖

获奖等级：2

作　者：李少惠 崔吉磊

成果形式：教材

颁奖部门：甘肃省委甘肃省政府

2820 文化传播与人口较少民族文化变迁——裕固族 30 年来文化变迁的民族志阐释

时　间：2013-03-22

奖项名称：甘肃省第十三届哲学社会科学优秀成果奖

获奖等级：2

作　者：王海飞

成果形式：专著

颁奖部门：甘肃省委甘肃省政府

2821 酒泉通史（第一卷—第五卷）

时　间：2013-03-22

奖项名称：甘肃省第十三届哲学社会科学优秀成果奖

获奖等级：2

作　者：孙占鳌

成果形式：编著

颁奖部门：甘肃省委甘肃省政府

2822 论题壁书

时　间：2013-03-22

奖项名称：甘肃省第十三届哲学社会科学优秀成果奖

获奖等级：2

作　者：蔡副全

成果形式：论文

颁奖部门：甘肃省委甘肃省政府

2823 甘肃省开发农村消费市场对策研究

时　　间：2013-03-22

奖项名称：甘肃省第十三届哲学社会科学优秀成果奖

获奖等级：2

作　　者：王学军

成果形式：研究报告

颁奖部门：甘肃省委甘肃省政府

2824 完善甘肃农村土地流转制度之法社会学思考

时　　间：2013-03-22

奖项名称：甘肃省第十三届哲学社会科学优秀成果奖

获奖等级：2

作　　者：武晓红 宋春光 马建兵

成果形式：系列论文

颁奖部门：甘肃省委甘肃省政府

2825 小额贷款在服务"三农"中的实践探析

时　　间：2013-03-22

奖项名称：甘肃省第十三届哲学社会科学优秀成果奖

获奖等级：2

作　　者：席浩林

成果形式：研究报告

颁奖部门：甘肃省委甘肃省政府

2826 教育研究的传统与科学化

时　　间：2013-03-22

奖项名称：甘肃省第十三届哲学社会科学优秀成果奖

获奖等级：2

作　　者：刘旭东 吴原

成果形式：论文

颁奖部门：甘肃省委甘肃省政府

2827 甘肃省粮食补贴政策实施效果分析

时　　间：2013-03-22

奖项名称：甘肃省第十三届哲学社会科学优秀成果奖

获奖等级：2

作　　者：杨林娟

成果形式：研究报告

颁奖部门：甘肃省委甘肃省政府

2828 中国新闻从业者职业认同研究（1815-1927）

时　　间：2013-03-22

奖项名称：甘肃省第十三届哲学社会科学优秀成果奖

获奖等级：2

作　　者：樊亚平

成果形式：专著

颁奖部门：甘肃省委甘肃省政府

2829 生态文明与公民意识

时　　间：2013-03-22

奖项名称：甘肃省第十三届哲学社会科学优秀成果奖

获奖等级：2

作　　者：王学俭 宫长瑞

成果形式：专著

颁奖部门：甘肃省委甘肃省政府

2830 当代大学生诚信教育机制研究

时　　间：2013-03-22

奖项名称：甘肃省第十三届哲学社会科学优秀成果奖

获奖等级：2

作　　者：马军党

成果形式：研究报告

颁奖部门：甘肃省委甘肃省政府

2831 道德的中国与规则的日本

时　　间：2013-03-22

奖项名称：甘肃省第十三届哲学社会科学优秀成果奖

获奖等级：2

作　　者：孙绿江

成果形式：专著

颁奖部门：甘肃省委甘肃省政府

2832 失地农民利益补偿机制与甘肃省城镇化道路的正确选择

时　　间：2013-03-22

奖项名称：甘肃省第十三届哲学社会科学优秀成果奖

获奖等级：2

作　　者：王生林

成果形式：研究报告

颁奖部门：甘肃省委甘肃省政府

2833 基层地方政权机构改革的模式研究

时　　间：2013-03-22

奖项名称：甘肃省第十三届哲学社会科学优秀成果奖

获奖等级：2

作　　者：刘新生 王彦智 王宏波

成果形式：专著

颁奖部门：甘肃省委甘肃省政府

2834 负所得税是实现扶贫开发与农村低保制度有效衔接的现实选择

时　　间：2013-03-22

奖项名称：甘肃省第十三届哲学社会科学优秀成果奖

获奖等级：2

作　　者：李庆梅 聂佃忠

成果形式：论文

颁奖部门：甘肃省委甘肃省政府

2835 平行进口的法理分析与立法选择

时　　间：2013-03-22

奖项名称：甘肃省第十三届哲学社会科学优秀成果奖

获奖等级：2

作　　者：李玉璧

成果形式：论文

颁奖部门：甘肃省委甘肃省政府

2836 黄世仲革命生涯和小说生涯考论（上、下）

时　　间：2013-03-22

奖项名称：甘肃省第十三届哲学社会科学优秀成果奖

获奖等级：2

作　　者：颜廷亮

成果形式：专著

颁奖部门：甘肃省委甘肃省政府

2837 财政分权下的地方公共产品供给研究

时　　间：2013-03-22

奖项名称：甘肃省第十三届哲学社会科学优秀成果奖

获奖等级：2

作　　者：管新帅

成果形式：研究报告

颁奖部门：甘肃省委甘肃省政府

2838 甘肃省学前教育人才培养的历史回顾与对策研究

时　　间：2013-03-22

奖项名称：甘肃省第十三届哲学社会科学优秀成果奖

获奖等级：2

作　　者：王兴隆 沈建洲 张海钟

成果形式：论文

颁奖部门：甘肃省委甘肃省政府

2839 公益类事业单位改革的立法保障研究

时　　间：2013-03-22

奖项名称：甘肃省第十三届哲学社会科学优秀成果奖

获奖等级：3

作　　者：何文杰

成果形式：专著

颁奖部门：甘肃省委甘肃省政府

2840 转企改制后经营性文化单位员工满意度及影响因素研究——以甘肃省为例

时　　间：2013-03-22

奖项名称：甘肃省第十三届哲学社会科学优秀成果奖

获奖等级：3

作　　者：王云飞

成果形式：论文

颁奖部门：甘肃省委甘肃省政府

2841 我国种子加工业发展探析

时　　间：2013-03-22

奖项名称：甘肃省第十三届哲学社会科学优秀成果奖

获奖等级：3

作　　者：贾琼 贾峻 贾莉 郭军锋

成果形式：论文

颁奖部门：甘肃省委甘肃省政府

2842 《汉武帝内传》非葛洪之作补证——兼论逯钦立辑录五首葛洪佚诗的真伪

时　　间：2013-03-22

奖项名称：甘肃省第十三届哲学社会科学优秀成果奖

获奖等级：3

作　　者：丁宏武

成果形式：论文

颁奖部门：甘肃省委甘肃省政府

2843 甘肃民族地区新型农村合作医疗现状及对策研究

时　　间：2013-03-22

奖项名称：甘肃省第十三届哲学社会科学优秀成果奖

获奖等级：3

作　　者：刘荣

成果形式：研究报告

颁奖部门：甘肃省委甘肃省政府

2844 陈式太极拳小架六十四式探微

时　　间：2013-03-22

奖项名称：甘肃省第十三届哲学社会科学优秀成果奖

获奖等级：3

作　　者：张正红 刘志兰

成果形式：编著

颁奖部门：甘肃省委甘肃省政府

2845 资源枯竭地区经济转型评价体系研究

时　　间：2013-03-22

奖项名称：甘肃省第十三届哲学社会科学优秀成果奖

获奖等级：3

作　　者：庞智强 王必达

成果形式：论文

颁奖部门：甘肃省委甘肃省政府

2846 吐蕃中节度考

时　　间：2013-03-22

奖项名称：甘肃省第十三届哲学社会科学优秀成果奖

获奖等级：3

作　　者：朱悦梅

成果形式：论文

颁奖部门：甘肃省委甘肃省政府

2847 利用网络环境建立城乡互动老师专业化能力协同发展模式

时　　间：2013-03-22

奖项名称：甘肃省第十三届哲学社会科学优秀成果奖

获奖等级：3

作　　者：郭绍青

成果形式：研究报告

颁奖部门：甘肃省委甘肃省政府

2848 西北世居少数民族日常交往心态研究

时　　间：2013-03-22

奖项名称：甘肃省第十三届哲学社会科学优秀成果奖

获奖等级：3

作　　者：马进

成果形式：专著

颁奖部门：甘肃省委甘肃省政府

2849 甘肃藏敦煌藏文文献叙录

时　　间：2013-03-22

奖项名称：甘肃省第十三届哲学社会科学优秀成果奖

获奖等级：3

作　　者：马德

成果形式：编著

颁奖部门：甘肃省委甘肃省政府

2850 宋元时期藏族地区经济研究

时　　间：2013-03-22

奖项名称：甘肃省第十三届哲学社会科学优秀成果奖

获奖等级：3

作　　者：杨惠玲

成果形式：专著

颁奖部门：甘肃省委甘肃省政府

2851 中印领土争议东段地区珞巴族塔金人及其社会变迁

时　　间：2013-03-22

奖项名称：甘肃省第十三届哲学社会科学优秀成果奖

获奖等级：3

作　　者：李金轲 马得汶

成果形式：论文

颁奖部门：甘肃省委甘肃省政府

2852 行政伦理与公仆意识

时　　间：2013-03-22

奖项名称：甘肃省第十三届哲学社会科学优秀成果奖

获奖等级：3

作　　者：蔡小平 王伟

成果形式：专著

颁奖部门：甘肃省委甘肃省政府

2853 甘肃省国际金融贷款项目绩效评价体系研究

时　　间：2013-03-22

奖项名称：甘肃省第十三届哲学社会科学优秀成果奖

获奖等级：3

作　　者：张健

成果形式：研究报告

颁奖部门：甘肃省委甘肃省政府

2854 甘肃省农村发展和农民工问题研究

时　　间：2013-03-22

奖项名称：甘肃省第十三届哲学社会科学优秀成果奖

获奖等级：3

作　　者：窦学诚

成果形式：研究报告

颁奖部门：甘肃省委甘肃省政府

2855 建立生态补偿制度　促进环境可持续发展

时　　间：2013-03-22

奖项名称：甘肃省第十三届哲学社会科学优秀成果奖

获奖等级：3

作　　者：柴发喜

成果形式：研究报告

颁奖部门：甘肃省委甘肃省政府

2856 我国创业板市场会计信息披露问题探讨

时　　间：2013-03-22

奖项名称：甘肃省第十三届社会科学优秀成果奖

获奖等级：3

作　　者：蔺汉杰

成果形式：论文

颁奖部门：甘肃省委甘肃省政府

2857 "十一五"期间我国人文社会科学学术生产力分布研究——基于国家社科基金项目的数据分析

时　　间：2013-03-22

奖项名称：甘肃省第十三届哲学社会科学优秀成果奖

获奖等级：3

作　　者：王永斌

成果形式：论文

颁奖部门：甘肃省委甘肃省政府

2858 突发公共事件中媒介疏通的"低度效果"及解决路径——基于"3.14"事件中甘南藏族自治州舆论引导模式的多维调查

时　　间：2013-03-22

奖项名称：甘肃省第十三届哲学社会科学优秀成果奖

获奖等级：3

作　　者：马廷魁

成果形式：论文

颁奖部门：甘肃省委甘肃省政府

2859 全球消费与底层反抗——山寨现象的社会学解读

时　　间：2013-03-22

奖项名称：甘肃省第十三届哲学社会科学优秀成果奖

获奖等级：3

作　　者：焦若水

成果形式：论文

颁奖部门：甘肃省委甘肃省政府

2860 非物质文化遗产与历史变迁中的地方社会——以歌谣为中心的解读

时　　间：2013-03-22

奖项名称：甘肃省第十三届哲学社会科学

优秀成果奖

获奖等级：3

作　　者：马莉

成果形式：专著

颁奖部门：甘肃省委甘肃省政府

2861 提升甘肃扶贫开发水平模式选择研究

时　　间：2013-03-22

奖项名称：甘肃省第十三届哲学社会科学优秀成果奖

获奖等级：3

作　　者：杨瑚

成果形式：研究报告

颁奖部门：甘肃省委甘肃省政府

2862 辛亥革命在甘肃（上、下）

时　　间：2013-03-22

奖项名称：甘肃省第十三届哲学社会科学优秀成果奖

获奖等级：3

作　　者：张蕊兰

成果形式：编著

颁奖部门：甘肃省委甘肃省政府

2863 少数人权利的国际保护

时　　间：2013-03-22

奖项名称：甘肃省第十三届社会科学优秀成果奖

获奖等级：3

作　　者：吴双全

成果形式：专著

颁奖部门：甘肃省委甘肃省政府

2864 欠发达地区农民专业合作社信贷融资与成长发育的实证分析

时　　间：2013-03-22

奖项名称：甘肃省第十三届哲学社会科学优秀成果奖

获奖等级：3

作　　者：马丁丑 刘发跃 杨林娟 王文略

成果形式：论文

颁奖部门：甘肃省委甘肃省政府

2865 民生视角下的"三农"财政政策研究

时　　间：2013-03-22

奖项名称：甘肃省第十三届哲学社会科学优秀成果奖

获奖等级：3

作　　者：刘家庆

成果形式：专著

颁奖部门：甘肃省委甘肃省政府

2866 甘肃农村金融供给与创新研究

时　　间：2013-03-22

奖项名称：甘肃省第十三届哲学社会科学优秀成果奖

获奖等级：3

作　　者：丁竹君

成果形式：研究报告

颁奖部门：甘肃省委甘肃省政府

2867 "三农"综合视角下甘肃农业补贴政策研究

时　　间：2013-03-22

奖项名称：甘肃省第十三届哲学社会科学优秀成果奖

获奖等级：3

作　　者：张冀民

成果形式：研究报告

颁奖部门：甘肃省委甘肃省政府

2868 后金融危机时期我国宏观调控的政策取向探析

时　　间：2013-03-22

奖项名称：甘肃省第十三届哲学社会科学优秀成果奖

获奖等级：3

作　　者：朱宁

成果形式：论文

颁奖部门：甘肃省委甘肃省政府

2869 唐人豪侠小说集

时　　间：2013-03-22

奖项名称：甘肃省第十三届哲学社会科学优秀成果奖

获奖等级：3

作　　者：汪聚应

成果形式：校注

颁奖部门：甘肃省委甘肃省政府

2870 历史唯物主义何以超越虚无主义？——从海德格尔对马克思的一个论断谈起

时　　间：2013-03-22

奖项名称：甘肃省第十三届哲学社会科学优秀成果奖

获奖等级：3

作　　者：刘贵祥

成果形式：论文

颁奖部门：甘肃省委甘肃省政府

2871 甘肃省新建本科院校办学特色研究——以兰州城市学院为例

时　　间：2013-03-22

奖项名称：甘肃省第十三届哲学社会科学优秀成果奖

获奖等级：3

作　　者：张社平

成果形式：研究报告

颁奖部门：甘肃省委甘肃省政府

2872 注意资源的有限性——心理不应期效应的理论与实证研究

时　　间：2013-03-22

奖项名称：甘肃省第十三届哲学社会科学优秀成果奖

获奖等级：3

作　　者：吴彦文 杨喜梅

成果形式：专著

颁奖部门：甘肃省委甘肃省政府

2873 商事活动理性化与国家税权的变迁

时　　间：2013-03-22

奖项名称：甘肃省第十三届哲学社会科学优秀成果奖

获奖等级：3

作　　者：陈国文

成果形式：专著

颁奖部门：甘肃省委甘肃省政府

2874 颜延之的人生命运及其著作的编辑与流传——兼谈《颜氏传书》本《颜光禄集》的文学与文献价值

时　　间：2013-03-22

奖项名称：甘肃省第十三届哲学社会科学优秀成果奖

获奖等级：3

作　　者：杨晓斌

成果形式：论文

颁奖部门：甘肃省委甘肃省政府

2875 尊重与互惠：道德共同体的构建——伊斯兰教西道堂处理社会关系的实践与启示

时　　间：2013-03-22

奖项名称：甘肃省第十三届哲学社会科学优秀成果奖

获奖等级：3

作　　者：李晓英 敏俊卿

成果形式：论文

颁奖部门：甘肃省委甘肃省政府

2876 武将知州与"以文驭武"：以南宋吴氏武将知兴州为中心

时　　间：2013-03-22

奖项名称：甘肃省第十三届哲学社会科学优秀成果奖

获奖等级：3

作　　者：何玉红

成果形式：论文

颁奖部门：甘肃省委甘肃省政府

2877 甘肃省装备制造业集群品牌发展战略研究

时　　间：2013-03-22

奖项名称：甘肃省第十三届哲学社会科学优秀成果奖

获奖等级：3

作　　者：赵岩

成果形式：研究报告

颁奖部门：甘肃省委甘肃省政府

2878 论语文教科书内容的确定性

时　　间：2013-03-22

奖项名称：甘肃省第十三届哲学社会科学优秀成果奖

获奖等级：3

作　　者：李金云

成果形式：论文

颁奖部门：甘肃省委甘肃省政府

2879 甘肃企业融资环境与融资策略研究

时　　间：2013-03-22

奖项名称：甘肃省第十三届哲学社会科学优秀成果奖

获奖等级：3

作　　者：王霞

成果形式：研究报告

颁奖部门：甘肃省委甘肃省政府

2880 汉代四家《诗》命名考辨

时　　间：2013-03-22

奖项名称：甘肃省第十三届哲学社会科学优秀成果奖

获奖等级：3

作　　者：赵茂林

成果形式：论文

颁奖部门：甘肃省委甘肃省政府

2881 西北丝绸之路的非遗保护

时　　间：2013-03-22

奖项名称：甘肃省第十三届哲学社会科学优秀成果奖

获奖等级：3

作　　者：南宇 杨永春

成果形式：论文

颁奖部门：甘肃省委甘肃省政府

2882 陇南白马人民俗文化研究（语言卷）

时　　间：2013-03-22

奖项名称：甘肃省第十三届哲学社会科学优秀成果奖

获奖等级：3

作　　者：魏琳 莫超 班旭东 班保林
成果形式：编著
颁奖部门：甘肃省委甘肃省政府

2883 甘肃省 2011 年普通高中课程实验跟进调研总报告

时　　间：2013-03-22
奖项名称：甘肃省第十三届哲学社会科学优秀成果奖
获奖等级：3
作　　者：旦智塔
成果形式：研究报告
颁奖部门：甘肃省委甘肃省政府

2884 平凉地区志（上中下）

时　　间：2013-03-22
奖项名称：甘肃省第十三届哲学社会科学优秀成果奖
获奖等级：3
作　　者：魏柏树 张建举杨 柳王锦发
成果形式：编著
颁奖部门：甘肃省委甘肃省政府

2885 再造兰州

时　　间：2013-03-22
奖项名称：甘肃省第十三届哲学社会科学优秀成果奖
获奖等级：3
作　　者：牛铮超
成果形式：专著
颁奖部门：甘肃省委甘肃省政府

2886 对汉语言语行为分类和识别认知机制的实验研究

时　　间：2013-03-22
奖项名称：甘肃省第十三届哲学社会科学

优秀成果奖
获奖等级：3
作　　者：刘思
成果形式：论文
颁奖部门：甘肃省委甘肃省政府

2887 和谐视域下的曾国藩家庭伦理

时　　间：2013-03-22
奖项名称：甘肃省第十三届社会科学优秀成果奖
获奖等级：3
作　　者：孙翔 雒季 姚爱琴
成果形式：系列论文
颁奖部门：甘肃省委甘肃省政府

2888 农村公共产品供给对农村经济发展的量化研究——以甘肃省为例

时　　间：2013-03-22
奖项名称：甘肃省第十三届哲学社会科学优秀成果奖
获奖等级：3
作　　者：刘七军 李昭楠
成果形式：论文
颁奖部门：甘肃省委甘肃省政府

2889 日本"片冈山传说"流变考——兼论其对日本佛教史、文学史建构的意义

时　　间：2013-03-22
奖项名称：甘肃省第十三届哲学社会科学优秀成果奖
获奖等级：3
作　　者：王辉
成果形式：论文
颁奖部门：甘肃省委甘肃省政府

2890 张掖地区志（远古—1995）上、中、下

时　　间：2013-03-22

奖项名称：甘肃省第十三届哲学社会科学优秀成果奖

获奖等级：3

作　　者：张志纯 何成才

成果形式：编著

颁奖部门：甘肃省委甘肃省政府

2891 卓尼藏族研究

时　　间：2013-03-22

奖项名称：甘肃省第十三届哲学社会科学优秀成果奖

获奖等级：3

作　　者：魏贤玲

成果形式：专著

颁奖部门：甘肃省委甘肃省政府

2892 《做好会计并不难》

时　　间：2013-03-22

奖项名称：甘肃省第十三届哲学社会科学优秀成果奖

获奖等级：3

作　　者：邢铭强

成果形式：丛书

颁奖部门：甘肃省委甘肃省政府

2893 欧盟的民主与一个民族国家的主权伤痛

时　　间：2013-03-22

奖项名称：甘肃省第十三届哲学社会科学优秀成果奖

获奖等级：3

作　　者：加文·巴雷特 王宏英 游传满

成果形式：论文

颁奖部门：甘肃省委甘肃省政府

2894 发达国家与新兴国家数字电视产业

时　　间：2013-03-22

奖项名称：甘肃省第十三届哲学社会科学优秀成果奖

获奖等级：3

作　　者：陈积银

成果形式：专著

颁奖部门：甘肃省委甘肃省政府

2895 从思维模式与认知范型看《诗经》比兴的本质

时　　间：2013-03-22

奖项名称：甘肃省第十三届哲学社会科学优秀成果奖

获奖等级：3

作　　者：张艳萍

成果形式：论文

颁奖部门：甘肃省委甘肃省政府

2896 工作记忆成分参与汉英双语者书面输出过程的实证研究

时　　间：2013-03-22

奖项名称：甘肃省第十三届社会科学优秀成果奖

获奖等级：3

作　　者：火敬 王琦

成果形式：论文

颁奖部门：甘肃省委甘肃省政府

2897 云计算在图书馆建设与信息服务中潜在价值探析

时　　间：2013-03-22

奖项名称：甘肃省第十三届哲学社会科学优秀成果奖

获奖等级：3

作　　者：李征

成果形式：论文

颁奖部门：甘肃省委甘肃省政府

2898 法律诊所实用教程

时　　间：2013-03-22

奖项名称：甘肃省第十三届哲学社会科学优秀成果奖

获奖等级：3

作　　者：黄荣昌 叶竹梅

成果形式：教材

颁奖部门：甘肃省委甘肃省政府

2899 生态补偿机制研究——以甘南黄河水源补给区为例

时　　间：2013-03-22

奖项名称：甘肃省第十三届哲学社会科学优秀成果奖

获奖等级：3

作　　者：赵雪雁 侯成成 张丽 江进德 李巍 严江平 赵敏丽 李建豹

成果形式：系列论文

颁奖部门：甘肃省委甘肃省政府

2900 甘肃省上市公司募集资金变更行为研究

时　　间：2013-03-22

奖项名称：甘肃省第十三届哲学社会科学优秀成果奖

获奖等级：3

作　　者：刘志军

成果形式：研究报告

颁奖部门：甘肃省委甘肃省政府

2901 教育价值取向的大众化及其思想流变——对敦煌蒙书中道德规范与思想的考察

时　　间：2013-03-22

奖项名称：甘肃省第十三届哲学社会科学优秀成果奖

获奖等级：3

作　　者：黑晓佛

成果形式：论文

颁奖部门：甘肃省委甘肃省政府

2902 走西口——汉族移民西北边疆及其文化变迁研究

时　　间：2013-03-22

奖项名称：甘肃省第十三届哲学社会科学优秀成果奖

获奖等级：3

作　　者：徐黎丽

成果形式：专著

颁奖部门：甘肃省委甘肃省政府

2903 基于 BPR 的可视化物流核心业务流程再造研究

时　　间：2013-03-22

奖项名称：甘肃省第十三届哲学社会科学优秀成果奖

获奖等级：3

作　　者：张武

成果形式：研究报告

颁奖部门：甘肃省委甘肃省政府

2904 复式教学实践创新与理论研究丛书（四册）

时　　间：2013-03-22

奖项名称：甘肃省第十三届哲学社会科学优秀成果奖

获奖等级：3

作　　者：孙冬梅 曾涛 马富有

成果形式：丛书

颁奖部门：甘肃省委甘肃省政府

2905 我国西部生态脆弱性评估：预控研究

时　　间：2013-03-22

奖项名称：甘肃省第十三届哲学社会科学优秀成果奖

获奖等级：3

作　　者：尚虎平

成果形式：论文

颁奖部门：甘肃省委甘肃省政府

2906 意识形态与反意识形态论：关于文学意识形态本质论之综述与思考

时　　间：2013-03-22

奖项名称：甘肃省第十三届哲学社会科学优秀成果奖

获奖等级：3

作　　者：安涛 郭昭第

成果形式：论文

颁奖部门：甘肃省委甘肃省政府

2907 西部地区区域性图书馆联盟建设方案探讨——以甘肃省为例

时　　间：2013-03-22

奖项名称：甘肃省第十三届哲学社会科学优秀成果奖

获奖等级：3

作　　者：鲜鹏

成果形式：论文

颁奖部门：甘肃省委甘肃省政府

2908 语言接触和文化互动：汉译佛经词汇的生成与演变研究

时　　间：2013-03-22

奖项名称：甘肃省第十三届哲学社会科学优秀成果奖

获奖等级：3

作　　者：杨同军

成果形式：专著

颁奖部门：甘肃省委甘肃省政府

2909 货币文化在区域文化建设中的作用研究

时　　间：2013-03-22

奖项名称：甘肃省第十三届哲学社会科学优秀成果奖

获奖等级：3

作　　者：张立民 于廷明 李文娟 曹源

成果形式：论文

颁奖部门：甘肃省委甘肃省政府

2910 文章学通论

时　　间：2013-03-22

奖项名称：甘肃省第十三届哲学社会科学优秀成果奖

获奖等级：3

作　　者：任遂虎

成果形式：专著

颁奖部门：甘肃省委甘肃省政府

2911 完善财政体制　增强基层政府公关服务能力

时　　间：2013-03-22

奖项名称：甘肃省第十三届哲学社会科学优秀成果奖

获奖等级：3

作　　者：刘小梅

成果形式：研究报告

颁奖部门：甘肃省委甘肃省政府

2912 对电视新闻媒介优势隐性逆转的弥补之策

时　　间：2013-03-22

奖项名称：甘肃省第十三届哲学社会科学优秀成果奖

获奖等级：3

作　　者：周尚业

成果形式：论文

颁奖部门：甘肃省委甘肃省政府

2913 信息化与农村社会发展

时　　间：2013-03-22

奖项名称：甘肃省第十三届哲学社会科学优秀成果奖

获奖等级：3

作　　者：饶旭鹏 刘海霞

成果形式：论文

颁奖部门：甘肃省委甘肃省政府

2914 从选举制审视唐人的及第登科入仕

时　　间：2013-03-22

奖项名称：甘肃省第十三届哲学社会科学优秀成果奖

获奖等级：3

作　　者：王勋成

成果形式：论文

颁奖部门：甘肃省委甘肃省政府

2915 敦煌学数字化问题研究

时　　间：2013-03-22

奖项名称：甘肃省第十三届哲学社会科学优秀成果奖

获奖等级：3

作　　者：韩春平

成果形式：研究报告

颁奖部门：甘肃省委甘肃省政府

2916 京剧老生流派崛起的社会心理研究

时　　间：2013-03-22

奖项名称：甘肃省第十三届哲学社会科学

优秀成果奖

获奖等级：3

作　　者：王萍

成果形式：专著

颁奖部门：甘肃省委甘肃省政府

2917 变革时代的思想重建——孙中山国民心理变革论研究

时　　间：2013-03-22

奖项名称：甘肃省第十三届哲学社会科学优秀成果奖

获奖等级：3

作　　者：马忠

成果形式：专著

颁奖部门：甘肃省委甘肃省政府

2918 基于风险管理的企业内部控制框架构建

时　　间：2013-03-22

奖项名称：甘肃省第十三届哲学社会科学优秀成果奖

获奖等级：3

作　　者：潘晓梅 陈萍

成果形式：专著

颁奖部门：甘肃省委甘肃省政府

2919 兰州古民居的地域特色、文化内涵及其保护与可持续发展研究

时　　间：2013-03-22

奖项名称：甘肃省第十三届哲学社会科学优秀成果奖

获奖等级：3

作　　者：隆滟

成果形式：研究报告

颁奖部门：甘肃省委甘肃省政府

2920 甘肃法治建设报告

时　　间：2013-03-22

奖项名称：甘肃省第十三届哲学社会科学
优秀成果奖

获奖等级：3

作　　者：张谦元 曾施霖 谢蒲定 王瑾

成果形式：编著

颁奖部门：甘肃省委甘肃省政府

2921 和：《礼记》礼乐教化的旨归

时　　间：2013-03-22

奖项名称：甘肃省第十三届哲学社会科学
优秀成果奖

获奖等级：3

作　　者：贺更粹

成果形式：论文

颁奖部门：甘肃省委甘肃省政府

2922 新时期以来甘肃地方党建的新探索

时　　间：2013-03-22

奖项名称：甘肃省第十三届哲学社会科学
优秀成果奖

获奖等级：3

作　　者：刘永哲 曹殊 王锐 高兴国

成果形式：系列论文

颁奖部门：甘肃省委甘肃省政府

2923 毕力术江考——明代曲先卫地望及相关地名新证

时　　间：2013-03-22

奖项名称：甘肃省第十三届哲学社会科学
优秀成果奖

获奖等级：3

作　　者：妥超群 刘铁程

成果形式：论文

颁奖部门：甘肃省委甘肃省政府

2924 云计算环境下数字图书馆信息资源安全威胁与对策研究

时　　间：2013-03-22

奖项名称：甘肃省第十三届哲学社会科学
优秀成果奖

获奖等级：3

作　　者：马晓亭

成果形式：论文

颁奖部门：甘肃省委甘肃省政府

2925 推进循环经济中的利益主体诉求及其利益协调机制建立

时　　间：2013-03-22

奖项名称：甘肃省第十三届哲学社会科学
优秀成果奖

获奖等级：3

作　　者：魏文翠

成果形式：论文

颁奖部门：甘肃省委甘肃省政府

2926 社会主义法治建设与藏族法律文化的关系研究

时　　间：2013-03-22

奖项名称：甘肃省第十三届哲学社会科学
优秀成果奖

获奖等级：3

作　　者：隆英强

成果形式：专著

颁奖部门：甘肃省委甘肃省政府

2927 中国西部民族地区中小企业发展制度建构研究

时　　间：2013-03-22

奖项名称：甘肃省第十三届哲学社会科学
优秀成果奖

获奖等级：3

作　　者：陶清德

成果形式：专著

颁奖部门：甘肃省委甘肃省政府

2928 《马克思恩格斯文集》私法思想考论

时　　间：2013-03-22

奖项名称：甘肃省第十三届哲学社会科学优秀成果奖

获奖等级：3

作　　者：迟方旭

成果形式：专著

颁奖部门：甘肃省委甘肃省政府

2929 浅析传统文化对当代中国人思维方式的消极影响

时　　间：2013-03-22

奖项名称：甘肃省第十三届哲学社会科学优秀成果奖

获奖等级：3

作　　者：王艳芳

成果形式：论文

颁奖部门：甘肃省委甘肃省政府

2930 敦煌学和科技史

时　　间：2013-03-22

奖项名称：甘肃省第十三届哲学社会科学优秀成果奖

获奖等级：3

作　　者：王进玉

成果形式：专著

颁奖部门：甘肃省委甘肃省政府

2931 西路军重要人物研究述评（上、下）

时　　间：2013-03-22

奖项名称：甘肃省第十三届哲学社会科学优秀成果奖

获奖等级：3

作　　者：董汉河

成果形式：论文

颁奖部门：甘肃省委甘肃省政府

2932 雪桥诗话全编

时　　间：2013-03-22

奖项名称：甘肃省第十三届哲学社会科学优秀成果奖

获奖等级：3

作　　者：杨钟义 雷恩海姜 朝晖

成果形式：校注

颁奖部门：甘肃省委甘肃省政府

2933 甘肃省世居高原——亚高原优秀运动员训练特点及成才规律研究

时　　间：2013-03-22

奖项名称：甘肃省第十三届哲学社会科学优秀成果奖

获奖等级：3

作　　者：陈耕

成果形式：研究报告

颁奖部门：甘肃省委甘肃省政府

2934 前瞻性批评：消费时代的文学与影像

时　　间：2013-03-22

奖项名称：甘肃省第十三届哲学社会科学优秀成果奖

获奖等级：3

作　　者：王贵禄

成果形式：专著

颁奖部门：甘肃省委甘肃省政府

2935 和谐社会的政治伦理基础研究

时　　间：2013-03-22

奖项名称：甘肃省第十三届哲学社会科学

优秀成果奖

获奖等级：3

作　　者：冉小平

成果形式：研究报告

颁奖部门：甘肃省委甘肃省政府

2936 中国区域经济的空间联系：1997—2007

时　　间：2013-03-22

奖项名称：甘肃省第十三届哲学社会科学优秀成果奖

获奖等级：3

作　　者：张润君 潘文卿 陈杰

成果形式：论文

颁奖部门：甘肃省委甘肃省政府

2937 乡镇财政建设面临的问题与对策

时　　间：2013-03-22

奖项名称：甘肃省第十三届哲学社会科学优秀成果奖

获奖等级：3

作　　者：焦岩

成果形式：论文

颁奖部门：甘肃省委甘肃省政府

2938 以汉语和韩语为母语的英语学习者对英语中动及其相关结构的习得：基于事件结构理论的解释

时　　间：2013-03-22

奖项名称：甘肃省第十三届哲学社会科学优秀成果奖

获奖等级：3

作　　者：高育松

成果形式：专著

颁奖部门：甘肃省委甘肃省政府

2939 杜诗注释中生僻义的释义研究

时　　间：2013-03-22

奖项名称：甘肃省第十三届哲学社会科学优秀成果奖

获奖等级：3

作　　者：杨永发 郭芹纳

成果形式：论文

颁奖部门：甘肃省委甘肃省政府

2940 甘肃省社会科学研究综合信息管理平台开发

时　　间：2013-03-22

奖项名称：甘肃省第十三届哲学社会科学优秀成果奖

获奖等级：3

作　　者：张科

成果形式：研究报告

颁奖部门：甘肃省委甘肃省政府

2941 我国政府购买公共服务的制度化进程分析

时　　间：2013-03-22

奖项名称：甘肃省第十三届哲学社会科学优秀成果奖

获奖等级：3

作　　者：陆春萍

成果形式：论文

颁奖部门：甘肃省委甘肃省政府

2942 甘肃省农业综合开发土地治理项目绩效分析与评估报告

时　　间：2013-03-22

奖项名称：甘肃省第十三届哲学社会科学优秀成果奖

获奖等级：3

作　　者：杨之春

成果形式：研究报告

颁奖部门：甘肃省委甘肃省政府

2943 和谐视野下西部区域法制创新若干问题研究

时　　间：2013-03-22

奖项名称：甘肃省第十三届哲学社会科学优秀成果奖

获奖等级：3

作　　者：史玉成

成果形式：编著

颁奖部门：甘肃省委甘肃省政府

2944 拉卜楞民间体育舞蹈研究

时　　间：2013-03-22

奖项名称：甘肃省第十三届哲学社会科学优秀成果奖

获奖等级：3

作　　者：钟全宏 任莲香

成果形式：论文

颁奖部门：甘肃省委甘肃省政府

2945 娱乐的仪式——河西宝卷念唱活动的意义阐释

时　　间：2013-03-22

奖项名称：甘肃省第十三届哲学社会科学优秀成果奖

获奖等级：3

作　　者：柳旭辉

成果形式：论文

颁奖部门：甘肃省委甘肃省政府

2946 绿色 GDP 核算理论与方法研究

时　　间：2013-03-22

奖项名称：甘肃省第十三届哲学社会科学优秀成果奖

获奖等级：3

作　　者：王永瑜 郭立萍

成果形式：论文

颁奖部门：甘肃省委甘肃省政府

2947 回族文化概要

时　　间：2013-03-22

奖项名称：甘肃省第十三届哲学社会科学优秀成果奖

获奖等级：3

作　　者：敏贤麟 马仲 荣敏云

成果形式：教材

颁奖部门：甘肃省委甘肃省政府

2948 碳管理信息披露——低碳经济时代的挑战与价值再造

时　　间：2013-03-22

奖项名称：甘肃省第十三届哲学社会科学优秀成果奖

获奖等级：3

作　　者：张巧良 张华

成果形式：专著

颁奖部门：甘肃省委甘肃省政府

2949 童年的隐忧——来自童年社会学的观察

时　　间：2013-03-22

奖项名称：甘肃省第十三届哲学社会科学优秀成果奖

获奖等级：3

作　　者：专著

成果形式：李有发

颁奖部门：甘肃省委甘肃省政府

2950 发展文化切忌泛产业化

时　　间：2013-03-22

奖项名称：甘肃省第十三届哲学社会科学优秀成果奖

获奖等级：3

作　　者：郭国昌

成果形式：论文

颁奖部门：甘肃省委甘肃省政府

2951 高台骆驼城前凉墓葬出土衣物疏考释

时　　间：2013-03-22

奖项名称：甘肃省第十三届社会科学优秀成果奖

获奖等级：3

作　　者：寇克红

成果形式：论文

颁奖部门：甘肃省委甘肃省政府

2952 世界格局下的中国经验书写

时　　间：2013-03-22

奖项名称：甘肃省第十三届哲学社会科学优秀成果奖

获奖等级：3

作　　者：张晓琴

成果形式：论文

颁奖部门：甘肃省委甘肃省政府

2953 能动司法：程序公正与实体公正的平衡

时　　间：2013-03-22

奖项名称：甘肃省第十三届哲学社会科学优秀成果奖

获奖等级：3

作　　者：汪振江 王更

成果形式：论文

颁奖部门：甘肃省委甘肃省政府

2954 甘肃城乡协调发展问题研究

时　　间：2013-03-22

奖项名称：甘肃省第十三届社会科学优秀

成果奖

获奖等级：3

作　　者：魏丽莉

成果形式：专著

颁奖部门：甘肃省委甘肃省政府

2955 "农远工程"环境下西部藏民族双语教学资源应用研究

时　　间：2013-03-22

奖项名称：甘肃省第十三届哲学社会科学优秀成果奖

获奖等级：3

作　　者：杨改学 王妍莉

成果形式：论文

颁奖部门：甘肃省委甘肃省政府

2956 立法语言的明确性与模糊性

时　　间：2013-03-22

奖项名称：甘肃省第十三届哲学社会科学优秀成果奖

获奖等级：3

作　　者：张建军

成果形式：论文

颁奖部门：甘肃省委甘肃省政府

2957 论政府证券监管权

时　　间：2013-03-22

奖项名称：甘肃省第十三届哲学社会科学优秀成果奖

获奖等级：3

作　　者：马洪雨

成果形式：专著

颁奖部门：甘肃省委甘肃省政府

2958 西部地区经济社会发展制约因素之比较分析——以甘肃为例

时　　间：2013-03-22

奖项名称：甘肃省第十三届哲学社会科学优秀成果奖

获奖等级：3

作　　者：周克全

成果形式：论文

颁奖部门：甘肃省委甘肃省政府

2959 甘肃省"十二五"民族地区经济和社会发展规划

时　　间：2013-03-22

奖项名称：甘肃省第十三届哲学社会科学优秀成果奖

获奖等级：3

作　　者：马东平

成果形式：研究报告

颁奖部门：甘肃省委甘肃省政府

2960 权力博弈——一所中国大学内部权力运行的故事

时　　间：2013-03-22

奖项名称：甘肃省第十三届哲学社会科学优秀成果奖

获奖等级：3

作　　者：李硕豪

成果形式：专著

颁奖部门：甘肃省委甘肃省政府

2961 甘肃省群众体育现状调查研究

时　　间：2013-03-22

奖项名称：甘肃省第十三届哲学社会科学优秀成果奖

获奖等级：3

作　　者：杨新平

成果形式：编著

颁奖部门：甘肃省委甘肃省政府

2962 张镃《南湖集》成书考

时　　间：2013-03-22

奖项名称：甘肃省第十三届哲学社会科学优秀成果奖

获奖等级：3

作　　者：曾维刚

成果形式：论文

颁奖部门：甘肃省委甘肃省政府

2963 甘肃陇南市灾后重建与人口迁移的现状和对策研究

时　　间：2013-03-22

奖项名称：甘肃省第十三届哲学社会科学优秀成果奖

获奖等级：3

作　　者：李含琳

成果形式：研究报告

颁奖部门：甘肃省委甘肃省政府

2964 论乐教传统对当前素质教育的启示

时　　间：2013-03-22

奖项名称：甘肃省第十三届社会科学优秀成果奖

获奖等级：3

作　　者：陈向华

成果形式：论文

颁奖部门：甘肃省委甘肃省政府

2965 论民国时期甘肃省的毒品经济与社会变迁

时　　间：2013-03-22

奖项名称：甘肃省第十三届哲学社会科学优秀成果奖

获奖等级：3

作　　者：尚季芳

成果形式：论文

颁奖部门：甘肃省委甘肃省政府

2966 权力运行监控机制课题研究报告

时　　间：2013-03-22

奖项名称：甘肃省第十三届哲学社会科学优秀成果奖

获奖等级：4

作　　者：蒋文兰

成果形式：研究报告

颁奖部门：甘肃省委甘肃省政府

2967 西北少数民族地区新农村建设中的法律保障研究

时　　间：2013-03-22

奖项名称：甘肃省第十三届哲学社会科学优秀成果奖

获奖等级：3

作　　者：周晓涛

成果形式：研究报告

颁奖部门：甘肃省委甘肃省政府

2968 从牛李党争透视唐代中后期历史与文学关系

时　　间：2013-03-22

奖项名称：甘肃省第十三届哲学社会科学优秀成果奖

获奖等级：3

作　　者：李润强

成果形式：研究报告

颁奖部门：甘肃省委甘肃省政府

2969 甘肃省政府危机管理长效机制建设研究

时　　间：2013-03-22

奖项名称：甘肃省第十三届哲学社会科学优秀成果奖

获奖等级：3

作　　者：李冰心

成果形式：研究报告

颁奖部门：甘肃省委甘肃省政府

2970 当代中国政治改革的制度经济分析

时　　间：2013-03-22

奖项名称：甘肃省第十三届哲学社会科学优秀成果奖

获奖等级：3

作　　者：刘务勇

成果形式：专著

颁奖部门：甘肃省委甘肃省政府

2971 关于民主党派民主监督程序缺陷的思考

时　　间：2013-03-22

奖项名称：甘肃省第十三届哲学社会科学优秀成果奖

获奖等级：3

作　　者：辛刚国

成果形式：论文

颁奖部门：甘肃省委甘肃省政府

2972 教师在"文化反哺"时代的应变

时　　间：2013-03-22

奖项名称：甘肃省第十三届哲学社会科学优秀成果奖

获奖等级：3

作　　者：刘新民

成果形式：论文

颁奖部门：甘肃省委甘肃省政府

2973 生成中的外贸管制权

时　　间：2013-03-22

奖项名称：甘肃省第十三届哲学社会科学优秀成果奖

获奖等级：3

作　　者：王花 吉敏丽

成果形式：专著

颁奖部门：甘肃省委甘肃省政府

2974 以案说法

时　　间：2013-03-22

奖项名称：甘肃省第十三届哲学社会科学优秀成果奖

获奖等级：3

作　　者：王丽丽 吉敏丽

成果形式：教材

颁奖部门：甘肃省委甘肃省政府

2975 中国音乐史

时　　间：2013-03-22

奖项名称：甘肃省第十三届社会科学优秀成果奖

获奖等级：3

作　　者：刘忠　薛松梅

成果形式：专著

颁奖部门：甘肃省委甘肃省政府

2976 机构知识库建设与应用研究

时　　间：2013-03-22

奖项名称：甘肃省第十三届哲学社会科学优秀成果奖

获奖等级：3

作　　者：马建霞

成果形式：研究报告

颁奖部门：甘肃省委甘肃省政府

2977 政治自由理念近代转向及批判反思——马基雅维里政治哲学研究

时　　间：2013-03-22

奖项名称：甘肃省第十三届哲学社会科学优秀成果奖

获奖等级：3

作　　者：马俊峰

成果形式：专著

颁奖部门：甘肃省委甘肃省政府

2978 新世纪文学视野中的"三农"

时　　间：2013-03-22

奖项名称：甘肃省第十三届哲学社会科学优秀成果奖

获奖等级：3

作　　者：彭青

成果形式：专著

颁奖部门：甘肃省委甘肃省政府

2979 西北少数民族地区乡村社会流动后果的分析研究——以甘青宁为例

时　　间：2013-03-22

奖项名称：甘肃省第十三届哲学社会科学优秀成果奖

获奖等级：3

作　　者：张文政

成果形式：研究报告

颁奖部门：甘肃省委甘肃省政府

2980 袁敦礼体育教育思想研究

时　　间：2013-03-22

奖项名称：甘肃省第十三届哲学社会科学优秀成果奖

获奖等级：3

作　　者：常毅臣

成果形式：专著

颁奖部门：甘肃省委甘肃省政府

2981 发达国家促进民族教育均衡发展政策研究

时　　间：2013-03-22

奖项名称：甘肃省第十三届哲学社会科学

优秀成果奖

获奖等级：3

作　　者：姜峰 万明钢

成果形式：编著

颁奖部门：甘肃省委甘肃省政府

2982 基于 DEA 甘肃省某高校办学效率研究

时　　间：2013-03-22

奖项名称：甘肃省第十三届哲学社会科学优秀成果奖

获奖等级：3

作　　者：孙金岭

成果形式：研究报告

颁奖部门：甘肃省委甘肃省政府

2983 甘肃省农村信用社发展研究

时　　间：2013-03-22

奖项名称：甘肃省第十三届哲学社会科学优秀成果奖

获奖等级：3

作　　者：徐媛媛

成果形式：研究报告

颁奖部门：甘肃省委甘肃省政府

2984 当代中国政治改革的制度经济分析

时　　间：2013-01-24

奖项名称：甘肃省第十三届哲学社会科学优秀成果奖

获奖等级：3

作　　者：刘务勇

成果形式：著作

颁奖部门：甘肃省人民政府

2985 注意资源的有限性　心理不应期效应的理论与实证研究

时　　间：2013 年 3 月

奖项名称：甘肃省第十三届哲学社会科学优秀成果奖

获奖等级：3

作　　者：吴彦文 杨喜梅

成果形式：专著

颁奖部门：甘肃省委甘肃省政府

2986 前瞻性批评：消费时代的文学与影像

时　　间：2012-12-05

奖项名称：甘肃省第十三届哲学社会科学优秀成果奖

获奖等级：3

作　　者：王贵禄

成果形式：专著

颁奖部门：甘肃省委甘肃省政府

2987 唐朝"村"制及西北民族地区基层治理研究

时　　间：2013-03-22

奖项名称：甘肃省第十三届哲学社会科学优秀成果奖

获奖等级：3

作　　者：刘再聪

成果形式：研究报告

颁奖部门：甘肃省委甘肃省政府

2988 学界访谈：张言亮与麦金太尔教授就道德相对主义问题的对话

时　　间：2013-03-22

奖项名称：甘肃省第十三届哲学社会科学优秀成果奖

获奖等级：3

作　　者：张言亮
成果形式：论文
颁奖部门：甘肃省委甘肃省政府

2989 东乡族女教师职业生涯发展研究

时　　间：2013-03-22
奖项名称：甘肃省第十三届哲学社会科学优秀成果奖
获奖等级：3
作　　者：李艳红
成果形式：专著
颁奖部门：甘肃省委甘肃省政府

2990 新疆南疆地区汉族移民及民族关系研究——以阿克苏地区拜城县农村汉族移民及民族关系为例

时　　间：2013-03-22
奖项名称：甘肃省第十三届哲学社会科学优秀成果奖
获奖等级：3
作　　者：李洁
成果形式：专著
颁奖部门：甘肃省委甘肃省政府

2991 甘肃农村全面建设小康社会的制约因素及对策研究

时　　间：2013-03-22
奖项名称：甘肃省第十三届哲学社会科学优秀成果奖
获奖等级：3
作　　者：张小华
成果形式：研究报告
颁奖部门：甘肃省委甘肃省政府

2992 《左传》修辞研究

时　　间：2013-03-22
奖项名称：甘肃省第十三届哲学社会科学

优秀成果奖
获奖等级：3
作　　者：李华
成果形式：专著
颁奖部门：甘肃省委甘肃省政府

2993 甘肃省新型工业化道路研究——产业集群与园区建设的"双轮驱动"模式

时　　间：2013-03-22
奖项名称：甘肃省第十三届哲学社会科学优秀成果奖
获奖等级：3
作　　者：邓生菊
成果形式：研究报告
颁奖部门：甘肃省委甘肃省政府

2994 甘肃省普通高考招生现状分析及对策研究

时　　间：2013-03-22
奖项名称：甘肃省第十三届哲学社会科学优秀成果奖
获奖等级：3
作　　者：程跟锁
成果形式：研究报告
颁奖部门：甘肃省委甘肃省政府

2995 我国电力行业市场化改革研究

时　　间：2013-03-22
奖项名称：甘肃省第十三届哲学社会科学优秀成果奖
获奖等级：3
作　　者：张建君
成果形式：论文
颁奖部门：甘肃省委甘肃省政府

2996 陇东革命根据地

时　　间：2013-03-22

奖项名称：甘肃省第十三届哲学社会科学优秀成果奖

获奖等级：3

作　　者：巩世锋 张桂山

成果形式：编著

颁奖部门：甘肃省委甘肃省政府

2997 明清秦安志集注

时　　间：2013-03-22

奖项名称：甘肃省第十三届哲学社会科学优秀成果奖

获奖等级：3

作　　者：杨维俊 王东红 程江芬 张德友

成果形式：校注

颁奖部门：甘肃省委甘肃省政府

2998 甘南藏族自治州游牧人口定居的机制、模式和效应研究

时　　间：2013-03-22

奖项名称：甘肃省第十三届社会科学优秀成果奖

获奖等级：3

作　　者：王娟娟

成果形式：专著

颁奖部门：甘肃省委甘肃省政府

2999 诗经分类辨体

时　　间：2013-03-22

奖项名称：甘肃省第十三届哲学社会科学优秀成果奖

获奖等级：3

作　　者：韩高年

成果形式：专著

颁奖部门：甘肃省委甘肃省政府

3000 甘肃省工业化发展与政府管理研究

时　　间：2013-03-22

奖项名称：甘肃省第十三届哲学社会科学优秀成果奖

获奖等级：3

作　　者：李兴江 许尔忠

成果形式：专著

颁奖部门：甘肃省委甘肃省政府

3001 城市多民族社区管理模式研究

时　　间：2013-03-22

奖项名称：甘肃省第十三届哲学社会科学优秀成果奖

获奖等级：3

作　　者：单菲菲

成果形式：专著

颁奖部门：甘肃省委甘肃省政府

3002 甘肃能源工业优化发展对策研究

时　　间：2013-03-22

奖项名称：甘肃省第十三届哲学社会科学优秀成果奖

获奖等级：3

作　　者：马军

成果形式：研究报告

颁奖部门：甘肃省委甘肃省政府

3003 体育产业发展——理论与政策

时　　间：2013-03-22

奖项名称：甘肃省第十三届哲学社会科学优秀成果奖

获奖等级：3

作　　者：卢嘉鑫 张社平

成果形式：专著

颁奖部门：甘肃省委甘肃省政府

3004 "一制两式"责任制：酒泉依法行政考核的实践创新

时　　间：2013-03-22

奖项名称：甘肃省第十三届哲学社会科学优秀成果奖

获奖等级：3

作　　者：侯彪

成果形式：论文

颁奖部门：甘肃省委甘肃省政府

3005 坐式排球运动

时　　间：2013-03-22

奖项名称：甘肃省第十三届哲学社会科学优秀成果奖

获奖等级：3

作　　者：马冬梅

成果形式：编著

颁奖部门：甘肃省委甘肃省政府

3006 中国西部地区基础教育可持续发展战略研究

时　　间：2013-03-22

奖项名称：甘肃省第十三届哲学社会科学优秀成果奖

获奖等级：3

作　　者：王根顺 饶慧

成果形式：编著

颁奖部门：甘肃省委甘肃省政府

3007 《韩非子》的成书及其文学研究

时　　间：2013-03-22

奖项名称：甘肃省第十三届哲学社会科学优秀成果奖

获奖等级：3

作　　者：马世年

成果形式：专著

颁奖部门：甘肃省委甘肃省政府

3008 我省旅游业发展面临的问题及对策建议

时　　间：2013-03-22

奖项名称：甘肃省第十三届社会科学优秀成果奖

获奖等级：3

作　　者：赵国强

成果形式：研究报告

颁奖部门：甘肃省委甘肃省政府

3009 戴维洛奇"校园小说"的空间化叙事研究

时　　间：2013-03-22

奖项名称：甘肃省第十三届哲学社会科学优秀成果奖

获奖等级：3

作　　者：蒋翃遐

成果形式：专著

颁奖部门：甘肃省委甘肃省政府

3010 我国政府管理机制设计研究

时　　间：2013-03-22

奖项名称：甘肃省第十三届哲学社会科学优秀成果奖

获奖等级：3

作　　者：赵前前

成果形式：论文

颁奖部门：甘肃省委甘肃省政府

3011 马一浮思想研究——以性命与六艺为中心

时　　间：2013-03-22

奖项名称：甘肃省第十三届哲学社会科学优秀成果奖

获奖等级：3

作　　者：李国红

成果形式：专著

颁奖部门：甘肃省委甘肃省政府

3012 甘肃农家书屋工程建设的长效机制研究

时　　间：2013-03-22

奖项名称：甘肃省第十三届哲学社会科学优秀成果奖

获奖等级：3

作　　者：朱立芸

成果形式：研究报告

颁奖部门：甘肃省委甘肃省政府

3013 清代浙江进士群体研究

时　　间：2013-03-22

奖项名称：甘肃省第十三届哲学社会科学优秀成果奖

获奖等级：3

作　　者：多洛肯

成果形式：专著

颁奖部门：甘肃省委甘肃省政府

3014 杜诗学与杜诗文献

时　　间：2013-03-22

奖项名称：甘肃省第十三届哲学社会科学优秀成果奖

获奖等级：3

作　　者：郝润华

成果形式：编著

颁奖部门：甘肃省委甘肃省政府

3015 唐朝"村"制及西北民族地区基层治理研究

时　　间：2013-03-22

奖项名称：甘肃省第十三届哲学社会科学优秀成果奖

获奖等级：3

作　　者：刘再聪

成果形式：研究报告

颁奖部门：甘肃省委甘肃省政府

3016 资源节约型城市评价指标体系及方法研究

时　　间：2013-03-22

奖项名称：甘肃省第十三届哲学社会科学优秀成果奖

获奖等级：3

作　　者：康玲芬 赵有翼 王翠云

成果形式：论文

颁奖部门：甘肃省委甘肃省政府

3017 政府公共支出对居民消费需求影响的动态演化

时　　间：2013-03-22

奖项名称：甘肃省第十三届哲学社会科学优秀成果奖

获奖等级：3

作　　者：陈冲

成果形式：论文

颁奖部门：甘肃省委甘肃省政府

3018 甘肃省广播影视产业基于转企改制的振兴发展研究

时　　间：2013-03-22

奖项名称：甘肃省第十三届哲学社会科学优秀成果奖

获奖等级：3

作　　者：魏文楷

成果形式：研究报告

颁奖部门：甘肃省委甘肃省政府

3019 甘肃能源工业优化发展对策研究

时　　间：2013-03-22

奖项名称：甘肃省第十三届哲学社会科学

获奖成果

优秀成果奖

获奖等级：3

作　　者：马军

成果形式：研究报告

颁奖部门：甘肃省委甘肃省政府

3020 体育产业发展——理论与政策

时　　间：2013-03-22

奖项名称：甘肃省第十三届哲学社会科学优秀成果奖

获奖等级：3

作　　者：卢嘉鑫 张社平

成果形式：专著

颁奖部门：甘肃省委甘肃省政府

3021 基于 K-means 算法的 Web 访问用户关联规则挖掘算法

时　　间：2013-03-22

奖项名称：甘肃省第十三届哲学社会科学优秀成果奖

获奖等级：3

作　　者：肖强 钱晓东

成果形式：论文

颁奖部门：甘肃省委甘肃省政府

3022 中国西部地区基础教育可持续发展战略研究

时　　间：2013-03-22

奖项名称：甘肃省第十三届哲学社会科学优秀成果奖

获奖等级：3

作　　者：王根顺 饶慧

成果形式：编著

颁奖部门：甘肃省委甘肃省政府

3023 学习政策运用政策落实政策谋划项目——甘肃转型跨越发展政策研究

时　　间：2013-03-22

奖项名称：甘肃省第十三届哲学社会科学优秀成果奖

获奖等级：3

作　　者：石玉亭 范义 王伟 吕文广

成果形式：编著

颁奖部门：甘肃省委甘肃省政府

3024 甘肃省风能、太阳能发展研究

时　　间：2013-03-22

奖项名称：甘肃省第十三届哲学社会科学优秀成果奖

获奖等级：3

作　　者：王飞航

成果形式：研究报告

颁奖部门：甘肃省委甘肃省政府

3025 西方公民教育发展的时代展望

时　　间：2013-03-22

奖项名称：甘肃省第十三届哲学社会科学优秀成果奖

获奖等级：3

作　　者：王兆璟 白尚祯

成果形式：论文

颁奖部门：甘肃省委甘肃省政府

3026 兰州城市格局演变的观察与研究

时　　间：2013-03-22

奖项名称：甘肃省第十三届哲学社会科学优秀成果奖

获奖等级：3

作　　者：张小娟

成果形式：研究报告

颁奖部门：甘肃省委甘肃省政府

3027 现代图书馆信息资源建设研究

时　　间：2013-03-22

奖项名称：甘肃省第十三届哲学社会科学优秀成果奖

获奖等级：3

作　　者：杨秀平 瞿学惠 吴春芳

成果形式：专著

颁奖部门：甘肃省委甘肃省政府

3028 中国共产党天水历史（第一卷）

时　　间：2013-03-22

奖项名称：甘肃省第十三届哲学社会科学优秀成果奖

获奖等级：3

作　　者：裴建军 伏志雄

成果形式：编著

颁奖部门：甘肃省委甘肃省政府

3029 甘肃省科技文献共享机制研究

时　　间：2013-03-22

奖项名称：甘肃省第十三届哲学社会科学优秀成果奖

获奖等级：3

作　　者：师刚

成果形式：研究报告

颁奖部门：甘肃省委甘肃省政府

3030 电子政府形态下的行政伦理研究

时　　间：2013-03-22

奖项名称：甘肃省第十三届哲学社会科学优秀成果奖

获奖等级：3

作　　者：王亚强

成果形式：研究报告

颁奖部门：甘肃省委甘肃省政府

3031 走向民间：教育研究的一种可能视阈

时　　间：2013-03-22

奖项名称：甘肃省第十三届哲学社会科学优秀成果奖

获奖等级：3

作　　者：海存福

成果形式：论文

颁奖部门：甘肃省委甘肃省政府

3032 我省旅游业发展面临的问题及对策建议

时　　间：2013-03-22

奖项名称：甘肃省第十三届社会科学优秀成果奖

获奖等级：3

作　　者：赵国强

成果形式：研究报告

颁奖部门：甘肃省委甘肃省政府

3033 我国政府管理机制设计研究

时　　间：2013-03-22

奖项名称：甘肃省第十三届哲学社会科学优秀成果奖

获奖等级：3

作　　者：赵前前

成果形式：论文

颁奖部门：甘肃省委甘肃省政府

3034 马一浮思想研究——以性命与六艺为中心

时　　间：2013-03-22

奖项名称：甘肃省第十三届哲学社会科学优秀成果奖

获奖等级：3

作　　者：李国红
成果形式：专著
颁奖部门：甘肃省委甘肃省政府

3035　旅游消费的社会学解释：传统与前沿

时　　间：2013-03-22
奖项名称：甘肃省第十三届哲学社会科学优秀成果奖
获奖等级：3
作　　者：李怀 程华敏
成果形式：论文
颁奖部门：甘肃省委甘肃省政府

3036　甘肃农家书屋工程建设的长效机制研究

时　　间：2013-03-22
奖项名称：甘肃省第十三届哲学社会科学优秀成果奖
获奖等级：3
作　　者：朱立芸
成果形式：研究报告
颁奖部门：甘肃省委甘肃省政府

3037　经理管理防御对企业过度投资行为影响的实证研究——来自我国制造业上市公司的经验证据

时　　间：2013-03-22
奖项名称：甘肃省第十三届哲学社会科学优秀成果奖
获奖等级：3
作　　者：张海龙 李秉祥
成果形式：论文
颁奖部门：甘肃省委甘肃省政府

3038　清代浙江进士群体研究

时　　间：2013-03-22

奖项名称：甘肃省第十三届哲学社会科学优秀成果奖
获奖等级：3
作　　者：多洛肯
成果形式：专著
颁奖部门：甘肃省委甘肃省政府

3039　杜诗学与杜诗文献

时　　间：2013-03-22
奖项名称：甘肃省第十三届哲学社会科学优秀成果奖
获奖等级：3
作　　者：郝润华
成果形式：编著
颁奖部门：甘肃省委甘肃省政府

3040　多民族关系中的裕固族及其当代社会研究

时　　间：2013-03-22
奖项名称：甘肃省第十三届哲学社会科学优秀成果奖
获奖等级：3
作　　者：贺卫光
成果形式：专著
颁奖部门：甘肃省委甘肃省政府

3041　社会主义新农村建设与新型农民培育

时　　间：2013-03-22
奖项名称：甘肃省第十三届哲学社会科学优秀成果奖
获奖等级：3
作　　者：唐志强 李满国
成果形式：编著
颁奖部门：甘肃省委甘肃省政府

3042 甘肃省健全农业生态环境补偿制度研究

时　　间：2013-03-22

奖项名称：甘肃省第十三届哲学社会科学优秀成果奖

获奖等级：3

作　　者：葛少芸

成果形式：论文

颁奖部门：甘肃省委甘肃省政府

3043 加快甘肃经济结构、调整转变发展方式研究

时　　间：2013-03-22

奖项名称：甘肃省第十三届哲学社会科学优秀成果奖

获奖等级：3

作　　者：牛胜强

成果形式：研究报告

颁奖部门：甘肃省委甘肃省政府

3044 灰色企业投入产出分析

时　　间：2013-03-22

奖项名称：甘肃省第十三届哲学社会科学优秀成果奖

获奖等级：3

作　　者：李桥兴 刘思峰 林益

成果形式：论文

颁奖部门：甘肃省委甘肃省政府

3045 麦积山石窟环境与保护调查报告书

时　　间：2013-03-22

奖项名称：甘肃省第十三届哲学社会科学优秀成果奖

获奖等级：3

作　　者：花平宁 魏文斌 八木春生

成果形式：编著

颁奖部门：甘肃省委甘肃省政府

3046 伊斯兰法：传统与衍新

时　　间：2013-03-22

奖项名称：甘肃省第十三届哲学社会科学优秀成果奖

获奖等级：3

作　　者：马明贤

成果形式：专著

颁奖部门：甘肃省委甘肃省政府

3047 甘肃城乡一体化：现状评价与路径选择——基于卢曼"一般社会系统理论"的分析视角

时　　间：2013-03-22

奖项名称：甘肃省第十三届哲学社会科学优秀成果奖

获奖等级：3

作　　者：李秉文 付春香

成果形式：论文

颁奖部门：甘肃省委甘肃省政府

3048 蒙古民间故事类型学导论

时　　间：2013-03-22

奖项名称：甘肃省第十三届哲学社会科学优秀成果奖

获奖等级：3

作　　者：斯琴孟和

成果形式：专著

颁奖部门：甘肃省委甘肃省政府

3049 蔡京、蔡卞与北宋晚期政局研究

时　　间：2013-03-22

奖项名称：甘肃省第十三届哲学社会科学优秀成果奖

获奖等级：3

作　　者：杨小敏

成果形式：专著

颁奖部门：甘肃省委甘肃省政府

3050 马家窑文化

时　　间：2013-03-22

奖项名称：甘肃省第十三届哲学社会科学优秀成果奖

获奖等级：3

作　　者：段小强

成果形式：专著

颁奖部门：甘肃省委甘肃省政府

3051 电视编导艺术

时　　间：2013-03-22

奖项名称：甘肃省第十三届哲学社会科学优秀成果奖

获奖等级：3

作　　者：李燕临

成果形式：专著

颁奖部门：甘肃省委甘肃省政府

3052 中国少数民族教育与美国多元文化教育比较研究

时　　间：2013-03-22

奖项名称：甘肃省第十三届哲学社会科学优秀成果奖

获奖等级：3

作　　者：张学强

成果形式：编著

颁奖部门：甘肃省委甘肃省政府

3053 西北地区农村民办幼儿教育研究

时　　间：2013-03-22

奖项名称：甘肃省第十三届哲学社会科学优秀成果奖

获奖等级：3

作　　者：王冬兰

成果形式：专著

颁奖部门：甘肃省委甘肃省政府

3054 甘肃大众文化生态问题研究

时　　间：2013-03-22

奖项名称：甘肃省第十三届哲学社会科学优秀成果奖

获奖等级：3

作　　者：肖生禄

成果形式：研究报告

颁奖部门：甘肃省委甘肃省政府

3055 西部欠发达　省区经济增长中的地方金融新政研究——基于甘肃省的实证分析

时　　间：2013-03-22

奖项名称：甘肃省第十三届哲学社会科学优秀成果奖

获奖等级：3

作　　者：李福祥 魏江锋

成果形式：论文

颁奖部门：甘肃省委甘肃省政府

3056 关于中国共产党统一战线重要法宝在实践中的灵活运用问题研究——以甘肃省近年来的实践为例

时　　间：2013-03-22

奖项名称：甘肃省第十三届哲学社会科学优秀成果奖

获奖等级：3

作　　者：吴昱辰 王钢

成果形式：论文

颁奖部门：甘肃省委甘肃省政府

3057 国际贸易前沿问题

时　　间：2013-03-22

奖项名称：甘肃省第十三届哲学社会科学

优秀成果奖

获奖等级：3

作　　者：朱廷珺 王怀民 郭界秀 李宏兵

成果形式：专著

颁奖部门：甘肃省委甘肃省政府

3058 侦探小说：作品与评论（*The Detective Story: Works and Criticism*）

时　　间：2013-03-22

奖项名称：甘肃省第十三届哲学社会科学优秀成果奖

获奖等级：3

作　　者：袁洪庚 魏晓旭 冯立丽

成果形式：教材

颁奖部门：甘肃省委甘肃省政府

3059 甘肃省西部大开发"十二五"规划研究

时　　间：2013-03-22

奖项名称：甘肃省第十三届哲学社会科学优秀成果奖

获奖等级：3

作　　者：刘春芳

成果形式：研究报告

颁奖部门：甘肃省委甘肃省政府

3060 解读甘肃

时　　间：2013-03-22

奖项名称：甘肃省第十三届哲学社会科学优秀成果奖

获奖等级：3

作　　者：陶明

成果形式：专著

颁奖部门：甘肃省委甘肃省政府

3061 基于三方博弈的图书盗版问题分析

时　　间：2013-03-22

奖项名称：甘肃省第十三届哲学社会科学优秀成果奖

获奖等级：3

作　　者：郑小强

成果形式：论文

颁奖部门：甘肃省委甘肃省政府

3062 公共文化服务的理论与实践

时　　间：2013-03-22

奖项名称：甘肃省第十三届哲学社会科学优秀成果奖

获奖等级：3

作　　者：曹爱军 杨平

成果形式：专著

颁奖部门：甘肃省委甘肃省政府

3063 论清代戏曲创作的三种模式：曲人之曲、才人之曲与学人之曲

时　　间：2013-03-22

奖项名称：甘肃省第十三届哲学社会科学优秀成果奖

获奖等级：3

作　　者：张晓兰

成果形式：论文

颁奖部门：甘肃省委甘肃省政府

3064 加强草原生态执法，保护草原生态环境

时　　间：2013-03-22

奖项名称：甘肃省第十三届哲学社会科学优秀成果奖

获奖等级：3

作　　者：冯学智

成果形式：论文

颁奖部门：甘肃省委甘肃省政府

3065 设计思维：设计师思维体系解构

时　　间：2013-03-22

奖项名称：甘肃省第十三届哲学社会科学优秀成果奖

获奖等级：3

作　　者：柴英杰

成果形式：专著

颁奖部门：甘肃省委甘肃省政府

3066 马克思主义人学思想在当代中国的发展与实践

时　　间：2013-03-22

奖项名称：甘肃省第十三届哲学社会科学优秀成果奖

获奖等级：3

作　　者：杨建毅 姚俭建

成果形式：论文

颁奖部门：甘肃省委甘肃省政府

3067 马克思关于社会形态与人的发展理论释读

时　　间：2013-03-22

奖项名称：甘肃省第十三届哲学社会科学优秀成果奖

获奖等级：3

作　　者：闫晓勇 颜华东 杨木

成果形式：专著

颁奖部门：甘肃省委甘肃省政府

3068 "一株原野里的大树子"——郭沫若对赵树理小说的另一种解读

时　　间：2013-03-22

奖项名称：甘肃省第十三届社会科学优秀成果奖

获奖等级：3

作　　者：郭文元 马超

成果形式：论文

颁奖部门：甘肃省委甘肃省政府

3069 当代藏区社会分层与社会流动问题——以甘肃藏区为例

时　　间：2013-03-22

奖项名称：甘肃省第十三届哲学社会科学优秀成果奖

获奖等级：3

作　　者：迟玉花

成果形式：论文

颁奖部门：甘肃省委甘肃省政府

3070 试论洮岷文化

时　　间：2014-07-16

奖项名称：甘肃省科学社会主义年会

获奖等级：4

作　　者：郭绪怀

成果形式：论文

颁奖部门：甘肃省政府

3071 结合岷县实际浅谈贫困地区农村生态文明建设存在的问题及对策

时　　间：2014-07-18

奖项名称：全省党校系统理论研讨

获奖等级：3

作　　者：后治民

成果形式：论文

颁奖部门：甘肃省委

3072 贫困地区参与"丝绸之路经济带"建设的思考

时　　间：2014-11-21

奖项名称："丝绸之路经济带"建设研讨会

获奖等级：3

作　　者：郭绪怀

成果形式：论文

颁奖部门：甘肃省政府

3073 兰州市非公经济发展研究

时　　间：2013-01-14

奖项名称：兰州市第七次哲学社会科学优
秀成果奖

获奖等级：3

作　　者：房先平

成果形式：研究报告

颁奖部门：中共兰州市委、兰州市人民政府

3074 兰州市就业问题研究

时　　间：2013-01-14

奖项名称：兰州市第七次哲学社会科学优
秀成果奖

获奖等级：3

作　　者：李健

成果形式：研究报告

颁奖部门：中共兰州市委、兰州市人民政府

3075 市场经济条件下德育工作的思考

时　　间：2004-11-05

奖项名称：全国师范教育政治论文评选

获奖等级：2

作　　者：吴登高

成果形式：论文

颁奖部门：教育部

3076 美国黑人与美国黑人英语

时　　间：2000-12-05

奖项名称：甘肃省高校社科成果奖

获奖等级：2

作　　者：靳琰

成果形式：专著

颁奖部门：甘肃省教育厅

3077 我国税收制度改革系列研究

时　　间：2002-10-01

奖项名称：甘肃省高校社科成果奖

获奖等级：2

作　　者：王宏波

成果形式：系列论文

颁奖部门：甘肃省教育厅

3078 大学生网络成瘾及其焦虑水平的调查研究

时　　间：2008-07-01

奖项名称：甘肃省高校社科成果奖

获奖等级：2

作　　者：糟艳丽

成果形式：论文

颁奖部门：甘肃省教育厅

3079 文学元素学

时　　间：2008-07-20

奖项名称：甘肃省高校社科成果奖

获奖等级：2

作　　者：郭昭第

成果形式：专著

颁奖部门：甘肃省教育厅

3080 县乡（镇）两级地方政权机构改革和制度创新研究

时　　间：2008-10-05

奖项名称：甘肃省高校社科成果奖

获奖等级：3

作　　者：王宏波 余明远 王喜明 刘新生
金锋

成果形式：系列论文

颁奖部门：甘肃省教育厅

3081 符号学本土化跨学科研究

时　　间：2010-08-10

奖项名称：甘肃省高校社科成果奖

获奖等级：1

作　　者：曹进

成果形式：系列论文

颁奖部门：甘肃省教育厅

3082　现代性视野中的赵树理小说

时　　间：2010-05-05

奖项名称：甘肃省高校社科成果奖

获奖等级：3

作　　者：郭文元

成果形式：专著

颁奖部门：甘肃省教育厅

3083　新世纪底层文学研究

时　　间：2010-08-10

奖项名称：甘肃省高校社科成果奖

获奖等级：3

作　　者：李志孝

成果形式：系列论文

颁奖部门：甘肃省教育厅

3084　农村小学英语教学中请勿忽视口语学习

时　　间：2010-05

奖项名称：2010年甘肃省中小学和学前教育优秀论文评比活动

获奖等级：2

作　　者：罗富强

成果形式：论文

颁奖部门：甘肃省教育厅

3085　中国生命智慧：《易经》《道德经》《坛经》心证

时　　间：2012-08-31

奖项名称：甘肃省高校社科成果奖

获奖等级：1

作　　者：郭昭第

成果形式：专著

颁奖部门：甘肃省教育厅

3086　马克思主义及其形态研究

时　　间：2012-08-31

奖项名称：甘肃省高校社会科学优秀成果奖

获奖等级：2

作　　者：郭昭第

成果形式：论文

颁奖部门：甘肃省教育厅

3087　新世纪"底层文学"与新文学传统

时　　间：2012-08-31

奖项名称：甘肃省高校社科成果奖

获奖等级：3

作　　者：李志孝

成果形式：系列论文

颁奖部门：甘肃省教育厅

3088　甘肃省高校社科成果奖

时　　间：2012-08-31

奖项名称：敦煌藏文占卜文献的历史学考察

获奖等级：2

作　　者：陈于柱 张福慧

成果形式：系列论文

颁奖部门：甘肃省教育厅

3089　东乡族女教师生涯发展研究

时　　间：2012-08-18

奖项名称：甘肃省高校人文社科

获奖等级：1

作　　者：李艳红

成果形式：论文

颁奖部门：甘肃省教育厅

3090 新世纪"底层文学"批评与二十世纪文学资源

时　　间：2014-03-31

奖项名称：甘肃省高校社科成果奖

获奖等级：3

作　　者：郭文元 张继红 王元忠 王贵禄

成果形式：系列论文

颁奖部门：甘肃省教育厅

3091 《网络语言传播导论》

时　　间：2014-06-10

奖项名称：甘肃省高等学校社科成果奖

获奖等级：1

作　　者：曹进

成果形式：专著

颁奖部门：甘肃省教育厅

3092 中国抒情美学论要

时　　间：2014-10-20

奖项名称：甘肃省高校社会科学优秀成果奖

获奖等级：2

作　　者：郭昭第

成果形式：专著

颁奖部门：甘肃省教育厅

3093 语言学与跨文化交际教学团队

时　　间：2014-08-16

奖项名称：甘肃省教学团队

获奖等级：4

作　　者：靳琰

成果形式：课程建设

颁奖部门：甘肃省教育厅

3094 盛唐士人求仕活动与文学

时　　间：2014-10-14

奖项名称：甘肃省高校社科成果奖

获奖等级：1

作　　者：霍志军

成果形式：专著

颁奖部门：甘肃省教育厅

3095 带肩的头像

时　　间：2004-12-01

奖项名称：甘肃省首届黄河文学奖

获奖等级：3

作　　者：雪潇（薛世昌）

成果形式：现代诗集

颁奖部门：省文联、省作协

3096 怅辽阔

时　　间：2007-12-01

奖项名称：甘肃省第二届黄河文学奖

获奖等级：2

作　　者：雪潇（薛世昌）

成果形式：思想随笔集

颁奖部门：省文联、省作协

3097 论文学语言的来历及其使命

时　　间：2009-12-15

奖项名称：甘肃省第三届黄河文学奖

获奖等级：3

作　　者：雪潇（薛世昌）

成果形式：专著

颁奖部门：省文联、省作协

3098 太平寨

时　　间：1999-04-11

奖项名称：甘肃省敦煌文艺奖

获奖等级：2

作　　者：马步斗

成果形式：专著

颁奖部门：甘肃省省委宣传部

3099 新时期少年儿童道德素质发展状况及其培养的研究

时　　间：2013-12-10

奖项名称：2013 年全省思想政治工作课题研究优秀奖

获奖等级：3

作　　者：苏红芳

成果形式：课题研究

颁奖部门：中共甘肃省委宣传部、甘肃省思想政治工作研究会

3100 延安整风时期毛泽东调查研究思想的方法论意义及启示

时　　间：2013-12-29

奖项名称：延安精神与党的群众路线

获奖等级：1

作　　者：蔡生菊

成果形式：论文

颁奖部门：甘肃省委宣传部、甘肃省延安精神研究会

3101 当前农民思想道德和精神文化生活现状分析与对策研究（以镇原县为例）

时　　间：2014-12-10

奖项名称：全省思想政治工作课题研究

获奖等级：3

作　　者：镇原县社会科学界联合会

成果形式：论文

颁奖部门：中共甘肃省委宣传部、甘肃省思想政治工作研究会

3102 基于经理管理防御下的企业投融资行为决策研究

时　　间：2012-05-04

奖项名称：天水市第三次哲学社会科学优秀成果奖

获奖等级：2

作　　者：张海龙

成果形式：系列论文

颁奖部门：中共天水市委天水市人民政府

3103 传统文化与语文教学的关系

时　　间：2009-12-01

奖项名称：中央教科所"十一五"重点科研课题

获奖等级：1

作　　者：王宝平

成果形式：论文

颁奖部门：中央教育科学研究所科研管理处

3104 利用地理课进行素质教育的研究

时　　间：2006-05-25

奖项名称：世界科联系统的中文国际论文交流活动

获奖等级：4

作　　者：郭建设

成果形式：论文

颁奖部门：世界科学联合会

3105 大梁沟传奇

时　　间：1987-03-05

奖项名称：荣获 1986-1987 年度全国少数民族省（区）文艺读物优秀读书奖

获奖等级：1

作　　者：马步斗

成果形式：专著

颁奖部门：中国作家协会

3106 黄土高原与黄土地貌

时　　间：2009-09-20

奖项名称：第三届全国教育科研优秀成果一等奖

获奖等级：1

作　　者：郭建设

成果形式：论文

颁奖部门：中国教育界联合会

3107 地理教学与爱国主义教育

时　　间：2006-11-29

奖项名称：全国基础教育科研成果评选活动

获奖等级：1

作　　者：郭建设

成果形式：课题研究计划

颁奖部门：中国基础教育研究所

3108 故乡山河身边理（书稿）

时　　间：2004-05-10

奖项名称：中国乡土文学奖

获奖等级：1

作　　者：郭建设

成果形式：专著

颁奖部门：中国乡土作家协会

3109 学生良好学习习惯养成浅说

时　　间：2006-06-20

奖项名称：第三届教育科研论文二等奖

获奖等级：2

作　　者：冯少林

成果形式：论文

颁奖部门：中华现代教育研究会、中国教育科研论坛杂志编辑委员会

3110 苹果新害虫——苹果杂盲蝽研究

时　　间：1997-05-15

奖项名称：全国农业与植物保护学术研讨会上被评为"优秀论文"

获奖等级：4

作　　者：杨吉祥

成果形式：论文

颁奖部门：全国农业与植物保护学术研讨会

3111 21世纪科学前沿

时　　间：2014-09-25

奖项名称：全国优秀社会科学普及读物

获奖等级：4

作　　者：曹进

成果形式：译著（系列）

颁奖部门：全国第十五次社会科学普及理论研讨与经验交流会

3112 保安族服饰文化及其民族心理表征研究

时　　间：2012-05-01

奖项名称：第三届甘肃民间文艺百合花奖首届学术理论奖

获奖等级：3

作　　者：余粮才

成果形式：论文

颁奖部门：甘肃省文学艺术界联合会、甘肃省民间文艺家协会

3113 会计学发展新理论、新趋势及其在本科教学中的应用研究

时　　间：2010-04-09

奖项名称：甘肃省教学成果教育厅级奖

获奖等级：1

作　　者：何建华

成果形式：甘肃省教学成果奖

颁奖部门：甘肃省教学成果奖评审委员会

3114 农村反贫困中的文化障碍及突破

时　　间：2014-06-13

奖项名称：甘肃省党校系统第九届（2013—2014 年）优秀科研成果

获奖等级：1

作　　者：蔡生菊

成果形式：论文

颁奖部门：中共甘肃省委党校

3115 构建和谐社会必须搞清楚的几个问题

时　　间：2005-05-18

奖项名称：甘肃省委党校系统论文评选

获奖等级：2

作　　者：吴登高

成果形式：论文

颁奖部门：中共甘肃省委党校

3116 班主任应重视学生的心理健康教育

时　　间：2011 年 6 月

奖项名称：甘肃省教科所及甘肃省中小学心理健康教育指导中心进行的优秀论文、案例评选活动

获奖等级：2

作　　者：包德全

成果形式：论文

颁奖部门：甘肃省教科所

3117 文艺学系列课程创新实验研究

时　　间：2012-08-31

奖项名称：甘肃省教学成果奖

获奖等级：2

作　　者：郭昭第

成果形式：教研项目

颁奖部门：甘肃省教学成果奖评审委员会

后 记

在甘肃进行全面性的文化资源普查属于首次，将普查成果汇编成大型的文化资源名录在国内也属于前列。《甘肃省文化资源名录》是按照《甘肃省文化提升行动协调推进领导小组工作方案》和《甘肃省文化资源普查和分类分级评估工作实施方案》要求推出的重要成果。经过甘肃省文化资源普查和分类分级评估工作领导小组办公室组织40多名专家学者，在甘肃省文化资源普查平台数据库基础上，历时两年精心编排，终于完成书稿，这是参与全省文化资源普查的所有工作人员集体智慧的结晶。

甘肃省委原常委、省委宣传部原部长连辑，甘肃省委常委、省委组织部部长梁言顺，甘肃省委常委、省委宣传部部长陈青，先后领导和部署了本名录的编辑出版工作。省委宣传部原副部长、省社科院原院长范鹏研究员协调推进了本名录的编写。甘肃省社科院院长王福生研究员组织实施了本名录的策划设计、内容编排、审定并最终定稿。甘肃省社科院副院长马廷旭研究员负责了审稿、统稿和出版发行事宜。刘玉顺同志全程负责了书稿编排工作。

在《甘肃省文化资源名录》面世之际，感谢甘肃省文化提升行动协调推进领导小组各位领导的大力支持与关心，感谢参与普查工作的各市（州）县（区）、有关省直厅局的鼎力相助，感谢参与普查的专家学者和基层工作人员的辛勤付出，感谢中国书籍出版社为本名录的出版所做的努力，感谢所有关心关注本名录的人们。《甘肃省文化资源名录》是从盘清全省文化资源家底的角度入手，收录范围极其宽泛，有部分内容还存在缺项，有的资源没有资源简介，有的资源缺图片等等，给该书的出版留下了遗憾（该套丛书普查数据截至2012年12月31日）。同时，由于我们的水平有限，可能还有错讹疏漏之处，恳请读者随时批评指正，以便在将来进一步完善和修订。

甘肃省社会科学院

2017 年 7 月

甘肃省文化资源名录

总书目

甘肃省文化资源名录
总书目